全国高等法律职业教育系列教材

中国司法制度

(第三版)

司法部法学教材编辑部　编审

主　编　左卫民
副主编　李玉福
撰稿人　(以撰写章节先后为序)
　　　　左卫民　李玉福　牛　丽
　　　　李黎明　贾　彬　刘　亚
　　　　何永军

中国政法大学出版社
2012·北京

图书在版编目（CIP）数据

中国司法制度 / 左卫民主编．3版．—北京：中国政法大学出版社，2012.6
ISBN 978-7-5620-4321-8

Ⅰ．中--- Ⅱ．左--- Ⅲ．司法制度-研究-中国　Ⅳ．D926

中国版本图书馆CIP数据核字(2012)第104681号

出版发行	中国政法大学出版社	
经　　销	全国各地新华书店	
承　　印	保定市中画美凯印刷有限公司	

720mm×960mm　　16开本　　23印张　　385千字
2012年8月第3版　　2019年8月第4次印刷
ISBN 978-7-5620-4321-8/D·4281
印　数：13 001-16 000　　定　价：36.00元

社　　址	北京市海淀区西土城路25号
电　　话	(010)58908435(编辑部)　58908325(发行部)　58908334(邮购部)
通信地址	北京100088信箱8034分箱　邮政编码 100088
电子信箱	fada.jc@sohu.com(编辑部)
网　　址	http://www.cuplpress.com　（网络实名：中国政法大学出版社）
声　　明	1. 版权所有，侵权必究。 2. 如有缺页、倒装问题，由印刷厂负责退换。

作者简介

左卫民 男，1964年生。现为四川大学研究生院常务副院长，四川大学中国司法改革研究中心主任，四川大学社会矛盾解决研究中心主任，兼任中国法学会理事、中国刑事诉讼法学研究会副会长。1992年破格晋升为副教授；1994年破格晋升为教授；1997年首批入选教育部人文社科"跨世纪优秀人才"；2000年获教育部首届"青年教师奖"；2001年获国务院政府特殊津贴并担任博士研究生导师；2004年入选人事部首批"新世纪百千万人才工程国家级人选"；2004年获"第四届全国十大杰出青年法学家"称号；曾为美国耶鲁大学、哈佛大学、哥伦比亚大学、纽约大学、德国马普所等访问学者。承担过包括国家社会科学基金重大招标项目在内的多项国家级、省部级科研课题；独立或合作出版了《刑事诉讼的中国图景》、《价值与结构：刑事程序的双重分析》等多部著作，在《法学研究》等刊物上发表文章逾百篇，其中数十篇被《新华文摘》、《人大报刊复印资料》等转载或转摘。

李玉福 男，1962年生。历史学博士，现任山东政法学院院长、法学教授，山东大学、青岛大学硕士研究生导师，兼任山东省法学会副会长、山东省行政法学研究会副会长、山东省法学教育研究会副会长。2003年被评为首届"山东省优秀中青年法学家"。主要从事中国法制史、法理学和律师制度研究。出版专著有《秦汉制度史论》、《立法学》、《公司运作的刑法保障》、《中国法制史》等；主编或者参编《法学基础理论》、《行政诉讼法学》、《法学概论》、《法治论》等教材和学术著作10余部；先后在《文史哲》、《法学论坛》等刊物发表学术论文40余篇，其中多篇被《人大报刊复印资料》和《高等学校文科学报文摘》全文转载或摘要。

牛丽 女，1965年生。法学学士，辽宁公安司法管理干部学院副教授，著有《刑法433种犯罪定罪量刑指南》，主编《法官告诉您怎样打赔偿官司》、《消费者权益纠纷》、《中国法律咨询全书·劳动纠纷》等 20 余部著作；发表论文多篇。

贾　彬　女，1966 年生。中国人民大学刑法学博士，中国社会科学院法学所博士后研究员，黑龙江省政法管理干部学院副教授，发表论文多篇。

李黎明　男，1965 年生。法律硕士，武汉工程大学政治与法律学院副教授。1982～1986 年就读于西南政法大学法律系，获法学学士学位；2000～2003 年就读于武汉大学法学院，获法律硕士学位。1986～2002 年在湖北省司法学校工作，2002 年至今在武汉工程大学政治与法律学院工作。发表《论表见代理》、《论所有权保留制度》等多篇论文，参与编著《合同法》、《经济法》等著作，参与武汉工程大学校级课题《经管文类经济法教学体系研究》的研究工作。

刘　亚　1982 年医科大学本科毕业，1991 年日本东京医科大学博士毕业，2004 年中国科学院心理研究所心理学专业毕业，多年从事医学、社会医学、心理学和司法鉴定学方面的理论研究和业务实践。

何永军　1974 年生，法学博士、副教授、硕士生导师。曾任教于大连海事大学法学院，现供职于昆明理工大学法学院，兼任昆明理工大学质量发展研究院研究人员、昆明市人大地方立法专家库专家、昆明市检察院专家咨询委员会委员等。主要从事诉讼法学、法社会学和质量法学的教学与研究。曾独立出版专著《断裂与延续——人民法院建设（1978～2005）》（中国社会科学出版社 2008 年版），主编教育部高职高专规划教材《质量法学》（北京师范大学出版社 2011 年版），并先后在《法制与社会发展》、《华东政法大学学报》、《法学杂志》、《社会科学》、《宁夏社会科学》、《华中科技大学学报》和《法律和社会科学》等报刊独立或与人合作发表论文 30 余篇。

出版说明

进入 21 世纪，我国法律职业岗位的设置日趋科学合理，经改革、改制建立起来的法学学科教育与高等法律职业教育并存并举、协调发展的法学教育体系已逐步完善，高等法律职业教育在全国已形成一定规模。为加强对高等法律职业教育的指导，进一步推动高等法律职业教育的顺利发展，司法部组织部分专家、学者编写了这套全国高等法律职业教育系列教材，供各有关院校使用。

本套教材根据教育部"高等职业技术教育应有别于学科教育，应具有更加鲜明的职业性、实践性和岗位针对性，应更加注重知识的有效传播"的要求，在编写过程中以实用性和指导性为原则，在强化基础知识、基础理论教育，突出职业能力和职业技能训练的前提下，重组课程结构，更新教学内容，突出了高等法律职业教育的办学特色，并力求切实起到帮助学生灵活运用知识、提高完成本职工作能力的作用，力求成为造就面向法院、检察院、律师事务所等法律实践部门应用型法律人才的必备读物。

本套教材调动了全国各有关院校，包括中国政法大学、南京大学、山东大学、四川大学、苏州大学、云南大学、西南政法大学、中南财经政法大学、江西财经大学、华东政法大学、西北政法大学、广东商学院、北京政法管理干部学院、上海政法学院、河北政法管理干部学院、山东政法学院、黑龙江政法管理干部学院、浙江政法管理干部学院、陕西政法管理干部学院、贵州政法管理干部学院、天津政法管理干部学院、福建政法管理干部学院、广西政法管理干部学院、湖南政法管理干部学院、辽宁公安司法管理干部学院、安徽警官职业学院、江西司法警官学校、山西司法学校、福建司法学校、湖北司法学校、江苏公安司法学校、广东司法学校、武汉司法学校、内蒙古司法学校等数十个单位的资深力量参与编写，并将

中国司法制度

分批陆续出版。第一批出版的有《民法原理与实务》、《诉讼原理》、《诉讼实务》、《刑法原理与实务》、《行政法原理与实务》、《经济法概论》、《法律原理与技术》、《法律论辩》、《中国宪法》、《法律文书》、《中国司法制度》、《案例分析方法原理与技巧》等12种。由于编写时间仓促，不足之处在所难免，欢迎广大读者批评指正。

司法部法学教材编辑部

第三版说明

《中国司法制度》（第二版）受到了广大读者的好评，但其出版至今已历五个春秋，此间我国颁布了《中华人民共和国人民调解法》、《中华人民共和国劳动争议调解仲裁法》、《中华人民共和国人民武装警察法》、《中华人民共和国农村土地承包经营纠纷调解仲裁法》等新法律，并对《民事诉讼法》、《国家赔偿法》和《刑事诉讼法》先后进行了相应的修改，同时一系列新的司法解释也相继出台，而且在此期间司法实践和理论研究均出现了许多新的景象，取得了丰硕的成果。这一系列变化使本教材的一些内容已显得陈旧和过时，故已有对其进行修订的必要。为此，我们特别约请主编左卫民教授、何永军博士对本教材的相关内容进行了修订。

各章撰写分工如下：（以撰写章节先后为序）
左卫民、何永军：导论、第一章
李玉福：第二章、第五章
牛　丽：第三章
李黎明：第四章、第六章
贾　彬：第七章、第八章
刘　亚：第九章

编　者
2012年3月

第二版说明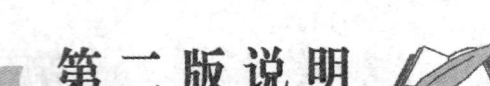

　　《中国司法制度》自2002年编辑出版以来，受到了广大读者的欢迎和好评。但其至今已历五个春秋，此间我国通过了《公证法》、全国人民代表大会常务委员会《关于司法鉴定管理问题的决定》和全国人民代表大会常务委员会《关于完善人民陪审员制度的决定》等新法规，并对《法院组织法》和《律师法》等多部法律进行了相关修改。同时，一系列新的司法解释也相继出台，而且在各地司法改革如火如荼地推进的同时，学术界的理论研究也取得了丰硕的成果。这一切变化使本教材某些原有内容已显得较为陈旧，故本着与时俱进的精神，对教材进行修订已刻不容缓。为此，我们特别约请主编左卫民教授对本教材的相关内容进行了修订，主要包括：

　　第一，在内容上，我们根据最新的立法和司法解释修正了原书中失效的有关法律规定，并根据法学界近年来达成的学术共识修正了过时的理论观点。

　　第二，在形式上，为方便教学，我们在每章的开头增设了"学习目的和要求"，提示学生应当掌握的核心内容或难点、重点内容；在每章的结尾设置了"思考题"，以使学生通过完成相关思考题加深对本章要点的理解。

　　值得一提的是，大连海事大学法学院教师何永军博士协助了主编的部分工作，特此致谢。

编　者

2007年7月

内容提要

　　司法制度是有关司法机关和司法组织的性质、任务、组织体系、运作原则和程序的一系列制度的总称,具体而言,其包括基本制度和相关制度两大制度体系。本书以基本制度和相关制度为标准将全书内容划分为上、下两编,在上编中分章讲解了法院制度、检察制度、侦查制度、执行制度等司法的基本制度;在下编中分章讲解了律师制度、公证制度、仲裁制度、调解制度、司法鉴定制度等司法的相关制度。在每一章中,本书对相关司法制度的基础理论、立法规定和实务运作均给予了准确、清晰和简洁的阐述,同时为便于教学,本书每章均附有"学习目的和要求"以及相关"思考题"。

目录 CONTENTS

导　论　▶ 1
　　第一节　司法制度的概念和本质　/ 1
　　第二节　司法制度的起源和演变　/ 6
　　第三节　司法制度的特征和功能　/ 9
　　第四节　中国司法制度的发展与改革展望　/ 14

上篇　中国司法基本制度

第一章　**法院制度**　▶ 25
　　第一节　法院制度的概念、本质及特征　/ 25
　　第二节　法院的职权和功能　/ 28
　　第三节　法院制度的基本原则　/ 35
　　第四节　法院的组织体系　/ 41
　　第五节　法官制度　/ 49
　　第六节　法院的基本运作机制　/ 60
　　第七节　中国法院制度的改革　/ 69

第二章　**检察制度**　▶ 80
　　第一节　检察制度的性质和任务　/ 80
　　第二节　检察工作的基本原则　/ 87
　　第三节　检察机关的组织体系　/ 92
　　第四节　检察官制度　/ 95
　　第五节　检察工作的基本运作机制　/ 102
　　第六节　中国检察制度的发展与改革　/ 109

第三章 侦查制度 ▶ 115
　第一节　侦查制度概述　/ 115
　第二节　侦查工作的基本原则　/ 119
　第三节　侦查机关　/ 124
　第四节　侦查官员　/ 133
　第五节　侦查工作的运作机制　/ 138
　第六节　侦查制度的改革　/ 142

第四章 执行制度 ▶ 145
　第一节　执行制度的概念、种类和本质　/ 145
　第二节　执行制度的原则　/ 147
　第三节　监狱制度　/ 150
　第四节　民事执行制度　/ 162
　第五节　其他执行制度　/ 172
　第六节　执行制度的完善　/ 178

下篇　中国司法相关制度

第五章 律师制度 ▶ 183
　第一节　律师制度的性质与社会功能　/ 183
　第二节　律师制度的沿革　/ 188
　第三节　律师执业条件及其权利和义务　/ 192
　第四节　律师执业机构　/ 198
　第五节　律师诉讼业务　/ 202
　第六节　律师非诉讼业务　/ 217
　第七节　律师执业中的法律责任　/ 224
　第八节　中国律师制度的改革与发展　/ 227

第六章 公证制度 ▶ 237
　第一节　公证制度的一般理论　/ 237
　第二节　公证的概念、特征及功能　/ 240

第三节　公证机构　/ 241
第四节　公证业务范围　/ 244
第五节　公证的效力　/ 249
第六节　公证的运作机制　/ 251

第七章 **仲裁制度** ▶ 263
第一节　仲裁的概念、性质与社会功能　/ 263
第二节　仲裁机构和仲裁员　/ 268
第三节　仲裁原则和仲裁制度　/ 274
第四节　国内仲裁业务　/ 278
第五节　涉外仲裁业务　/ 282

第八章 **调解制度** ▶ 287
第一节　调解制度的概念、地位和功能　/ 287
第二节　我国调解制度的种类和运作机制　/ 291

第九章 **司法鉴定制度** ▶ 314
第一节　司法鉴定概述　/ 314
第二节　司法鉴定的基本制度　/ 321
第三节　司法鉴定体制改革　/ 335
第四节　司法鉴定制度的发展与完善　/ 338

导 论

> **学习目的和要求**
>
> 通过学习，系统掌握司法制度的概念和本质、司法制度的起源和演变以及司法制度的特征和功能；并在此基础上了解中国司法制度的发展及其未来的改革方向。

第一节 司法制度的概念和本质

一、司法制度的概念

（一）司法制度的含义

所谓制度，通常是指为国家制定或认可并予以遵守和维护的规则和体制。它有着不同的层次：广义上是指社会形态，如资本主义制度、社会主义制度；一般意义上包括各种具体的社会制度，如军事制度、教育制度、司法制度等。依照马克思主义的观点，司法制度这一重要的社会制度，是人类社会发展到一定历史阶段的产物。不同社会、不同国家的司法制度，在性质、内容和形式等方面是有差异的；而同一社会和国家的司法制度，在不同的历史时期，其内容也有所不同。作为一种上层建筑，司法制度的差异性和变异性是由经济基础所决定的，有什么样的经济基础，就有什么样的司法制度。同时，司法制度又反作用于经济基础，当它适应经济基础时，就促进和加速经济发展进程；当它违背经济基础时，就阻碍或破坏经济发展。

司法制度作为一种制度文明，它影响着人类对公正的追求，牵涉到国家解决社会冲突和矛盾的有效性，关系着国家和社会的稳定，因此，司法制度健全与否意义重大。司法制度是人类理性、经验与良知在制度层面上的一种体现。完善的司法制度会把社会关系调整得更加流畅、自然；反之，不完善或"恶"的司法制度将导致社会的无序，将使公正与文明受到冲击甚至荡然无存。

由于对司法的认识不同，关于司法制度也有着多种界定：第一种观点认为，司法制度仅指法院制度，至多包括检察制度。第二种观点认为，司法即为执法，司法机关即是执法机关，那么司法制度也就是执法制度。第三种观点认为，司法是有关司法机关和其他司法组织的性质、任务、组织体系、权利义务、活动原则以及工作制度等方面规范的总称。这里需要对各种观点一一加以评析。[1] 要对第一种观点进行准确、全面的评价，首先应对司法的历史有一定的了解。司法是一种历史现象，它是伴随着生产力的发展和人们对自然及社会的认识而产生的。就中国历史来看，远在奴隶社会便有"司寇"的官职，以后历朝历代均有诸如廷尉、大理寺等专掌"听讼"和"治狱"事务的审判官员和审判机关。及至清末的"变法修律"，借鉴西方国家"三权分立"的司法原则和制度，制定《法院编制法》、《大清新刑律》等，才正式出现现代意义的"司法"一词。在《大清法规大全·宪政部》中便有"立法、行政、司法则总揽于君上统治之大权"。在西方，古希腊的亚里士多德将政权分为三种：①议事权，即审议有关宣战、缔约和立法等重大决策问题的权力，相当于立法权；②行政权；③司法权，可谓"三权分立"学说的萌芽。其后，英国学者洛克正式提出两权分离学说。而法国资产阶级启蒙思想家孟德斯鸠则集其大成，创立了比较完整的行政、立法和司法的"三权分立"学说，从而奠定了现代司法的概念及其活动范围的基础。因此，一般意义上，人们认为司法便是法院的运作行为，是法官的审判、裁判或解决纠纷的活动。这种以"三权分立"学说为基础的司法概念，几百年来一直是西方的主流观点。

但是，近年来随着所谓"新司法"概念的出现，这种传统的司法制度观念已受到一定的冲击。当前，西方的一些法学家认为，由于社会生活的分散化和民主化，以及具有综合职能的国家机关的广泛产生，司法权已经不完全为法院和法官所垄断，一些社会团体和组织也在某种意义上分享着司法权，[2] 也承担着裁判等解决纠纷的职能。而20世纪以来诞生的社会主义国家，更是摈弃了传统的司法概念，马克思、恩格斯认为国家的统治权不可分割，社会主义国家的政权组织原则是民主集中制和"议行合一"制，即要保证国家权力的统一，而其内容仅仅在职能上有一定的分工。

---

[1] 钟玉瑜主编：《中国特色司法制度》，中国政法大学出版社2000年版，第3页。
[2] 于慈珂："司法机关与司法机关组织法论纲"，载《现代法学》1993年第2期。

实际上那种认为只有国家的审判机关才是司法机关、法官的执法活动才是司法活动的传统狭隘的司法观念，存在着不可避免的缺陷。一方面，司法机关无法适应因社会生活的变迁造成的纠纷数量和类型的增加，无法满足人们对司法更高、更多的要求。另一方面，司法活动是以裁判为中心的，但它也离不开相关机构活动的辅助和促进，如公证机关、鉴定机构的活动等。在现代社会，法院不应该也没有必要垄断全部的纠纷解决；同时，仲裁和调解机关的活动又是非常必要和有积极意义的，值得大力提倡。因此，无论从司法实践还是从法律规定的角度分析，第一种观点均失之过窄，不足为取。

至于第二种说法，即把司法与执法等同起来的观点，也值得商榷。因为司法机关执法只是执法的根本部分或主要部分。如果把司法等同于执法，实际上混淆了司法职能与行政职能的界限，失之过宽。司法与行政虽然都是执法，但司法是一种特殊的执法，与行政有很大的不同。实际上，在一个依法治国的国度里，所有国家机关都在各自的职权范围内执行着一定的法律法规，如税务、交通、港务、海关、工商行政管理等部门也是在执行法律。我们不能说税务机关对偷税漏税者的罚款、交通警察对违反交通法规者的行政处罚就不是一种执法活动。如果把所有行政处罚和行政强制措施都统统视为司法，那我们将无从区分司法和行政的界限，更无法理解司法的本质特征。

司法的特殊性在于它必须恪守不告不理、控审分离、消极中立等原则，它担负的任务主要是解决纠纷、对违法活动（包括犯罪活动、违约行为、违规行为）造成的损害进行救济和恢复。它不同于税务、海关、工商管理等行政机关，后者是以一种积极的、双方组合的、以"管理"为主的方式执行法律。总而言之，司法虽然是法律适用或执法活动，但司法是以一种特定的方式进行着法的适用，与国家的行政活动有本质区别。

对于第三种观点，我们基本赞同。因此，关于司法制度的概念，可总结如下：司法制度是有关司法机关和司法组织的性质、任务、组织体系、运作原则和程序的规范的总称。

（二）司法机关和司法制度的范围

国家的司法活动是由特定国家机关进行的特殊权力运作活动，有其自身的规律性和法定性。司法活动的特殊作用在于其一方面为公民提供公共服务以解决纠纷，另一方面把社会冲突纳入到秩序化和程序化的轨道中，以维护社会和国家秩序。正如上文所言，司法不是针对某一部分人和某些

中国司法制度

部门的,而是对于任何公民和法人的合法权益都要予以保护,对于任何人的犯罪行为都要依法惩罚,以期实现纠纷的解决和社会秩序的恢复,最终达到"依法治国"之目的。同时,司法又是国家的一种特殊职能,是一种特定的执法活动,由特定的机关执行。究竟哪些机关属于司法机关,古今中外,有所不同。一般而论,认定司法机关的标准有3个:①法定标准,即国家以法律的形式规定了司法机关的范围;②习惯标准,在人类历史发展中,某些组织或机构逐渐演变为司法机关,并被公众所认同;③功能标准,有的国家机关在法律或习惯上并未明确其司法性质,但它发挥的作用及其活动所产生的效果,却同司法机关十分相近,甚至并无二致,也被认为是司法机关。[1]

这里,我们依据功能标准和习惯标准,对司法机关和司法制度的范围加以界定。就各国宪法、司法组织法、程序法及相关法律规定和司法实践来看,侦查机关行使侦查权,检察机关行使检察权,法院行使审判权,因此,可以把它们列入司法机关的范围。近年来,人们对于检察机关是属于司法机关还是属于行政机关有了较大的争议。我们认为,由于各国权力体制和宪政基础的差异,不能一概而论。就中国司法实践现状而言,将其视为司法机关较为适宜,因为它所担负着公诉、法律监督、抗诉等职能,这些都是典型的司法职能。虽然其内部上下级机关间的领导关系颇具行政机关的特色,但并不影响它的性质。另外,侦查机关的活动对于程序的启动亦具有重要作用。总而言之,司法机关主要是侦查机关、检察院和法院。

人们对司法制度包括审判制度、检察制度、侦查制度、执行制度等并无争论,但对于律师制度、公证制度、调解制度、仲裁制度、司法鉴定制度是否属于司法制度的范畴,则认识不一。一般认为,调解、仲裁是半民间活动,不应属于司法制度。这虽然有一定道理,但我们认为,它们也应属于司法制度的范畴,将其纳入司法体系,正是司法制度特色的充分体现。客观地分析,调解、仲裁制度与法院制度在程序方面有着密切联系,例如仲裁程序中的财产保全措施、证据保全措施都有赖于审判机关实施。鉴于此,人们将调解与仲裁视为"准司法"程序;有人将其视为"类法律式"的冲突解决手段,是介于冲突主体自决、和解与法院诉讼的中间形式,[2]认为它们和审判程序一样都是可供当事人选择的、解决民事和经济

---

[1] 于慈珂:"司法机关与司法机关组织法论纲",载《现代法学》1993年第2期。
[2] 顾培东:《社会冲突与诉讼机制》,四川人民出版社1991年版,第41页。

纠纷的渠道。特别是进入现代社会以来，在市场经济高度发达的背景下，调解和仲裁在解决经济纠纷、保障市场经济正常运作方面发挥着越来越大的作用。调解和仲裁措施的运用，标志着社会力量对冲突的介入与干预，同时也意味着人类冲突解决方式的发展与进步。可以断言，假如一个社会缺少制度化的调解、仲裁机构，那么它就是法律不发达的社会。[1] 因此，将调解和仲裁纳入司法制度范畴可以使司法制度体系更为完善、更适应现代社会的需要。至于律师制度、公证制度、司法鉴定制度，则是司法活动运作必不可少的环节。一言以蔽之，要建构一个完整的司法制度，上述的调解制度、仲裁制度、律师制度、公证制度、司法鉴定制度等均不可少。

由此，我们可以得出这样一个结论：将法院制度、检察制度、侦查制度、执行制度视为司法的基本制度，律师制度、公证制度、仲裁制度、调解制度、司法鉴定制度视为司法的相关制度。这两大制度体系各具特色又紧密联系、相辅相成。本书的撰写体例也是这样安排的。

二、司法制度的本质

按照马克思主义的观点，司法制度的本质指的是它的阶级性质。司法制度是在一定经济基础上产生的、为经济基础服务的上层建筑，是维护统治阶级利益的重要工具。司法制度的本质是由国家的阶级性质所决定的，有什么样的国家，就有什么样的司法制度。在人类历史上，有奴隶制、封建制、资本主义和社会主义国家，因而就有反映其国家性质的相应的司法制度。客观地讲，资本主义司法制度与奴隶制、封建制司法制度有着重大区别。资本主义的司法民主原则和制度，在法制史上是一个巨大的进步，其中司法独立、控审分离、程序正义、无罪推定、被告人辩护权等司法原则和制度是人类文化中的积极因素，对我们有着重大的借鉴作用。我国司法制度的本质在于它是以马克思主义国家法制理论为指导、以宪法为依据，是为社会主义市场经济服务的、人民的司法制度。

同时，依照现代民主的要求，司法制度的本质又体现在它的民主性。司法制度是维护公民权利、对抗国家权力滥施的制度。在民主理念和制度确立以前，司法权作为国家权力的一部分具有神圣性和权威性，它的主要职责是维护国家的权威，惩罚异己者。但随着天赋人权和民主自由理念的弘扬、民主宪政体制的确立，司法权演变成了公民恢复被损害的权益、寻求救济的权力。这样，司法权力也就转化成为了保护公民的权力。这种变

---

[1] [美] 戈尔丁：《法律哲学》，齐海滨译，三联书店1987年版，第229页。

化折射出人们对国家权力的角色和公民自由权利认识的深刻变化。司法制度的本质在于民主性,是人类认识文明进步的体现。在我国,亦应注意以此构建中国的司法制度,以促进我国的民主法治建设。

第二节　司法制度的起源和演变

一、司法制度的起源

原始公社时期,没有文字,不存在国家,也就没有严格意义上的国家司法制度。霍格尔认为,真正的原始民族没有法院和国家的观念,习惯就是国王。[1]恩格斯在《家庭、私有制和国家的起源》一书中对人类的原始社会作了如下描述:"这种十分单纯质朴的氏族制度是一种多么美妙的制度呵!没有军队、宪兵和警察,没有贵族、国王、总督、地方官和法官,没有监狱,没有诉讼,而一切都是有条有理的。一切争端和纠纷,都由当事人的全体即氏族或部落来解决,或者由各个氏族相互解决;血族复仇仅仅当作一种极端的、很少应用的手段……一切问题,都由当事人自己解决,在大多数情况下,历来的习俗就把一切调整好了。"[2]这些习俗就是当时社会的控制手段。

虽然原始公社时期不存在国家,但并非没有社会组织——这就是氏族组织,氏族有最高权力机关——议事会,一切有关氏族的重要事务,如选举、撤换氏族的领导人、发动战争等,都由议事会决定。那时,用来调整人们之间相互关系的行为规则是世代相传下来的各种习惯。解决人们争执与冲突的原则和方式是血族复仇、血亲复仇、同态复仇。到原始公社晚期,逐渐有了赎偿和赔礼的方式。因此,可以说氏族组织中的议事会和国家中的司法机关有一些相似的职能。

原始公社末期,随着社会生产力的发展,出现了私有制,社会被分裂为相互对抗的奴隶主和奴隶两大阶级。奴隶主建立了奴隶制国家,作为新的完备的暴力组织以镇压奴隶的反抗和抵御外来的侵犯。相应地,国家也需要法律来规范社会关系和维护社会秩序。于是,在奴隶制国家,司法制

---

〔1〕[美]霍贝尔:《初民的法律——法的动态比较研究》,周勇译,中国社会科学出版社1993年版,第22~23页。

〔2〕《马克思恩格斯选集》第4卷,人民出版社1972年版,第92~93页。

度应运而生。

二、司法制度的演变

在奴隶制初期，其国家职能没有分工。一方面，国家机器中最为发达的是军事机构，军法即刑法，兵刑同制；另一方面，国家审判主要是为了完成惩罚功能。值得一提的变化是，国家产生以后，因血亲复仇、同态复仇冲击着国家的秩序和统治的有效性，与国法不相容，而逐渐被禁止。

从司法权的产生来看，在相当长的时期内，司法权与立法权、行政权、军事指挥权并未从根本上区分开来。随着专业化国家机器的建立，才有了专门的司法机关，使司法权逐渐从其他国家职能中独立出来，自成一体。据史籍记载，在古希腊和古罗马时期，法院已从行政机关中分离，成为专门的审判组织。在当时，由于商品经济的发展，还出现了律师、公证、仲裁制度的雏形，以适应贸易往来的需要。

进入封建社会后，国家虽然设有专门的审判机关，但行政机关和行政长官却全面、普遍地兼理审判工作。在西方，由于封建割据和宗教的统治，除国家审判外，还盛行宗教裁判。教会人员垄断法律的制定和解释，占据了裁判者的地位，可以以上帝的名义对所谓的异端进行惩罚。在中世纪，西方国家的律师、公证等制度也遭受了严重的摧残。在中国的封建社会里，中央虽设置了专门的司法机关，如主管审判的大理寺和主掌复核的刑部，但它们始终从属于行政。封建皇帝一直集立法、司法和行政大权于一身。在地方，审判由地方行政长官兼理，而且由于司法的工具性和无讼、息讼思想的影响，根本不存在律师、公证活动。到了明清时期，国家更是对讼师以所谓的"教唆诉讼罪"进行重惩，根本就无律师制度产生的机会和其容身之地。

在资产阶级民主革命时期，受启蒙思想家提出的"天赋人权"、"三权分立"等思想和主张的影响，资产阶级国家建立后，普遍设置了立法权、司法权和行政权三权分立、相互制约的宪政制度。自此以后，国家管理的专业化程度越来越高，司法权真正从行政权中分离出来，成为独立的国家权力。同时，司法独立又成为司法权最基本的要求。例如，日本就是通过"大津案"保持了司法独立，抵制了政府要求对企图刺杀访日俄皇太子的津田三藏施以极刑的压力，保持了自身的独立。[1] 在司法权内部又进一步分为审判权和检察权，司法机关也从"审检合署"演变成了审检分离，从

---

[1] 龚刃韧：《现代日本司法透视》，世界知识出版社1993年版，第16页。

而形成了审判制度和检察制度分离的状态。同时,审判机关的设置也日益专门化,出现了刑事法院、民事法院、行政法院的划分。另外,这一时期的律师组织、公证组织、仲裁组织等司法相关机构得到了极大的发展。各国的司法制度逐步形成了全面、完善的体系。

社会主义国家的诞生使司法制度的发展有了新的变化。根据列宁的学说,社会主义国家赋予了检察机关新的职权。它不仅代表国家行使公诉权,而且负责监督国家法律的实施,成为了与法院和行政机关并立的国家机关。此外,社会主义国家在司法组织的职权设置等方面与资本主义国家也有着一定的区别。

在当代世界范围内,由于各国的政治制度和历史传统的差异,目前各国的司法制度也有着不同的特色:有的是审检合署、侦控一体;有的则是检察、侦查机关从属于司法行政机关。就司法审查而言,有的由普通法院兼理司法审查职权,有的则设立专门法院或机关从事司法审查。

司法制度演变到今天,一方面,各国的司法体制虽有一定的共同发展趋势,但差异性也不小。例如,美国和德国的法院体制虽然均实行联邦制,但是美国各州有自成一体的司法制度,因此可谓双重体制;而德国则是州法院与联邦法院形成了一个统一的司法系统,两者差异较大。[1] 另一方面,由于社会生活的变化,各国正普遍地进行着大规模的司法改革,使得司法制度颇具变动性。

总而言之,司法制度的演变,可以视为经历了一个由简单到复杂、由国家权威制度到公民权利制度的发展过程。回顾司法制度的演变,它经历了如下的一个变化过程:首先是司法制度的萌芽;其次是司法权与行政权合一,司法活动较为频繁;再次是司法与行政分离,在专门的审判机关形成的基础上,司法权进一步地分立为审判权和检察权,司法制度也分为了审判制度和检察制度;最后,律师、公证、仲裁、调解和司法鉴定等与司法有关的组织发展完备,相应地,律师、公证、调解和仲裁制度甚为发达,现代司法的基本框架形成。

---

〔1〕 宋冰编:《读本:美国与德国的司法制度及司法程序》,中国政法大学出版社1998年版,第25页。

第三节　司法制度的特征和功能

一、司法制度的特征

司法制度是用来规范和保障司法活动顺利展开的，因此，它必须遵循司法活动的特有规律。这样，司法制度就呈现出一些独有的特性。在司法制度中，保障司法活动的独立性、消极中立性、司法主体的特定性、司法程序的严密性是其基本特征。

（一）保障司法活动的独立性

司法机关运用法律处理案件必须做到客观公正。为此，司法活动必须独立进行，不受其他机关、组织和个人的干涉，否则客观公正既无从谈起，也没有保障。换言之，司法要实现公正必须具有独立性，司法独立是司法公正的保障。

司法活动不同于行政机关的活动和行为。行政行为要求的是快速、有效，因此，行政制度要保证行政指令由上而下的有效贯彻和行政长官命令的有效实现，呈现出紧密联系、不可孤立和分割的特点。而司法活动主要是围绕着审判活动进行的，它要求审判机关具有独立性，不受外界的干扰和干涉，以保证审判机关作出不偏不倚的公正判决。在当代，行政机关膨胀和横肆的倾向越来越明显，司法独立性更显迫切和必要。所以，参与司法活动的机构和组织必须拥有独立的地位，能够按照自己对法律的理解自主地进行相应的司法活动，否则司法的公正性将无从保障。孟德斯鸠曾言："如果司法权不同立法权和行政权分立，自由就不存在了。如果司法权和立法权合二为一，则将对公民的生命和自由实行专断，因为法官就是立法者。如果司法权同行政权合二为一，法官便将握有压迫者的力量。"[1]由此分析，司法权独立一方面是为了防止权力的异化，成为压迫民众权利的工具；另一方面则是为了制约行政权和立法权，避免绝对权力导致绝对腐败。作为规范司法活动的司法制度，也就应当以构建一个独立、不受干涉的司法组织体系为目标。司法独立是现代各国重要的宪法和法律原则。如《美国宪法》第3条第1项规定："合众国的司法权属于最高法院及国

---

〔1〕［法］孟德斯鸠：《论法的精神》（上册），张雁琛译，商务印书馆1961年版，第156页。

会随时制定与设立的下级法院。"德国1877年《法院组织法》则明确规定："审判权只服从法律，由法院独立行使。"联合国通过的诸多相关公约也明确规定了司法独立原则。[1] 可见，保障司法独立是司法制度要遵从的一项主要原则，是司法制度区别于其他社会制度的最重要特征。

（二）保障司法活动的消极性和中立性

司法活动有其特别的运行原则，如不告不理、控审分离等。同时，它还要求法院和法官在审判中恪守中立原则，与原、被告双方保持相等的距离，不可过于积极主动，这些都体现了司法的消极性和中立性的特质。一方面，司法的中立性和消极性是为了保证审判和诉讼的顺利进行；另一方面，司法的消极性和中立性可以提高人们对裁判结果的认同度和裁判本身的信服力，因为法院和法官过于积极会使涉案的当事人对其公正的立场产生质疑。"司法的特殊位置并不意味着它在社会及政治体系中享有至高无上的地位，也不意味着法律万能。相反，通过诉讼审判活动而发挥的上述特殊作用以及人们对裁判的信任，在很大程度上正是以司法的消极性和自我抑制为前提的。"可见，法官的消极性和中立性是司法得以发挥作用并促进其正统性和信任度，避免司法游离于民众之外的基本要求。这样司法制度也应保障司法行为的消极性和中立性，并且以之为制度设计和改革的目标。同样，仲裁制度、调解制度也应在一定程度上恪守消极性和中立性。值得注意的是，检察制度、律师制度、司法鉴定制度、公证制度虽然不要求中立性和消极性，但它们是为审判制度服务的，而司法制度以审判制度为中心。因此，司法制度要保障司法活动的消极性和中立性是成立的。

（三）司法主体的特定性

司法的主体应当由两部分组成：①审判机关、检察机关和侦查机关，它们作为国家的司法机关，进行的职能活动就是司法活动。②为保障司法机关正确地处理诉讼案件和非诉讼案件，国家又设立了一系列组织或机构，包括律师组织、仲裁组织、公证机构、调解组织、司法鉴定机构、法律援助机构等。这些组织或机构虽然不属于国家司法机关，但它们围绕着司法机关开展工作，它们也是司法系统运转中必不可少的部分，因而不可避免地要参与到司法活动中来。因此，这些组织和机构的活动也是司法活

---

[1] 王亚新："民事诉讼中的依法审判原则和程序保障"，载梁治平编：《法律解释问题》，法律出版社1998年版，第150页。

动的组成部分。

在司法制度中,对于主体的要求是特定的,只有上述机构或组织开展的活动和工作属于司法制度规范和约束的范围。民间性质的社团和其他组织,如村民委员会、街道办事处、单位内部的工会等,即便从事了纠纷和冲突的解决活动,它们的活动也不能称为司法活动,它们不是司法机关,司法制度不对它们进行规范和调整。

(四)司法程序的严密性

国家为司法活动设定了严密的程序,以有效地防止司法机关的武断专横,保护参与司法活动的公民、法人或其他组织的合法权益,保障人权。当然,这也是司法机关有效、准确地查明事实和适用法律,作出公正裁判的必然要求。当前程序公正的理念得到了更为普遍的认同,人们更加重视司法程序的制定和落实。

司法程序的严密性体现在两方面:①司法组织设置程序的严密性,具体体现在各国的法院组织法、检察院组织法中;②对司法活动进行规范的司法程序的严密性,如审判中的回避程序、庭审规则、辩论程序、证据规则、执行程序等。

二、司法制度的功能

功能,可以理解为功效、潜在的作用等。司法制度功效和作用的发挥关系着司法机关和组织的运作效果,进而影响着司法职能的实现。因此,我们只有明确了司法制度所担负的职责和特殊功能,才能认识到司法制度的合理建构对于一个国家法治实现的重要意义。也只有认清了司法制度的功能之所在,才能对司法改革的必要性和迫切性有深刻的认识。

(一)纠纷解决功能

在司法制度中,以法院为中心的司法机关和相关司法机构的首要功能在于解决纠纷,日本法学家棚赖孝雄和美国法学家卢埃林均有这样的论断。毋庸置疑,无论是从司法权设立的初衷和其运作的目的来分析,还是从其实际的运作状况来考察,司法机关都以解决纠纷为中心工作。它存在和发展的作用与意义就在于解决人类社会产生的各种类型的纠纷,而衡量这些机关工作好坏的标准也在于纠纷的解决是否有效、快捷和切实。因此,应当从纠纷处理的角度对司法权及司法程序予以再次审视并进行相应地改革,有学者就此表达了这样的观点:"纠纷处理制度的改革更甚于纠纷的处理。"[1] 同样，不仅法院是以纠纷解决作为首要工作，调解组织、仲裁组织也是以其独特方式、按照特定的程序进行纠纷解决的。至于检察机关、律师组织、公证组织和司法鉴定组织，其主要职责也是为纠纷的解决作辅助性工作。

（二）保障功能

所谓保障功能，是指司法制度对公民的权利、自由以及各种广泛存在的社会关系的保护和促进作用。从根本上说，司法权是公民的权利，民主政体中国家权力因人的自主和发展而有存在的必要，司法权更是肩负着直接保护公民以及通过制约立法权和行政权以保障公民权利的任务。司法是公民的主要凭借，司法权是公民行使权利的权力。另外，议会权和行政权力更倾向于自我膨胀，三权分立、互相制约得以实现的关键是司法职能的发挥。其中，司法审查制度就是为防止国家权力的专断和无限延伸、为最终保障公民的权利而构建的。例如，有学者对1948年《意大利宪法》评价道："与以往相比，变化更大的是，为了不使宪法上的基本程序命题的骨架和由宪法保护的司法的基本权利体系因时代变迁或国家的多数派的变化而受到影响，特意设置了一个宪法法院。"[2] 实际上，以美国为代表的英美法系国家和以德国为代表的大陆法系国家均有宪法诉讼和司法审查的制度规定和相应的法院设置，而这一设计的目的也无非是为了通过司法来保障公民的权利不受任何欺凌和干扰。因此，司法机关独立、有效地行使职权并进行司法审查的目的不仅在于保障权力的分立，更在于保障公民的权利。与之相适应，司法权与司法制度只有全面发挥对公民权利和自由保障的功能，才符合司法权设立的初衷和目的。

司法制度的保障功能是在司法机关和司法组织的各项司法活动中体现出来的。就中国司法制度与程序而言，主要体现在以下几个方面：①侦查机关、检察院、法院以及律师组织进行的侦查、起诉、审判和辩护活动，除了要惩罚犯罪分子外，更要保障无辜的人不受刑事追究，保护公民的人身、财产和民主权利。在现代刑事司法中，更强调司法权要保障犯罪嫌疑人、被告人的人权在刑事诉讼过程中不受侵犯。②法院、仲裁机构、调解

---

〔1〕〔意〕莫诺·卡佩莱蒂编：《福利国家与接近正义》，刘俊祥等译，法律出版社2000年版，第17页。

〔2〕〔日〕小岛武司：《司法制度的历史与未来》，汪祖兴译，法律出版社2000年版，第92页。

组织进行的相应民事审判、民事仲裁和调解活动通过对民事、经济法律关系的调整和制裁，发挥着不可替代的救济和保障民事主体权利的功能。③公证机构通过证明法律行为、法律文书和事实的真实性、合法性，进而达到保护当事人合法权益的目的。而司法鉴定机关的鉴定活动也是通过技术手段得出可靠结论以保护公民权益的。

（三）惩罚功能

惩罚犯罪仍不失为现代司法的重要任务和功能。刑事犯罪作为一种严重冲击社会秩序、危害公民权利的社会现象必须得到遏制。而司法权作为国家权力的一个分支，必然承担对这种反社会行为进行惩罚的任务。因此，国家设置的司法机关必须依据法律，对各种刑事犯罪分子予以有效的惩罚，以维护社会秩序、保护公民的生命、财产安全。

司法机关按照刑事诉讼程序进行的一系列国家职权活动，其目的之一就是对犯罪行为进行惩罚和预防，以遏制犯罪、稳定国家秩序。就我国司法机关的运作过程来看，对刑事案件的侦查、对犯罪嫌疑人的拘留、逮捕和预审，由公安机关负责；检察、批准逮捕、对检察机关直接受理的案件的侦查、提起公诉，由检察院负责；审判由法院负责。法院经过依法审理，如果认为案件事实已经查清，证据确实、充分，被告人的行为已经构成犯罪，则应对被告人定罪量刑，从而给其以应得的惩罚。法院判决生效以后，刑罚主要由专司司法行政管理的监狱执行。由此可见，承担侦查、控诉和审判职能的国家司法机关在刑事诉讼程序不同的阶段以不同的方式发挥对犯罪的训诫和惩罚功能。就总体上看，这些司法机关又相互配合、紧密关联，共同发挥着惩罚犯罪的功能。尽管人权和民主为现代各国司法所追求，但在世界各国的司法制度中，司法机关的惩罚功能可以说从来就没有消退乃至消失过。

（四）教育功能

所谓教育功能，是指司法制度所规范和调整的司法机关活动对公民所具有的教育、感化作用，它是司法制度所具有的不可忽略的显著功能。我国《人民法院组织法》第3条第2款规定："人民法院用它的全部活动教育公民忠于社会主义祖国，自觉地遵守宪法和法律。"《人民检察院组织法》第4条第2款规定："人民检察院通过检察活动，教育公民忠于社会主义祖国，自觉地遵守宪法和法律，积极同违法行为作斗争。"因此，从法律规定的角度分析，教育公民自觉地遵守法律，是我国司法机关进行司法活动所应担负的一项重要职责；而教育公民自觉地遵守法律，也是在司法机关的侦查、起诉、审判、辩护、辩论、调解和执行等各项动态的诉讼活动中完成的。

尽管有些国家的相关法律未明文规定司法机关要承担教育功能,但司法机关却以其现实、具体的运作方式对公民进行着生动的法制教育。这种活动所具有的对公民的教育功效是其他机关如立法机关、行政机关的活动所不能比拟的。

第四节 中国司法制度的发展与改革展望

一、中国司法制度的发展

（一）中国古代司法制度的发展

中国古代建立了较完备的司法制度,呈现了独有的特色,但它毕竟与现代意义上的司法制度有极大差异,也不符合现代司法运作的要求。其司法制度有以下特色：①司法与行政不分。在中央,虽设有司法机关,但受制于皇帝、丞相等中央行政机关；而在地方,基本上由行政长官兼理司法。②御史机构发达。中国的御史制度在某种程度上可以说妨碍了司法独立,但另一方面也有利于"整饬吏治",有一定的积极意义。③司法体系较为严密和完善。如直诉制度、回避制度、会审制度、死刑复核制度、录囚制度,这些传统的司法制度对于完善我国现阶段的司法制度是有一定借鉴意义的。

（二）近现代中国司法制度的发展

1. 近代中国司法制度的发展。随着清末修律运动的展开,中国因袭千年的司法制度受到了冲击,自1906年开始,清政府依照资本主义国家"三权分立"的原则建立了立法、行政、司法三权分立的体制：大理寺改为了大理院,专掌审判；刑部改为了法部,专管司法行政事务。采取初级审判厅、地方审判厅、高等审判厅和大理院等四级法院设置,适用三审制；检察机关也相应地设置了四级,其职权有提起公诉、指挥逮捕、监督执行等。审判案件开始有了刑事和民事的划分。

民国时期,依然秉承"三权分立"的政治体制设置原则。在南京临时政府时期,最高审判机关为中央审判所,司法部为最高的司法行政机关；临时政府采用了陪审、公开审判和辩护等资本主义司法原则和制度,明令废除封建司法的刑讯、体罚制度。北洋军阀专政时期，基本上沿袭了清末的司法制度，袁世凯复辟帝制失败后，还出现了司法公署等兼理司法法院、军事审判机关以及新疆、热河、哈尔滨等特别地区的特别法院。

1925年7月成立的广州国民政府依然采取初级审判厅、地方审判厅、高级审判厅和大理院的四级三审制，但检察机关附设在各级审判机关内，实行"审检合署"。1926年底迁至武汉后，国民政府于1927年初进行了司法改革：将审判厅一律改称为"法院"，分为人民法院、县市法院、控诉法院和最高法院四级，采用二审终审制；在法院内设检察官。

1927年南京国民政府成立，政治体制实行"五院制"，即中央权力机关分为行政院、立法院、司法院、考试院和监察院。在行政院内设置的司法行政部为司法行政机关；将四级二审制改为了三级三审制，设地方法院、高等法院、最高法院；仍然实行"审检合署"；采用了"审判独立"、"陪审"、"公开审判"、"辩护"等司法原则和制度。

综观这一时期的司法制度建设，可以说是西方资本主义司法原则和制度输入中国的鼎盛时期，这些现代意义上的法院、检察、律师、公证等制度的建立，是中国司法史上的进步。

2. 新民主主义革命时期司法制度的发展。在新民主主义革命时期，人民司法制度逐步建立起来，1931年在江西瑞金成立了中华苏维埃共和国，在司法制度方面设置了最高法院、裁判部（设在地方）、军事裁判所；实行"审检合署"制；在中央设司法人民委员部主管司法行政事宜，在地方则由各级裁判部兼管司法行政事宜；实行四级二审、合议、陪审、回避、辩护、上诉、死刑复核等制度；人民调解制度也开始有了适用。

在抗日民主革命时期，在各边区设高等法院，专区和县的审判机关为司法处、法院、分庭等；实行两级二审制；检察机关仍采"审检合署"制；仍由各级审判机关兼管司法行政事宜；采取了公开审判、辩护、人民陪审、上诉和案件复核等审判制度；其中便利群众、就地审判、巡回审判、审判与调解相结合的"马锡五审判方式"充分体现了司法民主精神，为人们所称道；调解制度有了充分的发展。

在解放战争时期，人民司法制度有了更大的发展，就审判机关而言，各解放区在土改运动中设立了人民法庭，在新解放的大、中城市实行军事管制，后来统一称为"人民法院"，形成了大行政区、行署和直辖市、县三级人民法院，基本上是三级两审终审制；检察机关仍不专设，实行"审检合署"；在各大行政区设司法部，主管司法行政事宜，在省市以下实行审判与司法行政"合一制",由人民法院兼管司法行政事宜;采取"实事求是,有错必纠"的司法原则,建立了科学的传讯、逮捕和搜查体系,这些为建国后司法制度的发展奠定了基础。

(三)新中国司法制度的发展

中华人民共和国成立以来,人民司法制度经历了一个起伏曲折的过程,按照历史的发展,可以分为五个时期:

1. 初创时期。新中国成立后,根据《中国人民政治协商会议共同纲领》第17条"废除国民党反动政府一切压迫人民的法律、法令和司法制度,制定保护人民的法律、法令,建立人民司法制度"的规定,在全国范围内建立了人民司法制度。根据《中央人民政府组织法》的规定:在中央设最高人民法院、最高人民检察署、公安部、司法部,分别行使国家的审判、检察、侦查和司法行政的职权;在各大行政区设最高人民法院分院、最高人民检察署分署及公安部和司法部,实行审检、审判和司法行政的"分立制";在省及县则实行审判和司法行政的"合一制",不设司法行政机关,并在地区设省法院分院,未设人民检察院的县,由县公安局代行检察权;审判采用三级二审制。

2. 发展时期。1954年9月,颁布了我国第一部《宪法》,同时颁布了《人民法院组织法》、《人民检察院组织法》。这些法律的颁布施行,标志着我国司法制度进入了新的发展时期。此时,撤销了各大行政区,人民法院的组织体系由三级改为四级,即设基层、中级、高级和最高人民法院,并设军事、铁路、水运等专门人民法院,实行四级二审制;检察机关由人民检察署改称人民检察院,设最高人民检察院、省级人民检察院、县级人民检察院,为了与人民法院设置相适应,省级人民检察院设分院,并设相应的专门人民检察院;从中央到地方各级人民政府设公安机关;中央人民政府司法部改称中华人民共和国司法部,在各省、自治区、直辖市设司法厅(局)负责司法行政事宜;并积极推行律师、公证等司法制度,这些制度构成中国司法制度发展的基本框架,发挥了重大的历史作用。

3. 挫折时期。1957年下半年开始,由于"左"倾思想的影响,错误地批判了《宪法》、《人民法院组织法》和《人民检察院组织法》中规定的某些司法原则和制度,如"公民在适用法律上一律平等"原则、"人民法院独立进行审判,只服从法律"原则、辩护制度、律师制度、公证制度等。在刑事诉讼和民事诉讼中,不依法办事的现象增多,律师制度夭折,公证制度名存实亡。1962年以后,通过纠"左"和整顿,司法工作开始有了一些新的起色。但1966年开始的"文化大革命",使司法制度受到更严重的破坏,检察机关甚至被取消。

4. 恢复时期。1978年12月中共十一届三中全会以后,开始进入了一个新的发展时期。在这段时间,司法制度的恢复和发展主要表现在:①修改和公布了一大批司法制度方面的法律和法规。如修改公布了《法院组织法》、《检察院组织法》,制定颁布了《刑事诉讼法》、《民事诉讼法》、《律师法》、《公证暂行条例》、《劳动仲裁条例》等。②健全了司法机关和司法组织。如1978年3月,全国人民代表大会决定重建检察机关,1979年9月,全国人民代表大会常务委员会决定设立司法部。律师、公证、仲裁等组织也在这个时期建立起来并得到了较大发展。总之,在这个阶段,我国司法制度进入了正常发展的轨道。

5. 改革和发展时期。社会主义市场经济的确立,使中国的改革进入了新的阶段。市场经济的平等性、契约性、竞争性、多元性、国际性决定了市场经济的运行主要靠法律来保障。它需要法院、仲裁组织对市场主体之间发生的各种纠纷予以公正、迅速的裁决,也需要律师提供全方位、多层次的法律服务,使市场主体的权利义务得以实现。这些就对我国的司法制度提出了更高的要求,同时也为司法制度的现代化带来了难得的机遇。在这样的历史背景下,司法制度改革的步伐加快,中国的司法制度开始向现代化的方向迈进,应该说,取得了一定的成就。主要表现在:

(1) 颁布了《法官法》、《检察官法》、《人民警察法》和《人民武装警察法》,对法官、检察官、人民警察和人民武装警察的任职资格、职责、权利义务、选拔任免、考核、培训、奖惩等作了明确的规定,开始对法官、检察官和人民警察进行科学化和法制化的管理。2001年6月又对《法官法》、《检察官法》进行了修订,建立了法官、检察官、律师等司法人员的统一考试制度,这是具有深远意义的重大举措。

(2) 先后于1996年和2012年两次修订了《刑事诉讼法》,大大充实了相关条文,加强了打击犯罪和保障人权的力度,使我国的刑事诉讼法更加科学、民主和文明。

(3) 在法院制度改革方面,对审判方式进行了大幅度的改革:逐步建立完善了错案责任追究制;建立了法院内部监督制约机制;改革和完善了陪审制;调整了人民法庭的设置,充分发挥派出机构的功能。2006年10月31日,第十届全国人民代表大会常务委员会第二十四次会议通过了《关于修改〈中华人民共和国人民法院组织法〉的决定》,将原第13条修改为:"死刑除依法由最高人民法院判决的以外,应当报请最高人民法院核准",最高人民法院收回了法定的死刑核准权。

(4) 在检察制度改革方面,建立和健全了办案责任制、错案追究和赔偿制;推行了主诉检察官制度;深化了检务公开、专家咨询制度。

(5) 颁布了《仲裁法》,改变了原有的行政仲裁体制,并按照世界上通行的仲裁模式建立了国内仲裁制度,使其与国际仲裁制度接轨。

(6) 颁布了《律师法》,建立了法律援助制度;开拓了律师的业务领域;完善了律师的责任制度。我国的律师制度进一步现代化和国际化。

(7) 颁布了《劳动争议调解仲裁法》、《农村土地承包经营纠纷调解仲裁法》和《人民调解法》,进一步完善了我国的非诉讼纠纷解决机制。

二、中国司法制度的改革展望

(一) 中国司法制度改革的背景及问题

中共十五大提出了"依法治国,建设社会主义法治国家"的战略目标。江泽民同志在十五大报告中指出:"发扬民主必须同健全法制相结合,实行依法治国。依法治国,就是广大人民群众在党的领导下,依照宪法和法律规定,通过各种途径和形式管理国家事务,管理经济文化事业,管理社会事务,保证国家各项工作都依法进行,逐步实现社会主义民主的制度化、法律化,使这种制度和法律不因领导人的改变而改变,不因领导人看法和注意力的改变而改变。"1999 年 3 月,第九届全国人大第二次会议通过的《中华人民共和国宪法修正案》又将"依法治国,建设社会主义法治国家"写入宪法,这标志着依法治国成为我国的宪法原则,建设社会主义法治国家成为我国社会主义现代化建设的重要目标之一,这对我国的司法制度必将产生重大而深远的影响。

毋庸讳言,由于我国正在由计划经济向市场经济过渡,依法治国方略正处于开始实施阶段,司法制度还不够健全,还存在着诸多问题,主要表现在:①司法机关还未能真正独立行使职权,司法权地方化严重;②司法运作呈现出严重的行政化;③法官、检察官素质偏低;④律师的行业管理难以推行;⑤仲裁和调解制度适用面窄;⑥司法程序繁简不当;⑦司法鉴定体制亟待改革;等等。

就司法权地方化而言,我国司法体制长期以来实行的都是"条块结合,以块为主"的领导体制,即各级司法机关受地方政府领导,它们的人、财、物均由地方政府管理。当然,在建国伊始,这种领导体制还是颇为适宜的。但是,进入市场经济后,再实行这样的体制,便暴露出了它的弊端。由于司法机关在人、财、物等各方面都受制于地方，因而每当处理跨地区的纠纷时，这些司法机关自然会竭尽全力维护本地区的利益，使司法权严重地方化；另外，在地方上，社会结构区域性和浓厚的人情关系对司法独立和公正现实的造成了严重影响。由于经济、政治、社会结构的原因，法院和法官对外部环境的依赖性很强，许多公益事业还主要靠地方政府解决。法官对社区的依赖又转变为对地方政府和地方利益的依赖，这样就给地方权力渗透到司法领域创造了条件。于是，司法权不再具备它的独立性和中立性，而是具有了依附性和工具性。司法权地方化可以视为中国司法制度最严重的问题之一，也是造成司法不公的重要原因之一。

就司法组织及其行为的行政化而言，表现为：①法官等级制度的行政级别化。这种制度虽然便于控制和管理，但在客观上给法官的自主行为与职业自由设置了障碍，使得法官很难独立、公正地行使职权，"是违反司法职业及司法决策内在要求的"〔1〕。②法院内部机构设置的科层化，法院事实上形成了审判员服从审判长、审判长服从庭长，最终大家服从院长的行政体制，法官个体很难独立。③不同审级法院关系的隶属化。不同审级法院应各自独立审判，不应存在隶属关系。但是，司法实践中下级法院与上级法院间的请示、指示关系，十分频繁和密切。上级法院常常通过不公开的"法律解释"和各种指令干预下级法院的审判活动，实际上形成了上下级隶属关系。凡此种种的行政化组织和程序，都有碍于司法公正的实现。〔2〕

以上这些问题说明中国司法体制改革的理念需要进一步调整甚至重构，改革还需要进一步深化。因此，中国司法制度的改革"路漫漫其修远兮"。

（二）中国司法制度改革的目标

中国司法制度改革的长远目标是建立与市场经济、民主法治建设相适应的现代司法制度。中国司法制度改革的目标可以概述如下：

1. 公正。"在市民社会中，正义是一件大事。"〔3〕 在中国，市场经济的发展，使人们对公正的要求越来越迫切。因此，司法的公正自然应成为

---

〔1〕 贺卫方：《司法的理念与制度》，中国政法大学出版社1998年版，第121页。

〔2〕 参见左卫民等："法院内部权力结构论"，载《四川大学学报（哲学社会科学版）》1999年第2期。

〔3〕 [德] 黑格尔：《法哲学原理》，范扬、张企泰译，商务印书馆1982年版，第237页。

中国司法制度改革的当然目标。公正是人们对司法最起码和最朴素的要求，不论时代如何变迁、社会环境如何变化，都不能将这一"大事"置之度外。公正包含着实体公正和程序公正两个层面。实体公正要求司法机关准确查明事实、适用法律；程序公正要求保障公民在程序中的权利、自由和尊严，保障其充分地参与诉讼，提高裁判的正当性。因此，中国司法制度改革的目标就是建构和贯彻能保障司法实体与程序公正的制度及规则。

2. 司法独立。司法独立是司法公正的保障，也是中国司法制度的重要原则。中国司法改革的目标是充分保障法院和检察院的独立，当然这种独立是离不开党的支持和领导的。

3. 便利公民。惟有方便公民接近、使用和参与的司法制度方是有意义的司法制度。司法便利公民包括两个层面的要求：第一个层面是司法便利公民接近，赋权并保障其能够使用司法制度，这是前提要求；第二个层面是便利公民参加，即让公民在参加司法活动时不受到各方面的阻碍，顺利地实现权利。司法便利公民最终要使公民低成本、高效率地接近、使用和参加司法制度，最终实现自己的权利。"迅速化救济"[1]已成为法治建设和司法改革的迫切要求，这就要求建立和完善陪审参审制；审级和管辖不应构成享受司法服务的障碍；设置专门法院、基层法院，使司法服务便利国民享用；法官、律师、公证员、仲裁员、法学研究者等法律家群体数量能够满足公民的需要；完善和增加社区中的司法服务机构，使其经济有效；构建诉前和诉外的多元化纠纷解决机制，等等。为此，我们在司法改革中应确立司法的主体性理念，在司法中以公民为主体，尊重公民的意志、尊严以及行动自由，这将对司法和诉讼制度产生良好的促进作用，使其更加便利和有效地服务于公民，不辱使命。[2]就中国司法制度便利公民目标的实现而言，保障公民接近司法制度、行使诉讼权利特别值得重视，因为这是既往的司法改革所忽略的。

4. 保障公民的自由和人权。司法权是公民的权利，因此司法制度应当保证公民的人权和自由。现代司法更强调公民和当事人在程序中的主体性地位，因此司法制度应当保障公民和当事人的人权，实现其权利和自由。

---

〔1〕［日］小岛武司：《诉讼制度改革的法理与实证》，陈刚、郭美松译，法律出版社2001年版，第142～167页。

〔2〕左卫民、朱桐辉："谁为主体 如何正义——对司法之主体性理念的论证"，载《法学》2002年第7期。

中国的司法制度要实现现代化的转型,就不能不保障和尊重公民的人权和自由。这就要求我们的司法改革应将审判公开、无罪推定、保障公民的程序性权利等原则和规则加以贯彻,以实现中国司法保障公民人权和自由的目标。

(三) 中国司法制度改革需恪守的理念和方法

自清末修律运动以来,中国的司法制度就一直处于不停顿的改革之中,而中国的司法制度也正是在这样一个不断学习与改革的过程中发展壮大起来的。尤其是20世纪80年代以来,司法制度的改革力度是前所未有的。对于中国司法制度的改革和设计,高屋建瓴地看,应把握下列理念和方法:

1. 探讨、分析现有司法制度改革在立法层面存在的问题。主要包括:①应分析关于司法制度的立法内部是否存在及存在什么样的冲突与矛盾。这既包括传统的司法制度理念与现代权利保障理念的冲突,又包括司法结构的冲突(已有的来自于前苏联的司法体制与我们借鉴的西方司法体制的冲突)。②要研讨这些冲突是否引发及如何引发立法的矛盾与混乱,致使司法制度虚置。

2. 调查研究现有改革在实践层面未能贯彻落实的根本原因。既包括直接因素如旧的司法理念、司法人员素质、有限的司法资源对司法制度改革的负面影响,也包括宏观因素如封闭式的权力行使体制、社会本位、集体本位的价值取向对改革的牵制与影响以及将改革的重点局限于法院审判方式和审判制度内部机制改革的思维定势上。我们应具体分析这种因素在何种程度、以何种方式影响着司法制度改革方案的设置和具体措施的执行。

3. 总结司法制度改革成功与失败的经验教训,探讨、论证进一步改革的基本思路与具体方案。尤其是着重探讨如何处理好改革实践中所反映出来的且尚未妥善解决的下列几对关系问题,以便在此基础上形成具体方案:①司法制度改革的国际化与我国国情的关系。现代世界各国法律呈现互相融合和统一的趋势,就中国司法制度而言,其改革的国际化趋势日益加强,我们的基本方向是向外国学习,这一点已毋庸置疑。但学什么、怎样学,应借鉴英美或大陆法系国家的哪些理念与制度,我们一直未明确;对传统的司法制度为什么要改革、怎样改革等诸多问题,也还需要准确把握。②现有国情对司法制度改革的促进与阻碍关系。有人认为,现有国情妨碍改革因而反对改革;有人则忽视了国情中的妨碍因素,而一味主张全面推进改革,这两种观点均具有片面性。我们应全面分析社会中推动改革

中国司法制度

的因素与妨碍改革的因素，以便合理地进行制度设计与实施。③司法制度改革中的整体性和单一性关系。卡多佐曾言："对于特殊的我们不能放弃一般。"[1] 现有司法制度改革往往着眼于司法制度本身的完善而忽视了对与司法制度相关联的其他制度的改革，导致司法实践中制度改革的全局性、整体性观念薄弱，这是亟需克服的。

总之，从价值取向和方法论的角度分析，我们应推动一个有合理性、现实性和现代性的司法改革，不仅要推动司法制度自身的改革，还应同时推动其他配套制度的共进。

（四）中国司法制度改革的具体措施

由于本教材对中国司法制度中的法院制度、检察制度、侦查制度、调解和仲裁以及律师制度应进行的改革具体举措放在了相应的章节中论述，这里就不再赘述，而只是指出应当特别建构和改革的重要举措。在上文所阐述的中国司法制度改革应确立的目标和应恪守的理念的指引下，针对中国司法制度存在的问题，我们要强调中国司法体制改革的具体举措有：

1. 法院制度改革。主要包括：①应强化法院的独立地位。对法院实行经费单列，排除对法院活动的不当干预，从而保障法院独立。这包括内部独立、外部独立、法院独立三方面的保障机制。②依宪司法，建立宪法审判制度。③应强化法官的遴选程序、精简法官队伍。新修订颁布的《法官法》在此方面有重大的改革措施，应予积极肯定，但还需细化和贯彻落实。④在法院的审判组织和方式上应强化程序法制，加强合议庭和法官的职权，减少院长、庭长和审判委员会对法官断案的干预；在审判方式上进一步强化公民主体性地位与相应权利。⑤功能要扩展。强化法院的权力制约、公共政策制定功能。

2. 检察制度改革。主要包括：①明确检察机关的性质，理顺检察机关的领导体制。②需要在人事和经费制度上进行改革，强化检察机关自身在人、财、物方面的自主权。③着力在检察监督和检务公开、主诉检察官、专家咨询、办案标准、检察委员会制度，以及人民检察监督员制度等方面进行再改革。

3. 侦查制度改革。侦查制度改革最迫切也是最关键的问题是实现侦查工作的法治化。主要措施包括：①应推行严格的逮捕证、搜查证制度，规

---

[1]［美］卡多佐：《司法活动的本质》，转引自霍贝尔：《初民的法律》，中国社会科学出版社1993年版，第38页。

范侦查强制措施,加强检察院对侦查的监督,从制度上杜绝刑讯逼供行为的滋生和蔓延。②应提高侦查手段的科学化和技术化,减少侦查制度的物质和技术制约。③应在侦查员资格制度、侦查员素质方面进行改革。

4. 律师制度改革。我们认为,最迫切的莫过于与国际接轨,实现律师行业管理的自治化和律师业的市场化。主要包括:①建立公司制或公司律师事务所,并注意实现律师事务所的规模化效益。其中最主要的是对国办律师事务所进行改制和改组,撤销、合并部分国有律师事务所;将一部分国有律师事务所改制为合伙所或合作所;也可将一部分国办律师事务所转变为以承担公益性法律服务为目的的律师事务所,主办法律援助案件。②应规范律师法律服务市场。律师行业一方面应向产业化发展,但这也不能成为冲淡其服务性的理由。因此,应提高律师职业道德和强化律师执业纪律规范,以减少损害当事人合法权益的恶性行为,在这方面进行行业化管理、提高律师行业的自治化水平与程度、扩大律师协会的职权是非常重要的。③应加大律师收费制度的改革。

5. 公证制度改革。公证制度改革应当从确立公证机关的独立自主权、建立公证过错责任追究和赔偿制、强化公证书效力等方面进行改革和落实。

6. 调解、仲裁制度改革。主要包括:①应注意借鉴诉讼程序较为严密、规范的优点,对仲裁的申请、受理和仲裁的调查、辩论、调解、裁决等程序进一步规范,提高可操作性。②扩大仲裁程序的适用范围,发挥其简便、迅捷的功能和长处。这些"弹性的"、"劝导性的类法律"纠纷解决方式,[1] 无疑对中国司法制度功效的发挥有着积极意义。

7. 司法鉴定制度改革。主要包括:①应当借鉴仲裁员制度的可取之处,建立鉴定人名册制、鉴定人责任制,以便当事人选择其信赖的鉴定员,提高鉴定意见的认同性。②应对鉴定意见的性质和法律效力作出明确规定,允许当事人、法官质证。

总之,对中国司法制度改革的前景进行展望,可以得出的结论是:一方面,司法制度正朝着民主化和现代化的方向迈进,中国的司法制度改革将会为市场经济的发展、政治体制的改革以及法治国家的实现作出巨大的推动和促进作用;但另一方面,中国的司法制度改革存在许多问题,在价

---

〔1〕 季卫东:《法治秩序的建构》,中国政法大学出版社 2000 年版,第 66 页;[美]戈尔丁:《法律哲学》,齐海滨译,三联书店 1987 年版,第 209 页。

值理念上需要调整和重构,在制度举措上还需要细化和协调。这些问题的解决既取决于我们能否正确、全面地协调经济改革与政治改革,也取决于我们能否大胆地借鉴法治国家司法制度建构与改革的成熟经验,还取决于我们能否对中国司法制度所处的国情和所面临的问题之症结有准确的把握。不管如何,中国司法制度改革的方向应当是顺应民主化和现代化历史趋势和要求的。

思考题

1. 什么是司法制度?如何理解司法制度的本质?
2. 应如何理解司法制度的起源和演变?
3. 司法制度具有哪些特征?
4. 司法制度具有哪些功能?对其各项功能应如何理解?
5. 谈谈你对中国司法制度的发展与改革展望的认识。

上篇 中国司法基本制度

第一章 法院制度

学习目的和要求

通过学习，掌握法院制度的概念、本质及特征，法院的职权和功能；了解法院制度国际通行的两项基本原则；掌握我国法院制度的基本原则，我国人民法院的组织体系、设置及其职责；了解国外法官制度；掌握中国的法官制度，法院的审判组织、内部组织结构及法院审判活动的基本制度；了解中国法院制度的改革。

第一节 法院制度的概念、本质及特征

一、法院制度的概念

法院制度，是指有关法院的性质、功能、组织体系、法官制度及其基本运作机制等方面制度的总称。法院制度既是一国法律制度整体的重要构成要素，同时也是国家制度的重要组成部分。

法院制度、行政制度与立法制度共同构成了国家制度的基本内容，是国家固有的立法、司法、行政权能在制度形态上的反映。在以"三权分立"原则作为宪政基础的西方国家，法院、司法与审判基本上属同一概念，法院是代表国家统一行使司法权的专门机关。我国与西方国家不同，作为社会主义国家，实行的是在国家权力机关的统一领导下，由行政机关和司法机关分别行使行政权和司法权的国家机关体制，与"三权分立"有

中国司法制度

原则性的区别。而且，司法机关亦非专指人民法院，但人民法院是国家的专职审判机关，我国《宪法》第123条规定："中华人民共和国人民法院是国家的审判机关"，这与世界各国由法院代表国家统一行使审判权的规定在本质上相同。

法院制度与行政制度、立法制度有着明显的区别：

1. 法院制度是关于国家审判机关的组织制度；而立法制度和行政制度是关于立法机关和行政机关的组织制度。

2. 法院制度是有关审判机关的性质、功能、组织体系以及适用法律解决各类争议等方面的制度；行政制度是关于国家行政机关行政权力的范围及运用规则方面的制度；而立法制度是有关立法机关创制法律的权限、程序方面的制度。

3. 法院制度所规定的审判机关的职权是通过审理各类诉讼案件，适用国家的法律，保证国家法律的贯彻实施；行政制度所规定的行政机关的职权是通过管理社会各方面的行政性事务，保证社会的有序运转；立法制度所规定的立法机关的职权是通过创制法律的活动，为社会组织和个人提供行为准则和依据。

二、法院制度的本质

法院制度的本质指法院制度的本质属性。作为有关法院组织体系和审理裁决案件等方面制度的总称，从微观的角度看，法院制度带有比较浓厚的技术操作性色彩。西方学者因政治哲学信念、法文化传统等因素的影响，在理论上很少直接论述法院制度的本质属性，即使涉及，也否认作为暴力专政机关的法院在制度形态上反映的是其所具有的阶级属性，即为统治阶级利益服务的性质。他们一般将"法官"和"法院"这些词用于表达社会生活中公正判断的渊源，并赋予其"法律的保管者"、"活着的圣谕"、"良心的维护者"等美称，法官和法院被界定为社会公正和正义典型化的人格载体，这些理解和界定，不仅使法官和法院成为超然于世的公正的代名词，也给法院制度的性质披上了一层神圣的外衣。

马克思主义关于国家与法的理论认为，国家不是从来就有的，它是阶级矛盾不可调和的产物，是一个阶级压迫另一个阶级的工具。法院制度作为国家制度的重要组成部分，其性质是由国家性质决定的，即有什么性质的国家就有什么性质的法院制度。列宁在论述资本主义国家法院的性质时曾指出："在资本主义社会里，法院主要是压迫机关，是资产阶级剥削机关。"[1] 此外，国家政权组织形式，即政体亦对法院制度有诸多方面的影响，由于国家职能的不同分配形式，尤其是国家不同职能部门彼此之间的关系必然赋予审判机关不同的角色和职权。实际上，法院制度的演变就是遵循着国家职能部门相互关系的演变这根主线而定型和发展的。

三、法院制度的特征

法院制度作为国家制度和国家法律制度的重要组成部分，具有下列特征：

1. 从形式上看，法院制度是国家司法职能的制度化表现形态。在法理上，一切国家职能都是法定的职能，即由国家立法予以固定化、明确化和形式化。世界各国无不通过宪法、法院组织法以及刑事诉讼法、民事诉讼法、行政诉讼法等法律的形式，明确规定法院作为审判机关在国家结构中的地位、职权、组织结构以及诉讼程序等，这些规定不仅使法院制度本身构成一国法律制度的一部分，而且将国家的司法职能以制度形式规定下来。

2. 从目的上看，法院制度为维护法律秩序服务。法治社会中国家活动从根本上可以归纳为两种：一是立法，二是执法（执法有两种不同的制度形态，即司法和行政）。立法是执法的逻辑前提，执法是方法和结果，并且在法律的实现过程中起着前后联系的必不可少的媒介作用。[2] 如果缺少执法这一动态过程，特别是在这一过程中发挥着重要作用的法院的审判活动，法律适用就只能处于静止状态，法也就无从实现，法治目标难以达到。对此，马克思曾有过精辟的论述："法律本身不能自我适用，为了适用法律，就需要有机关，就需要有法官。"[3] 列宁从另一角度也指出："如果没有一个能够迫使人们遵守法权规范的机构，法权也就等于零。"[4] 马克思、列宁所指的机关或机构就是指行使审判权的法院。因此，从法的实现的动态过程看，法院作为审判机关，其审判职能的发挥就是为了恢复因冲突而被破坏了的法律秩序。就目的而言，法院制度是为维护法律制度服务的。

---

〔1〕《列宁全集》第27卷，人民出版社1990年版，第199页。
〔2〕龚祥瑞等：《西方国家的司法制度》，北京大学出版社1993年版，第13页。
〔3〕《马克思恩格斯全集》第1卷，人民出版社1972年版，第76页。
〔4〕《列宁全集》第3卷，人民出版社1959年版，第256页。

3. 从文化角度看，法院制度是一国法文化传统的重要组成部分。法院制度作为一国法律制度的一部分，与该国法律制度的其他部分共同构成了该国区别于另一国的法文化传统。在法院制度与整体法文化传统的互动关系中，一方面，法院制度体现了整体法文化传统并打上了整体法文化的印记；另一方面，整体法文化传统反过来又受到法院制度的深刻影响。因而，在理解和解释为什么国体、政体基本相同的国家会在法院制度上有明显的不同时，必须将法院制度放入一国整体法文化的背景下进行考察。例如，西方国家在政治哲学和政治现实上几乎是相同或相似的，却在法院制度上呈现为各具特色的大陆法系法院制度和英美法系法院制度。如果不从法文化传统的渊源上入手，仅停留在政治哲学的圈子内，是难以解开这一费解之谜的。同样，一国的法院制度在不同的历史时期会呈现出不同的特色，也与该国法文化传统的演变息息相关。中国法院制度的现代化进程，为我们提供了这方面的范例。

第二节 法院的职权和功能

一、法院的职权

（一）法院职权概述

法院的职权，是指法律所规定的法院在其职责范围内所享有的权力。它有两类：①专有职权，即审判职权。这是任何一个国家的法院作为国家的审判机关所享有的排他性权力。②特殊职权，诸如法律解释权、立法权、司法审查权、程序规则制定权以及司法行政事务处置权等。这类职权不具有排他性，某些机关也可依据法律授权而享有。因此，这类职权因各国具体国情不同而不同。

（二）国外法院的几种基本职权

从整体上考察，现代法治国家普遍赋予法院以下几种基本职权：

1. 审判权。审判权是审理权和裁决权的合称，它是法院所专有的一种排他性的基本权力，除法院之外其他任何机关不享有这种权力。对此，各国皆以立法的形式明确加以规定。如《美国宪法》第3条规定："合众国的司法权，属于最高法院及国会随时规定和设立的下级法院。"《德国基本法》第92条规定："司法权委托给审判官；此项权力由联邦法院和本基本法所规定的各联邦法院和州法院行使。"《日本宪法》第76条规定："一切司法权属于最高法院及由法律设置的下级法院。"将审判权专属划归法院，充分体现了现代西方宪政国家"三权分立"的基本原则。

2. 司法解释权。司法解释权，是指法院享有的解释立法机关制定的法律的权力。司法解释权的范围和大小在两大法系中由于历史传统和价值观念不同而差异甚大。在大陆法系国家，由于比较严格地贯彻以立法至上为特征的三权分立原则，早期理论上否认法院享有司法解释权，认为无论法院或法官对法律作何种解释，都意味着"法官立法"，必然侵蚀应当由立法机关享有的立法权。为了保证法官在没有解释权的情况下正确引用法律解决案件，大陆法系国家要求立法必须是"明晰、完整而且逻辑严密"，并尽量穷尽一切社会事实，达到法律"疏而不漏"的效果。但长期的司法实践表明，没有任何一部法典能够囊括一切社会事实。20世纪以来，立法逐步肯定了法院的法律解释作用。当然，立法机关对法院司法解释权行使的程序、方法、范围附加了诸多限制，如一方面允许法官作解释，另一方面又通过撤销制或复审制授权上级法院对依据错误解释而作出的判决予以撤销。以普通法为传统的英美法系国家，对法院的法律解释功能，无论在理论上还是在实践中，都持赞同态度。如在美国，法官拥有广泛的法律解释权，不仅表现在可以适用的法律或行政法规尚具法律效力时，法官可以对它作出解释，而且联邦最高法院还拥有对宪法的解释权。

3. 立法权。各国法院在行使审判权时，都要适用立法机关事先制定的法律，即制定法。但英美法系国家还实行"遵循先例"的判例原则。所谓判例，它不是产生于立法机关制定的法律，而是产生于法官的判决，即法官在适用制定法的解释过程中推导出的法律规则，因而又称为"法官法"。在此意义上可以认为，法律不仅由立法机关制定，而且也由法院制定。法官创造法律，通常被认为是英美法系的传统之一。尽管遵循先例原则的传统现在有被不断突破的趋势，但判例法仍然是普通法系国家主要的法律渊源之一。

在大陆法系国家，传统上法官行使审判职权作出的裁决必须以制定法为依据，不适用遵循先例的原则。判例不是大陆法系国家法律的渊源。但由于社会生活的纷繁复杂和发展变化，任何事先制定的成文法都不可能完全涵盖发生的各种社会冲突，法官作为法律的适用者，总是无法回避诉诸于他们的、但立法又没有明确规定处置办法的某些冲突。在这种特殊情形下，由于法官不能以法律规定不明确为理由拒绝作出判决，于是判例的作

中国司法制度

用就凸现出来。而且，由于严格的审级制度的存在，上级法院特别是最高法院的先前判例，总是对下级法院的法官处理同类案件具有拘束性质的影响力，因为下级法院的法官不愿冒改判的危险而置上级法院的判决于不顾。因此，在司法实践中，判例在个别情况下被允许使用，这就实际上间接地肯定了法官在个案处理上的立法权力。在立法上，有的国家也认可了法官造法的权力，如1942年《意大利民法典》规定，如果一条规定不足以解决纠纷，可以适用解决同类案件或相似案件的规定；如果仍然不够清楚，则根据国家法律秩序的一般原则进行判决。

总之，判例在审判实践中发挥作用的事实表明了大陆法系法官的有限造法作用。当然，这种作用与普通法系"遵循先例"原则下的法官造法作用相比，无论在条件上还是程度上都是不可相提并论的。

4. 违宪审查权。违宪审查制度作为宪法保障机制发端于美国。美国联邦宪法并没有赋予法院解释宪法的权力，但美国联邦最高法院在1803年通过审理"马伯里诉麦迪逊"一案以判例形式确立了"违宪的法律不是法律"和"阐明法律的意义是法院的职权"两项原则，这就赋予了普通法院对立法和行政行为合宪性的审查权。

违宪审查的理论依据是现代法治社会所推行的宪政主义，即由民选代表组成的立法机关所制定的宪法具有最高法律效力，法律、法令和政府行为都不得同宪法相抵触，而联邦最高法院则是这一宪法精义的守护人。美国的违宪审查有以下特点：①违宪审查权由普通司法机关行使，即联邦最高法院行使；②违宪审查权的对象和范围包括联邦国会立法和行政立法，也包括美国各州的法律；③法院的违宪审查权不得主动行使，而只能采取受理诉讼的方式进行。自美国联邦最高法院确立和行使违宪审查权以来，宣布过一百多个联邦法律和几百个州法律违宪。违宪审查使联邦最高法院不仅与国会和总统鼎足而立，成为牵制国会和总统的有效工具，而且对美国社会的政治和经济制度的发展起了很大作用。

大陆法系国家也建立了各自的违宪审查制度，但没有将违宪审查权赋予普通法院行使。德国、意大利建立了独立于普通法院的宪法法院，由宪法法院来行使违宪审查权，而法国则采取了宪法委员会的形式。

5. 程序规则的制定权。在一些国家，最高法院除行使上述权力外，还享有程序规则制定权，如美国国会授权最高法院制定联邦系统法院的民、刑事案件和上诉案件的程序规则，并有权修改这些规则。日本最高法院有权就有关诉讼程序、法院内部纪律等事项制定规则。同时，最高法院可以将有关下级法院规则的制定权委托给下级法院。但大多数国家制定程序规则的权力仍然由立法机关行使。

6. 司法行政事务管理权。对于法院系统内部的司法行政事务，多数国家由政府的司法部主管。但第二次世界大战以来，将司法行政事务权与普通行政权相区别，列入司法权之内，统一由司法机关行使，已成为现代司法权发展的一大趋势。如日本立法明确规定，最高法院具有司法行政管理权。美国的司法行政因历史传统关系，属于普通行政的范围（即便如此，行政机关对司法机关内部的行政、人事任免以及其他监督事务，也无权过问）。后来，国会通过立法，在最高法院设联邦法院行政处，处长由最高法院院长任命，掌管联邦上诉法院以下各级法院司法行政事务，以维护司法权的独立。

7. 非司法职权。除上述职权外，许多国家的法院还处理一些非诉讼事务，如财产登记、检验遗嘱、处理死亡者遗产等。法院在这方面享有的职权，称作非司法职权。

（三）我国人民法院的职权

根据有关法律规定，我国法院享有以下几种职权：

1. 审判权。我国《宪法》明确规定："中华人民共和国人民法院是国家的审判机关。"这表明人民法院是代表国家行使审判权的惟一机关，审判职权是人民法院的专有职权。

2. 司法解释权。最高人民法院作为最高审判机关，除行使审判职权外，还有权对审判过程中如何具体适用法律、法令等问题进行解释。最高人民法院的司法解释是有权解释，属法律渊源之一，对下级法院具有约束力。司法解释有两种表现形式：①最高人民法院就审判实践中所遇到的法律适用问题所作的指示性解释，这种解释通常表现为对基层法院或中级法院、高级法院的个别请示的批复；②最高人民法院针对某一部法律的具体适用而作的集中解释。

最高人民法院的司法解释在我国法律渊源中占有十分重要的地位。在我国审判实践中，由于立法技术比较粗糙，法律条文的内容不甚明确，加之法官总体水平不高，审判人员在适用法律时往往遇到新情况、新问题，而立法机关承担着繁重的立法任务，无暇顾及并且也不甚了解这些问题，这样，对法律适用进行有权解释的任务通常由最高人民法院以司法解释的形式来完成。

3. 指导权。基层人民法院除行使审判职权外，还享有指导人民调解委员会工作的权力。

4. 司法行政权。各级人民法院内部机构中都设有主管法院内部行政工作的组织和职位，行使有关司法行政方面的职权。

5. 司法建议权。人民法院在审理案件时，发现不属于人民法院主管的违法行为，有权向相应的机关提出司法建议，要求其予以处理。

我国法院无违宪审查的职权，违宪审查方面的职权依法律规定由最高国家权力机关全国人民代表大会及其常委会行使。

二、法院的功能

在政治社会科学中，功能的基本含义是指一定组织或体系发挥的作用，以及为发挥作用而完成的一整套任务、活动与职责。[1] 对于法院而言，法院作为审判组织具有两类基本功能，即直接功能和间接功能。

（一）直接功能

直接功能，是指法院解决纠纷的功能。日本法学家棚濑孝雄指出，审判制度的首要任务就是纠纷的解决。[2] 英国法学家卢埃林指出，解决争端是法院最为重要的职能，并始终为其功能的实施创造条件。[3] 因此，解决纠纷是法院制度的普遍特征，它构成法院制度产生的基础、运作的主要内容和直接任务，也是其他功能发挥的先决条件。

（二）间接功能

间接功能也称延伸性功能，是指法院在社会生活中除其承担的直接功能以外的其他功能，具体而言，包括以下几方面：

1. 控制功能。控制功能实质在于维护社会秩序的稳定，法院通过解决纠纷的方式弥补和恢复被破坏了的法律所规范的社会秩序，而且法院"通过对每个人所施加的压力迫使他自己维护文明社会并阻止他从事反社会行为"。[4]

2. 权力制约功能。权力制约功能的基本含义，是指基于对公民权利保

---

〔1〕［法］莫里·斯迪韦尔热：《政治社会学——政治学要素》，杨祖功、王大东译，华夏出版社1987年版，第180页。

〔2〕［日］棚濑孝雄：《纠纷的解决与审判制度》，王亚新译，中国政法大学出版社1994年版，第1页。

〔3〕［英］罗杰·科特威尔：《法律社会学导论》，潘大松等译，华夏出版社1989年版，第89~91页。

〔4〕［美］罗斯科·庞德：《通过法律的社会控制、法律的任务》，沈宗灵、董世忠译，商务印书馆1984年版，第8~9页。

障的考虑，法院在一定程度上具备对其他国家机关的制衡功能，尤其体现在对立法、行政的强有力制约上。法院的权力制约功能主要以两种形式体现：

（1）违宪审查（或称司法审查），即法院通过司法程序来审查和裁决立法和行政机关制定的法律、法令以及行为是否违反宪法的方式制约权力。法院作为宪法精义的守护人，有责任解释和维护宪法。汉密尔顿指出："解释乃是法院的正当与特有的职责——对宪法以及立法机关制定的任何法律的解释权都应属于法院。如果二者间出现不可调和的分歧，自以效力及作用较大之法为准。因此，法院必须有宣布违反宪法明文规定的立法为无效之权。"[1] 从权利的角度来看，司法审查权也是公民借以防止和救济国家权力侵害其合法权利的有效手段。

（2）行政审判，即法院通过对行政行为因违法、失职、越权、未遵守法定程序或其他不当，造成自然人、法人或其他组织权益损害而引发的行政案件的审判的方式进行权力制约。进入现代社会以来，行政权力的扩张日趋突出，侵犯公民权利的事件经常发生。在此种情况下，加强制约包括司法制衡便理所当然，行政审判也就应运而生。在美国，审查行政行为已成为联邦最高法院一项最重要的活动，受理的案件中约有1/3与这类问题有关，法律制度的明显趋向是费尽心力打击令人反感的对行政自由处置权专断任性的滥用。[2]

行政审判以两种方式进行：①普通法院审判，即由常设的对刑事、民事案件行使一般管辖权之普通法院进行行政审判，英美法系国家多采用此种方式。②专门的行政裁判机构审判，即在普通法院外专设审判行政案件的司法机构，法国和德国等大陆法系国家多采用此种方式。大陆法系国家专设行政裁判机关行使行政裁判权的理由主要有两点：其一，他们认为行政活动的独特性使普通法院法官难以正确理解与处理，因而有必要专设行政裁判机关，由熟悉行政情况者担任法官。其二，大陆法系国家有着司法权侵犯行政权的历史渊源，为防止司法权侵犯行政权，有必要专设行政裁判机关。但是，随着司法逐步在权力格局中取得优越位置和宪政体制设计强调法院充任政府与公民纠纷的裁决者和政府权力监控者思想的贯彻，行

---

[1] [美] 汉密尔顿、杰伊、麦迪逊：《联邦党人文集》，程逢如等译，商务印书馆1997年版，第391页。

[2] [美] 埃尔曼：《比较法律文化》，贺卫方等译，三联书店1990年版，第245页。

政裁判机关逐渐独立于行政机关而成为实质上的对行政行为进行司法控制的机构。

3. 公共政策制定功能。公共政策，在本质上是解决或处理社会、经济或政治问题的政府行为，但近现代社会容许法官自由裁量权的存在，自然也就不可能排斥法院的政策制定功能。

法院的决策功能与其法律解释行为有机结合在一起。法院在法无明文规定时填补法律漏洞，或者在法律规定不明确或相冲突以及在旧法落后于社会现实时，根据社会正义、公平理念、法律原则等进行创造性解释或创制新判例，这种裁决已超出某一具体案件的范畴，对该纠纷所涉及的社会问题的解决思路和解决方式产生了波及效应，影响到相关领域的政策制定和执行。近现代社会以来，法院的这种政策制定功能伴随着与环境污染有关的公害诉讼、消费者诉讼、纳税人诉讼等现代型诉讼的出现而日益显露出来。

法院的公共政策制定功能通常以两种方式体现：

（1）消极否定式，它通过宣布一项法律、法令、政策或行为违法无效来干预公共政策。换言之，它是通过否定由其他机构已制定出的公共政策的方式，来表明自己的政策观。如德国宪法法院1975年关于人工流产的判决，即以消极方式影响到人工流产问题的处理。在此项判决中，法官认为1974年由社会自由主义政府通过的法律允许在怀孕头3个月进行人工流产，是不妥当的，于是法院裁定国家应当尽可能通过刑法保护胎儿生命。〔1〕又如在英国，1992年8月梅杰领导的保守政府决定关闭煤矿，并数量减少至10个，但英国高等法院裁定政府的举措非法和不合理。以否定方式干预公共政策由来已久，也相当普遍，从另一个角度看，它是权力制约功能的另一种表现。

（2）积极肯定式，它主要通过解释宪法或制定法等积极主动的形式创立政策。20世纪之前的美国联邦最高法院通过对宪法的解释，以一系列判决发展了公共决策。如1803年马伯里诉麦迪逊案（最高法院对国会的司法审查），1816年马丁诉亨特承租人案（最高法院对州法院的审查），1819年麦库洛克诉马里兰州案（联邦法的最高效力），以及1824年吉本诉奥格登案（联邦对州际通商的管理），均为国家公共政策的基本判例。它们帮

---

〔1〕［德］克里斯汀·坎佛瑞德："德国的司法决策者：联邦宪法法院"，载宋冰编：《读本：美国与德国的司法制度及司法程序》，中国政法大学出版社1998年版。

助界定了联邦体制的特征、政府的权力并推动了美国强调商业的趋势。20世纪50年代厄尔·沃伦担任联邦最高法院首席大法官时，最高法院在取消种族隔离的民权领域和保障被告人权利的刑事法领域作出了一系列自由主义色彩浓厚的判决，积极主动、广泛深入地参与甚至有时是主导了公共决策。在这类判决中，法院扮演的角色当然不止于规定政府不能做什么，更重要的是规定了政府应该做什么，采取何种方式去做。美国政治学家安德森指出："法院闯入了许多社会和政治活动领域。"[1]

第三节 法院制度的基本原则

法院制度的基本原则，是指建构法院制度必须遵守的基本准则和审判工作中必须遵循的最基本的行为规则，它贯穿于审判活动中，并对审判工作的全部活动具有普遍的指导意义。

一、国际通行的两项基本原则

（一）司法独立原则

1. 司法独立原则的理论基础和历史沿革。司法独立原则的理论基础是立法、行政、司法三权分立的国家学说。18世纪资产阶级启蒙思想家孟德斯鸠指出："如果司法权不与立法权和行政权分立，自由也就不存在了。如果司法权与立法权合二为一，则将产生对公民的生命和自由施行专断的权力，因为法官就是立法者。如果司法权同行政权合二为一，法官便将握有压迫者的力量……在土耳其，这三种权力集中于苏丹一人身上，所以恐怖的暴政统治着一切。"[2] 这段名言精辟地说明了立法、行政、司法三权分立的必要性及重大意义。资产阶级革命胜利之后，司法独立原则被许多国家的宪法确认。如1789年《美国宪法》规定，司法权只属于各级法院。1791年《法国宪法》规定，在任何情况下，司法权不得由议会和国王行使，即司法权应当由法院独立行使。1919年和1949年的《德国基本法》都规定，司法权赋予法官，司法权由法院行使，法官具有独立性，只服从法律。1946年《日本宪法》规定，法官依良心独立行使职权，只受宪法与

---

[1] 胡伟：《司法政治》，三联书店（香港）有限公司1994年版，第174~175页。
[2] ［法］孟德斯鸠：《论证的精神》（上册），张雁琛译，商务印书馆1982年版，第156页。

法律的约束。1947年《意大利宪法》规定，法官只服从法律。其他一些国家的宪法也有类似规定。

随着司法独立原则为各国法律所确认，司法独立逐步成为国际公认的最基本的司法原则之一。这种国际公认主要通过有关国际性法律文件表现出来。如1948年联合国《世界人权宣言》第10条规定，人人完全平等地有权由一个独立而无偏袒的法庭进行公正和公开的审讯，以确定他的权利和义务并判定对他提出的任何刑事指控。我国政府已于1998年10月签署了联合国《公民权利和政治权利国际公约》，其第14条规定，在判定对任何人提出的任何刑事指控或确定他在一件诉讼案件中的权利和义务时，人人有资格由一个依法设立的合格的、独立的和无偏无倚的法庭进行公正的和公开的审讯。联合国人权事务委员会就《公民权利和政治权利国际公约》通过的一般性意见认为，上述规定要求法庭必须依法成立，宪法和有关立法中应有关于司法、行政、立法部门相互独立以及如何设立法庭、如何委任法官以及委任的条件、任职期限、晋升、调职、停职的条件等规定。

20世纪80年代以来，联合国及有关国际组织进一步制定了有关司法独立的准则：1982年国际律师协会第十九届年会上通过了《关于司法独立最低标准的规则》（以下简称《标准规则》）；1983年6月，在加拿大蒙特利尔举行的世界司法独立第一次会议一致通过了《世界司法独立宣言》（以下简称《宣言》）；1985年8月第七届联合国预防犯罪和罪犯待遇大会通过了《关于司法机关独立的基本原则》（以下简称《基本原则》），该《基本原则》对《标准规则》和《宣言》两个法律文件中的大部分内容作了吸收和确立，系统规定了司法独立的要求及其保障机制。此外，联合国经社理事会于1989年5月24日第1989/60号决议又通过了《〈关于司法机关独立的基本原则〉的有效执行程序》，以促进司法独立原则在世界范围内更好地推行。

2. 司法独立原则的内容。根据各国宪法和法律以及有关国际性法律文件之要求，司法独立原则的核心内容是，对案件从事审判的司法人员在审理和制作司法裁判文书方面拥有完全的独立性和自主性，只服从宪法和法律的规定，不受外界任何组织或个人的干预。具体而言，司法独立原则包括以下相互联系的几个方面要求：

（1）审判权具有专属性。审判权只能由国家的审判机关行使，其他任何机关，尤其是立法和行政机关不得行使。《基本原则》第3条规定："司法机关应对所有司法性质问题享有管辖权，并应拥有绝对权威就某一提交其裁决的问题按照法律是否属于其权力范围作出决定。"

（2）审判权独立自主行使。审判组织（独任庭或者合议庭）独立行使审判权，不受外界任何机关、团体、组织或个人的干涉、影响和控制。《基本原则》第2条规定："司法机关应不偏不倚、以事实为根据并依法律规定来裁决其所受理的案件，而不应有任何约束，也不应为任何直接或间接不当影响、怂恿、压力、威胁或干涉所左右，不论其来自何方或出于何种理由。"第4条规定："不应对司法程序进行任何不适当或无根据的干涉；法院作出的司法裁决也不应加以修改……"

（3）审判权依法行使。审判组织在行使国家审判权时，必须且只能服从宪法和法律，这是审判组织的法定职责。《基本原则》第2条规定："司法机关应不偏不倚、以事实为根据并依法律规定来裁决其所受理的案件……"第5条规定："人人有权接受普通法院或法庭按照业已确立的法律程序的审讯。不应设立不采用业已确立的正当法律程序的法庭来取代应属于普通法院或法庭的管辖权。"第6条规定："司法机关独立的原则授权并要求司法机关确保司法程序公平进行以及各当事方的权利得到尊重。"

3. 司法独立原则的保障机制。与司法独立密切相关的是其保障机制，根据《基本原则》的规定，保障司法独立有以下几方面要求：

（1）在保障审判权的专属性方面要求：向司法机关提供充足的资源如经费、住房以及办公设施等；法官享有言论和结社自由；法官对具体案件的审理权由法院内部自行决定。

（2）在保障审判权的独立自主行使方面要求：法官的服务条件应受到法律保障；法官的任期得到保证；法官对职务秘密享有拒绝作证权；法官享有司法豁免权；对法官的惩戒应当依公正程序进行。

（3）保障审判权的依法行使方面要求：甄选法官应注重法官的内在条件；法官的晋升应以客观因素为基础。

（二）审判程序公正原则

1. 审判程序公正原则的含义。在理论上，审判程序公正原则有以下几方面基本含义：

（1）中立性。程序的中立性是就裁判者而言，其基本含义有三个方面：①任何人不能担任与自己有关案件的法官；②争讼事项中不能含有裁判者的个人利益；③裁判者不应对任何一方争讼者存有偏见。

（2）平等性。程序的平等性是就争讼双方的法律地位而言，它要求在诉讼活动中争讼双方当事人享有相同或对等的诉讼权利和手段。尤其是在刑事诉讼和行政诉讼中，平等性要求法律赋予弱势的争讼方有更多的诉讼手段和能力以对抗处于优势地位的另一方。

（3）公开性。诉讼程序的公开性就诉讼主体的诉讼行为而言，其基本要求是诉讼行为原则上应当公开进行。这种公开包括以下两个方面：①法庭上的诉讼活动公开进行，当事人必须直接参与，向新闻媒介、公众公开庭审；②在裁决结果中将作为裁判基础的证据和裁判的法律依据向当事人及社会公开。公开性在个别情况下有例外，如涉及个人隐私、未成年人犯罪时。

（4）科学性。程序的科学性是就程序的技术因素而言，它要求程序设计理性化，符合诉讼行为的客观规律，符合诉讼效率的要求，能最大限度地查明案件客观真实等。历史上出现过的"神裁法"程序，带有浓厚的迷信色彩，是非理性和反科学的。

2. 审判程序公正的国际标准。产生并发展于英美法系且以审判程序公正为主要内容的审判程序公正原则，在20世纪50年代后逐步发展为被世界多数国家公认的基本的人权保障准则。联合国相关国际性法律文件也予以了确认。如《世界人权宣言》、《公民权利和政治权利国际公约》以及1984年联合国大会第39/46号决议通过的《禁止酷刑和其他残忍、不人道或有辱人格的待遇或处罚公约》等，这一系列法律文件已基本上形成了一整套关于审判程序公正原则的国际性准则。可以说，这些准则反映了刑事审判程序改革的普遍趋势，是人类法制文明的共同走向。

目前关于审判程序公正的国际标准，集中体现在联合国《公民权利和政治权利国际公约》第14条的规定，包括：①所有的人在法庭或裁判所面前一律平等；②在判决时对任何人提出的任何刑事指控或确定他在一件诉讼案中的权利和义务时，人人有资格由一个依法设立的合格的、独立的、无偏无倚的法庭进行公正和公开的审讯；③凡受刑事控告者，在未依法证实有罪之前，应有权被视为无罪；④凡被指控的人有权获得被指控的性质和原因的告知；⑤有相当的时间和便利选择律师，而获得辩护；⑥受审时间不被无故拖延；⑦被告有权出庭受审并为自己辩护，或由他选择法律援助进行辩护；⑧控、辩双方的证人出庭作证并接受询问和质证；⑨免费获得翻译人员帮助；⑩受审人不被强迫作不利于自己的证言或强迫承认犯罪；⑪对未成年人案件适用特殊程序；⑫凡判决有罪者，应有权上诉并进行复审；⑬错案有权获得纠正并赔偿；⑭一事不再理，即任何人已依一国的法律及刑事程序被最后定罪或宣告无罪者，不得就同一罪名再予审判或惩罚。

二、我国法院制度的基本原则

我国法院制度的基本原则主要包括：审判权统一行使原则，审判权独立行使原则，以事实为根据、以法律为准绳原则，诉讼效益原则等。

（一）审判权由人民法院统一行使原则

审判权作为国家权力的重要组成部分，我国宪法、人民法院组织法和诉讼法明文规定，人民法院是代表国家行使审判权的专门机关。审判权由人民法院统一行使原则包含以下几个方面的内容：

1. 人民法院是代表国家行使审判权的惟一机关，即是说，除人民法院外，其他任何国家机关、团体或组织都不能代表国家行使审判权。有些国家机关，如工商、税务、海关、审计等行政执法机关，对违反行政法律、法规的行为和某些权益争议也会作出处理，这种处理是代表国家行使行政管理权。仲裁组织对一些民事、商事纠纷有时也会作出裁决，但仲裁机构作出裁决的行为不具有审判权性质，属于民间性质的行为。

2. 人民法院的级别设置不影响审判权的统一性，基层人民法院、中级人民法院、高级人民法院和最高人民法院共同构成人民法院的统一体系，依据各自的权责分工统一行使审判权。

3. 法律适用的统一性保障了审判权的一致性和完整性，国家依据统一的人民法院组织法组建人民法院，各级人民法院依据三大诉讼法规定的统一的诉讼程序审理各类案件，而且在实体法的适用上，各级人民法院以统一的、生效的实体法作为办案依据。严格遵循法律适用的统一性确保了审判权的一致性和完整性。

需要说明的是，香港和澳门特别行政区依据特别行政区基本法在"一国两制"的前提下，实行不同于内地的司法制度，拥有相对独立和完整的司法权。从整体来看，这没有影响审判权由人民法院统一行使原则。

（二）审判权独立行使原则

审判权独立行使原则，是指人民法院依法独立行使审判权，不受行政机关、社会团体和个人的干涉。人民法院组织法、诉讼法均明确规定了这一原则。该原则包含以下两层意思：①人民法院审判案件只服从法律，任何行政机关、社会团体和个人不得干涉；②在我国，审判权独立行使是指人民法院作为一个整体独立行使，而不是西方法治国家的法官个人独立。坚持审判权独立行使原则时必须明确以下几个关系：

中国司法制度

1. 接受党的领导。中国共产党是我国宪法确认的执政党，国家的各个机关和部门在发挥职能作用时，都要严格贯彻执行党的路线方针和政策，人民法院亦不例外，不能以"审判独立"为名排斥党在政治、思想和组织上的领导。

2. 接受人民代表大会及其常委会的监督。《宪法》第3条第3款规定："国家行政机关、审判机关、检察机关都由人民代表大会产生，对它负责，受它监督。"《人民法院组织法》第16条第1款规定："最高人民法院对全国人民代表大会和全国人民代表大会常务委员会负责并报告工作。地方各级人民法院对本级人民代表大会及其常务委员会负责并报告工作。"各级人民代表大会及其常委会对人民法院的工作进行监督是其法定权力，各级人民法院应当主动向人大及其常委会报告工作，认真听取人大代表、人大及其常委会对法院工作的意见和建议，接受人大代表对法院工作的质询和评议。

3. 依法接受上级人民法院对审判工作的监督。《宪法》第127条和《人民法院组织法》第16条规定，下级人民法院的审判工作受上级人民法院的监督。这一规定明确了上下级法院之间是监督和被监督关系。上级人民法院对下级人民法院审判工作的监督，主要通过二审程序和审判监督程序进行。

（三）以事实为根据、以法律为准绳原则

以事实为根据、以法律为准绳原则是我国诉讼法规定的一项基本原则。《刑事诉讼法》第6条和《民事诉讼法》第7条规定，人民法院进行刑事诉讼和审理民事案件必须以事实为根据、以法律为准绳。

以事实为根据，是指人民法院在对案件作出处理决定时，必须以经过证据证明了的案件事实为依据，而不能以主观想象、臆测的事实为依据。对于事实的理解，我们认为，由于时间的一维性和不可逆转性、案件审理的时限性，以及特定时空条件下人们认识能力的局限性，人民法院对案件作出处理决定时所依据的事实不能苛求其全部是客观存在的事实，而只能是经过庭审查明并由证据证明了的案件事实。这种案件事实在绝大多数情况下与客观存在的事实是相一致的，但在有些情况下，也有不一致的情况。由于这种不一致而导致的败诉风险，根据证明责任的风险分配规则，由举证不能或举证不力者承担。以事实为根据要求人民法院在审理案件时，要严格依照法律规定的程序调查证据，证据必须经过当事人举证、质证和法院的认证，在证据确实、充分的基础上准确认定案情，作出裁判，即"证据裁判"。

以法律为准绳有两层含义：①人民法院在审理案件时必须严格遵守法定程序；②人民法院在对案件进行实体处理时必须严格按照法律的规定。也就是说，这里的法律不仅包括实体法，还包括程序法。值得注意的是，我国长期以来就有"重实体、轻程序"的传统，在推进依法治国的今天，程序法的价值和作用日益凸显，加强程序法制和程序意识实属必要。

（四）诉讼效益原则

诉讼效益原则，是指人民法院审理案件时，在保障公正的前提下，必须以最小的投入获得最大的产出。随着社会的发展、各类纠纷的增多，法院面临着日益增长的案件积压现象，提高诉讼效率已成为当代各国诉讼制度设计的重要价值取向之一。作为规范审判机构的法院制度，当然地应当服从诉讼效益这一原则。

诉讼效益原则有以下几点基本要求：①人民法院在机构设置上应尽量地符合经济原则，如我国基层人民法院设立的派出法庭就是根据这一原则而设置的；②人民法院的审判方式、审判活动应当经济，如我国的就地审判制度、巡回审判制度就是应这一要求而设立的；③在程序设计上讲求效益，人民法院的审判程序包括审判的各类规则等都应当讲求经济，如我国现行的简易程序以及地方各级人民法院正在进行的审判方式改革所追求的主要目标之一就是诉讼效益。

第四节 法院的组织体系

一、法院的组织体系

法院的组织体系，是指法院机构的设置，具体包括法院的种类、法院的组织体系和法院的纵向组织结构三方面内容。

（一）法院的种类

法院的种类就是指法院的类型。从各国法院设置的实际情形考察，依据不同的标准，可将法院的类型大致划分为以下几种：

1. 普通法院和专门法院。按照法院管辖案件的范围来分，法院可分为普通法院和专门法院。普通法院的管辖范围最广，原则上可以受理公法和私法上的争讼案件。普通法院构成一国法院组织体系的主干。大多数国家在普通法院内设置刑事、民事审判庭审理刑事、民事案件。少数国家，如法国，则把基层普通法院分设为刑事法院和民事法院，分别受理刑事案件和民事案件。与普通法院相对应的是专门法院，其管辖案件的性质比较特殊，原则上主要受理公法范围内的行政争讼和宪法争讼。此外，还根据审判实践的特殊需要，设置一些受理特别类型案件的专门法院。如联邦德国的专门法院，除行政法院和宪法法院外，还有劳动法院、社会法院和财政法院。美国国会也设立了多种专门审理特殊类型案件的法院，如联邦的海关和专利上诉法院、税收法院、军事审判法院等。

2. 初审法院、上诉法院和终审法院。根据审级来分，法院可分为初审法院、上诉法院和终审法院。初审法院一般为基层法院，管辖轻微刑事、民事案件；区域法院一般为上诉法院；在上诉法院之上设终审法院。各国因级别管辖和审级制度的不同，其初审法院、上诉法院和终审法院的确定也不相同。一般而言，初审法院的上一级法院为上诉法院，允许一次上诉的情况下，上诉法院即为终审法院；允许二次上诉的情况下，上诉法院之上的法院为终审法院。以美国为例，联邦法院系统由联邦地方法院、联邦上诉法院、联邦最高法院三级构成。联邦地方法院为联邦初审法院。目前设置的联邦地方法院有90所，大体上每州一所，人口较多的州设有好几个所。在全国11个巡回区内设立11所联邦上诉法院，上诉法院审理该巡回区内不服联邦地方法院和联邦专门法院以及某些具有部分司法权的行政机构裁决的上诉案件。对上诉法院的判决只有极少数可向联邦最高法院上诉，因此，上诉法院一般也是终审法院。联邦最高法院是全国最高审级的法院，有权管辖宪法赋予其管辖的初审案件，其判决是终审判决；在少数允许二次上诉的情况下，其是终审法院。

（二）法院的组织体系

依据不同的标准，法院的组织体系可分为以下几类：

1. 单轨制法院体系和双轨制法院体系。单轨制法院体系和双轨制法院体系的划分基础是国家结构分为单一制和联邦制两种，其适用范围仅限于普通法院。单轨制法院体系与单一制国家结构相一致，指各级普通法院统一在全国最高法院之下，形成一个完整的系统。英国、日本、法国的普通法院采取单轨制组织体系。双轨制法院体系一般与联邦制国家结构相符合，如联邦制的美国，其法院组织体系就属双轨制。联邦普通法院由联邦地方法院、联邦上诉法院和联邦最高法院组成。州法院由州地方法院、州上诉法院和州最高法院三级构成。州法院和联邦法院分别适用自己的法律，两套法院平行并列，互不隶属。需要注意的是德国，虽然其国家结构形式采取联邦制，但其普通法院由地方法院、州中级法院、州高级法院和联邦最高法院四级构成，州法院和联邦法院虽各有管辖上的分工，但二者适用同一法典，这与单一制国家的法院体制在本质上是一样的，属单轨制法院体系。

2. 一元化法院体系与多元化法院体系。

（1）一元化法院体系，是指在一国内仅有一个统一的法院系统。英美法系国家比较普遍地实行一元化法院体系。一元化法院体系如同金字塔一样，最高法院位于塔顶，无论有多少不同种类的法院，也不论这些法院划分为多少级，都分布在塔顶的下面，每一个案件都可能受到最高法院的最后审查。下级法院既可以审理普通的刑事、民事案件，还可以审理由违法行政行为引起的行政争讼案件，以及某些宪法权利方面的争议。对这些案件都可以由其上级法院审查，而且上级法院对大量的民刑案件拥有最终的审查权。如在美国，既没有单独的宪法法院也没有独立的行政法院，虽有一些处理行政性争议的专门法院，但其上诉法院和终审法院仍然是普通法院。专门法院未能形成独立于普通法院之外的单独体系。英国法院由普通法院构成全国统一的法院体系，与美国是一样的。

（2）多元化法院体系，是指在一国内针对不同类型案件而设置各类专门的法院系统来审理，这些专门法院系统都有自己互不隶属且平级的最高法院。大陆法系国家比较普遍地设置了多元化法院体系。在多元化法院体系中，各类案件是由两个或更多的分离的且拥有各自最高法院的专门法院系统来审理。裁决大多数公法案件以及政府作为一方当事人的案件的法院与普通法院互不相关。它们各自都有其司法管辖、审级、法官和程序制度，而且同时存在于一个国家之中。例如，法国的法院分成两个独立的系统：普通法院系统和行政法院系统，普通法院不得干预行政法院。当然，这两个法院系统都无权且无须考虑宪法上的问题，因为保障宪法遵守的责任授权给了一个特殊的组织，即宪法委员会。普通法院受理刑事、民事案件，其最高审级是最高法院。行政法院受理涉及国家机关之间或公民对国家机关、官吏行使行政权产生异议的诉讼，在审判级别上分为两级，即各地的27个行政法庭和设在巴黎的最高行政法院。受法国的影响，德国的法院由普通法院、行政法院、宪法法院、劳动法院、社会法院和财政法院6个不同的系统构成。每个法院体系都有自己的管辖范围，并受本系统最高法院的领导。其中最主要的是普通法院和行政法院系统。

（三）法院的纵向组织结构

各国法院都由初审法院、上诉法院和最高法院构成金字塔形的层次性审级结构，数量众多的初审法院居于金字塔的底层，数量较少的上诉法院居中，最高法院居于金字塔的顶端。法院纵向组织结构层次性设置的基本理由在于：①通过上级法院对下级法院的审判监督保证法律实施的统一性。②避免把冲突的最后处置权一次性地委诸某一法官，最大限度地减少错判发生的可能性。③便于当事人诉讼。初审法院按地域设置，承担着辖区内的各类讼争案件，为数众多，便于当事人起诉、应诉。④允许上诉，从制度上保证当事人诉权的充分实现，体现诉讼的公正性和民主性。法院纵向组织结构建构和运行的基础在于审级制度的划分以及上诉和复审制度的采用。

二、我国人民法院的组织体系

（一）我国法院的种类

1. 普通法院和专门法院。我国的普通法院包括基层人民法院、中级人民法院、高级人民法院和最高人民法院，前三者一般称为地方各级人民法院。专门人民法院包括军事法院、海事法院和铁路运输法院。专门人民法院主要根据特定的组织系统或按照审判案件的特殊性质设置。

根据审理案件特殊性质的需要而设置专门法院，我国与英美国家专门法院的设置具有相似之处，与大陆国家专门法院的设置相去甚远。造成这种差别的原因是，作为社会主义国家，我国从理论上反对和抛弃公、私法的传统划分，在国家机构的建制上不以"三权分立"而以人民代表大会制的"议行合一"原则为基础。因此，没有设置专门的行政法院，行政诉讼由设在普通法院内部的行政审判庭来审理。

此外，我国没有设置作为宪法自救机制的宪法法院。对违宪行为的审查活动由全国人大及其常委会进行。但实践中没有大量展开违宪审查活动。

2. 初审法院、上诉法院和终审法院。我国实行四级两审终审制。基层法院、中级法院、高级法院和最高法院组成了明晰的审级序列。诉讼法对各级法院审理各类案件的审级管辖权有明确、具体的规定。一般来说，基层人民法院作为初审法院，其上诉法院和终审法院是中级人民法院。中级人民法院和高级人民法院作为初审法院，其上诉法院、终审法院分别是高级人民法院和最高人民法院。但最高人民法院作为初审法院时，其判决是终审判决。

（二）我国法院的组织体系

依据前述标准，我国的法院组织体系属于以下类型：

1. 单轨制法院体系。我国是单一制国家，与国家结构的形式相适应，我国的法院结构体系是单轨制。地方各级人民法院和各专门人民法院统属最高人民法院领导，构成完整的单一体系。

2. 一元化法院体系。虽然我国设置了军事法院、海事法院等专门法院用于处理特定领域内的案件，但我国仍然是一元化法院体系，专门法院的设置局限于初级、中级和高级，最高人民法院只有一个，统一行使最高司法权，所有的地方各级法院和专门法院都属于最高人民法院的下级机构。

3. 我国法院的纵向组织结构。我国法院的纵向组织结构由基层人民法院、中级人民法院和高级人民法院和最高人民法院这样由低到高的四级构成。我国法院纵向组织结构带有明显的等级色彩，上级法院对下级法院的控制比较强，除广泛地采用上诉审和审判监督程序外，实践中还存在下级法院向上级法院的案件请示汇报制度。由于担心判决通过上诉和审判监督程序被上级法院撤销或有改判的危险，下级法院较多地采用请示汇报制度，使自己的处理意见取得上级法院的首肯或直接从上级法院那里获得权威性的处置办法。这种做法的弊端较多：①违背了两审终审制原则，使两审终审变相地成为一审终审，因为事前取得上级法院同意的案件，出现改判的情况是不多的；②过度的集权影响了下级法院依法独立行使审判权；③不必要地加重上级法院的工作负担，妨碍其正常职能的发挥。

三、我国人民法院的设置及其职责

根据《人民法院组织法》第2条的规定，人民法院由地方各级人民法院、专门人民法院和最高人民法院构成。地方各级人民法院包括基层人民法院、中级人民法院和高级人民法院三级；专门人民法院包括军事法院、海事法院和铁路运输法院。

（一）地方各级人民法院的设置及其职责

1. 基层人民法院。基层人民法院设在县、自治县、不设区的市和市辖区。其职责是：

（1）审判刑事、民事和行政的第一审案件，但是法律另有规定的除外。对于所受理的案件，认为案情重大应当由上级人民法院审判的时候，可以请求移送上级人民法院审判。

（2）指导人民调解委员会的工作。基层人民法院根据地区、人口和案件的情况设若干基层人民法院派出法庭。其职责是审理一般民事案件和轻微刑事案件，指导人民调解委员会的工作，进行法制宣传，处理人民来信，接待人民来访。需注意的是，派出法庭不是一个独立的审级，其判决和裁定就是基层人民法院的判决和裁定。

2. 中级人民法院。中级人民法院设于省、自治区内的各地区，中央直辖市，省、自治区辖市和自治州。其职责是：

（1）审判案件，具体包括：①诉讼法规定由它管辖的第一审案件；②基层人民法院移送的第一审案件；③对基层人民法院判决和裁定的上诉案件和抗诉案件；④人民检察院按照审判监督程序提出抗诉的案件。

（2）监督辖区内基层人民法院的审判工作。对基层人民法院已经发生法律效力的判决和裁定，如果发现确有错误，有权提审或者指令基层人民法院再审。

3. 高级人民法院。高级人民法院设于省、自治区和直辖市。其职责是：

（1）审判案件，具体包括：①诉讼法规定由它管辖的第一审案件；②下级人民法院移送审判的第一审案件；③对下级人民法院判决和裁定的上诉和抗诉案件；④人民检察院按照审判监督程序提出抗诉的案件。

（2）监督辖区内各下级人民法院的审判工作。对下级人民法院已经发生法律效力的判决和裁定，如果发现确有错误，有权提审或者指令下级人民法院再审。

（二）专门人民法院的设置及其职责

专门人民法院是人民法院组织体系中比较特殊的组成部分，是专门性质的审判机关。它是按照特定部门或者特定案件而设立的，管辖与该部门有关的案件或特定案件。

根据《人民法院组织法》规定，我国设有军事法院等专门人民法院，"专门人民法院的组织和职权由全国人民代表大会常务委员会另行规定"。下面简要介绍军事法院、海事法院和铁路运输法院三种专门人民法院。

1. 军事法院。我国的军事法院，在设置上几经变更。1954年1月，中央军委批准成立中国人民解放军军事法庭和各级军法处。同年11月，根据宪法和法院组织法的规定，将各级国事审判机关改为军事法院，纳入国家审判体系，军队的最高审判机关称中国人民解放军军事法院。1956年12月，中国人民解放军军事法院改称为中华人民共和国最高人民法院军事审判庭。1961年1月至次年9月，军队保卫部门、检察院和法院合署办公。1965年5月，中共中央批准恢复中国人民解放军军事法院。但1969年12

月，又予以取消。1979年1月，中央军委决定恢复中国人民解放军军事法院和军区、海军、空军、解放军总直属队军事法院。同年11月，中央军委又批准恢复海军舰队、军区空军和陆军军级单位的军事法院。目前已形成了以中国人民解放军军事法院为首的三级军事法院体系。但军事法院的最高审级仍然是最高人民法院。军内的三级军事法院设置与职责如下：

（1）中国人民解放军军事法院。它是军内的最高审级，其职责是：审判正师职以上人员犯罪的第一审案件；审判涉外刑事案件；最高人民法院授权或指定审判的案件以及它认为应当由自己审判的其他第一审刑事案件；负责二审、再审的审判任务。

（2）大军区、军兵种军事法院。包括各大军区军事法院，海军、空军军事法院，二炮部队军事法院，解放军总直属队军事法院等。它是中级层次的军事法院，其职责是：审判副师职和团职人员犯罪的第一审案件；审判可能判处死刑的案件以及上级军事法院授权或指定审判的案件；负责上诉、抗诉案件的审判。

（3）军级军事法院。包括陆军军级单位军事法院、各省军区军事法院、海军舰队军事法院、大军区空军军事法院和在京直属部队军事法院等。这是军队中的基层法院，其职责是：审判正营职以下人员犯罪；可能判处无期徒刑以下刑罚的第一审案件；上级军事法院授权或指定审判的第一审案件。军事法院主要受理军人违反职责方面的犯罪。此外，军事法院还审理涉及军人的普通刑事案件以及军内经济纠纷案件等。

2. 海事法院。海事法院是为行使海事司法管辖权而设立的专门审理一审海事、海商案件的专门人民法院。

海事法院的设置亦几经变更。建国初期，人民法院内部的民事审判庭负责受理海事、海商案件。1954年设立了天津、上海、武汉等水上运输专门法院，但于1957年撤销。1984年11月14日，第六届全国人大常委会第八次会议《关于在沿海港口城市设立海事法院的决定》规定，成立海事法院专门受理海事、海商一审案件。据此，同年11月28日，最高人民法院在广州、上海、武汉、青岛、天津和大连等港口城市设立海事法院。1990年，最高人民法院增设了海口和厦门海事法院。1999年，又在北京增设了海事法院。

依据1989年5月最高人民法院《关于海事法院受理案件范围的若干规定》，海事法院受理中国法人、公民之间，中国法人、公民同外国或地区法人、公民之间，外国或地区法人、公民之间的海事、海商案件。具体而言包括以下五大类：①海事侵权纠纷案件；②海商合同纠纷案件；③海事执行案件；④海事请求保全案件；⑤其他海事、海商案件等。

需要注意两点：①海事法院只受理海事、海商案件而不受理刑事和其他民事案件；②各海事法院的建制相当于地方的中级人民法院，对不服海事法院判决、裁定的上诉案件，由各海事法院所在地的高级人民法院负责审理。

3. 铁路运输法院。铁路运输法院是设在铁路沿线的专门人民法院。1953~1954年先后在全国铁路管理局所在地设立了16个铁路运输法院，在铁路管理分局所在地设立了39个派出法庭，受理与铁路运输有关的刑事案件。1957年下半年铁路运输法院全部被撤销，有关案件归案发地的基层人民法院或者中级人民法院审理。1980年3月~1982年5月，重建了铁路运输法院。

铁路运输法院的设置如下：在铁路管理分局所在地设立铁路运输基层法院，在铁路管理局所在地设立铁路运输中级法院，其所在省、自治区、直辖市高级人民法院受理对铁路运输中级法院判决、裁定的上诉案件和抗诉案件。铁路运输法院的职责主要是审理发生在铁路沿线的刑事犯罪案件和与铁路运输有关的经济纠纷案件。

（三）最高人民法院

作为国家最高审判机关，最高人民法院设在首都北京。根据我国《宪法》、《人民法院组织法》及诉讼法的有关规定，最高人民法院的职责是：

1. 监督地方各级人民法院和专门人民法院的工作。对地方各级人民法院和专门人民法院已经发生法律效力的判决和裁定，如果发现确有错误，有权提审或者指令下级法院再审。

2. 审判案件。具体包括：①法律规定由它管辖的和它认为应当由自己审判的第一审案件；②对高级人民法院、专门人民法院判决和裁定的上诉案件和抗诉案件；③最高人民检察院按照审判监督程序提出抗诉的案件。

3. 核准判处死刑的案件。死刑除依法由最高人民法院判决的以外，应当报请最高人民法院核准。

4. 进行司法解释。最高人民法院对于人民法院在审判过程中如何具体应用法律、法令的问题，有权进行解释，有权通过对个案请示的答复、批复等指导下级法院的审判工作。

5. 领导和管理全国各级人民法院的司法行政事务。最高人民法院通过制定法院内部管理规定，制定法官、书记员及司法警察管理办法等方式领导和管理法院司法、行政事务。

四、我国人民法院的领导和监督体制

1. 外部领导和监督。人民法院服从党的领导、接受人大监督是法院外部领导和监督体制的主要内容。

人民法院必须服从党的领导，这是由中国共产党是执政党这一地位所决定的，也是近50年来审判工作经验的总结。人民代表大会是我国的国家权力机关，各级人民法院的工作都必须接受人大的监督，我国《宪法》第128条规定："最高人民法院对全国人民代表大会和全国人民代表大会常务委员会负责。地方各级人民法院对产生它的国家权力机关负责。"《人民法院组织法》也有相应规定。人大监督主要通过两种方式进行：①对法院工作进行规范制约，如决定法院的机构设置、人员任免，制定法院工作的法律规范、程序模式等；②听取并审议法院的工作报告，检查、质询和监督法院日常工作。

2. 内部领导和监督。人民法院内部的领导和监督体制包括三个方面：①从法院的整体来看，上、下级法院之间是相互独立的审级，不是领导和被领导的关系；②上、下级法院之间是监督与被监督关系，《人民法院组织法》第16条第2款规定："下级人民法院的审判工作受上级人民法院监督"；③在一个法院内部实行的是院长负责制，由院长、副院长和庭长等部门领导对审判人员进行管理。

第五节 法官制度

一、国外法官制度简介

法官制度作为司法制度的重要组成部分，内容比较多，下面以英美法系的美国、英国和大陆法系的法国、德国和日本为代表作简要介绍。

（一）法官的任职条件

法官的任职条件，是指法律所规定的担任法官必须具备的基本条件。从总体上考察，西方国家对担任法官都规定了很高的任职条件。比较明显的差异是，英美法系国家的法官主要从律师中产生，而大陆法系国家则没有此要求。

在英国，法官必须从律师中挑选，担任地方法院法官（不含治安法官，但含"带薪治安法官"）须有不少于7年的出庭律师资历；担任高等法院法官（又称"普通法官"，职业法官中最重要的一种）须有10年以上出庭律师资历，而且年龄须在50岁以上；担任上诉法院法官须有15年以上出庭律师或者2年以上高等法院法官的资历；担任贵族院常设上诉议员，亦须有2年以上高等法院法官或者15年以上出庭律师的资历。

在美国，担任联邦法院法官的条件是：①美国公民；②美国大学法学院毕业；③经过严格的律师资格考试，取得律师资格，并从事律师工作若干年。担任州法院的法官一般也需具备上述条件。但由于一些州法院的法官实行选举制，党派政治色彩比较浓，有些州的有限管辖权的初审法院法官并不具有法律背景，也没有当过律师。

在法国，取得法官资格的必须是国家司法官学院的毕业生。高等司法委员会从国家司法官学院的毕业生中提出任命法官的名单，经司法部长、总理、总统签字后，由政府正式发布公报。

在德国，大学法学教授具有法官资格，除此之外，法官资格经各州司法考试委员会组织的两次严格的司法考试取得。考试合格后，各州根据法官缺额和求职情况，由州法官挑选委员会挑选，法官挑选委员会主要审查求职者的品行（对国家的忠诚和自身的道德品质）、身体和专业情况。经审查同意后，才能被任命为法官；而且新任命的法官还有3~5年的试用期。在试用期间如果表现不好，可以解雇、开除；试用期满，转为正式法官。

在日本，要取得法官资格，必须通过极为严格的全国统一司法考试，并进入司法进修所培训2年，毕业考试合格，才能被任命为助理法官、检察官或者律师。此外，作为一种普遍性限制条件，被判处徒刑以上刑罚的人和受过弹劾、且裁判所作出罢免裁判的人不得被任命为法官。

（二）法官的产生方式

从世界范围内考察，法官产生的方式大致分为两种，即任命和选举。大多数国家采用任命的方式，少数国家采用选举的方式，部分国家兼采两种方式。

1. 任命式。任命式是指法官由国家元首、政府机构、议会或最高法院院长任命而产生。采用或部分采用这种方式的国家主要有英国、美国、日本等。

在英国，大法官、上议院常任法官、上诉法院法官和高级法院法官，经过司法部长和首相提名，由英王（女王）任命；其他法官由司法大臣提名，英王（女王）任命；治安法官由司法大臣任命。

在美国，联邦法院系统的三级法院法官均由美国总统提名，经参议院批准后由总统任命。在德国，依据基本法规定，除法律另有规定外，联邦法官由联邦总统任免。各州可以规定各州法官的任用，由州司法部长同法官选任委员会共同决定。

在日本，裁判所法规定，最高裁判所所长（长官）由内阁提名，天皇任命；最高裁判所大法官由内阁任命，天皇认证；高等裁判所所长、法官、助理法官和简易裁判所所长的任免，由天皇认证。以上任命，均须交付国会审查通过。

2. 选举式。选举式是指法官的产生由选举机关选举产生。

在美国，依据大多数州宪法规定，州法院的法官通过选民直接选举产生（包括州选举或者当地选举）。具体而言，州法院法官产生的方法有五种：①由党派提名并经选举产生；②不由党派提名，经选举产生；③由特定的委员会向州长提名，由州长选择产生；④由州议会选举法官，只有卡洛罗纳和弗吉尼亚两个州采用此种方法；⑤同时采用上述方法分别产生各级法官。

在德国，联邦宪法法院法官由选举产生。联邦宪法法院共有16名法官，分为两个法庭，每庭8人。16名法官由众议院和参议院各选8名，选举时须由议会2/3多数通过。

（三）法官的保障制度

法官要完成其承担的职责，必须有一系列相关的配套制度予以保障，其中最基本的便是司法独立原则。司法独立不仅是西方各国宪法的基本原则之一，也是法官任职最基本的保障措施。司法独立的基本含义是：①法院和法官在审判活动中独立于行政机关（政府）、立法机关等一切机关，独立进行审判，只服从法律；②法院和法官在审判活动中所发表的言论、所做的一切行为，不受法律追究。除此之外，以下两种制度也是保障法官依法行使职权必不可少的。

1. 法官任期。总体而言，西方国家对法官这一特定职业规定了比其他公职人员更长的任期，多数国家直接规定法官任职终身，其目的主要是为了保障法官独立行使职权。法官任期大体上可以分为三种，即终身制、任期制和终身制与任期制兼用。

（1）终身制。英国、法国、德国、意大利等许多国家的法官都是终身制，但都规定有退休年龄，法官到退休年龄应退休。

（2）任期制。日本等国实行任期制。日本裁判所法规定，最高裁判所法官和简易裁判所法官年满70岁退休；高等裁判所、地方裁判所和家庭裁判所法官年满65岁退休，退休后还可以到简易裁判所任法官。

（3）终身制与任期制兼用。美国、委内瑞拉等属于兼用两种制度的国家。美国联邦法院的法官实行终身制，法律没有明确规定法官的退休年龄；但规定在自愿的前提下，法官年满65岁、任法官满15年，或者年满70岁、任法官满10年，可以拿全薪退休。美国大多数州的法官则实行任期制，任期时间为4～15年，各州规定不一。

2. 法官的薪金。西方国家普遍规定了法官享有比同级一般公职人员高的薪金待遇，以保障法官专职从事审判活动。

在美国，法官的工资是由宪法予以保障的。宪法规定，联邦法官的薪水在连续任职期间不得减少，法官的工资随着生活指数的上涨而逐年增加。在薪金级别上，联邦最高法院首席大法官工资与副总统相等，联邦法院法官与国会议员、政府内阁官员工资大体相等。

在英国，法官的收入属高薪阶层。法官被任命后，其报酬和其他职务条件（包括退休金在内），任何机关不得对其作出不利的变更。而且，高级法官（贵族院常设上诉议员、上诉法院院长和法官、高等法院的王座法庭庭长等）的工资高于政府大臣。

在德国，法官实行单独工资序列，分10个级别，高于同等条件公务员的工资水平。宪法法院院长享有最高级别的工资。

在日本，宪法和法官工资法对于法官的工资待遇作了明确规定。法官的工资待遇标准较高。而且，在任职期间工资不得减额。

（四）法官的培训

法官工作的职业特点对法官专业素质要求很高，需要不断地补充学习相关知识和技能。世界各国对法官的培训非常重视，大多数国家都建立了专门的培训机构。

在美国，联邦最高法院附设联邦司法中心，负责研究、改进司法工作和训练司法人员，还建立了各种培训机构，如联邦法官培训中心、全国法官学院、法官培训和研究中心及专业法官培训学校。

在德国，法律规定参加培训是法官的义务。德国设有专门的法官进修学院，专门培训在职法官。法官参加培训占用工作时间，培训经费由国家统一负担。

在法国，国家设有专门的国家司法官学院。学院分两部分：一部分的主要任务是为法国培养新法官;另一部分的主要任务是负责在职法官的短期培训。法国对在职法官的培训十分重视,每年有50%的法官要到巴黎的培训部参加为期一周的短期专业培训。

在日本,法律规定在最高裁判所领导下,设置司法进修所(也称司法研修所)、裁判所书记官进修所和家庭裁判所调查官进修所,分别完成规定的培训任务。

(五)法官的纪律和惩戒

现代法治国家都很重视对法官进行职业道德教育和纪律教育,以规范法官行为。在美国,法官要受严格的纪律约束。1924年,美国律师协会制定了《法官行为规则》,于1972年修改后由美国众议院增订和通过。这个规则包括了法官在法庭外的活动以及在法庭上的行为责任。

在德国,依据法官法规定,法官于其职务内和职务外的行为及政治活动中,应保持人民对其独立性的信任不受损害的态度。法官不得从事与其职务不相符的兼职工作而损害公务利益。德国联邦最高普通法院设法官职务法庭,各州亦设立法官职务法庭,就法官纪律、惩戒和其他事项进行裁判。

在法国,如果法官没有执行回避制度或者经济上有挪用公款等行为,会受到纪律处分。纪律处分有:警告、调换工作岗位、降级和解雇。给予法官纪律处分由高等司法委员会开庭审理后决定。

在日本,裁判所法规定,法官如有违反职务上的义务或者疏忽职守,或有品德不端正的行为时,根据法律另行规定送交裁判,予以惩戒。依据宪法规定,对法官的惩戒处分不能由行政机关施行,而是由高等法院或者最高法院进行。

(六)法官的辞退和免职

为保障法官独立行使职权,西方法治国家对法官的辞退和免职规定了严格的条件和程序,非经法定事由和法定程序不得辞退和免职。

在英国,法官是终身任职(1959年后,法官的任职年龄被限制在75岁以下),只要其行为端正,职位就受到法律保护。只有在其违反正当行为原则并经上、下两院一致通过,才能由国王(女王)予以免职。

在美国,按照宪法规定,联邦法官只能因诉讼原因,而且必须通过弹劾程序,经参、众两院批准,才能撤销其职务。审理弹劾案件由参议院听证和审批。绝大多数州也采纳了这种弹劾程序。

在德国,原则上对终身制的法官,不得违反其意愿而在其任期届满前将其撤职、停职、调职或命令退休。但立法可以限定终身制法官的退休年龄。出现法定的辞退和免职事由时，必须依法律规定的程序作出司法裁决。

在法国，法官实行终身制。在任职期间非因可弹劾之罪并经法定弹劾程序，不得被免职、撤换或者强令退休。

在日本，裁判所法规定，法官除因公开弹劾或者根据法律规定被裁判为因身心障碍不能执行职务外，不得违反其意愿予以免职、改变职务、调动工作、停止职务或者减少其报酬。而且，对法官的处分不得由行政机关实施。

二、中国法官制度

（一）法官的资格和任免

1. 法官的界定。依据《中华人民共和国法官法》（以下简称《法官法》）第2条规定，法官是指依法行使国家审判权的审判人员，包括最高人民法院、地方各级人民法院和军事法院等专门人民法院的院长、副院长、审判委员会委员、庭长、副庭长、审判员和助理审判员。

2. 担任法官的条件。根据《法官法》第9、10、12条的规定，担任法官必须同时具备下列条件：①具有中华人民共和国国籍。②年满23岁。③拥护中华人民共和国宪法。④有良好的政治、业务素质和良好的品行。⑤身体健康。⑥高等院校法律专业本科毕业或者高等院校非法律专业本科毕业具有法律专业知识，从事法律工作满2年，其中担任高级人民法院、最高人民法院法官，应当从事法律工作满3年；获得法律专业硕士学位、博士学位或者非法律专业硕士学位、博士学位具有法律专业知识，从事法律工作满1年，其中担任高级人民法院、最高人民法院法官，应当从事法律工作满2年。⑦通过国家统一司法考试。《法官法》第12条规定，初任法官采用严格考核的办法，按照德才兼备的标准，从通过国家统一司法考试资格，并且具备法官条件的人员中择优提出人选。人民法院的院长、副院长应当从法官或者其他具备法官条件的人员中择优提出人选。⑧有下列情形之一者不得担任法官，一是曾因犯罪受过刑事处罚的；二是曾被开除公职的。

由于《法官法》对于取得法官资格规定了比较高的条件，针对我国目前现实国情，《法官法》又规定了一定的变通措施，即《法官法》（2002年1月1日）实施前的审判人员不具备上述第6项规定条件的，应当接受培训，具体办法由最高人民法院制定。对于适用上述第6项规定的学历条件确有困难的地方，经最高人民法院审核确定，在一定期限内，可以将担任法官的学历条件放宽为高等院校法律专业专科毕业。

3. 法官职务的任免。依据宪法和法律的有关规定，法官职务的任免依照下列权限和程序办理：最高人民法院院长由全国人民代表大会选举和罢免，副院长、审判委员会委员、庭长、副庭长和审判员由本院院长提请全国人民代表大会常务委员会任免。

地方各级人民法院院长由地方各级人民代表大会选举和罢免，副院长、审判委员会委员、庭长、副庭长和审判员由本院院长提请本级人民代表大会常务委员会任免。在省、自治区内按地区设立的和在直辖市内设立的中级人民法院院长，由省、自治区、直辖市人民代表大会常务委员会根据主任会议的提名决定任免，副院长、审判委员会委员、庭长、副庭长和审判员由高级人民法院院长提请省、自治区、直辖市的人民代表大会常务委员会任免；在民族自治地方设立的地方各级人民法院院长，由民族自治地方各级人民代表大会选举和罢免，副院长、审判委员会委员、庭长、副庭长和审判员由本院院长提请本级人民代表大会常务委员会任免；人民法院的助理审判员由本院院长任免。军事法院等专门人民法院的建制本身有其特殊性，因此依据《法官法》规定，军事法院等专门人民法院院长、副院长、审判委员会委员、庭长、副庭长和审判员的任免办法，由全国人民代表大会常务委员会另行规定。

对于有下列情形之一的法官，应当依照法定的程序提请免除其职务：①丧失中华人民共和国国籍的；②调出本法院的；③职务变动不需要保留原职务的；④经考核被定为不称职的；⑤因健康原因长期不能履行职务的；⑥退休的；⑦辞职或者被辞退的；⑧因违纪、违法犯罪不能继续任职的。

对于违反《法官法》规定的条件任命法官的，一经发现，作出该项任命的机关应当撤销其任命；上级人民法院发现下级人民法院法官的任命有违反《法官法》规定条件的，应当建议下级人民法院依法撤销该项任命，或者建议下级人民法院依法提请同级人民代表大会常务委员会撤销该项任命。

4. 法官任职回避。为保证司法公正，《法官法》第15～17条规定了法官任职回避制度。法官不得兼任人民代表大会常务委员会的组成人员，不得兼任行政机关、检察机关以及企业、事业单位的职务，不得兼任律师。

对于法官之间有夫妻关系、直系血亲关系、三代以内旁系血亲以及近

中国司法制度

姻亲关系的,不得同时担任下列职务:①同一人民法院的院长、副院长、审判委员会委员、庭长、副庭长;②同一人民法院的院长、副院长和审判员、助理审判员;③同一审判庭的庭长、副庭长、审判员、助理审判员;④上下相邻两级人民法院的院长、副院长。

法官从人民法院离任后2年内不得以律师身份担任诉讼代理人或者辩护人。法官从人民法院离任后,不得担任原任职法院办理案件的诉讼代理人或者辩护人。法官的配偶、子女不得担任法官所任职法院办理案件的诉讼代理人或者辩护人。

(二)法官的义务和权利

1. 法官的义务。根据《法官法》第7条的规定,法官应履行下列义务:①严格遵守宪法和法律;②审判案件必须以事实为根据,以法律为准绳,秉公办案,不得徇私枉法;③依法保障诉讼参与人的诉讼权利;④维护国家利益、公共利益,维护自然人、法人和其他组织的合法权益;⑤清正廉明,忠于职守,遵守纪律,恪守职业道德;⑥保守国家秘密和审判工作秘密;⑦接受法律监督和人民群众监督。

2. 法官的权利及其保障。根据《法官法》第8条的规定,法官享有下列权利:①履行法官职责应当具有的职权和工作条件;②依法审判案件不受行政机关、社会团体和个人的干涉;③非因法定事由、非经法定程序,不被免职、降职、辞退或者处分;④获得劳动报酬,享受保险、福利待遇;⑤人身、财产和住所安全受法律保护;⑥参加培训;⑦提出申诉或者控告;⑧辞职。

为确保法官上述权利的实现,《法官法》第44~47条规定了法官的权利保障机制——申诉控告制度,即:①法官对人民法院关于本人的处分不服的,自收到处分、处理决定之日起30日内可以向原处分、处理机关申请复议,并有权向原处分、处理机关的上级机关申诉。受理申诉的机关必须按照规定作出处理。但复议和申诉期间,不停止对法官处分、处理决定的执行。②对国家机关及其工作人员侵犯《法官法》第8条规定的法官权利的行为,法官有权提出控告。行政机关、社会团体或者个人干涉法官依法审判案件的,应当依法追究其责任。法官提出申诉和控告应当实事求是,若捏造事实、诬告陷害的,也会被依法追究责任。③对法官处分或者处理错误的,应当及时予以纠正;造成名誉损害的,应当恢复名誉、消除影响、赔礼道歉;造成经济损失的,应当赔偿。对打击报复的直接责任人员要依法追究其责任。

(三) 法官的考核和培训

对法官进行考核和培训是保障和提高法官素质的重要措施，同时也是法官制度的重要内容。

对法官的考核和培训由人民法院设立的法官考评委员会负责。考评委员会的组成人员为5~9人，主任由本院院长担任。法官考评委员会的职责是指导对法官的培训、考核和评议工作。对法官考核的具体实施，由法官所在的人民法院组织。考核法官应坚持客观公正，并实行领导与群众相结合、平时考核和年度考核相结合的原则。

考核的内容包括审判工作实绩、思想品德、审判业务、法学理论水平、工作态度和审判作风。重点考核审判工作的实绩。根据《法官法》的规定，对法官的年度考核结果分为优秀、称职和不称职三个等次。考核结果书面通知本人。被考核人对考核结果如有异议，可以申请复议。对法官的考核结果作为对法官奖惩、培训、免职、辞退以及调整等级和工资的依据。

对法官的培训由国家法官院校和其他法官培训机构按照有关规定进行，培训要贯彻理论联系实际、按需施教、讲求实效的基本原则。法官在培训期间的学习成绩和鉴定将作为其任职、晋升的依据之一。

(四) 法官的等级及其升降

1. 法官的等级。法官的等级是表明法官级别、身份的称号，是国家对法官专业水平的确认。根据《法官法》第18条及《中华人民共和国法官等级暂行规定》第5条的规定，法官的等级共分12级：①首席大法官；②大法官：一级、二级；③高级法官：一级、二级、三级、四级；④法官：一级、二级、三级、四级、五级。

法官等级的确定，以法官所任职务、德才表现、业务水平、审判工作实绩和工作年限为依据。我国法官等级评定工作开始于1998年，1999年首次评定了法官等级。

2. 法官等级的晋升。根据1997年12月12日中共中央组织部、人事部和最高人民法院联合下发的《中华人民共和国法官等级暂行规定》，法官等级的晋升按下列规则进行：①二级法官以下等级的法官晋级在职务编制等级的幅度内，按下列规则逐级晋升：五级法官至三级法官，每晋升一级为3年；三级法官至一级法官，每晋升一级为4年。晋升期限届满，经考核合格，方可晋升；不合格的应当延期晋升；德才表现、业务水平、审判工作实绩特别突出的，可以提前晋升。晋升考核以年度考核结果为主要依据。②一级法官以上等级的法官晋级实行选升。③晋升高级法官，须经专门培训，合格的方可晋升。④法官等级提前晋升的，由最高人民法院院长批准。

3. 法官等级的降低和取消。降低或取消法官等级，按以下规则进行：①法官被调任下级职务后，其等级高于新任职务编制等级的最高等级的，应当降低至新任职务编制等级的最高等级。②法官有违法乱纪行为的，按照规定降低其法官等级。③法官等级的降低，一般每次只降一级。④法官等级的降低不适用于五级法官。⑤法官被降低等级后，其法官等级晋升期限按照降低后的等级重新计算。⑥法官被免除法官职务后，其法官等级应当取消。

（五）法官的奖励和惩戒

1. 法官的奖励。《法官法》第29条规定："法官在审判工作中有显著成绩和贡献的，或者有其他突出事迹的，应当给予奖励。对法官的奖励，实行精神鼓励和物质鼓励相结合的原则。"

《法官法》第30条规定，法官有下列表现之一的，应当给予奖励：①在审理案件中秉公执法，成绩显著的；②总结审判实践经验成果突出，对审判工作有指导作用的；③对审判工作提出改革建议被采纳，效果显著的；④保护国家、集体和人民利益，使其免受重大损失，事迹突出的；⑤勇于同违法犯罪行为作斗争，事迹突出的；⑥提出司法建议被采纳或者开展法制宣传、指导人民调解委员会工作，效果显著的；⑦保护国家秘密和审判工作秘密，有显著成绩的；⑧有其他功绩的。

奖励种类分为嘉奖，记三等功、二等功、一等功，授予荣誉称号。

2. 法官的惩戒。根据《法官法》第32~33条的规定，法官有下列行为之一的，应当给予处分，构成犯罪的，应当依法追究刑事责任：①散布有损国家声誉的言论，参加非法组织，参加旨在反对国家的集会、游行、示威等活动，参加罢工；②贪污受贿；③徇私枉法；④刑讯逼供；⑤隐瞒证据或者伪造证据；⑥泄露国家秘密或者审判工作秘密；⑦滥用职权，侵犯自然人、法人或者其他组织的合法权益；⑧玩忽职守，造成错案或者给当事人造成严重损失；⑨故意拖延办案，贻误工作；⑩利用职权为自己或者他人谋取私利；⑪从事营利性的经营活动；⑫私自会见当事人及其代理人，接受当事人及其代理人的请客送礼；⑬其他违法乱纪的行为。

处分级别分为警告、记过、记大过、降级、撤职、开除。受撤职处分的，同时降低工资和等级。

（六）法官的辞职与辞退

辞职与辞退不同，辞职是一种权利，《法官法》规定法官享有辞职的权利。辞退则是指由于法官的行为不符合《法官法》的有关要求而被人民法院依法定程序免除其职务。

法官要求辞职的，应当由本人提出书面申请，并依照法律规定的程序免除其职务。

法官有下列情形之一的，予以辞退：①在年度考核中，连续2年被确定为不称职的；②不胜任现职工作，又不接受另行安排的；③因审判机构调整或者缩减编制人员数额需要调整工作，本人拒绝合理安排的；④旷工或者无正当理由逾假不归连续超过15天，或者1年内累计超过30天的；⑤不履行法官义务，经教育仍不改正的。辞退法官应当依照法律规定的程序免除其职务。

（七）法官的保障和退休

法官的保障与退休制度是法官制度的重要内容之一。根据《法官法》的有关规定，法官的保障制度主要有：

1. 职业保障。法官的职业保障直接表现在法官享有的权利之中，如履行法官职责应当具有的职权和条件；法官依法审判案件不受行政机关、社会团体和个人的干涉；非因法定程序、法定理由，不被免职、降职、辞退或者处分等。

2. 工资保险福利保障。法官按规定获得劳动报酬，并实行定期增资制度。经考核确定为优秀称职的，可以按照规定晋升工资；有特殊贡献的，可以按照规定提前晋升工资。此外，法官还享受国家规定的审判津贴、地区津贴、其他津贴以及保险和福利待遇。

3. 人身保障。《法官法》规定，法官人身、财产和住所安全受法律保护。

法官的退休制度，按照《法官法》的规定，法官退休后享受国家规定的养老保险金和其他待遇。

第六节 法院的基本运作机制

一、法院的审判组织与内部组织结构

（一）审判组织

审判组织是指人民法院内部代表人民法院对案件进行审理和裁判的组织形式。依据《人民法院组织法》和三大诉讼法的规定，我国人民法院的审判组织有三种，即独任庭、合议庭和审判委员会。

1. 独任庭。独任庭是由审判员一人审判简易案件的组织形式。依照法律规定，独任庭可以审判以下案件：①第一审的刑事自诉案件和其他轻微的刑事案件；②简单的民事和经济纠纷案件；③适用特别程序审理的案件，除选民资格案件或者其他重大、疑难案件由审判员组成合议庭审判外，其他案件由审判员一人独任审判。

独任庭审判案件，均按照简易程序进行，这样便于当事人参加诉讼，节省人力、物力，有利于诉讼经济。但独任庭审理案件并不是一切从简，更不能草率行事，而是仍要依照规定进行操作。在审理过程中，仍然要执行公开审判、回避、辩护、两审终审等各项原则和制度，切实保障当事人和其他诉讼参与人的诉讼权利，确保办案质量。

2. 合议庭。合议庭是由审判人员数人集体审判案件的组织形式。《人民法院组织法》第9条规定，人民法院审判第一审案件的合议庭，由审判员组成或者由审判员和人民陪审员组成。就是说，合议庭的组成有两种：一种是完全由审判员组成合议庭，另一种是由审判员和人民陪审员共同组成合议庭。根据我国三大诉讼法的有关规定，除选民资格案件或者重大、疑难的非讼案件以及上诉、抗诉案件必须由审判员组成合议庭外，其他的案件都可以由审判员和人民陪审员共同组成合议庭。

3. 审判委员会。审判委员会是人民法院内部负责重大、疑难、复杂案件的审判组织。《人民法院组织法》第10条规定，各级人民法院设立审判委员会。审判委员会委员由法院院长提请同级人民代表大会常务委员会任免。审判委员会的性质是人民法院内部对审判工作实行集体领导的组织形式，是法院内部的最高审判组织。

根据《人民法院组织法》及诉讼法的有关规定，审判委员会的任务主要有以下三项：①总结审判经验。包括对某一时期审判工作经验的总结，

对某些案件审判经验的总结，对某个重大的典型案件的总结，对审判方式、方法或审判工作作风的经验总结等。②讨论重大或疑难案件。包括案情复杂、影响较大的案件，需要判处死刑和宣告无罪的案件，在法律适用上有疑难的案件，本院院长发现本院已经发生法律效力的判决、裁定确有错误认为需要再审的案件，涉外案件等。③讨论其他与审判工作有关的问题。包括审判工作的各项重要制度和规则，决定对诉讼当事人及其代理人申请本院院长担任合议庭审判长回避的事项，决定任命本院助理审判员的事项等。

根据《人民法院组织法》及诉讼法的规定，审判委员会运作机制如下：①院长主持审判委员会会议。院长因故不能参加时，可委托一名副院长主持；②实行民主集中制讨论案件，不同意见予以保留并记录在卷；③召开审判委员会必须有超过半数以上的委员出席；④审判委员会作出的决议，须经审判委员会全体委员半数以上通过，审判委员会记录必须由参加会议的委员签名；⑤审判委员会讨论案件时，同级人民检察院检察长可以列席并发表意见，但不能参加表决。

一般情况下，审判委员会讨论的事项由院长提交。审判委员会讨论案件，应当在合议庭审理的基础上进行，并应当充分听取合议庭成员关于审理和评议情况的说明，慎重地考虑合议庭的评议结论。对审判委员会的决议，合议庭必须执行，但在裁决书上仍由合议庭成员署名。

（二）法院内部组织结构

法院内部组织结构，系指法院内部机构的设置。具体而言，我国法院内部组织结构由横向的专门审判庭和纵向的审判组织两部分构成。

横向结构上，与一元化的法院组织体系相对，我国各级人民法院针对各类不同性质的纠纷，在内部设立不同的专门审判庭负责审理各类案件。根据《人民法院组织法》的规定，我国人民法院内的专门审判庭有刑事审判庭、民事审判庭、行政审判庭、审判监督庭、立案庭、执行庭等。此外，人民法院内部与专门审判庭平行的还有办公室、研究室、信访处、政治部、监察室、行政处等辅助性机构。专门审判庭和与之平行的辅助性机构构成了法院内部组织结构的横向框架。

纵向结构上，我国法院内部组织结构由承审法官（独任制）、合议庭（审判长）、审判庭（庭长）、审判委员会（院长）这样由低到高的权力等级结构组成。处于权力等级结构底端的是独任庭和合议庭，居于顶端的是审判委员会。审判委员会虽不直接开庭审理案件，但法律规定审判委员会对重大、疑难案件有最终决定权,审判委员会的决定独任庭、合议庭必须遵守。

二、法院审判活动的基本制度

(一) 公开审判制度

《宪法》第125条、《人民法院组织法》第7条以及三大诉讼法均明确规定,人民法院审判案件,除法律规定的特殊情况外,一律公开进行。

1. 公开审判的含义。公开审判的基本含义,是指人民法院审理案件除法律另有规定外,都应当公开进行。"公开"的对象和范围包括:向当事人和其他诉讼参与人公开;向社会公开,向社会公开的方式是,人民法院开庭审判的全过程,除合议庭评议外,允许公民旁听,允许新闻记者采访和报道;裁判理由公开。

需要注意的是,向社会公开中的允许公民旁听和新闻记者采访报道是指针对中国公民和新闻记者,外国公民(包括无国籍人)和新闻记者不具有此资格。根据有关规定,外国人要求旁听或采访刑事案件的公开审判的,应向我国主管外事部门提出申请,经外事部门与人民法院同意后,凭人民法院发给的旁听证或者采访证进入法庭旁听或者采访,并必须遵守人民法院的法庭规则。

2. 公开审判的例外。公开是审判活动的一项基本原则,但在少数情况下,出于保护特定社会利益的需要,法律规定了审判公开的例外。

具体而言,法律规定不公开审理的案件包括:涉及国家机密的案件;涉及个人隐私的案件;未成年人犯罪的案件,我国《刑事诉讼法》规定,审判的时候被告人不满18周岁的案件,不公开审理。但是,经未成年被告人及其法定代理人同意,未成年被告人所在学校和未成年人保护组织可以派代表到场。此外,根据我国诉讼法的有关规定,离婚案件当事人和涉及商业秘密案件的当事人申请不公开审理的,可以不公开审理。

对于不公开审理的案件,法庭应当庭宣布不公开审理的理由,而且,与案件审判无关的法院工作人员也不能旁听。但是,无论案件是否公开审理,宣判一律公开进行。

(二) 两审终审制度

《人民法院组织法》第11条规定,人民法院审判案件,实行两审终审制。

1. 两审终审制度的含义。两审终审制度作为复审制度的一种做法,是指一个案件经过两级法院审判后即告终结,裁判书发生终局效力的制度。

由上级法院对下级法院的裁判进行复审有利于保障案件的正确处理和保护当事人的诉讼权利。

两审终审是我国审级制度的一般原则，但根据我国法院组织体系和诉讼法的有关规定，下列两类案件实行一审终审：①最高人民法院审理的第一审案件。因为最高人民法院是国家最高审判机关，不可能有更高的审判机构对其一审案件进行复审。事实上，由最高人民法院审理的第一审案件是相当少的。②基层人民法院按照《民事诉讼法》规定的特别程序审理的选民资格案件、宣告失踪案件、宣告死亡案件、认定公民无民事行为能力或限制民事行为能力案件和认定财产无主案件。这些案件一般无双方当事人发生争执，只需对事实作出认定，而且有的时间性较强，需及时作出裁决，故而实行一审终审。

2. 两审终审制的运行。地方各级人民法院第一审案件的判决和裁定，当事人可以按照法律规定的程序向原审人民法院的上一级人民法院上诉，人民检察院可以按照法律规定的程序向原审人民法院的上一级人民法院抗诉。上一级人民法院对上诉、抗诉案件，按照第二审程序进行审理后所作的判决或裁定，就是终审的判决或裁定，除判处死刑的案件需要依法进行复核外，其他判决、裁定立即发生法律效力。

如果在上诉期限内，当事人不上诉、人民检察院不抗诉，该一审判决或裁定就是发生法律效力的判决或裁定。

（三）人民陪审制度

1. 陪审制度的含义。陪审制度是指由审判员和人民陪审员共同组成合议庭对案件进行审判的一项司法制度。在人民法院的审判活动中，由人民陪审员代表人民参与案件的审理，是司法民主的重要表现形式。

2. 陪审制度的沿革。在第二次国内革命战争时期，革命根据地司法工作开始逐步确立了法院审判案件吸收人民群众代表参加审理的惯例。新中国成立后，在1951年9月中央人民政府委员会通过的《中华人民共和国人民法院暂行组织条例》规定，为了便于人民参与审判，人民法院应视案件的性质，实行人民陪审制。1954年宪法明确把人民陪审作为一种制度予以规定。60年代后期和70年代由于众所周知的历史原因，陪审制度衰落。1979年以来，陪审制度逐步恢复。《人民法院组织法》第9条第2款规定："人民法院审判第一审案件，由审判员组成合议庭或者由审判员和人民陪审员组成合议庭进行。"《刑事诉讼法》第178条第1款规定："基层人民法院、中级人民法院审判第一审案件，应当由审判员3人或者由审判员和人民陪审员共3人组成合议庭进行……"该条第2款规定:"高级人民法院、最高人民法院审判第一审案件,应当由审判员3~7人或者由审判员和人民陪审员共3~7人组成合议庭进行。"《民事诉讼法》第40条规定:"人民法院审理第一审民事案件,由审判员、陪审员共同组成合议庭或者由审判员组成合议庭,合议庭的成员人数,必须是单数。"《行政诉讼法》第46条规定:"人民法院审理行政案件,由审判员组成合议庭,或者由审判员、陪审员组成合议庭。合议庭的成员,应当是3人以上的单数。"2004年8月28日,第十届全国人民代表大会常务委员会第十一次会议通过了《关于完善人民陪审员制度的决定》,对人民陪审员制度作了进一步详尽的规定。由此可见,人民陪审制度是各级人民法院审理第一审刑事、民事、经济、行政案件普遍适用的一项司法制度。

3. 人民陪审员的产生。根据全国人民代表大会常务委员会《关于完善人民陪审员制度的决定》的规定,人民陪审员的名额,由基层人民法院根据审判案件的需要,提请同级人民代表大会常务委员会确定。符合担任人民陪审员条件的公民,可以由其所在单位或者户籍所在地的基层组织向基层人民法院推荐,或者本人提出申申请,由基层人民法院会同同级人民政府司法行政机关进行审查,并由基层人民法院院长提出人民陪审员人选,提请同级人民代表大会常务委员会任命。

4. 人民陪审员的资格和任期。根据有关法律的规定,担任人民陪审员的基本条件为:①拥护中华人民共和国宪法;②年满23周岁;③品行良好、公道正派;④身体健康。担任人民陪审员,一般应当具有大学专科以上文化程度。人民代表大会常务委员会的组成人员,人民法院、人民检察院、公安机关、国家安全机关、司法行政机关的工作人员和执业律师等人员,不得担任人民陪审员。同时,因犯罪受过刑事处罚的、被开除公职的也不得担任人民陪审员。人民陪审员的任期为5年。

5. 人民陪审员的权利与义务。根据法律的有关规定,人民陪审员享有以下权利:①在履行陪审职务期间,陪审员作为合议庭的组成人员,与审判员享有同等的权利,但人民陪审员不得担任审判长。②人民陪审员因参加审判活动而支出的交通、就餐等费用,由人民法院给予补助。③有工作单位的人民陪审员参加审判活动期间,所在单位不得克扣或者变相克扣其工资、奖金及其他福利待遇。无固定收入的人民陪审员参加审判活动期间,由人民法院参照当地职工上年度平均货币工资水平,按实际工作日给予补助。人民陪审员因参加审判活动应当享受的补助,人民法院和司法行政机关为实施陪审制度所必需的开支，列入人民法院和司法行政机关业务经费，由同级政府财政予以保障。④接受培训的权利。基层人民法院会同同级人民政府司法行政机关对人民陪审员进行培训，提高人民陪审员的素质。⑤获得表彰的权利。对于在审判工作中有显著成绩或者有其他突出事迹的人民陪审员，给予表彰和奖励。

根据法律的有关规定，人民陪审员承担以下义务：①人民陪审员在执行职务期间必须严格遵守国家法律、法规和人民法院的各项规定；②人民陪审员参加审判活动，应当遵守法官履行职责的规定，保守审判秘密、注重司法礼仪、维护司法形象。

（四）回避制度

1. 回避制度的含义。回避制度是我国法院制度中一项重要的基本制度，其含义是指为保障公正审判，审判人员和法律规定的特定人员如果与案件或案件当事人有某种特殊关系，可能影响案件的公正处理，则不得参与该案件的处理。

2. 回避的理由和范围。回避的理由，根据我国《刑事诉讼法》第28条、《民事诉讼法》第45条的规定，审判人员有下列情形之一的，应当自行回避，当事人及其诉讼代理人也有权要求他们回避：①是本案的当事人或是当事人近亲属的；②本人或者他的近亲属和本案有利害关系的；③担任过本案的证人、鉴定人、辩护人、诉讼代理人的；④与本案当事人有其他关系，可能影响公正处理案件的。而且，《刑事诉讼法》第29条还规定，审判人员接受当事人及其委托人的请客送礼，违反规定会见当事人及其委托的人的，当事人及其法定代理人有权要求他们回避。

依据有关法律和司法解释，回避的范围包括：直接承办案件的审判员、助理审判员、人民陪审员，有权参与案件讨论并作出决定的审判委员会委员，案件的书记员、翻译人员。

3. 回避的种类。根据我国诉讼法的有关规定，回避分为以下三种：

（1）自行回避。自行回避又称主动回避，是指具有法定回避情形之一的有关办案人员自行要求回避。

（2）申请回避。申请回避，是指应当回避的人员具有法定的回避情形却没有自行回避时，当事人及其诉讼代理人有权向人民法院提出申请，要求他们回避。申请回避权是法律赋予当事人及其诉讼代理人的重要诉讼权利之一，人民法院有义务在开庭时按照法定程序告知当事人及其诉讼代理人该案的审判组织情况和他们享有申请回避的权利，并询问他们是否申请

中国司法制度

回避。

根据诉讼法的有关规定,我国的回避制度是有因回避,即当事人及其诉讼代理人申请回避必须说明法定理由,否则法院会驳回其申请。申请回避的时间,一般是在案件开始审理时提出,若回避事由在案件开始审理后知道的,也可以在法庭辩论终结前提出。

(3) 指令回避。指令回避,是指应当回避的人员遇有法定回避情形没有自行回避,当事人及其诉讼代理人也没有申请回避时,人民法院发现后,有权作出回避决定的有关负责人或组织责令其退出诉讼活动的一种回避。指令回避是对自行回避和申请回避制度的必要补充。

4. 回避制度的运作。诉讼法规定,院长担任合议庭审判长的,其是否回避由本院审判委员会决定;审判人员的回避,由院长决定;其他人员的回避,由院长或审判长决定。被要求回避的人员在作出是否回避的决定前,应当暂停参与本案的工作,但案件需要采取紧急措施的除外。

诉讼法规定,人民法院对当事人提出的回避申请,应当在申请提出后的 3 日内,以口头或者书面形式作出决定。申请人对决定不服的,可以在接到决定时申请复议一次。复议期间,被申请回避的人员,不停止参与本案的工作。人民法院对复议申请,应当在 3 日内作出复议决定,并通知复议申请人。

(五) 合议制度

1. 合议制度的含义。合议制度,是指人民法院在审判案件时由 3 名以上(包括 3 名)审判员或者审判员和人民陪审员共同组成合议庭进行审判的制度。《人民法院组织法》第 9 条第 1 款规定:"人民法院审判案件,实行合议制。"

2. 合议制度的运作。依据《人民法院组织法》和诉讼法的有关规定,合议制是审判组织的一般形式,即人民法院审判案件原则上由合议庭进行。只有简单的民事案件、轻微的刑事案件和法律另有规定的案件,才可以由审判员一人独任审判。

在合议庭的组成上,第一审案件由审判员组成或者由审判员和人民陪审员组成。对于上诉和抗诉案件,则只能由审判员组成合议庭进行。基层人民法院和中级人民法院的合议庭由 3 人组成,高级人民法院和最高人民法院的合议庭由 3~7 人组成,但必须是单数。

在合议庭进行审判活动时,由院长或者庭长指定一名审判员担任审判长。院长或庭长参加案件审判的时候,自己担任审判长。审判长主持法庭的审判活动，并负责维持法庭秩序。在审判案件过程中，合议庭的成员，无论是审判长、审判员、助理审判员（即代行审判员职务的人员），抑或是人民陪审员，都享有同等的权利。在合议庭评议案件时，实行民主集中制原则，如果意见有分歧，遵循少数服从多数的原则，以多数人意见作出结论，但是少数人的意见应当写入笔录。评议笔录由合议庭成员签名并装卷存档。

（六）审判监督制度

1. 审判监督制度的含义。审判监督制度也称再审制度，是指人民法院对已经发生法律效力的判决和裁定依法重新审理并作出判决的一种审判制度。在性质上，它是一种救济程序，是对两审终审制度的补充。其理论基础是我国长期以来一贯坚持的"实事求是、有错必纠"的政法工作原则。

具体而言，审判监督制度包括以下内容：①适用对象是已经发生法律效力的判决、裁定或调解协议。没有发生法律效力的判决、裁定，或者未经过裁判的案件，不能适用。②适用的条件是已经发生法律效力的裁判确有错误。③在审判适用的程序上，可以是一审程序，也可以是二审程序。审判监督程序并未规定审理再审案件的具体程序，而是规定如果案件原来是第一审案件的，再审时则适用第一审程序；如果案件原来是第二审案件，或者是由上级法院提审的，则适用第二审程序。

2. 审判监督程序的启动方式。

（1）人民法院自行提起。人民法院在日常业务活动中发现已发生法律效力的判决、裁定确有错误的，有义务主动提起审判监督程序，对该案进行再审。具体分为以下两种：①本院自行决定再审。《刑事诉讼法》第243条第1款、《民事诉讼法》第177条第1款均明确规定，各级人民法院院长对本院已经发生法律效力的判决、裁定，发现确有错误，认为需要再审的，应提交审判委员会讨论决定。经审判委员会决定再审的，应当提起审判监督程序。②上级法院提审或指令再审。《民事诉讼法》第177条第2款、《刑事诉讼法》第243条第2款规定，最高人民法院对地方各级人民法院已经发生法律效力的判决、裁定，上级人民法院对下级人民法院已经发生法律效力的判决、裁定，发现确有错误的，有权提审或者指令下级人民法院再审。当然，对于人民法院自行启动审判监督程序的做法，现已受到了学者们的诸多批评，废除人民法院自行启动审判监督程序的立法规定是大势所趋。

（2）检察机关抗诉。人民检察院对已经发生法律效力的判决、裁定发现确有错误有权提出抗诉。《刑事诉讼法》第 243 条第 3 款、《民事诉讼法》第 187 条规定，最高人民检察院对各级人民法院已经发生法律效力的判决、裁定，上级人民检察院对下级人民法院已经发生法律效力的判决、裁定，发现有下列情形之一的，应当按照审判监督程序提出抗诉：①原判决、裁定认定事实的主要证据不足的；②原判决、裁定适用法律确有错误的；③人民法院违反法定程序，可能影响案件正确判决、裁定的；④审判人员在审理该案件时有贪污受贿，徇私舞弊，枉法裁判行为的。人民检察院提出抗诉的案件，人民法院应当再审。

（3）当事人申请再审。当事人对于已经发生法律效力的判决、裁定，认为其认定事实或适用法律不当的，有权申请再审，人民法院审查后，符合条件的，应当提起再审程序。根据《刑事诉讼法》第 242 条的规定，当事人及其法定代理人、近亲属的申诉符合下列情形之一的，人民法院应当重新审判：①有新的证据证明原判决、裁定认定的事实确有错误，可能影响定罪量刑的；②据以定罪量刑的证据不确实、不充分、依法应当予以排除，或者证明案件事实的主要证据之间存在矛盾的；③原判决、裁定适用法律确有错误的；④违反法律规定的诉讼程序，可能影响公正审判的；⑤审判人员在审理该案件的时候，有贪污受贿，徇私舞弊，枉法裁判行为的。根据《民事诉讼法》第 179 条规定，当事人的申请符合下列情形之一的，人民法院应当再审：①有新的证据，足以推翻原判决、裁定的；②原判决、裁定认定的基本事实缺乏证据证明的；③原判决、裁定认定事实的主要证据是伪造的；④原判决、裁定认定事实的主要证据未经质证的；⑤对审理案件需要的证据，当事人因客观原因不能自行收集，书面申请人民法院调查收集，人民法院未调查收集的；⑥原判决、裁定适用法律确有错误的；⑦违反法律规定，管辖错误的；⑧审判组织的组成不合法或者依法应当回避的审判人员没有回避的；⑨无诉讼行为能力人未经法定代理人代为诉讼或者应当参加诉讼的当事人，因不能归责于本人或者其诉讼代理人的事由，未参加诉讼的；⑩违反法律规定，剥夺当事人辩论权利的；⑪未经传票传唤，缺席判决的；⑫原判决、裁定遗漏或者超出诉讼请求的；⑬据以作出原判决、裁定的法律文书被撤销或者变更的。

需注意的是，根据《民事诉讼法》的规定，当事人申请再审，应当在判决、裁定发生法律效力后 2 年内提出；2 年后据以作出原判决、裁定的法律文书被撤销或者变更，以及发现审判人员在审理该案件时有贪污受贿、徇私舞弊、枉法裁判行为的，自知道或者应当知道之日起 3 个月内提出。但在刑事申诉中，当事人及其法定代理人、近亲属的申诉没有期间的限制。

3. 审判监督程序的运作。

（1）再审程序的确定。诉讼法规定，人民法院按照审判监督程序审理案件，若发生法律效力的判决、裁定是由第一审法院作出的，则按照第一审程序审理，所作的判决、裁定，当事人可以上诉；若发生法律效力的判决、裁定是由第二审法院作出的，则按照第二审程序审理，所作的判决、裁定，是发生法律效力的判决、裁定；若发生法律效力的判决、裁定是由上级人民法院按照审判监督程序提审的，则按照第二审程序审理，所作的判决、裁定是发生法律效力的判决、裁定。而且，再审程序不得适用简易程序。

（2）再审合议庭的组成。再审案件必须由合议庭进行。诉讼法规定，人民法院按照审判监督程序再审案件，应当另行组成合议庭，不能由审判员一人独任审判；而且，原审合议庭的组成人员或原独任庭的审判员，不得参加再审合议庭。

（3）在具体运作中还需注意，决定再审后，人民法院应作出中止原判决执行的裁定。裁定由院长署名并加盖人民法院印章，上级人民法院在紧急情况下，也可以在裁定前，通知原审人民法院暂缓执行。因人民检察院抗诉而再审的，再审时应当通知人民检察院派员出席法庭。在审理期限上，诉讼法规定，刑事再审案件的审限为3个月，需要延长期限的，不得超过6个月。按照第一审程序审理的民事再审案件的审限为6个月，按照第二审程序审理的民事再审案件的审限为3个月，审限自决定再审之日起计算。

第七节　中国法院制度的改革

一、现行法院制度之缺陷

中国现行法院制度是在彻底废除旧的法院制度以后建立起来的社会主义性质的法院制度，这一制度在巩固国家政权，维护社会稳定，促进社会主义现代化建设，保障自然人、法人和其他组织的合法权益等方面已发挥了重要作用。但随着社会的发展，改革开放的深入，尤其是社会主义市场经济体制的逐步确立和民主法治建设的推进，我国现行法院制度的缺陷也逐渐暴露出来，主要包括：

（一）司法缺乏自治性

自治性是司法体制正常运作的必然要求，但是，我国现行的保障法院自治性的法院人、财、物制度却是受同级党委、政府和人大控制的"块块"领导样式。这种"块块"领导样式使法院受制于同级党委、政府和人大，在涉及地方利益时，法院难以摆脱和抗拒地方的影响和干扰从而保持中立，法院独立审判原则难以实现，不仅司法权威受到贬损，而且影响了司法公正。具体而言，体现在以下几个方面：

1. 人大的个案监督。根据宪法与法律的有关规定，人民代表大会及其常委会是我国各级国家机构中的权力机构，有权对审判机关进行监督。但近年来颇为盛行的人大个案监督则相当不合理，直接干预案件的处理，影响法院独立行使审判权。如四川夹江打假案件所引发的行政官司即属此。

2. 地方政府的不当干预。主要体现在：①在案件管辖即立案方面予以限制，有的地方政府规定，当事人因不服乡政府关于违反计划生育的处罚规定而提起行政诉讼的，法院不能立案，等等；②干涉案件的审理与执行，一些行政案件和经济案件，由于案件涉及政府或本地区的利害关系，有关地方政府、政府有关部门往往出面干预。

（二）内部职能混同

依照有关法律规定，法院内部有两套正式制度，即审判制度和行政管理制度。原则上，审判制度是针对法院的宪法职能即审判职能设计的，而行政管理制度则是为保证和支持法院审判职能的实现而设计的。但在法院制度的实际运作中，审判制度和行政制度混同了，而且行政制度居于主导地位，压制了审判制度，使法院的审判体现为行政化审判，扭曲了法院应当实现的审判职能。

具体而言，我国各级法院在行政管理上均设置了院长1人、副院长、庭长和副庭长若干人，负责法院的行政事务管理。同时，这些带"长"字的官员也是审判员，而且，依据《法官法》的规定，他们首先应当是法官，履行法官的职责，作为法官，法律并没有区分这些带"长"的法官与普通法官在审判职责上有任何差别，即他们是平等的。但在司法的实际运作中却形成了这样一种惯例：一个案件的审理，往往要经过副庭长、庭长、副院长、院长乃至审判委员会的层层审批和讨论，行政职务高的人的意见可以否决行政职务低的人的意见，行政职务低的必须服从行政职务高的。于是滋生了以下几个问题：①案件的最终审理并不是由承审法官（独任庭）和合议庭作出的最后决定，而是由这些带"长"字的行政领导直接插手、过问，并对案件结果产生重大乃至决定性影响。②虽然法律规定了独任庭、合议庭和审判委员会作为审判组织，但实际运作却是独任庭、合议庭有时甚至审判委员会都是在庭长、院长的领导下进行审判活动，也就是说，在法院内部，审判制度成为了行政的附属。③"在法院内部出现了事实上的审级制度，特别是在一些疑难、复杂和重大案件上。一级法院的审判决定实际上成为一个在该法院内部逐级审判过程的产物。"[1] 这样不仅导致审与判的脱节，而且也使法定的审判组织形同虚设。

（三）法官职业化程度不高

新中国成立后摧毁了旧法院，从1952年绝大多数旧法院人员被清理出去后一直到70年代末期，人民法院中，充当法官者只需工农出身，政治面貌清白，具备高小以上文化即可。[2] 最高人民法院院长江华于1985年6月30日讲到："法院干警法律专业知识和科学文化水平普遍较低……从全国来讲，四川是文化水平较高的省份之一，是西南地区的文化中心，现全省法院干部中，政法院系的大专毕业生仅有498人，占4.6%；而小学以下文化水平的占15%，其中还有相当数量是文盲或非文盲。"[3] 20世纪80年代以来，法官的专业水平成为法院力图解决的重大问题，80年代～90年代，从取得专科到攻读本科再到进修硕士研究生课程，专业知识的学习与提高成为法院干警的重要奋斗目标。到现在，具备大专以上文化水平（主要是法科）者已占绝大多数，法学硕士、博士毕业的法官已不再罕见。

尽管如此，法官的职业化程度仍然不高：①多数法官所受教育并不是系统的、正规的、高层次的，正规法律院校本科以上毕业者在法院仅占少数。高中毕业生、复转军人、社会招干进入法院者仍占相当数量。1995年颁布的《法官法》（2001年6月30日作了修改）虽然严格规定了法官的任职条件，但相比于现代法院制度所要求的专业化程度来讲，仍然过于宽泛，该任职条件竟没有要求法官必须是法律本科毕业，以至于有学者发出

---

[1] 苏力：《送法下乡——中国基层司法制度研究》，中国政法大学出版社2000年版，第77页。

[2] 参见《董必武政治法律文集》，法律出版社1986年版。

[3] 参见《江华司法文集》，人民法院出版社1989年版，第397页。

"在世界范围内恐怕只有中国可以由不学法律的人当法官"的感叹![1]②法院高层或是任命的官员,或多是从复转军人中任命产生。这些人员大都边干边学,学有所偏,很难认为都具有职业法官的高水准、高素质。③司法所需要的专门知识、独特的法律解释方法和技巧并未为法官普遍关注;相反,大量引进非法律资历人员,短期培训即上岗操作,这表明法官职业的专业知识并未被看作是高度复杂的,而是一学就会。④法律职业的共同价值观念,无论律师、检察员还是法官都没有普遍树立。

(四) 司法程序制度化尚未真正确立

虽然主要的程序法已制定,但存在诸多问题,具体而言,表现在以下几个方面:

1. 非法化现象相当普遍。非法化,是指相当一部分应当纳入法律调控的诉讼行为尤其是国家司法机关的活动没有纳入或仅是为法律所简单规范。

2. 程序的理性化有限。由于现行的以审判委员会的议决权和院长、庭长的审批权为核心的法院内部权力结构等因素的存在和影响,实践中,为我国立法所认可或确立的直接言词原则、辩论原则等现代审判原理以及回避、陪审等现代诉讼制度在相当程度上被虚置起来,难以有效贯彻。相反,"先判后审"、"审判分离"等现象导致庭外程序的实质化、中心化,诉讼双方的职能活动广泛开展于庭前,法院的法律评断亦趋于庭外化,实际的法庭审理在很大程度上沦为一种形式。以刑事诉讼为例,庭审程序理性化的局限性体现在以下几方面:①不彻底的实质化;②不完全的平等制;③不充分的对抗性;④不规范的操作方式。[2]

3. 程序柔性化。程序柔性化,是指违反程序法的行为大量存在但又缺乏相应制裁措施,即使有制裁措施也处罚不重,或者难以实际贯彻,程序法在一定程度上形同虚设。如在刑事诉讼中,比较普遍地存在刑讯逼供现象,其中一个重要原因便是,刑讯逼供者得不到相应的严厉惩治。又如,对犯罪嫌疑人、被告人"以羁代侦"、"一抓了事"的超期羁押,法官超审限办案等现象在当今司法实践中突出存在,滋生这些违反正当法律程序行为的原因之一就在于,立法缺乏对相关直接责任人员的有效惩戒措施,使

---

[1] 参见刘海年、李林、张广兴主编:《依法治国与廉政建设》,中国法制出版社1999年版,第488页。

[2] 龙宗智:"论我国刑事庭审方式",载《中国法学》1998年第4期。

司法人员表现为一种有权力无责任的状态。

（五）审判委员会制度弊大于利

审判委员会高度的集权，导致独任庭、合议庭功能的弱化、枯竭，具体表现为审理权和裁决权的分离，由于案件的最终裁决权由审判委员会享有，作为案件法定审判组织形式的独任庭、合议庭只享有案件的审理权而无最终裁决权，在相当多的情况下沦为"审而不判"的虚置机构。

审判委员会作为计划经济时代的产物，在一定时期、一定程度上对法律的统一实施起到过积极作用，但对这种作用不能估计过高，对其本身存在的弊端和引起的负面效应必须进行反思并予以重视。从诉讼的公正性、科学性、民主性方面进行评价，审委会制度存在以下弊端：

1. 程序公正是诉讼制度的基本要素，程序公正要求为当事人提供足够的、能充分表述自己请求、主张的手段和行为空间。这种手段和行为的行使空间便是法庭审判。审判委员会并不开庭审理案件，它只采取会议形式，在听取承办人汇报的基础上作出裁决，没有为当事人的诉讼活动提供时间和空间，有违程序公正的要求。

2. 诉讼的科学性在于准确的回复冲突事实，为正确适用法律提供事实基础。为保证事实认定的准确性，要求案件的裁决者必须通过开庭亲自直接调查和认定证据，并以开庭时亲自调查和认定的事实作为裁判的基础。这在西方国家称为"直接原则"。审判委员会对案件事实的认定是通过阅卷或听取承办人的案情汇报，其对证据的把握不能不受承办人主观因素和案卷材料局限性的影响，这种间接的方式难保事实认定的准确性。

3. 诉讼的民主性与公开性相通，通过公开开庭审理体现出来。审判委员会却通过非开庭的方式秘密审判案件，在一定程度上属于"暗箱操作"。

二、法院制度改革的远期目标与措施

中国法院制度改革的远期目标是建立与市场经济和民主法治体制相适应的现代化法院制度。对现行法院制度，可从以下几方面进行改革：

（一）加强独立司法

在司法独立已经有所建立的基础上，还应进一步改革，尤其通过下列方面的改革，建立比较完整的独立审判机制：

1. 加强外部独立。司法独立的基本含义是法官裁判案件时除依据法律和证据之外，不应受到任何干预。因此，应当明确规定法官在审判案件时只服从法律，不应受到其他非法干预。

需说明的是，就党与司法的关系而言，一方面，在既定国体下，司法

中国司法制度

必须坚持党的领导,这是一项基本原则;另一方面,对此又需作辩证、科学的理解,应当改变目前党、政、法不分的局面,实现从实用化、非专业化的司法领导方式向理性化、专业化的司法领导方式的转变,由传统的党的有关部门(如政法委等)直接介入或代替法院行使司法权转变为放手让法院(法官)独立行使司法权,党主要依靠修宪、立法等手段作为杠杆,间接地发挥领导作用。否则,仍难以从根本上杜绝一些基层党政领导在地方利益的驱动下,打着党的名义随意干涉司法的现象。

2. 加强内部独立。从保障司法独立和现代审判制度顺畅运作的角度出发,有必要加强内部独立,具体来讲,主要包括以下几方面的调整与完善:①保障法官独立自主地行使审判权,只对法律负责。②废除审判委员会制度,可设立专家咨询委员会,对法院审判案件中出现的一些共性问题或疑难问题进行研究、探讨并提出解决之参考、建议。③废除院长、庭长的审查案件权和法律文书审核权。院长、庭长不再是审判业务方面的领导者,其职责定位于为本院、本庭的司法行政事务服务(如分配案件等)以及对法官违纪、违法行为的监督与制约。④确保每一位法官在审判案件方面的平等性。除了法律,法官没有上司,在案件处理上,任何一位法官都具有同样的权威和平等的身份。⑤调整法院内部党组织的作用,各级法院内部的党组织只能是在不损及法官独立的前提下,负责党员法官的思想政治教育及职业道德培训等,而不能对法官的具体裁判活动直接介入。

3. 确立独立审判的保障机制。这一问题的解决主要关涉到法院的人、财、物管理体制及法院设置的改革,立法应当实现以下几方面的改观,并在实践中贯彻落实:①改变法院的人事管理体制,由现在的地方实际控制、管理的"块状结构"改革为主要由法院系统内部自我管理的"垂直结构",具体则可考虑对法官的职务任免、提升或调任等均由专设提名机构提出意见,再由全国人大及其常委会内设的专职机构或全国人大授权的最高、高级人民法院行使决定权。②规定法官任职原则上应为终身制和不可更换制,法官一经任用,非因犯罪、严重违法、职务上的严重渎职行为以及达到退休年龄等因素,不得以任何理由和不经法定程序被免职、降职或处分。对法官进行惩戒或处分,由专门设立的由法官及其他相关部门的人士组成的法官纪律惩戒委员会依司法性质的程序来决定,赋予法官充分的申辩权,确保法官不会因为秉公办案而在职务上受到不利变动。③确立法官高薪制和退休制。原则上,法官的薪金基准应高于同级的检察官和政府公务员;退休后有比较丰厚的退休金保障。④在法院经费管理体制上,应实行法院财政经费单列（如军队经费一样），由全国人大决定预算且经费充足，逐级下达，保障法官办公设施、住房等工作、生活条件达到与其地位和职业相适应的水平。⑤改变法院的设置格局，打破按行政区划设置法院的现状，组建超越地方利益的大区法院等。

（二）功能的扩展

法院的基本功能是解决纷争，但现代法院的功能除这一基本功能外又有多重延伸。因为"无论是有罪还是无罪的判决都不再只是一项针对罪行的判决和实施刑罚的决定，它还包含着对正常状态的评定和对可能正常化前景的技术性预测。今天的审判者，无论是法官还是陪审员，当然就不只是在'判案'了"。[1] 具体而言，法院制度功能的扩展包括以下几个方面：

1. 扩大和加深对社会的干预。自改革开放以来，随着中国经济的发展与转型，社会的进步和活跃，各种矛盾与冲突日益增多，由法院处理这些日益复杂的纠纷具有其他手段和方式不可比拟的优越性、公正性。因此，应当将尽可能多地适宜用司法方式处理的纠纷之处理权赋予法院，在肯定"司法最终解决"原则应当成为设计中国纠纷解决体系与社会治理模式的重要准则的前提下，法院应逐步成为纠纷解决体系中最权威、最主要的机构，使法院作用的范围扩大。

2. 发挥与加强法院的权力制约功能。一方面，已为立法所确立的对行政机关的制约功能要真正发挥，改变目前行政审判数量甚少的局面；另一方面，法院对地方行政机关的制约功能应予以加强，以保障统一的市场经济体系的孕育与发展。此外，应当赋予最高人民法院一定的对立法活动依据宪法进行审查的权力。

3. 建立与发挥法院公共政策制定功能。应当肯定法院在解决各种纠纷的活动中，当遇到立法与行政未涉及或涉及较少的事宜时，有权基于法律与事实，作出自己的判断。也就是说，法院事实上可以而且应该通过审判新类型案件，形成判断和意见，参与公共事务的决策。

（三）加强程序法制

程序法制不仅能够对国家司法权力进行有效制约（即防止权力滥用，这是现代法治的基本要求），而且它对法院权力的运行起着引导和支持作

---

[1] Michel Foucault, *Discipline and Punish: The Birth of the Prison.* Trans. By Alan Sheridan. New York: Vintage Books (1979), p. 22.

用，为司法权力正当化提供了一个合理的机制和过程，具有实体法所不能替代的重要功能与价值。因此，树立程序意识、加强程序法制应当成为未来法院制度的方向。

程序法制的加强可从以下几方面入手：①确保法院判决的既判力，严格限制审判监督程序的适用范围与适用条件，使其成为一种例外而不是一种常态，以增强程序的稳定性。②加强公开审判的力度，消除"黑箱操作"，制约法官的自由裁量权，防止和避免司法的恣意与专横。做到审理过程、裁判结论以及评议笔录等审判资料的全面公开和实质公开，通过立法明确规定裁判书中必须详细阐明理由，从而使法官的裁判依据与论证逻辑能为民众充分了解，审判活动的各个环节都置于民众的监督下。③拓展法律援助的范围，保证刑事案件中的被告人均有免费获得法律援助的权利。④清除各种不合理的诉讼收费，让普通民众真正享受到进行司法救济的权利与便利。⑤扩大简易程序的适用范围，建立小额审法庭，节约诉讼成本，并通过调解、仲裁等非诉讼方式合理地分流案件，提高诉讼效率。⑥实行立审分离制，立案、分案与审判环节予以分离，防止、杜绝人情关系等对审判活动的渗透，避免法官庭审之前即形成偏见与预断，致使庭审走过场的现象出现。⑦实行审执分离制，法院只负责案件的审理与裁判，卸掉其民事、经济案件的执行重担，将其交与行政部门去完成。

（四）增强司法的职业化

1. 司法本身的独特性应得到认可和确立。基于司法的技术性和独特性，无论法官、检察官还是律师、法学家都应当成为具有一体化色彩的职业集团的成员，相互进行交流应包括人员的交流。相反，没有掌握这种独特技术的人士不能进入这一集团，不允许其担任法官。法律知识与经验应当成为担任法官必不可少的重要条件与标准。不具备这种条件的人员不能充当法官，更不能担任高级法官。

2. 具体制度上，可从以下几方面突破：①本着"少而精"的原则减少法官数量，同时实行法官助理制；②在现有法官法的基础上进一步提高担任法官的"门槛"；③建立书记员、司法警察单独任职序列，取消目前这种由书记员和司法警察直接升任法官的习惯做法；④严格区分法院内部的审判职能与行政管理职能，对法官与法院系统中的行政管理人员分别适用不同的管理规则和运作机制；⑤制定专门的法官职业道德准则，加强司法伦理建设，合理规范法官的行为举止；⑥创设合理的机构和便利条件，使任职以后的法官在特定的时间内能够且必须接受继续培训与教育，使其能够更新知识和跟上社会的变化与发展。

三、法院制度改革的近期措施

由于体制等诸多因素限制，上述远期举措不可能短期内实现，因而有必要通过下述近期措施逐渐的予以深化和推进：

1. 从体制上，逐步将"块块领导"改为"垂直领导"。作为过渡性措施，在法院干部的选配和任免上，下级法院的党组织成员由上级法院的党组织选配和管理，最高人民法院的党组织成员由中央选配和管理，各级法院的干部的调配由其上级法院负责审批；在经费管理上，各法院的经费单列，列入国家预算，经全国人大批准后，国务院统一拨款，由最高法院统一支配和管理，或者基层与中级法院的经费由省级人大确定预算，省财政统一拨款下达，高级与最高法院的经费则由全国人大确定预算，中央财政统一拨款。

对于各级法院院长及审判员的任免，考虑到我国幅员辽阔、人口众多这一实际情况，中级法院以下的，可由省级人大及其常委会决定，最高人民法院和高级人民法院的院长和审判员由全国人大常委会决定。这样，就可以确立人民法院相对独立的地位，增强人民法院的抗干扰能力，从体制上铲除地方保护主义。

2. 调整法院内部权力结构。法院内部权力结构调整的宗旨是逐步弱化审、判分离的格局，实现审理权与裁判权的有机结合。具体而言，可从以下几方面入手：

（1）审理人员参与裁判的全过程。合议庭或独任庭的审判人员应参加审判委员会的案件讨论，并享有表决权。审判委员会成员与案件审判人员投票表决，依少数服从多数的原则作出决定。这样既有利于提高审判人员工作的责任心以及增强他们学习业务知识、钻研业务能力的积极性，也有助于改变审而不判的现象，提高审判委员会的工作效率和质量。

（2）裁判人员直接参与案件审理：①院长、庭长、审判委员会成员应尽量亲自办案，直接、全面地审理案件，这样在审判委员会讨论案件时就可以双重身份出现，比以往完全脱离审理的做法更利于作出正确的裁判结果。②凡需要审判委员会讨论决定的案件，宜事先指定至少一名审判委员会成员专门阅卷，进行全面、初步的审查，然后在审判委员会讨论会上作详细报告。③审判委员会成员对于准备讨论的案件的法庭审理应参加旁听，以增强对审理过程和案件实际情况的感受，而且审判委员会对案件的讨论也须放在法庭审理之后进行。

（3）减少法院内部权力结构的中间层次，取消院长、庭长审批案件的权力。取消院长、庭长审批权，使其能集中精力搞好司法行政工作和审判委员会工作，同时也提高了审判效率。

3. 对审判委员会进行改革和调整，实现其功能的转换。

（1）根据不同审判领域组织专门性审判委员会，如行政、民事、刑事及经济等案件的审判委员会，由各正、副院长，有关业务审判庭正、副庭长和该领域经验丰富的审判员组成，以摆脱目前审判委员会的"官会"性质，使其真正具有"专家"会议的性质，在"会诊"特定种类案件时发挥出集体讨论与决策的功能。

（2）调整审判委员会的工作重点，主要包括：①目前审判委员会被过多的具体案件所束缚，重复决策、事务主义的现状比较严重，要将审判委员会对具体案件的讨论范围集中于那些涉及新型社会关系、经济关系的案件领域，充分发挥司法能动作用，通过审判发展法律，而不再参与例行性案件的处理。②审判委员会注意加强调查研究，总结审判工作经验，把法院工作置于整个社会变革和开放的大环境中进行宏观考察，既研究法院自身的审判工作，又研究社会经济的转型、政治体制的改革、思想文化的流变、道德观念的演进及这些对法院工作的影响，从而做到高屋建瓴的确定全院审判工作的主次轻重。

（3）对审判委员会参与具体案件的裁决从程序上加以限制，即推广刑事诉讼法中的做法，规定只有合议庭认为必要并提请院长决定提交的案件，审判委员会才能讨论决定。一般案件，合议庭不提请，审判委员会就不能行使裁决权。

（4）赋予审判委员会一定的行政监督权，有权监督院长、庭长和审判人员的工作，但这种监督应当是事后性、非强制性的，且不涉及具体案件。

4. 深化判决理由公开制度，打破司法"暗箱操作"。深化判决理由公开制度就是进一步要求法官在判决中详细阐明其对证据采信、事实认定、法律适用（包括疑难案件中以法律原则为依据的裁判）等方面的情况与理由，以便通过公众的监督，制约司法权的行使，让那些不正当的"人情"、"关系"、"命令"等法外因素不敢或不能再插足法官的裁判，从而减少司法腐败的发生。

5. 进一步严格法官的任职资格要求，实现法官队伍合理分流。

（1）提高法官的任职资格要求，明确规定只有在正规法律院校（而非夜大、函大等）取得法律本科以上学历者，方有资格参加法官资格考试，进入法官序列；相应地，法院的庭长、院长必须从有一定司法工作经验的法官中提升，而不得从其他行业或单位中直接调任。

（2）本着"少而精"的原则建设法官队伍。加快对现职法官的清理，如果属于经培训后可留用的人员，则尽快安排其接受严格、正规的培训；而对那些明显不符合条件者，则逐步调离法院系统。

（3）落实法官、司法警察和书记官分工管理制度，实行司法警察、书记官单独序列，对司法警察和书记官进行集中管理、统一调配。

思考题

1. 什么是法院制度？如何理解法院制度的本质？法院制度具有哪些特征？
2. 法院具有哪些职权？法院具有哪些功能？
3. 关于法院制度国际上通行哪两项基本原则？我国法院制度具有哪些基本原则？
4. 什么是法院的组织体系？我国各级人民法院具有哪些职责？
5. 我国法院有哪些审判组织形式与内部组织结构？
6. 谈谈对中国法院制度改革的认识。

第二章 检察制度

学习目的和要求

通过学习，系统掌握中国检察制度在中国司法体系中的地位、性质和作用；了解检察机关的组织体系和检察官制度；熟练掌握中国检察工作的基本运行机制和基本原则。在系统掌握中国检察制度的基础上，结合中国司法实践状况，积极思考和探索中国检察制度的改革与发展前沿问题，奠定良好的检察理论素养和法治精神。

第一节 检察制度的性质和任务

一、检察制度的起源及其发展概况

（一）检察制度的起源

检察制度是国家按照统治阶级的意志制定或认可的关于检察机关的性质、任务、职权、设置、组织和活动的原则，以及工作程序等法律规范的总和。它是国家制度的重要组成部分。

检察制度作为实行公诉制度国家的一项重要法律制度是随着阶级斗争的发展和统治阶级的需要而产生的。检察制度建立之初，其基本内容就是对犯罪案件进行公诉。在世界历史上，对犯罪的起诉曾有过三种形式：私人起诉、公共起诉和国家起诉。私人起诉存在于国家和法产生的初期。当阶级和国家出现以后，原始社会的血亲复仇的遗俗保留了很长时间，因此，当时也盛行着私人起诉。随着阶级斗争的发展，统治阶级认识到犯罪不仅是对私人利益的侵害，而且是对统治秩序的破坏，所以加强了国家惩罚，这样公共起诉制度应运而生。所谓公共起诉制度，是指凡具有行为能力的人均可起诉，不论是否与自己有直接的利害关系。但是公共起诉制度也存在着容易造成滥告或无人起诉的弊端。到中世纪以后，统治者实行国家起诉制度，由统治者确认哪些行为是犯罪，什么样的案件可以起诉到法院，以便有效地维护统治秩序。这种国家起诉制度就是现代检察制度的雏形，中世纪的法国是现代检察制度的发源地。

(二) 国外检察制度的发展概况

西方国家的检察制度起源于中世纪的法国。在中世纪初期，法国处于封建割据状态，各领地法庭盛行日耳曼地方习惯法，诉讼制度受自治观念支配，采取不告不理的私诉形式。随着法律关系日益复杂和国王权力日益强大，私诉方式逐渐暴露出弊端：加害方势力强大，被害方因担心抗争不过反受其害，放弃诉权；被害方接受加害方贿赂而私下了结；侵害公益案件无人过问等。到了12世纪，王室领地不断扩大，王权逐渐得到加强，领主的司法权被削弱。国王为了有效维护其统治，便设置王室代理人，由王室代理人出席国王法院审判庭，代表国王提起租税等内容的诉讼，其职能类似于以后的检察官，这就是法国古代的检察官。从腓力普四世（1285年～1314年）时起，代表国王出席法庭的"国王的律师和代理人"成为专职的国家官员。17世纪国王路易十四时代，将"国王的律师和代理人"定名为总检察官，下设各级检察官于各级法院，从此形成现代意义上的检察制度。虽然后来的资产阶级革命废除了君主制度，但却保留和继承了君主制度下所培育的检察制度。1808年的《法国刑事诉讼法典》全面规定了检察官在刑事诉讼中的地位和职权，此后的一百九十多年间，法国检察制度的基本格局没有发生大的变化。

法国检察系统，总体上隶属于政府的司法部，分级附设于相对应的各级法院。法国检察机关对法国刑事诉讼过程的影响是巨大的。法国检察官对诉讼活动具有广泛的权力。法官检察官具有监督、指挥侦查权；对是否有犯罪嫌疑，应否提起上诉，具有广泛的自由裁量权；出席法庭实施公诉权；监督判决执行权等。可见，法国检察官作为政府派往法院的代理人，作为行政权力对司法权力制衡的主要力量，起着专门司法监督的作用。这种监督贯穿诉讼始终，包括刑事诉讼、民事诉讼和行政诉讼的全过程；不仅监督诉讼，而且监督法院司法行政本身。

法国检察制度随着法国大革命的影响而传播，时至今日，凡属于大陆法系的国家，如比利时、德国、意大利、日本等，都沿袭了法国式的检察制度。

与大陆法系相比，英国检察制度的历史也是比较悠久的。英国的检察制度是从国王的法律代理人演化而来的。13世纪时，英国国王开始派律师代替国王起诉。国王律师的主要职责是：担任国王法律顾问；就支付租金和偿还土地的案件支持控诉；对被宣告开除皇室官员的人起诉；保护王室任命牧师的权力；调查杀人案件，并进行听审，等等。1461年，国王律师更名为总检察长，同时，设置"国王的辩护人"。1515年，国王辩护人定名为副总检察长。至此，英国的检察制度正式诞生。但是这时的总检察长和副总检察长仍然只负责处理涉及王室利益的案件。1879年，英国设置处理破坏王室利益之外案件的检察机构——公诉处。尽管在诉讼实践中，公诉处检察官的业务活动受总检察官的指导，但是公诉处却不隶属于两位总检察长，而是归属于内阁大臣领导。这样，英国的检察制度就形成了两个系统：在中央是总检察长和副总检察长领导的中央检察机构；在地方是受内阁大臣领导的公诉处检察官。

在英国，检察机关在诉讼中的职能要比法国少得多。大多数刑事案件是由警察侦查并由警察充当公诉人向法院起诉，轻微犯罪的受害人则可以在警方支持下实行自诉。只有一些重大案件才由检察机构负责起诉，这些重大案件包括：法律规定必须由检察机关起诉的案件，如叛国罪、重大违宪罪等；内政部指定由地方检察官起诉的案件；由于案情重大、复杂，总检察长、检察官认为需要亲自起诉的案件等。

美国刚独立时，仿效英国建立了检察制度。但是到了1870年，美国成立了司法部，正式形成了今日美国的检察制度格局。美国是一个联邦制国家，检察机构也分为隶属于联邦司法部的联邦检察机关和隶属于各州的地方检察机关。美国检察机关的主要职责就是追诉犯罪。

二、我国人民检察制度的性质与特点

（一）我国人民检察制度的萌芽

我国的人民检察制度是从革命根据地时期的检察制度逐步发展而来的。在新民主主义革命时期，中国共产党领导人民建立了革命根据地政权。在根据地政权建设过程中，逐步产生了根据地的检察制度。在第二次国内革命战争时期的中央革命根据地，建立了审检合署的检察制度，在中央执行委员会下设最高法院。最高法院设检察长1人、副检察长1人、检察员若干人，检察长、副检察长由中央执行委员会主席团委任；在省、县裁判部设检察员若干人。检察员对任何犯罪行为均有检察之权。在抗日战争时期的抗日民主根据地中也设立了审检合署的检察制度。到了解放战争时期，检察制度有了新的发展，审检开始分离。这一时期的陕甘宁边区开始设立独立的高等检察处，隶属边区政府领导，独立行使检察权。新民主主义时期的检察制度为建国后人民检察制度的建立奠定了基础。

(二) 人民检察院的性质

我国的人民检察制度，是指由国家制定或认可的关于人民检察机关的性质、任务、产生、职权，以及运行规则等法律规范的总称。我国检察制度是以人民民主专政理论为政治理论基础，以列宁的法律监督理论为指导思想，以党的基本路线为指导方针，结合我国社会主义民主与法制建设的实际需要而建立起来，并经人民代表大会制度决定和产生的一项法律制度。

我国《宪法》第 129 条和《人民检察院组织法》第 1 条均规定："中华人民共和国人民检察院是国家的法律监督机关。"法律监督机关，即是人民检察院的性质。

检察机关的性质是由国体和政体以及国家机构的分工所决定的。也就是说，具有不同的阶级本质和政权组织形式的国家，其检察机关的性质也就有所不同。在资本主义国家，一般实行立法、行政、司法三权分立的政权体制，检察机关不是一种具有与上述三机关平等地位的独立的国家机关，而是附属于行政系统。资本主义国家的检察机关是一种司法行政机关，属于政府的一个专门机构，主要行使侦查、起诉、出席法庭支持公诉等公诉职权。

社会主义国家检察机关的性质是根据建立和加强社会主义民主和法制的需要，按照列宁关于法律监督的学说确立的。列宁在《论"双重"领导和法制》一文中指出："检察机关和任何行政机关不同，它丝毫没有行政权，对任何行政问题都没有表决权。检察长的唯一职权和必须做的事情只是一件：监视整个共和国对法制有真正一致的了解，不管任何地方的差别，不受任何地方的影响。"[1] 我国检察机关的性质正是按照列宁的法律监督理论并结合我国的国体和政体被确定为国家的法律监督机关的。

法律监督有广义和狭义之分。所谓广义的法律监督，是指国家与社会对法律的执行和遵守情况所进行的多方面的监督。例如，国家权力机关、检察机关、行政机关、党政团体和人民群众都有权实施或者参与法律监督。这种对法律多方面、多渠道的监督，就是广义的法律监督。所谓狭义的法律监督，是指国家专门机关即检察机关对法律的执行和遵守情况所进行的专门监督，简称检察监督。我国人民检察院作为国家的法律监督机关所进行的法律监督，显然是指狭义的法律监督。检察机关行使法律监督权

---

[1]《列宁全集》第 33 卷，人民出版社 1985 年版，第 326 页。

的范围,大体上分为三大系统:①刑事法律检察监督;②民事法律检察监督;③行政法律检察监督。这三大系统互相联系又互相区别,共处于法律监督系统的统一体中,构成我国检察机关三方面监督的立体模式,缺少任何一个系统,就不能构成我国检察机关法律监督的完整系统。

检察机关的法律监督与最高国家权力机关的法律监督既有联系又有区别。在我国,实施法律监督权的是最高国家权力机关——全国人大及其常委会以及由人民代表大会产生并授权的人民检察院。我国《宪法》规定,全国人民代表大会和它的常务委员会有权监督宪法的实施,全国人民代表大会常务委员会有权撤销国务院制定的同宪法、法律相抵触的行政法规、决定和命令,有权撤销省、自治区、直辖市国家权力机关制定的同宪法、法律和行政法规相抵触的地方性法规和决议。国家为了更好地维护宪法和法律的正确统一实施,除了由国家权力机关直接进行监督外,又设立了人民检察院作为国家专门的法律监督机关,行使国家的检察权,以维护法律的正确实施。因此,检察机关是由国家权力机关产生并赋予其行使检察权的专门的法律监督机关。

检察机关的法律监督与行政机关的行政监督也有区别。工商、税务、劳动、审计、监察、公安等行政机关也分别行使着对某一方面的法规、条例等实施的监督职权,如工商行政管理机关行使对工商管理法规实施的监督,税务机关行使对税法实施的监督等,但是这些监督只是行政机关行使行政权的一种表现,这种监督的性质是一种行政监督。检察机关的法律监督是由宪法和法律明确规定赋予检察机关特有的一项宪法权力,有其法定的监督范围,是一种专门的法律监督,并由国家强制力来保证实施。

检察机关的法律监督与公诉权也有联系与区别。法律监督就是对法律的执行和遵守情况实行监督,对违反法律的行为予以纠正。公诉则是指专门机关代表国家对犯罪予以追诉。显然,法律监督的概念是包含公诉的概念的,即公诉权可以作为追究犯罪行为、保障法律实施的一种强制性的法律监督手段;但公诉权不能包括或者等同于法律监督权,因为法律监督权中除了公诉权的内容外,还有侦查监督权、审判监督权、执行监督权等。从监督的范围来看,公诉权只是对刑事法律实施的监督,而法律监督权中还包括对民事、行政等法律实施的监督。由此可见,不能将法律监督权与公诉权、法律监督机关与公诉机关相混同。

(三)人民检察制度的性质

检察制度的性质取决于检察机关的性质。由于检察机关是我国的法律监督机关，并且是由国家权力机关产生并赋予它行使检察权的专门的法律监督机关，因此，检察制度则是一种专门的法律监督制度。专门的法律监督制度，即是我国检察制度的性质。应当注意，不能把检察制度理解为法律监督制度。因为它扩大了检察制度的外延，忽视了检察监督与广义的法律监督的区别。法律监督的含义，应是对法律的制定、执行和遵守实行的监督。检察监督只是对法律的执行和遵守实行监督。在我国，根据《宪法》规定，对立法的监督是国家权力机关的职权，对执法和守法的监督包括国家权力机关的监督、党的监督、人民群众的监督、社会舆论的监督和专门机关的监督。检察机关的法律监督，则属于专门机关对法律的执行和遵守实行的专门监督。它是法律监督体系中的一种专门法律监督。另外，也不能把检察机关视为公诉机关，因为在我国的法律制度体系中，法律监督制度与执法制度是并列的两种法律制度。检察制度是国家设置的专门机关即检察机关对法律的执行和遵守实行监督的制度，应隶属于法律监督制度。检察机关虽然参与诉讼，追究违法犯罪人的法律责任，但只是检察机关行使法律监督权的主要形式，不能忽视检察制度属于法律监督制度的客观性质。

（四）我国人民检察制度的特点

1. 人民性。我国是人民民主专政的社会主义国家，人民是国家的主人。我国的检察制度是社会主义的检察制度，它代表了我国工人阶级和广大劳动人民的意志，体现了人民民主专政的法制思想，具有鲜明的阶级性和人民性。

2. 专门性。按照《宪法》和《人民检察院组织法》规定，我国的检察机关是国家的专门法律监督机关，它以法律监督为其专门职责。这种专门性要求检察机关独立行使检察权，以维护国家法律的正确统一实施。

3. 强制性。我国检察机关的法律监督是由国家强制力来保证实现的。这主要表现在：一方面，国家通过《宪法》和其他法律赋予检察机关一定的权力，使其在守法监督方面可以追究犯罪人的刑事责任，在执法监督方面纠正公安、司法机关的违法行为；另一方面，国家又赋予其在执法过程中采取一定强制措施的权力，被监督者必须接受和执行。

4. 独立性。我国《宪法》第131条规定："人民检察院依照法律规定独立行使检察权，不受行政机关、社会团体和个人的干涉。"《人民检察院组织法》第9条也作出了相应的规定。人民检察院代表国家行使检察权，为了保证检察机关公正行使检察权、依法办案，必须从法律制度、执法环

中国司法制度

境和执法保障等各个方面保证检察机关能够独立行使检察权。当然，检察机关独立行使检察权仅仅意味着"不受行政机关、社会团体和个人的干涉"，检察机关必须接受上级检察机关的领导和国家权力机关——各级人民代表大会及其常委会的监督。

三、检察制度的任务

检察制度的任务与人民检察院的任务是一致的。《人民检察院组织法》第4条明确规定了我国检察机关的任务，即"人民检察院通过行使检察权，镇压一切叛国的、分裂国家的和其他反革命活动，打击反革命分子和其他犯罪分子，[1]维护国家的统一，维护无产阶级专政制度，维护社会主义法制，维护社会秩序、生产秩序、工作秩序、教学科研秩序和人民群众生活秩序，保护社会主义的全民所有的财产和劳动群众集体所有的财产，保护公民私人所有的合法财产，保护公民的人身权利、民主权利和其他权利，保卫社会主义现代化建设的顺利进行"。"人民检察院通过检察活动，教育公民忠于社会主义祖国，自觉地遵守宪法和法律，积极同违法行为作斗争。"这一规定清楚地指明了应该打击什么，保护什么，体现了社会主义法律的惩罚作用和保护作用的统一。具体来讲，人民检察院的任务包括以下五个方面：

（一）打击敌人，惩罚犯罪，维护国家的统一和人民民主专政制度

国家的统一、民族的团结，是社会主义事业取得胜利的基本保证，也是国家和人民的根本利益的集中体现。因此，人民检察院必须运用法律武器，对叛国案、分裂国家案以及严重破坏国家政策、法律、法令统一实施的重大犯罪案件行使检察权，运用法律赋予检察机关的立案、侦查、审查批捕、审查起诉、出庭公诉等职权，对一切刑事犯罪分子予以严肃的法律制裁，保证准确、及时地打击犯罪，以维护国家的统一和人民民主专政制度。

（二）维护社会主义法制和社会秩序、生产秩序、工作秩序、教学科研秩序和人民群众生活秩序

社会主义现代化建设，必须按照社会主义法制的轨道有秩序地进行。因此，检察机关必须将维护社会主义法制和保障良好的社会秩序作为自己的首要任务，与破坏法制和秩序的行为作斗争。

---

〔1〕 1997年刑法已将原刑法中规定的反革命罪改为危害国家安全罪，《人民检察院组织法》对此尚未做出相应修改，《人民检察院组织法》现已面临修改，相关内容必将作调整。

（三）保护公私财产所有权

社会主义全民所有的财产和劳动群众集体所有的财产，是社会主义的经济基础，也是进行社会主义现代化建设的物质基础。而公民个人所有的合法财产，则为公民的劳动成果或经其他途径获取的合法收入。因此，保护社会主义全民所有的财产、劳动群众集体所有的财产以及公民个人所有的一切合法财产不受侵犯，积极同侵犯财产的犯罪作斗争，也是检察机关的一项任务。

（四）保护公民的合法权利

公民的人身权利、民主权利和其他合法权利，是我国公民的基本权利，是广大公民参加社会主义现代化建设的重要条件，也是人民群众参政议政的必要保证。我国宪法和法律对公民的人身权利、民主权利和其他权利均加以保护。因此，作为法律监督机关的检察机关理所当然地应当肩负起保护公民基本权利的任务。

（五）教育公民自觉守法，积极同违法犯罪行为作斗争

检察机关在认真完成好本职检察业务的同时，还必须结合检察业务，采取多种形式广泛宣传宪法和法律，提高公民的法律意识，增强其遵守法律的自觉性和同违法犯罪行为作斗争的积极性，以达到预防和减少违法犯罪现象的目的。

第二节 检察工作的基本原则

检察工作的基本原则，是指检察机关在履行法律监督职能活动中所依据的并为法律所规定的各项活动准则。

根据《宪法》和《人民检察院组织法》的规定，人民检察院的工作原则主要包括：依法独立行使检察权原则；在适用法律上一律平等的原则；以事实为依据、以法律为准绳原则；依靠群众开展检察工作原则；分工负责、互相配合、互相制约原则。

一、依法独立行使检察权原则

（一）依法独立行使检察权原则的含义和内容

《宪法》第131条和《人民检察院组织法》第9条规定，人民检察院依照法律规定独立行使检察权，不受行政机关、社会团体和个人的干涉。

我国《刑事诉讼法》也作了相应的规定。

根据上述规定，依法独立行使检察权原则的内容是：①人民检察院在法律规定的范围内独立行使检察权，不受行政机关、社会团体和个人的干涉。相反，行政机关、社会团体和个人应当尊重和支持人民检察院独立行使检察权，绝不允许某些机关和个人以言代法、以权代法、以权压法，非法干预人民检察院独立行使检察权。②人民检察院独立行使检察权是一项司法工作原则，而不是国家的政治制度和政治原则，所以并不同于资产阶级的司法独立。人民检察院独立行使检察权，是指人民检察院作为一个组织整体，集体对检察权的行使负责。在各个检察院内部，是以检察长、检察委员会为领导的组织形式实现检察权的；在检察院系统内部，下级检察院必须服从上级检察院的领导，地方各级检察院必须服从最高人民检察院的领导。所以在我国，人民检察院独立行使检察权决不是检察官个人的独立。③人民检察院独立行使检察权必须严格遵守宪法和法律的各项规定，既要遵守实体法，又要遵守程序法。行使职权所作的各项决定必须符合法律规定的要求。

（二）依法独立行使检察权原则应处理好的关系

正确理解和执行人民检察院依法独立行使检察权原则，应处理好以下三个关系：

1. 依法独立行使检察权与中国共产党领导的关系。在我国，检察机关依法独立行使检察权与坚持党对检察工作的领导是一致的。依法独立行使检察权，是党对检察机关工作的基本要求；坚持党的领导，正是为了更好地依法独立行使检察权。因为我国是中国共产党领导下的社会主义国家，党的领导是人民民主专政的手段之一，检察活动必须置于党的领导之下，任何时候、任何情况下，都不能脱离或削弱党的领导。党对检察工作的领导主要是方针、政策的领导和组织领导，以及对查办重大案件的指导和监督，但绝不是代替司法机关办案，更非包揽检察业务，否则不仅会妨碍检察工作的开展，而且还会削弱党的领导。

2. 依法行使检察权与国家权力机关监督的关系。全国人大和各级地方人大是国家权力机关，人大机关对检察机关具有监督职能。因此，检察机关在行使检察权的过程中，必须接受国家权力机关的监督，向国家权力机关负责并报告工作。当然，国家权力机关对检察机关的监督是宏观上的监督，而不是具体案件上的监督。人大不可能替代检察机关行使检察权，而只能监督检察机关依法行使检察权。

3. 依法独立行使检察权与社会监督的关系。检察机关在履行检察职责时，必须接受社会的监督。对于民主党派、人民群众提出的合理、合法的意见和建议，检察机关应当接受。

二、在适用法律上一律平等原则

《宪法》第33条第2款规定："中华人民共和国公民在法律面前一律平等。"《人民检察院组织法》第8条规定："各级人民检察院行使检察权，对于任何公民，在适用法律上一律平等，不允许有任何特权。"《刑事诉讼法》也作了相应的规定。

在适用法律上一律平等原则，是指对于任何公民，不分民族、种族、性别、职业、家庭出身、宗教信仰、教育程度、社会地位，都应当一律平等地适用法律的有关规定。其基本内容是：①对于任何公民，凡是法律赋予的各项权利，国家都同样的予以保护，如果受到不法侵害，国家就要使用必要的手段加以干预。②对于任何公民，凡是法律规定的各项义务，国家都同样的要求遵守和履行，对于不履行法律义务的人，国家都要采取必要的措施加以追究。③国家坚持公民权利与义务的统一，不允许任何人只享受权利，不尽义务；也不让任何人只尽义务，不享受权利。④对于被控告违法犯罪的人，不论其社会地位、家庭出身、政治历史、经济状况、文化程度、职业、性别、民族、信仰等，都必须依法追究其刑事责任，在确定法律责任上严格依法办事，一律平等，不允许有任何例外。特别是检察机关在办理贪污贿赂犯罪和法纪犯罪案件中，检察人员应当秉公执法，不畏权贵，将案件查办到底，而不应为当事人的职位、社会出身的不同所左右，对任何公民在适用法律上一律平等。

在适用法律上一律平等原则，是检察机关的一项十分重要的原则。坚持这项原则，对于维护法制的尊严和统一，抵制和肃清特权思想，防止任何人谋求凌驾于法律之上的特权，保护公民的合法权益有着重要的意义。

三、以事实为根据、以法律为准绳原则

《人民检察院组织法》第7条规定："人民检察院在工作中必须坚持实事求是……各级人民检察院的工作人员，必须忠实于事实真象，忠实于法律……"《刑事诉讼法》第6条规定，检察机关在刑事诉讼中必须以事实为依据、以法律为准绳。可见，以事实为依据、以法律为准绳原则，是法律规定的检察机关行使法律监督职权的又一重要原则，它充分体现了实事求是的思想路线和社会主义法制相统一的精神，是检察机关办案经验的总结。

以事实为依据，就是要求检察机关在查办案件、开展法律监督工作中，必须坚持实事求是，从案件的事实出发，忠实于案件事实真相，以客观存在的案件事实作为处理问题的根本依据。案件事实包括案件发生的时间、地点，作案的手段、情节、造成的危害后果，以及作案人的动机、目的、年龄、精神状况、认罪态度等，上述事实必须有证据加以证实。这就要求检察人员必须进行调查研究，以保证事实的客观真实性。必须以收集到的真凭实据作为定案的依据，而不能以主观想象、推测或无实据的议论作为定案的基础。要求检察人员深入实际，客观全面地了解案件情况，占有充分的材料，进行去粗取精、去伪存真、由此及彼、由表及里的分析，揭开隐藏在复杂现象后面的本质。要求检察人员依法收集证据，坚决防止和纠正为收集口供对犯罪嫌疑人实施刑讯逼供。要尊重客观事实，坚持"重证据，重调查研究，不轻信口供"的证据原则。

以法律为准绳，一方面要求检察机关在行使法律监督职责时，应以法律作为衡量是否已经查明案件事实和情节的尺度，以法律的规定作为判断罪与非罪的标准。另一方面要求检察机关在行使法律监督职责时严格遵守法律规定的程序，加强程序法意识。

以事实为依据、以法律为准绳的原则，是一个不可分割的完整统一体。查清案件事实是正确适用法律的前提，坚持依法办案则有利于正确、及时、合法地查明案情，两者的结合才能有效地保证案件的正确处理。

四、依靠群众开展检察工作原则

《人民检察院组织法》第7条第1款规定："人民检察院在工作中必须坚持实事求是，贯彻执行群众路线，倾听群众意见，接受群众监督……"《刑事诉讼法》第6条规定，人民检察院在刑事诉讼中必须依靠群众。这是检察机关的专门工作与群众路线相结合的原则在法律上的明确规定，也是检察机关多年丰富实践经验的总结。

依靠群众开展检察工作的原则，包括以下几方面内容：①依靠群众检举揭露犯罪。我国是人民民主专政的社会主义国家，人民是国家的主人。人民群众有当家做主的责任感，有参与刑事诉讼活动的自觉性和积极性。因此，检察机关应注意群众的控告、举报、揭发，及时捕捉发案信息，保证及时依法立案，使检察机关的立案工作建立在广泛的群众基础上。②依靠群众调查案情、收集证据。犯罪活动具有一定的隐蔽性和复杂性，而一切犯罪活动又都是在一定的时间、空间里进行的，要与外界发生联系，也必然会留下各种蛛丝马迹，被人民群众从不同侧面、不同角度所观察和了解。在检察工作中，相信群众，依靠群众，听取群众的意见，可以及时、准确地收集到违法犯罪的证据，查明违法犯罪的事实。③依靠群众，宣传法制，预防和减少犯罪。检察机关通过检察活动，依靠群众宣传法制，提高公民的守法观念，预防和减少犯罪，依靠群众开展社会治安综合治理工作。④认真听取群众意见，接受群众监督，不断改进检察工作。为了更好地贯彻依靠群众开展检察工作的原则，司法实践中，各级检察机关建立和坚持了举报制度、检察长接待日制度、检务公开制度，从而使检察工作与群众路线相结合提高到一个新的阶段。

五、分工负责、互相配合、互相制约原则

《宪法》第135条规定："人民法院、人民检察院和公安机关办理刑事案件，应当分工负责，互相配合，互相制约，以保证准确有效地执行法律。"这是人民法院、人民检察院和公安机关三机关相互之间业务协作与监督制约原则。《刑事诉讼法》第7条也作了相应的规定。

分工负责，要求公安机关、人民检察院、人民法院依据法律分别行使侦查权、检察权和审判权，严格按照这一分工各负其责、各尽其职，不能互相代替、互相推诿，超越或滥用职权。

互相配合，要求公安机关、人民检察院、人民法院在分工负责的基础上，互相支持、互通情况，协调一致，共同使案件得到正确、及时处理。不能互相刁难、拆台，造成诉讼的拖延，影响对案件正确、及时处理。

互相制约，要求公安机关、人民检察院、人民法院在工作中要坚持原则，彼此制约，防止错误并依法及时纠正错误。

分工负责、互相配合和互相制约是密切联系且不可分割的。分工负责是基础，互相配合、互相制约是保证。没有分工，就谈不到配合，更谈不上制约；只强调配合而不分工，则必然分工不明，造成混乱；只强调配合而忽视制约，就会照顾关系，放弃原则，其结果或者放弃犯罪，或者伤害无辜；只强调制约而忽视配合，就容易使三机关对立起来，互相抵消力量，妨碍诉讼的正常进行。可见，在刑事诉讼中，只有坚持三机关分工负责、互相配合、互相制约的原则，才能保证正确适用法律，顺利完成刑事诉讼法规定的打击犯罪的任务。

值得注意的是，不能将公、检、法三机关之间的互相制约视为互相监督。因为法律监督是国家的一项权力，而互相制约则是公、检、法三机关在办理刑事案件中处理相互关系的准则。法律监督是《宪法》和《人民检察院组织法》赋予检察机关的专有权力，其他任何机关都无权行使。法律监督既可以发生于诉讼过程中,也可以发生于诉讼活动之外;而互相制约仅限于刑事诉讼过程中,在民事、行政诉讼中以及非诉讼情况下,并不发生这种制约。法律监督只有在发生违法行为的情况下,才能实行;互相制约作为一种诉讼程序和制度,不论在刑事诉讼中是否发生违法情形,这种程序都要执行。可见,认为公、检、法三机关之间的互相制约就是互相监督,并由此得出检察机关也要受公安机关和人民法院监督的结论是不正确的。

第三节 检察机关的组织体系

一、国外检察机关组织系统简介

科学的检察机关组织系统是检察机关发挥检察功能的基本保障。由于各国检察制度产生的历史背景不一样,社会政治体制不同,所以各国的检察机关的组织系统也有很大的差别。

法国的检察系统总体上隶属于政府的司法部,分级附设于相对应的各级法院。除治安法院外,在初级法院、上诉法院和最高法院均设检察署。总检察长统领最高法院检察署,在业务上领导其他各级法院的检察官。总检察长和所有检察官均由总统根据司法部长的推荐任命。司法部长对总检察长有指示权,总检察长直接对司法部长负责。

日本虽然属于大陆法系国家,但是在检察机关的设立上却实行审检分离。1947年颁布的日本现行《宪法》明确规定了司法权和检察权的分离。按此原则,分别制定了《裁判所法》和《检察厅法》,检察厅与法院对等设置,分为最高、高等、地方和区四级检察厅。在体制上,检察厅仍属于法务省,法务省有权了解、指导检察厅的工作。但检察厅具有相对独立性,法务大臣只对检察厅进行一般的监督,具体案件的调查处理,只能由总检察长指挥进行。

美国实行联邦制,检察机构相应地分为联邦和州两套系统。在联邦,司法部长、副部长兼任联邦总检察长和副总检察长,直接领导和监督联邦检察官。联邦检察官分设在联邦地区法院的管辖区域内。联邦总检察长即司法部长,由总统征得参议院同意任命,为内阁阁员。联邦检察长则由总检察长提名,经参议院同意后,由总统任命。美国检察机构的第二套系统是各州的检察机关，情况比较复杂。各州检察机构的名称也不一致，有的称法务部，有的称法务局、检察事务所等。联邦检察系统与各州检察系统并无隶属关系。

二、我国检察机关组织体系的概念及设置原则

检察机关的组织体系，是指按照法律规定组成的具有法律监督职能、行使国家检察权的各级各类检察机关的统一整体。它是国家检察制度存在和发展的组织结构形式，是履行法律监督职能的组织保证。

检察机关的组织体系的设置实行与国家的行政区划、审判机关体系以及检察工作的需要相一致的原则。根据这一原则设置的各级各类检察机关分别为最高人民检察院、地方各级人民检察院和专门人民检察院。其中最高人民检察院和地方各级人民检察院的设置与国家的行政区划和审判机关的体系相对应，有助于保证诉讼活动的及时、顺利进行；专门人民检察院和派出机构则是根据检察工作的需要而设置的，能够适合各区域、部门、单位的特殊性。

三、我国检察机关的组织体系

根据《宪法》和《人民检察院组织法》的规定，目前检察机关的组织体系为：最高人民检察院、地方各级人民检察院和专门人民检察院。地方各级人民检察院分为省、自治区、直辖市人民检察院；省、自治区、直辖市人民检察院分院，自治州和省辖市人民检察院；县、市、自治县和市辖区人民检察院。省一级人民检察院和县一级人民检察院，根据工作需要，提请本级人民代表大会常务委员会批准，可以在工矿区、农垦区、林区等区域设置人民检察院，作为派出机构。专门人民检察院设置军事检察院，此后又曾设置铁路运输检察院。1987年5月，铁路运输检察院被取消，保留铁路运输检察院分院和基层铁路运输检察院，由其所在的各省、自治区、直辖市人民检察院领导。

（一）最高人民检察院

最高人民检察院是中华人民共和国最高检察机关，由全国人民代表大会产生，依法履行法律监督职能，对全国人民代表大会及其常务委员会负责并报告工作。最高人民检察院的主要职权是：领导地方各级人民检察院和专门人民检察院的工作；对全国性的重大刑事案件行使检察权；对各级人民法院已经发生法律效力的判决和裁定，如发现错误，有权按审判监督程序提起抗诉；依法对侦查机关的立案、侦查活动、法院的审判活动以及判决、裁定的执行活动实行监督；依法对民事诉讼、行政诉讼实行监督；

有权对检察工作中具体应用法律的问题做出司法解释；制定检察工作条例、细则和规定；管理和规定各级人民检察院的人员编制。

最高人民检察院由检察长1人、副检察长和检察员等若干人组成，设立检察委员会、若干检察厅和其他业务机构。

（二）地方各级人民检察院

地方各级人民检察院由地方各级人民代表大会选举产生，对同级人民代表大会及其常务委员会负责并报告工作。地方各级人民检察院接受最高人民检察院领导，下级人民检察院接受上级人民检察院领导。地方各级人民检察院的主要职权是：侦查直接受理的刑事案件；对侦查机关的侦查活动是否合法实行监督；对受理的刑事案件向同级人民法院提起公诉，并支持公诉；对人民法院的审判活动是否合法实行监督；对同级人民法院第一审案件的判决、裁定认为有错误时，按照上诉程序提起抗诉；上级人民检察院对下级人民法院已经发生法律效力的判决、裁定，如发现错误，有权按审判监督程序提起抗诉；对监狱、看守所和劳动教养机关的执行活动是否合法实行监督。

地方各级人民检察院均设检察长1人、副检察长和检察员等若干人，设立检察委员会，并设若干检察业务机构。

铁路运输检察院是国家设置在铁路运输系统的法律监督机关，是我国检察机关的组成部分。其主要职权是：对发生在铁路运输系统所辖区域（包括铁路沿线、列车、车站、铁路企业事业单位等）的各种违法犯罪活动和铁路工人危害交通运输的违法犯罪活动行使检察权。

（三）军事检察院

军事检察院是国家设置在人民解放军系统的法律监督机构，属于军队编制，是我国检察机关的组成部分，在最高人民检察院和解放军总政治部领导下工作。其职权是对军职人员的犯罪案件行使检察权，按照专属管辖的原则，受理现役军人犯罪案件；军队的文职人员的犯罪案件；军内在编职工的犯罪案件；非军人构成军人违反职责罪共同犯罪的案件。

（四）派出机构

派出机构的设置，须由有关的省或县级人民检察院提请本级人民代表大会常务委员会批准。人民检察院对其派出机构实行领导，并按法定程序任免检察人员。派出机构的职权是对特殊区域或场所的犯罪案件行使检察权。

第四节 检察官制度

一、国外检察官制度简介

由于检察制度的产生不同,机构设置不同,世界各国的检察官制度也不相同。尤其是检察官的选任方式和地位待遇均有较大区别。从总体上讲,英美法系的检察官来自于律师,检察官是作为普通行政人员来管理的,检察官的社会地位和保障制度要低于法官。例如,美国的检察官任期只有4年,与政党共进退,每位新总统上台,都会任命本党人员作为检察官来替换原来的检察官,对检察系统进行大"换血",从而使检察官的社会稳定性远远低于法官。大陆法系则不然,大陆法系的检察官是被国家作为"法律人"(包括检察官、法官、律师等法律职业人员)之一的专门培养的,法学院的毕业生经过1~2次司法考试和一定期限的实习,便可以自由选择是成为检察官,还是成为法官、律师,并非要求必须有律师的执业经历。大陆法系检察官的地位和社会保障也与法官相同,并不低于法官。例如法国的检察官虽然是作为政府派往法院的代理人,属于行政官员,但是在立法上给予检察官与法官同等的法律保障。法国和德国的检察官实行单独的工资等级和标准,检察官和法官工资水平一致。日本的检察官分为五级:总检察长、副总检察长、检察长、检察官和副检察官。前三者由日本内阁任命,天皇批准;其余则按照国家公务员规章任免。但是在日本,承认检察官具有行政官员和司法官员的双重属性。作为司法官员,日本的检察官与法官一样具有特殊的身份保障和社会保障。与《裁判所法》并行的日本《检察厅法》规定,除因年限或检察官资格审查会议决定外,检察官不会因为办案意见方面的原因而被罢免、裁员或惩戒。[1]

二、我国检察官制度的产生

就检察官制度而言,世界各国通行的做法是检察人员的职务分为检察长和检察官,检察长是首席检察官,并以这一身份为核心确立管理和工作制度,身份制度与工作制度不是严格分开的。我国的检察制度则不同,我国现行的政治体制决定了我国的检察工作实行的是检察院负责制而不是检

---

[1] 参见王桂五主编:《中华人民共和国检察制度研究》,法律出版社1991年版,第8~9页。

中国司法制度

察官负责制，检察官制度是对检察院工作人员进行管理的人事制度，不能等同于检察工作制度。并且，就现行的立法状况及司法实践来看，我国的检察官制度实际上就是检察官身份制度，是关于检察官的范围、职责、条件、义务与权利、任免、任职回避、登记、考核、培训等的全面规定。

我国现行的检察官制度的形成与我国检察院建制的恢复不是同步的。《人民检察院组织法》是检察院恢复建制的标志，《检察官法》则是检察官制度初步形成的标志。1979年检察机关恢复重建至1995年《检察官法》出台以前，对检察机关工作人员的规定只见于《人民检察院组织法》中，该法在第7条规定检察人员的义务时提到"各级人民检察院的工作人员，必须忠实于事实真相，忠实于法律，忠实于社会主义事业，全心全意地为人民服务"。在此，对各级人民检察院的工作人员表述十分模糊，既没有明确限定它的内涵就是从事检察业务工作的人员，也没有从外延上将非业务人员排除出去，导致长期以来人们把在检察院工作的人员，包括检察官、书记员、法警、行政管理人员和后勤人员统称为检察官，并且把检察官作为一般国家公职人员，用管理行政人员的单一模式来进行管理。1995年《检察官法》出台，检察官作为正式称谓由法律确定下来，标志着检察官制度的初步形成。2001年6月30日，第九届全国人民代表大会常务委员会第二十二次会议通过了《关于修改〈中华人民共和国检察官法〉的决定》。

三、检察官的概念及范围

《检察官法》第2条规定："检察官是依法行使国家检察权的检察人员，包括最高人民检察院、地方各级人民检察院和军事检察院等专门人民检察院的检察长、副检察长、检察委员会委员、检察员和助理检察员。"这一规定明确了检察官的含义和范围，从法律上对检察官进行了界定，即确定了从事检察工作、行使国家检察权是检察官的基本属性，确立了检察官和公务员、法官是分别行使国家检察权、行政权、审判权的不同专门群体队伍，也表明了我国与奉行"三权分立"的西方国家把检察权归属于行政权、把检察官划归国家公务员之间具有本质的区别，为检察官行使国家检察权提供了法律依据。

四、检察官的条件、选拔和回避

根据《检察官法》第10条的规定，担任检察官必须具备下列条件：①具有中华人民共和国国籍；②年满23岁；③拥护中华人民共和国宪法；④有良好的政治、业务素质和良好的品行；⑤身体健康；⑥高等院校法律专业本科毕业或者高等院校非法律专业本科毕业具有法律专业知识，从事法律工作满2年，其中担任省、自治区、直辖市人民检察院、最高人民检察院检察官，应当从事法律工作满3年；获得法律专业硕士学位、博士学位或者非法律专业硕士学位、博士学位具有法律专业知识，从事法律工作满1年，其中担任省、自治区、直辖市人民检察院、最高人民检察院检察官，应当从事法律工作满2年。在《检察官法》施行以前的检察人员不具备上述第6个条件的，应当接受培训，具体办法由最高人民检察院制定。适用上述第6个条件规定的学历条件确有困难的地方，经最高人民检察院审核确定，在一定期限内，可以将担任检察官的学历条件放宽为高等院校法律专业专科毕业。

《检察官法》第11条规定，下列人员不得担任检察官：①曾因犯罪受过刑事处罚的；②曾被开除公职的。

《检察官法》第13条第1款规定："初任检察官采用严格考核的办法，按照德才兼备的标准，从通过国家统一司法考试取得资格，并且具备检察官条件的人员中择优提出人选。"这一规定标志着初任检察官考试制度的确立。初任检察官考试制度是确保检察官执法素质和水平的必然要求，公开、公正、合理的选拔方式是确保检察队伍质量的重要因素。《法官法》也规定了初任法官必须通过全国统一司法考试，从而确立了国家对初任检察官、法官和取得律师资格实行统一的司法考试制度，标志着我国法律职业共同体制度的建立，推动了中国法律职业的统一化，使检察官、法官、律师有可能在同一业务层面上展开工作。统一司法考试制度作为选拔初任检察官、法官和取得律师资格的方式，无疑有助于最大限度地实现司法公正。国务院司法行政部门、最高人民法院和最高人民检察院应共同设计一套合理的具体考试制度，使统一的司法考试制度能够真正发挥选拔优秀法律人才的作用。具体而言，可借鉴外国的经验将司法考试作为一个连续的过程，将考试与培训相结合，既考法律知识能力和法律理论能力，又考职业技能能力；既采用笔试的方式，又采用面试的方式。

为了从制度上保证检察官独立行使检察权，防止检察官滥用职权，以权谋私，《检察官法》除规定检察官不得兼任人民代表大会常务委员会的组成人员，不得兼任行政机关、审判机关以及企业、事业单位的职务，不得兼任律师外，还列出专章对回避制度作了规定。《检察官法》第19条规定："检察官之间有夫妻关系、直系血亲关系、三代以内旁系血亲以及近姻亲关系的，不得同时担任下列职务：①同一人民检察院的检察长、副检察长、检察委员会委员；②同一人民检察院的检察长、副检察长和检察员、助理检察员；③同一业务部门的检察员、助理检察员；④上下相邻两级人民检察院的检察长、副检察长。"该法第20条规定："检察官从人民检察院离任后2年内，不得以律师身份担任诉讼代理人或者辩护人。检察官从人民检察院离任后，不得担任原任职检察院办理案件的诉讼代理人或者辩护人。检察官的配偶、子女不得担任该检察官所任职检察院办理案件的诉讼代理人或者辩护人。"

五、检察官的任免

检察官的任免是检察官任职与免职的统称。《检察官法》对检察官的任免列出专章予以具体规定。

（一）检察官的任免权限和程序

最高人民检察院检察长由全国人民代表大会选举和罢免，副检察长、检察委员会委员和检察员由最高人民检察院检察长提请全国人民代表大会常务委员会任免。

地方各级人民检察院检察长由地方各级人民代表大会选举和罢免，副检察长、检察委员会委员和检察员由本院检察长提请同级人民代表大会常务委员会任免。

地方各级人民检察院检察长的任免，须报上一级人民检察院检察长提请该级人民代表大会常务委员会批准。

对于不具备本法规定条件或者违反法定程序被选举为人民检察院检察长的，上一级人民检察院检察长有权提请该级人民代表大会常务委员会不予批准。

对于违反本法规定的条件任命检察官的，一经发现，作出该项任命的机关应当撤销该项任命；上级人民检察院发现下级人民检察院检察官的任命有违反本法规定的条件的，应当责令下级人民检察院依法撤销该任命，或者要求下级人民检察院依法提请同级人民代表大会常务委员会撤销该项任命。

在省、自治区内按地区设立的和在直辖市内设立的人民检察院分院检察长、副检察长、检察委员会委员和检察员由省、自治区、直辖市人民检察院检察长提请本级人民代表大会常务委员会任免。

最高人民检察院和省、自治区、直辖市人民检察院检察长可以建议本级人民代表大会常务委员会撤换下级人民检察院检察长、副检察长和检察委员会委员。

人民检察院的助理检察员由本院检察长任免。

军事检察院等专门人民检察院检察长、副检察长、检察委员会委员和检察员的任免办法，由全国人民代表大会常务委员会另行规定。

（二）免职事由

根据《检察官法》第14条的规定，检察官有下列情形之一的，应当依法提请免除其职务：①丧失中华人民共和国国籍的；②调出本检察院的；③职务变动不需要保留原职务的；④经考核确定为不称职的；⑤因健康原因长期不能履行职务的；⑥退休的；⑦辞职或者被辞退的；⑧因违纪、违法犯罪不能继续任职的。

六、检察官的职责及义务、权利

根据《检察官法》第6条规定，检察官的职责包括：①依法进行法律监督；②代表国家进行公诉；③对法律规定由人民检察院直接受理的犯罪案件进行侦查；④法律规定的其他职责。检察长、副检察长、检察委员会委员除履行检察职责外，还应当履行与其职务相适应的职责。

根据《检察官法》第8条的规定，检察官应当履行下列义务：①严格遵守宪法和法律；②履行法律职责必须以事实为依据，以法律为准绳，秉公执法，不得徇私枉法；③维护国家利益、公共利益，维护自然人、法人和其他组织的合法权益；④清正廉明，忠于职守，遵守纪律，恪守职业道德；⑤保守国家秘密和检察工作秘密；⑥接受法律监督和人民群众监督。

根据《检察官法》第9条的规定，检察官享有下列权利：①履行检察官职责应当具有的职权和工作条件；②依法履行检察职责不受行政机关、社会团体和个人的干涉；③非因法定事由，非经法定程序，不被免职、降职、辞退或者处分；④获得劳动报酬，享受保险、福利待遇；⑤人身、财产和住所安全受法律保护；⑥参加培训；⑦提出申诉或者控告；⑧辞职。

七、检察官的考核和培训

（一）检察官的考核

检察官的考核制度是检察官制度的一项重要内容。建立和实行检察官考核制度，不仅能够促使广大检察官尽职尽责，廉洁奉公，不断提高自身的政治素质和业务素质，而且对于奖不虚设、惩不懈怠、人尽其才、杜绝用人问题上的不正之风，提高执法水平和工作效率，建立和完善检察官制度，都具有重要的意义。

1.考核的原则和方法。《检察官法》第25条规定："对检察官的考核，应当客观公正，实行领导和群众相结合，平时考核和年度考核相结合。"

这一规定既是考核的原则也是考核的方法。

2. 考核的内容。《检察官法》第26条规定："对检察官的考核内容包括：检察工作实绩，思想品德，检察业务和法学理论水平，工作态度和工作作风。重点考核检察工作实绩。"这一规定体现了德才兼备方针、重点考核工作实绩的精神，并突出了检察工作的特点。

3. 考核的组织实施、结果及其作用。根据《检察官法》的规定，检察官的考核，由所在的人民检察院组织实施。考核具体实施工作可由本院的政工部门负责。《检察官法》第27条的规定："年度考核结果分为优秀、称职、不称职三个等次。考核结果作为对检察官奖惩、培训、免职、辞退以及调整等级和工资的依据。"这一规定使考核结果有了法律效力，使考核作用的发挥得到了法律保障。

（二）检察官的培训

检察官培训制度是检察官制度的重要组成部分。建立检察官培训制度的目的，就是通过对检察官进行各种形式的培训，不断提高检察官的政治思想水平和专业知识水平，不断改善检察队伍的素质结构，以适应形势发展的需要。

1. 检察官培训的原则。根据《检察官法》第29条的规定，检察官培训应当遵循有计划地进行理论培训和业务培训原则、理论联系实际原则、按需施教原则和讲求实效原则。这些原则是相互联系、相辅相成的统一体，在培训工作中要全面贯彻执行。

2. 培训的形式和种类。检察官的培训与教育既不同于普通高等教育，也不同于一般成人教育，它是以检察官这一特殊职业群体为对象的岗位教育，因此，可以采用多种培训形式，如国家检察官学院组织专门培训、委托高等院校代培、举办电视大学法律专业班、组织参加函授大学、业余大学和自学考试、举办短期培训班等。检察官培训的种类大致可以分为岗前培训、任职培训和专项业务培训、知识更新培训等类型。

八、检察官的奖励和惩戒

（一）检察官的奖励

建立检察官奖励制度，对于调动检察官的工作积极性具有重要意义。

1. 检察官奖励的原则。《检察官法》第32条规定："检察官在检察工作中有显著成绩和贡献的，或者有其他突出事迹的，应当给予奖励。对检察官的奖励，实行精神奖励和物质奖励相结合的原则。"这一规定确认了国家对检察官实行奖励制度，明确了对检察官进行奖励所必须遵循的原则。

2. 检察官奖励的条件和种类。《检察官法》第33条对检察官的奖励条件作了具体规定：①在检察工作中秉公执法，成绩显著的；②提出检察建议或者对检察工作提出改革建议被采纳，效果显著的；③保护国家、集体和人民群众利益，使其免受重大损失，事迹突出的；④勇于同违法犯罪行为作斗争，事迹突出的；⑤保护国家秘密和检察工作秘密，有显著成绩的；⑥有其他功绩的。奖励分为：嘉奖，记三等功、二等功、一等功，授予荣誉称号。

（二）检察官的惩戒

建立检察官惩戒制度，有助于帮助犯错误的检察官改正错误，从而起到对检察官的规范和鞭策作用。

1. 检察官惩戒的原则。惩戒的目的在于教育和挽救。必须坚持以教育为主、处分为辅的原则，坚持"惩前毖后，治病救人"的方针。

2. 检察官惩戒的条件和种类。《检察官法》第35条规定了检察官应受惩戒的条件：①散布有损国家声誉的言论，参加非法组织，参加旨在反对国家的集会、游行、示威等活动，参加罢工；②贪污受贿；③徇私枉法；④刑讯逼供；⑤隐瞒证据或者伪造证据；⑥泄露国家秘密或者检察工作秘密；⑦滥用职权，侵犯自然人、法人或者其他组织的合法权益；⑧玩忽职守，造成错案或者给当事人造成严重损失；⑨拖延办案，贻误工作；⑩利用职权为自己或者他人谋取私利；⑪从事营利性的经营活动；⑫私自会见当事人及其代理人，接受当事人及其代理人的请客送礼；⑬其他违法乱纪的行为。检察官有上述情节之一的，应当给予处分，处分分为警告、记过、记大过、降级、撤职、开除。构成犯罪的，依法追究刑事责任。

九、检察官的保障

建立检察官保障制度，对于稳定检察官队伍，调动检察官依法履行职责的积极性并依法行使职权具有重要作用。检察官享有的保障权利主要有：①身份保障，检察官非因法定事由、非经法定程序，不被免职、降职、辞退或者处分；②人身保障，检察官的人身、财产和住所安全受法律保护；③工资保障，检察官按规定获得劳动报酬，享受保险、福利待遇；④其他保障，履行检察官职责应当具有的职权和工作条件。另外，检察官有辞职、申诉、控告等权利。

第五节 检察工作的基本运作机制

根据《人民检察院组织法》和《刑事诉讼法》的规定，人民检察院的运行机制是按照检察院的具体工作内容来设定的。检察院的每项工作环节，都有自己的运行机制，各个工作环节组织在一起组成整个检察工作的运行机制。以下几个方面就是目前检察机关常见的基本业务运行机制。

一、直接受理刑事案件的立案、侦查

根据《刑事诉讼法》第 18 条的规定，贪污贿赂犯罪，国家工作人员的渎职犯罪，国家机关工作人员利用职权实施的非法拘禁、刑讯逼供、报复陷害、非法搜查等侵犯公民人身权利与民主权利的犯罪，由人民检察院立案侦查。对于国家机关工作人员利用职权实施的其他重大的犯罪案件，需要由人民检察院直接受理的时候，经省级以上人民检察院决定，可以由人民检察院立案侦查。刑事诉讼法的这一规定，从法律上赋予检察机关立案侦查权。1999 年 8 月 6 日，最高人民检察院颁布了《关于人民检察院直接受理立案侦查案件立案标准的规定（试行）》。根据该《规定》，直接由人民检察院立案侦查的案件包括以下三大类 52 个罪名案件：①贪污贿赂案件，包括贪污案、挪用公款案等 12 个罪名；②渎职犯罪案件，包括滥用职权案、玩忽职守案等 33 个罪名；③国家机关工作人员利用职权实施的侵犯公民人身权利、民主权利犯罪案件，包括国家机关工作人员利用职权实施的非法拘禁案等 7 个罪名。

根据 1997 年 1 月 15 日最高人民检察院颁布的《人民检察院刑事诉讼规则》的规定，人民检察院在办理直接侦查案件的过程中，要按照以下程序和运行机制来受理和办理直接侦查的刑事案件：

（一）受案

人民检察院直接受理由检察院直接立案侦查的案件的报案、控告、举报和犯罪嫌疑人的自首，具体负责受理案件的机构是人民检察院举报中心。人民检察院举报中心在受理案件过程中坚持以下基本制度：

1. 统一受理、管理举报线索制度。人民检察院举报中心统一受理、管理举报线索。本院检察长和其他部门或者人员所接受的犯罪线索，应当及时批交或者移送举报中心。

2. 案件登记制度。举报中心对于所接受的举报线索，应当逐件登记举

报人和被举报人的基本情况、举报的主要内容和办理情况。

3. 保密制度。举报中心对于不愿意公开姓名和举报行为的举报人，应当为其保密。严禁将举报材料转给被举报单位和被举报人。

4. 案件分流制度。举报中心对于举报材料要及时审查，并根据举报材料的不同情况和管辖规定，在7日内做出处理决定。对于不属于人民检察院管辖的案件应移送有关主管部门处理；属于人民检察院管辖的案件，应当按照最高人民检察院《关于完善人民检察院侦查工作内部制约机制的若干规定》第2条的规定，集体研究举报线索的分流。

5. 分级备案制度。人民检察院对于直接受理的要案线索实行分级备案的管理制度。县、处级干部的要案线索一律报省级人民检察院备案，其中涉嫌犯罪数额特别巨大或者犯罪后果特别严重的，呈报最高人民检察院备案；厅、局级以上干部的要案线索一律报最高人民检察院备案。

（二）初查

侦查部门对举报中心移交的举报线索进行审查后，认为需要初查的，应当报检察长或者检察委员会决定。举报线索的初查由侦查部门进行，但是性质不明、难以归口处理的案件线索可以由举报中心进行初查。在举报线索的初查过程中，可以进行询问、查询、勘验、鉴定、调取证据材料等不限制被查对象人身、财产权利的措施。不得对被查对象采取强制措施，不得查封、扣押、冻结被查对象的财产。侦查部门对举报线索初查后，应当制作审查结论报告，并提出提请立案侦查或提请不予立案侦查的意见，报检察长决定。

（三）立案

人民检察院对于经过初查认为应当立案侦查的，应当制作立案决定书。人民检察院决定不予立案侦查的，如果是被害人控告的，应当制作不予立案通知书，写明案由和案件来源、决定不立案的原因和法律依据，由侦查部门在15日内送达控告人，同时通知本院控告申诉部门。控告人如果不服，可以在收到不立案通知书10日内申请复议。

（四）侦查

经过立案之后，案件就进入正规侦查阶段，即进入《刑事诉讼法》规定的侦查程序阶段。侦查部门在履行侦查职能过程中，可以采取讯问犯罪嫌疑人，询问证人、被害人，针对有关场所、物品、人身、尸体进行勘验和检查，进行搜查，调取和扣押物证、书证、视听资料，查询、冻结存款、汇款，鉴定、辨认，通缉等侦查手段，从而获得证据，查清案件事实。在侦查过程中可以针对犯罪嫌疑人采取拘传、取保候审、监视居住、拘留、逮捕等强制措施。

经过侦查，认为犯罪事实清楚，证据确实、充分，依法应当追究刑事责任的，侦查人员应当写出侦查终结报告，并且制作起诉意见书；对于犯罪情节轻微，依照刑法规定不需要判处刑罚或者免除刑罚的，侦查人员应当写出侦查终结报告，并且制作不起诉意见书。侦查终结报告和起诉意见书或者不起诉意见书由侦查部门负责人审核，检察长批准。提出起诉意见或者不起诉意见的，侦查部门应当将起诉意见书或者不起诉意见书以及其他案卷材料，一并移交本院审查起诉部门审查。国家或集体财产遭受损失的，在提出公诉意见的同时，可以提出提起附带民事诉讼的意见。

二、审查批准逮捕和决定逮捕

审查批准逮捕，是指人民检察院对于公安机关、国家安全机关、军队保卫部门和监狱提请批准逮捕的案件进行审查后，作出是否逮捕犯罪嫌疑人的决定的一种诉讼活动。人民检察院根据审查情况，严格按照法定的批准逮捕和不批准逮捕的条件，对案件作出批准逮捕或者不批准逮捕的决定，在作出不批准决定的同时，人民检察院也可作出补充侦查的决定。人民检察院对有证据证明有犯罪事实，可能判处有期徒刑以上刑罚的犯罪嫌疑人，采取取保候审、监视居住等方法，尚不足以防止发生社会危害性，而有逮捕必要的，应当批准或决定逮捕。不符合批准逮捕条件的，应当做出不批准逮捕的决定。

对公安机关要求复议的不批准逮捕的案件，人民检察院应当另行指派审查逮捕部门办案人员复议，并在收到提请复议书和案卷材料后7日内做出是否变更的决定，并通知公安机关。对于公安机关提请上一级人民检察院复核的不批准逮捕的案件，上一级人民检察院应当在收到提请复核意见书和案卷材料后15日内由检察长或检察委员会做出是否变更的决定，并通知下级人民检察院和公安机关执行。如果需要改变决定，应当通知做出不批准逮捕决定的检察机关撤销原决定，另行制作批准逮捕决定书。必要时，上级人民检察院也可以直接做出批准逮捕决定书，通知下级人民检察院送达公安机关执行。

审查决定逮捕，是指检察机关对直接立案侦查的刑事案件的犯罪嫌疑人，审查决定是否逮捕的一种诉讼活动。决定逮捕的标准、条件与审查批准逮捕的标准和条件相同。

审查批准逮捕和决定逮捕，是人民检察院的一项重要职权，也是宪法和法律赋予检察机关法律监督职能的重要体现。

三、审查起诉和支持公诉

审查起诉，是指人民检察院对公安机关侦查终结移送起诉的案件和自行侦查的案件进行全面的审查，依法决定是否对犯罪嫌疑人提起公诉的诉讼活动。人民检察院在审查起诉过程中必须查明犯罪事实、情节是否清楚，证据是否确实、充分；犯罪性质和罪名的认定是否正确；有无遗漏罪行和其他应当追究刑事责任的人；是否属于不应追究刑事责任的情形；有无附带民事诉讼；侦查活动是否合法。

人民检察院经过审查后，应当做出提起公诉或不起诉的决定。提起公诉，是指人民检察院对公安机关移送起诉以及自行侦查终结移送起诉的案件，经审查认为犯罪嫌疑人符合法定的起诉条件而代表国家将其提交人民法院审判的一种诉讼活动。根据《刑事诉讼法》的规定，人民检察院认为犯罪嫌疑人的犯罪事实已经查清，证据确实、充分，依法应当追究刑事责任的，应当作出起诉决定，按照审判管辖的规定，向人民法院提起公诉。

不起诉，是指人民检察院在审查起诉后做出不将案件移送人民法院审判而终止诉讼的决定。根据《刑事诉讼法》第171、173条的规定，人民检察院认为犯罪嫌疑人依法不应追究刑事责任的，应当作出不起诉的决定；对于犯罪情节轻微，依照刑法规定不需要判处刑罚或者免除刑罚的，人民检察院可以作出不起诉的决定；对于补充侦查的案件，人民检察院仍然认为证据不足，不符合起诉条件的，可以作出不起诉的决定。

《刑事诉讼法》第184条规定，人民法院审判公诉案件，人民检察院应当派员出席法庭支持公诉。代表人民检察院出庭支持公诉的检察官称为公诉人。公诉人代表检察机关出庭支持公诉是检察机关的主要业务之一。作为国家公诉人，在审查起诉和出庭支持公诉过程中要按照以下业务程序开展工作：

（一）受理案件

人民检察院对于公安机关移送审查起诉的案件应当在7日内进行审查。审查的主要内容包括：案件是否属于本院管辖；起诉意见书以及卷宗材料是否齐备；有关证据是否移送；犯罪嫌疑人是否在案以及是否采取强制措施等。经审查，对具备受理条件的，填写受理审查起诉登记表。对于不具备审查起诉条件的，退回侦查机关补充材料。对于本院侦查部门移交审查起诉的案件，也按照相同的审查程序，决定是否受理。

中国司法制度

（二）审查案卷材料

公诉人员要严格审查案卷材料，核实证据，确定案件事实，在确定案件事实的基础上依法作出是否起诉的决定。重大疑难案件，是否起诉要报检察委员会讨论决定。人民检察院对案件进行审查后，认为犯罪嫌疑人的犯罪事实已经查清，证据确实充分，依法应当追究刑事责任的，应当作出起诉决定。人民检察院如果发现移交审查起诉的侦查案卷材料事实不清，需要补充侦查的，可以退回侦查机关补充侦查。人民检察院对于退回补充侦查的案件，仍然认为证据不足，不符合起诉条件的，经检察委员会决定，可以作出不起诉决定。人民检察院作出不起诉决定后，应当制作不起诉决定书。

（三）审查法律依据和案件定性

在审查案件事实的基础上，公诉人员要严格审查起诉的法律依据和案件定性是否准确。在确定案件事实的基础上，要严格按照法律准绳来衡量案件事实，准确认定案件事实的性质，依照法律确定罪与非罪、此罪与彼罪之间的界限，从而对案件事实定性作出准确的判断。

（四）撰写起诉书

起诉书是人民检察院代表国家指控犯罪的最基本的法律文书，是人民法院受理和审理刑事案件的依据。因此，公诉人出庭公诉能否成功首先要看起诉书指控的犯罪事实是否清楚，证据是否确凿，定性是否准确。起诉书的基本内容包括犯罪嫌疑人的基本情况、犯罪事实、适用的法律、犯罪事实的定性以及认定犯罪所依据的基本证据等。起诉书的撰写要求简明扼要，叙述犯罪事实清楚，引用法律得当，定性准确，证据确凿。

（五）撰写庭审质证提纲

根据改革后的庭审质证规则，刑事诉讼中法庭调查阶段主要依靠公诉人讯问被告人、询问证人、出示有关证据来确定案件事实。因此，能否利用庭审质证阶段查清案件事实是公诉人能否履行公诉职责的关键。为了保证庭审的顺利进行和有条不紊，公诉人必须提前根据案情列好庭审质证提纲，以便于开庭过程中进行法庭质证调查。

（六）撰写公诉词

公诉词是代表公诉人针对案件基本观点的诉讼文书。公诉词虽然代表公诉人的观点，但是由于公诉人是代表国家、代表检察机关出庭支持公诉，因此，公诉人的公诉词必须围绕着指控被告人构成犯罪和应当受到的刑事处罚来发表意见。公诉词必须和起诉书的意见相一致，可以针对起诉书指控的犯罪事实作进一步的阐述、说明以及法律分析，通过发表公诉词，进一步论证起诉书所指控的犯罪行为成立。决不允许公诉人抛开起诉书，去空谈所谓"自己"的观点。如果公诉词出现了违背起诉书观点的意见，那属于公诉人的失职行为。公诉词的撰写要求观点突出，简明扼要，分析透彻，说理充分。

（七）出庭支持公诉

在出庭支持公诉的过程中，公诉人要兼任两种身份：一种身份是国家公诉人，代表国家出庭支持公诉，指控犯罪；另一种身份是庭审监督者的身份，即代表国家法律监督机关监督庭审过程是否合法。[1] 公诉人在法庭上的主要职责和任务是：代表国家指控犯罪，要求人民法院对被告人依法审判；讯问被告人揭露犯罪事实以及出示证据并对证据发表意见，证实犯罪；通过法庭辩论全面阐述诉讼主张，要求法庭同意人民检察院对被告人的指控，依法作出被告人有罪和处以恰当刑罚的判决；维护诉讼参与人的合法权益。

（八）总结归档

开庭审理结束后，公诉人要密切关注人民法院针对案件的审理和判决。如果法院久拖不决，公诉人要履行法律监督职责，监督人民法院及时作出判决。人民法院判决作出后，要根据情况做出处理。公诉人如果认为人民法院判决得当，即可以总结归档。如果人民法院判决存在严重错误，公诉人要向检察委员会提出抗诉意见，建议检察委员会做出决定，提出抗诉。

四、刑事立案监督

《刑事诉讼法》第111条对刑事立案监督作了专门规定，即人民检察院认为公安机关对应当立案侦查的案件而不立案侦查的，或者被害人认为公安机关对应当立案侦查的案件而不立案侦查，向人民检察院提出的，人民检察院应当要求公安机关说明不立案的理由。人民检察院认为公安机关不立案的理由不能成立的，应当通知公安机关立案，公安机关接到通知后应当立案。刑事立案监督的内容主要是针对公安机关应当立案而不立案的行为。刑事立案监督的方法主要有：

---

[1] 当然这后种身份受到了学者们的广泛批评，因为其易伤害法官的中立性，使检察官发生角色冲突，故检察官在监督庭审过程是否合法时应注意方式和分寸。

（一）通知公安机关立案

根据《刑事诉讼法》第111条的规定，通知公安机关立案是人民检察院实施刑事立案监督首先应采用的法定方法。人民检察院通知公安机关立案应采取书面形式，制作《通知立案书》，送达公安机关。

（二）由上一级人民检察院通知公安机关立案

人民检察院通知公安机关立案，公安机关不予立案的，发出通知的人民检察院应当将案件情况报告上一级人民检察院；上一级人民检察院经审查认为应当立案的，应当通知同级公安机关立案。

（三）直接立案侦查

公安机关接到人民检察院立案通知后仍不立案的，如果属于国家机关工作人员利用职权实施的重大犯罪案件，经省级以上人民检察院决定，人民检察院可以直接立案侦查。

五、侦查活动监督

侦查活动监督，是指人民检察院对公安机关的侦查活动是否合法所实行的专门法律监督。侦查活动监督的重点是发现和纠正以下违法行为：对犯罪嫌疑人刑讯逼供、诱供的；对被害人、证人以体罚、威胁、诱供等非法手段收集证据的；伪造、隐匿、销毁、调换或者私自涂改证据的；徇私舞弊、放纵、包庇犯罪分子的；有意制造冤、假、错案的；在侦查活动中利用职务之便谋取非法利益的；在侦查过程中不应当撤案而撤案的；贪污、挪用、调换所扣押、冻结的款物及其孳息的；违反《刑事诉讼法》关于决定、执行、变更、撤销强制措施规定的；违反羁押和办案期限规定的；有其他违反《刑事诉讼法》有关规定的行为。

六、审判监督

人民检察院对人民法院审判活动的监督，分为刑事审判监督、民事审判监督、行政审判监督三种。

（一）刑事审判监督

刑事审判监督分为程序性监督和实体性监督。在程序上的监督，是指检察官一方面以国家公诉人的身份出庭支持公诉，另一方面以国家法律监督者的身份出庭监督法庭的审判活动。监督内容包括：法庭审理案件是否遵守法定审理时限和送达特种文书的期限；法庭组成人员是否合法；审理案件是否依照法定程序进行；被告人和其他诉讼参与人的诉讼权利是否依法得到保障；审理过程中就程序问题所作的决定是否合法等。如果发现法庭的审判活动有违法行为，检察官有权向法庭提出纠正意见。在实体上的监督,是指对错误的刑事判决和裁定提出抗诉。具体包括两种:①二审程序的抗诉。地方各级人民检察院认为本级人民法院的第一审刑事判决和裁定确有错误,应当在法定期限内向上一级人民法院提出抗诉。②审判监督程序的抗诉。最高人民检察院对于各级人民法院已经发生法律效力的刑事判决和裁定,上级人民检察院对于下级人民法院已经发生法律效力的刑事判决和裁定,如果发现确有错误,有权按照审判监督程序向同级人民法院提出抗诉。

（二）民事审判和行政审判监督

民事审判和行政审判监督也分为程序性监督和实体性监督。程序性监督,是指对法庭审判活动的监督;实体性监督,是指对人民法院的民事判决和裁定的监督,以及对人民法院的行政判决和裁定的监督。监督的方式和程序与刑事审判监督相同。

七、刑罚执行监督

刑罚执行监督,是指人民检察院对刑罚执行机关执行人民法院已经发生法律效力的刑事判决、裁定的活动是否合法,实行的法律监督。主要包括:①对执行死刑判决的监督。执行死刑时,人民检察院应派员临场监督,验明正身,防止错杀。②对监所执行刑罚的监督。包括减刑、假释、保外就医、监外执行、缓刑执行是否合法的监督。③对看守所和劳动教养活动是否合法进行监督。

第六节　中国检察制度的发展与改革

一、我国现行检察制度的弊端

我国的人民检察制度经过长期的历史发展,不断得到完善,积累了一整套行之有效的经验。检察机关在履行法律监督职能,惩罚犯罪,保障法律实施方面起到了巨大的积极作用。但是,随着市场经济体制的建立和发展以及社会生活的发展变化,人民检察制度也逐步暴露出一些制度上的缺陷,需要我们进行不断的改革。这些缺陷主要表现在以下几个方面:

（一）检察机关的领导体制没有理顺

我国现行的《人民检察院组织法》第10条第2款规定:"最高人民检察院领导地方各级人民检察院和专门人民检察院的工作,上级人民检察院领导下级人民检察院的工作。"因此，从法律上讲，我国的检察机关实行的是垂直领导体制，即我国检察机关上下级之间的关系是领导关系。但是由于建国以来我国检察机关的领导体制曾经多次发生反复和变化，问题主要在于是实行垂直领导还是实行双重领导。垂直领导是只接受上级检察机关的领导，不接受同级地方党委的领导；双重领导是既接受上级检察机关的领导，又接受同级地方党委的领导。现实中检察机关实行的是双重领导，结果导致检察机关的活动过多地受到地方利益的影响，而难以发挥法律监督职能。

（二）检察机关的独立性较差

按照《中华人民共和国宪法》第131条之规定："人民检察院依照法律规定独立行使检察权，不受行政机关、社会团体和个人的干涉。"独立性是保证检察权公正行使的基本要求。但是，目前我国的检察机关在人事任免、物资保障、财政预算等各个方面，过多地受制于地方各级党委和政府，使检察机关的独立性受到制约。

（三）检察机关的机构设置不合理

我国检察机关的内部组织采用了行政机关的管理模式。最高人民检察院设厅局，省、自治区、直辖市人民检察院对应设置处室，而下级人民检察院也相应设立科室。结果导致检察机关内部机构设置重叠，造成资源浪费。

（四）检察官队伍管理的公务员化

检察人员是从事法律监督工作的专业人员，但是我们现在的管理方式基本上是按照国家行政机关公务员的管理模式来管理，检察官的管理行政职级化，检察官的衔级评定与行政职级相对应，这样既不利于检察官的管理，也不利于检察官队伍整体素质的提高。

（五）检察工作程序的封闭性和办案责任的分散化

长期以来检察工作一直处于一种封闭状态，神秘色彩浓厚，人民群众既不了解检察机关的性质、职能、任务，更不了解检察机关工作的规定和办案的程序，透明度、公开性较差，不便接受人民群众和社会各界的监督，也难以保证执法的公正性。在检察机关内部，检察人员又是靠行政手段来管理，办案的环节和层次较多，责权分离、责任分散，这样就带来了诉讼目标的不确定,从而阻碍了检察工作的发展。[1]

二、我国检察制度的改革方向

2002年11月8日,江泽民同志在党的十六大报告中明确指出,要"按照公正司法和严格执法的要求,完善司法机关的机构设置、职权划分和管理制度,进一步健全权责明确、相互配合、相互制约、高效运行的司法体制。从制度上保证审判机关和检察机关依法独立公正地行使审判权和检察权……改革司法机关的工作机制和人财物管理体制,逐步实现司法审判和检察同司法行政事务相分离"。[2] 至此,拉开了中国检察制度改革的序幕。从近几年来检察制度改革的实践情况来看,检察制度改革已取得了阶段性的成果,如专家咨询制度的建立、检务公开制度的实行、主诉检察官责任制的推行等。但要达到建设有中国特色的社会主义检察制度的改革总目标,还须进一步深化和扩展改革。目前,理论界和检察实践中正在探索的改革思路主要有以下几个方面:

(一) 检察院领导体制改革

目前地方各级人民检察院在人、财、物方面,主要是由地方各级党委和政府领导管理,这在一定程度上限制了检察机关履行法律监督职能。只有改革对检察机关的多头领导,改变同级党委的领导和政府实质上的领导,实行垂直领导体制,才能保障法律监督权的有效行使,加大反腐败的力度。

(二) 改革检察人事制度

根据各项检察职能的特点分类管理检察人员。要确立用司法手段管理检察人员的原则,打破现行的行政管理模式。建立检察人员的分类管理、竞争上岗、合理流动、晋升淘汰的新的用人机制。

(三) 改革和调整检察院的内设机构

目前,检察机构的设置有许多不科学之处:①机构累赘,各级检察院的内设机构少则十几个,多则二十多个;②机构设置重叠、职能交叉,造成人力、物力的浪费;③没有突出法律监督职能;④机构的称谓不统一,等等。内设机构的改革,可以根据检察机关具有的侦查、公诉、诉讼监督和犯罪预防职能设置4个业务部门,即侦查部门、起诉部门、诉讼监督部

---

[1] 参见刘作明:"关于检察改革的若干思考",载中国检察理论研究所、中国检察官协会编:《新世纪检察改革展望》,中国检察出版社2000年版。

[2] 《江泽民文选》第3卷,人民出版社2006年版,第556~557页。

门和犯罪预防部门，行政管理部门管理非检察业务工作。

（四）强化内部监督和人大监督机制

改变各级检察院的纪检监察部门受所在检察院领导的机制，将其设置为上级检察院的派出机构，专门受理和查处对检察机关和检察人员的举报投诉，切实发挥纪检监察在遏制检察机关腐败、防止法律监督权滥用方面的作用。改变各级人大对检察机关的监督软弱无力的现状，通过立法的形式，建立相应的工作制度，设立专门的监督机构，规定监督的权限、范围和程序等，保证检察机关依法办事。

（五）改革经费保障体制

在经费开支方面，应在中央和地方财政预算中单列，按国家经济的发展状况和检察机关的需要，每年按一定比例，列入国家和地方预算。

（六）推行检务公开，增强检察工作透明度

主要包括：①不断拓展检务公开的内容，不仅向社会公开检察机关的任务、职权、法定程序等内容，而且要定期公布阶段性工作成果和群众关注的重要案件的查处情况，以及重大活动和典型案例。②进一步完善检务公开的形式，使之规范化、程序化、多样化，探索并推行举报、受理申诉、出庭支持公诉等各个窗口部门的公开工作程序和业务活动公开制度，实行对举报人、申诉人、证人、被害人、犯罪嫌疑人的"告知"制度。

（七）全面推行主诉检察官办案责任制

主诉检察官办案责任制是最高人民检察院于1999年推行的6项改革之一，是指在检察长和检察委员会的领导下，以一个检察官为主，按照规定依法相对独立承担起诉和出庭支持公诉的内部办案制度。2000年1月10日，最高人民检察院制定了《关于在审查起诉部门全面推行主诉检察官办案责任制的工作方案》，至此，主诉检察官办案责任制已由试点走向了全面推开。今后应加强主诉检察官的职责、权利、选任、定期考核、奖惩、优胜劣汰等制度建设，确保检察官依法独立行使检察权。

（八）建设办案标准制度

为了健全主诉检察官办案责任制，必须建立一整套办案标准，包括立案标准、证据标准、起诉标准、抗诉标准、犯罪预防标准。办案标准作为检察机关办案质量的客观评价指标，有利于促进检察人员的办案责任心和案件质量。

（九）建立专家咨询制度，提高科学决策的水平

各级人民检察院都要聘请若干法学、经济学等方面的专家，组成专家

咨询委员会或咨询组，以培训、提高检察官的综合素质和能力，听取其对重大案件的论证意见。

（十）改进检察委员会工作

主要包括：①要设立专门的工作机构；②要制定议事的规则，规范检察委员会的工作，按照一定的程序决策重大问题；③要按照高素质、专业化的要求，设置检察委员会的专职委员；④实行检察委员会委员任期制。

（十一）刑事和解制度

刑事和解，在西方国家被称为"恢复性司法"（restorative justice），严格讲，它不是指一种具体的刑事诉讼程序，而是一种刑事司法的价值取向和观念。刑事和解近年来成为中国刑事司法制度改革中的热点理论问题和实践探索领域。刑事和解的基本含义，是指在犯罪行为发生后，经由调停人出面，促使被害人和加害人直接沟通、商谈，解决刑事纠纷；商谈结果所达成的和解协议，由司法机关予以审查认可，并作为对加害人减轻或者免除刑事处分的依据。刑事和解的目的是恢复加害人所破坏的社会关系、弥补被害人所受到的损害，以及恢复加害人和被害人之间的和睦关系，并使犯罪人改过自新、复归社会。[1]

在今后一个时期，适应中国刑事司法制度的发展变化，引进刑事和解制度完全可能成为刑事司法发展变化的一个重要价值取向和发展方向。这是由以下因素决定的：

1. 刑事和解有利于被害人利益的保护。在报应性刑事司法中，被害人主要是作为程序客体存在的，被害人的实体利益被社会公共利益和国家利益所掩盖。根据刑事程序法，他们有义务提供证据、协助国家机关追究和惩罚犯罪，被害人实际上处于证人的地位，其诉讼权利没有得到很好的保障。与报应性刑事司法模式相反，刑事和解制度承认并尊重被害人的主体地位，符合程序主体性原理。刑事和解制度能够体现对当事人的尊重，重视国家权力和个人权利、被害人与犯罪人权益的平衡。

2. 有利于刑事诉讼成本的节约。刑事诉讼的成本是指在刑事诉讼中，为揭露、证实和惩罚犯罪以及保障人权而支出的人力和物力。它包括国家与被告人、被害人等诉讼参与人所投入的人力、物力和财力。通过刑事和解，不仅降低刑事纠纷本身的解决成本，快速地消除因犯罪而引起的紧张

---

[1] 参见向朝阳、马静华："刑事和解的价值构造及中国模式的构建"，载《中国法学》2003年第6期。

人际关系，还减少了法院和监所的运行成本，有利于司法资源的合理配置，集中人力、物力查办严重刑事犯罪。

3. 刑事和解制度符合我国宽严相济刑事政策的要求。宽严相济刑事政策是国家在同敌对势力和罪犯的长期斗争中逐步形成的。宽严相济的刑事政策主张对于部分社会危害性较轻的犯罪，使用比较轻缓的刑事制裁措施。刑事和解制度就体现了宽严相济刑事政策的精神。

4. 刑事和解制度符合建设社会主义和谐社会的内在要求。中共十六届四中全会通过了《中共中央关于构建社会主义和谐社会若干重大问题的决定》，其指出构建社会主义和谐社会是一个不断化解矛盾的过程。刑事和解制度体现了化解矛盾、促进和谐的时代精神。

思考题

1. 如何理解人民检察机关和检察制度的性质？
2. 如何理解我国人民检察制度的特点？
3. 试论检察工作的基本原则。
4. 论我国检察官的任职条件和选拔制度。
5. 如何认识我国检察制度的改革发展方向？

第三章 侦查制度

> **学习目的和要求**
>
> 通过学习，了解侦查、侦查制度、侦查机关、侦查官员等概念和其特征，以及侦查体制和侦查模式；领会侦查在刑事诉讼中的地位、侦查机关的种类、职权、组织体系，及侦查官员的条件和职责；掌握侦查工作的原则和运作机制。

第一节 侦查制度概述

一、侦查的概念和特征

侦查，是指在刑事诉讼过程中，侦查机关为查明案情，收集犯罪证据材料，证实和抓获犯罪嫌疑人，追究犯罪嫌疑人刑事责任，依法采取的一系列专门调查手段和强制措施。侦查是一种具有特定活动内容和目的要求的诉讼活动，对随后进行的起诉、审判都具有重大的意义和影响，成为刑事诉讼过程的重要内容和基础环节。

纵观世界各国，英美法系国家采取多元化形式，以大量单行法规和司法判例的形式体现刑事侦查的有关要求，注重侦查的实效研究，很少对侦查作出规范性定义，认为侦查是一种"艺术"，是自然科学在侦查犯罪活动中的应用。大陆法系国家则采用单一制形式，将侦查的规范要求统一规定在刑事诉讼法典以及相应的规定或司法解释之中，并全面而规范地界定侦查的含义和本质属性，视侦查为一门应用科学。我国以刑事诉讼法典、法规和司法解释的方式，对侦查作了全面、系统的规定。

尽管各国对侦查的认识不同，但普遍认为侦查是刑事诉讼活动不可或缺的重要组成部分，具有以下特征：

1. 侦查是刑事诉讼中的一种诉讼行为。虽然各国对侦查能否成为刑事诉讼的一个基本、独立的诉讼阶段存在不同的认识，但侦查作为刑事诉讼活动中的一种诉讼行为已得到各国刑事诉讼法或司法判例的普遍认可。侦查是刑事诉讼活动的一道工序,而且是第一道工序。在许多国家中,侦查标志着刑事诉讼活动的启动,侦查机关有权决定侦查活动的开始、运行和终止。在我国,刑事案件的诉讼程序分为立案、侦查、起诉、审判和执行五个阶段。侦查既是公诉案件立案后必须进行的一个阶段,也是为起诉作准备的一个阶段,公诉案件不经过侦查,起诉就无法进行。因此,侦查不仅是刑事诉讼的重要组成部分,而且是刑事诉讼的一个独立阶段。立案是侦查活动开始的标志。

2. 侦查具有特定性。主要包括两个方面:①侦查主体具有特定性。侦查权只能由侦查官员或法律允许的特定人员行使。英美法系国家用大量法规明确规定侦查官员享有一系列特定的侦查权力,同时,对民间侦探机构及私人侦探的权利作出限制。大陆法系国家强调侦查的专门性,并以统一法典的方式规定侦查权只能由特定的国家机关和人员行使。我国《刑事诉讼法》规定,侦查权力只能由公安机关、国家安全机关、检察机关、军队保卫部门、监狱行使,其他任何机关、团体和个人都无权行使侦查的权力。②侦查的对象具有特定性。侦查是法律概念,侦查的对象只能是犯罪事实,侦查的客体只能是侦查机关管辖的刑事案件。

3. 侦查的目的是查明案情,证实犯罪,查获犯罪嫌疑人,为起诉活动奠定基础。各国对侦查目的的认识不一。英美法系国家普遍认为侦查的主要目的是侦查破案,即查明案件事实,证实犯罪的存在并抓获犯罪嫌疑人;大陆法系国家,如前苏联则认为侦查的主要目的是预防犯罪。我国认为侦查既有打击犯罪的目的,又有预防犯罪的任务,两者不可偏废。尽管各国对侦查目的的认识不同,但都普遍认为侦查是起诉犯罪的前提和基础,是否提起公诉以侦查的结果为依据,侦查所获得的证据材料和抓获的犯罪嫌疑人等侦查成果,是提起公诉成败的关键。

4. 侦查行为具有强制性和合法性。侦查的内容包括专门调查工作和有关的强制措施,具有强制性和合法性。侦查中采用的各种方法和措施,如拘留、逮捕等都带有一定程度的强迫执行性,强迫程度的大小与侦查对象的配合态度有直接关系。侦查活动必须严格依法进行,不得损害国家利益和社会利益,也不得侵犯犯罪嫌疑人的合法权益。

二、侦查制度的概念和历史发展

作为预防和打击犯罪重要而有力的手段,侦查历来为各国统治阶级所重视,被较为详尽地规定在刑事法律之中并形成侦查制度。侦查制度,是有关侦查机关的性质、任务、组织体系以及侦查工作的原则及其基本运行机制等的法律规范的总称。侦查制度是国家法律制度的重要组成部分，是构成国家基本司法制度的要素。

各国的侦查制度都是随着阶级斗争和统治阶级的需要而产生，并在总结了大量侦查活动的基础上发展起来的。近代意义的侦查制度产生于18世纪中叶。西方资产阶级在与封建专制统治斗争的过程中，提出了一系列反映自己意志的诉讼主张和基本原则，建立了新型的诉讼模式和证据制度、辩护制度，确立了新型的刑事诉讼制度，随后，与之相适应的近代侦查制度产生。19世纪初期，各国刑事侦查机构逐渐独立，英美法系国家允许私人侦探介入侦查活动，更加促进了侦查机构的建立，一些国家也出现了颇具特色的侦查模式，如法国的"罪犯对付罪犯"侦查模式（维克多侦破模式）、美国的平克顿创立的双轨制侦查模式等。19世纪至今，随着西方自然科学的迅猛发展，自然科学中的许多新发现被迅速引入刑侦中，使刑事侦查活动逐步被纳入了科学化的轨道，促进和推动了刑事侦查制度的科学迅猛发展。

三、侦查的体制和模式

（一）侦查体制

纵观世界各国的刑事诉讼程序，主要存在侦诉一体的侦查体制和侦诉分离的侦查体制。

1. 侦诉一体，是指侦查机关与起诉机关合二为一，或侦查机关受起诉机关指挥和监督，从属于起诉机关。采用这种侦查体制的多为大陆法系国家。这些国家的法律或规定检察官有权指导和监督警察的侦查活动，即使对预审法官侦查的案件，检察官也有权随时查阅侦查材料，并可要求预审法官采取某种行为来查明案件事实；或规定检察官随时可将侦查的案件交付警察机关进行侦查，警察机关必须执行检察官的委托和命令。

2. 侦诉分离，是指侦查和起诉分别由侦查机关和检察机关进行，侦查机关和检察机关均具有独立地位，互不隶属。采用这种侦查体制的多为英美法系国家。这些国家的法律规定，侦查和起诉分离，侦查由警察机关进行，起诉由检察机关进行，检察机关不能实际控制侦查机关的侦查活动。

在我国，侦查机关负责侦查，检察机关负责起诉，两机关相互独立。由于检察机关对贪污贿赂和渎职等职务犯罪享有侦查的权利，也属于刑事侦查机关，因此，我国的侦查体制既有侦诉分离的特点，又有区别于其他国家侦查体制的鲜明特征。

(二) 侦查模式

现代各国刑事诉讼中存在职权主义侦查模式和当事人主义侦查模式。

1. 职权主义侦查模式，又称审问式侦查模式，为大陆法系国家所采用。这种侦查模式，注重发挥侦查机关在刑事诉讼中的职能。一方面，强调侦查机关的优势地位，赋予侦查机关尽可能多的诉讼手段和尽可能大的自由决定权，侦查手段适用的标准不高，讯问犯罪嫌疑人没有特别的限制，侦查机关的活动灵活、自由。而犯罪嫌疑人则处于消极、被动地位，属于被追诉的对象，诉讼权利的行使受到严格限制，被否认有与侦查机关对抗的权利，并必须适应和配合侦查机关的活动，没有沉默的权利，获得律师帮助也要受到种种限制，甚至一些国家排斥律师介入侦查阶段。另一方面，不强调侦查控制，诉讼主体只有侦查机关和犯罪嫌疑人，法官不作为居中者介入侦查，一般的侦查手段完全由侦查机关自行决定，只有剥夺犯罪嫌疑人人身自由的措施才需要检察官或法官批准。

2. 当事人主义侦查模式，又称弹劾式侦查模式，为英美法系国家所采用。这种侦查模式给犯罪嫌疑人充分的程序保护，严格侦查控制，主张法官介入侦查。一方面，强调侦查机关与犯罪嫌疑人地位的平等与对抗，强化犯罪嫌疑人一方的诉讼地位和诉讼能力，赋予犯罪嫌疑人沉默权、保释权和获得律师帮助权，使犯罪嫌疑人具有一定的与侦查机关抗衡的能力，同时，侦查又受到十分严格的控制，侦查机关活动的灵活性较小，侦查手段有较高的限制标准。另一方面，法官以第三者的身份介入侦查阶段，站在公正的立场监督、制约侦查活动的过程，特别注重防止侦查对公民合法权益的侵害，对侦查手段的采用享有广泛的决定权。

我国的侦查模式中较多地体现了职权主义内容，同时也反映了当事人主义的部分特点。在我国多元化的侦查主体中，公安机关一直占据侦查的主导地位，拥有最高、最多的侦查权力，而且侦查权力还在不断扩大。检察机关不能指挥、领导公安机关的侦查工作，只能进行侦查监督。侦查阶段充分体现"国家职权主义"，但同时，在审判阶段又注入"当事人主义"，突出审判职能，使审判独立于侦查与控诉职能之外，强调法官的中立地位，使控、辩双方尽可能处于平等地位，甚至达到对等状态。

四、侦查在刑事诉讼中的地位

侦查是否为刑事诉讼的一个独立阶段，是否分离并独立于公诉、审判活动，是反映其在刑事诉讼中地位的关键所在。如果侦查与公诉、审判相分离，并独立于公诉、审判之外，是刑事诉讼的一个独立诉讼阶段，则表明侦查在刑事诉讼中具有独立的诉讼地位。否则，侦查如果依附、从属于公诉、审判活动，则不具有独立的诉讼地位。

英美法系国家认为司法制度主要是指审判制度，刑事诉讼中以审判为中心和本位，奉行"当事人主义"，侦查不被视为独立的诉讼阶段，在刑事诉讼中没有独立的诉讼地位。尽管许多国家规定检察机关和警察机构共同构成侦查主体，但侦查活动从属于公诉活动，被视为控诉活动的一部分。如早些时候的美国不把侦查纳入诉讼领域，而只是视其为一种行政活动。在这些国家中，由于无论是侦查结果还是起诉意见都要在法庭上经过诉讼参与人对质以及陪审团评判，审判结果不受侦查结论的影响，所以，侦查在法庭审判中不起决定性影响，只起到提供或展示证据的作用。

大陆法系国家主张侦查独立，侦查在刑事诉讼中具有独立的诉讼地位，对刑事诉讼活动起着重要的、甚至是决定性的作用。在这些国家中，刑事诉讼各阶段均体现"国家职权主义"，一方面，在刑事诉讼法典中确定侦查为独立的诉讼阶段，分离于公诉和审判，是与公诉和审判并列的诉讼阶段，并且具体规定侦查主体、侦查权力、侦查措施、侦查程序等内容和要求。许多国家不赋予民间机构和个人侦查权，而是规定检察机构和警察机构为侦查主体，而且还赋予法院部分侦查权，法官可以作为侦查主体并在侦查中处于十分重要的地位。如法国的预审法官在侦查活动中起着"超级警察"的至关重要的作用，处于指挥、领导地位，检察官、司法警察服从预审法官调遣，侦查结果要由预审法官进行庭前审查才能达到起诉的目的。另一方面，侦查机关收集的证据通常直接成为法官认定犯罪事实的证据。在实践中，侦查结论、起诉结论和审判结论常常出现重合现象。

我国的刑事诉讼虽然开始于立案，但立案只是一种追究犯罪的决定。查明案情，收集证据，查获犯罪嫌疑人等还需要立案后进行专门的侦查工作。对于公诉案件来说，侦查是进行诉讼的必要手段，没有侦查，提起公诉和审判就缺乏根据，无法进行。因此，侦查成为刑事诉讼的一个重要阶段，与起诉、审判分离并立，具有独立的诉讼地位。

第二节　侦查工作的基本原则

侦查工作的基本原则，是指侦查官员代表侦查机关从事刑事侦查工作时必须遵循的基本准则。侦查工作的基本原则必须是刑事侦查活动中特有的准则,必须是贯穿于刑事侦查活动的全过程,对刑事侦查活动具有普遍指导意义的纲领性和概括性的规则。

各国侦查的基本原则差异较大。英美法系国家大多实行判例制度,没有成文的刑事诉讼法典,其侦查的基本原则主要通过零散的法规体现出来。无罪推定原则是整个刑事诉讼活动的基本原则,据此可以推导出被告人有权保持沉默、控告举证、不得强迫被告自供或认罪等原则。收集证据合法性原则也是一项十分重要的原则。大陆法系国家将侦查的基本原则规定在法典中,常见的有侦查秘密原则、职权原则、客观原则、相适应原则等。

在我国,侦查工作直接关系到同犯罪行为作斗争的成效,关系到国家、集体利益和公民合法权益的维护。为了有效地实现侦查任务,侦查官员在侦查活动中,必须遵守刑事诉讼法规定的基本原则,如以事实为根据、以法律为准绳原则,公民在适用法律上一律平等原则,接受法律监督原则,国家主权原则等,同时,还必须针对侦查工作本身的特点和需要,遵守侦查工作特有的原则,以保证刑事侦查活动正确、顺利地进行。侦查工作的基本原则主要有迅速及时原则、客观全面原则、深入细致原则、依靠群众原则、合法有效原则和保守秘密原则。

一、迅速及时原则

所谓迅速及时,是指刑事案件发生后,侦查机关应当抓住时机,组织力量迅速开展侦查活动,及时发现和收集与犯罪相关的证据,揭露、证实犯罪,不得有丝毫的拖延和迟缓。迅速及时体现侦查工作的性质、特点、任务和要求,是提高办案速度和诉讼效率的关键,其实质是要求侦查机关对刑事案件必须快速反应、快速破获、快速查处。

侦查工作是时间性很强的工作,要保证其顺利进行,实现诉讼目的,迅速及时尤为重要。犯罪分子作案后,总是力图消灭罪证,并迅速逃离现场,逃避侦查。所以,侦查机关发现或获得有犯罪事实发生的情况后,必须抓住时机,迅速开展工作。另外,作为证据的事实或材料在未经侦查机关收集、保全之前,极容易因自然或人为的原因而发生变化,如犯罪现场留存的痕迹、物品等实物证据,由于风吹、日晒、雨淋、灰沙覆盖、气温升降等原因,造成变形、消失、损坏、丢失、腐烂、变质等,也可能被犯罪分子或他人故意伪造、毁灭、转移等;证人证言、被害人陈述、犯罪嫌疑人供述和辩解等言词证据,因时过境迁而灭失或因威胁、利诱、收买以及串供等原因而发生变化。所以，距案件发生的时间越短，与案件有关的物品、痕迹就越容易发现和提取，了解案件情况的人就越容易查找，各种证据内容的变化就越小，收集到的证据就越可靠。而背离迅速及时原则，侦查工作将陷入僵局，甚至无法完成。

坚持迅速及时原则必须做到：

1. 迅速展开侦查。侦查官员在发现有犯罪事实后，应以最短的时间迅速赶往犯罪现场进行勘查，尽快查获犯罪嫌疑人，不失时机地拘捕犯罪嫌疑人或对其采取其他必要的强制措施，防止其逃避侦查或继续危害社会。

2. 迅速收集证据。侦查官员对现场留下的物品和痕迹要及时提取，对已拘捕的犯罪嫌疑人要在24小时内依法进行第一次讯问，对其他实物和言词证据也要迅速及时地予以收集，以便更多地了解案件情况。

3. 严格依法从快。侦查官员要集中时间、人力和物力，在法定的侦查期限内，尽量缩短办案期限，迅速完成侦查任务，不能超越侦查期限。但坚持迅速及时原则不得为了从快而简化甚至取消法定的诉讼程序，侵犯当事人合法权益。

二、客观全面原则

所谓客观，就是侦查官员在侦查工作中要从实际出发，实事求是，按照事物的本来面目去反映事物，既不夸大，也不缩小，更不歪曲和捏造。所谓全面，就是侦查官员要从不同的角度去了解和反映案件的真实情况，防止仅凭部分材料或某个情节对案件轻易下结论的片面做法。

侦查是为了查获犯罪嫌疑人和收集证据，查明案件的真实情况，准确地惩罚犯罪分子，这就决定了侦查官员在诉讼中必须坚持唯物主义认识论的观点，采取实事求是的科学态度，客观全面地进行侦查工作。坚持客观全面原则必须做到：

1. 一切从案件的实际出发。在侦查工作中，侦查官员无论是分析、研究、认定案情，还是确定侦查范围和方向、制定侦查方案，都应当从案件的实际情况出发，用客观全面的态度，以发展变化的观点来研究案件的情况，以查证属实的证据作为认定根据。

2. 客观全面地收集证据。侦查官员必须从客观实际出发去收集客观存在的证据材料，既不能用主观猜想去代替客观事实，也不能按主观需要去取舍证据，更不能弄虚作假去伪造证据，避免先入为主、偏听偏信、主观臆断的错误做法。同时，侦查官员既要听取控诉方的意见，又要听取犯罪嫌疑人及其辩护人的意见；既要收集能够证明犯罪嫌疑人有罪、罪重的证据事实,又要收集能够证明犯罪嫌疑人无罪、罪轻或减轻其刑事责任的证据事实,并将这两方面的事实比较对照,结合案件的其他证据进行审查判断。

3. 查清与犯罪嫌疑人刑事责任相关的全部事实,防止以偏概全。侦查官员要查清犯罪构成诸要件的事实,从重或者从轻、减轻、免除处罚理由的事实,排除行为违法性、可罚性和行为人刑事责任的事实,犯罪嫌疑人的人身情况和犯罪后的表现,等等。当然,全面并非要求获取所有的事实和材料,只要能够证明案件的真实情况,收集到的并经查证的证据符合确实充分的要求,足以正确认定案件事实即可。

客观和全面是相互联系、相辅相成、不可分割的两个方面。侦查官员只有坚持这一有机整体,避免主观和片面,才能保证侦查工作顺利进行。

三、深入细致原则

所谓深入细致,是指侦查工作要反复、缜密、耐心、谨慎地进行,不得有丝毫的疏忽大意。刑事案件错综复杂,且又都是发生在过去的、侦查官员没有亲身经历的"历史",要运用各种证据去证明这些"史实",显然是一项十分艰巨复杂的任务,深入细致就成为其必然要求。

坚持深入细致原则必须做到:

1. 发现和提取与案件相关的一切物品和痕迹,防止漏掉有价值的证据。侦查官员不得忽略现场上任何一件细小的、微不足道的、不易被发现的、不被重视的对象和痕迹,如一滴血、一根毛发、一个烟头、一颗米粒、一纸碎片等,有时它们可能就是证明案件事实的主要证据。

2. 凡是与案情有关的单位和个人,都应当进行调查和询问。无论是对犯罪嫌疑人有利的还是不利的单位和个人,侦查官员都要仔细加以询问,不放过任何细枝末节、不引人注目的情况和线索,对各种陈述要反复分析研究,认真查证落实,对每一个证据材料,都要深入细致地研究其来源,了解其现象,认识其本质。

3. 培养务实仔细的作风。侦查官员在侦查中不可有丝毫马虎,要不怕麻烦,善于冷静分析案情,从细微处发现新情况,避免粗枝大叶、不求甚解,否则,会给侦查工作造成难以弥补的损失。

四、依靠群众原则

侦查工作是艰巨复杂的工作,必须实行侦查机关的专门工作与群众相结合的原则。《刑事诉讼法》第6条规定:"人民法院、人民检察院和公安机关进行刑事诉讼,必须依靠群众……"这是我国刑事诉讼的重要特点,也是对侦查工作的基本要求。

坚持依靠群众原则必须做到：

1. 树立相信群众、依靠群众的观念。犯罪分子实施的犯罪活动直接侵害人民群众的利益，广大人民群众对犯罪分子深恶痛绝，有同犯罪分子作斗争的主动性和积极性。犯罪分子生活在群众之中，犯罪行为和犯罪证据又总是发生和存在于群众的周围，犯罪分子的可疑活动和反常表现以及犯罪时留下的蛛丝马迹，定会为群众所察觉和了解。因此，侦查官员要敢于相信群众，深入到群众中去调查研究，取得群众的信任，认真听取群众意见，了解群众所掌握的情况，这些对发现犯罪线索，收集有关证据，完成侦查任务都起着至关重要的作用。

2. 掌握深入群众、依靠群众的工作方法。侦查官员要善于发动群众，调动群众同犯罪行为作斗争的积极性，善于分析来自群众的各种材料和意见，去伪存真、去粗取精；善于针对不同的对象，采取不同的有效方法，积极宣传法律和政策，耐心做好思想工作，打消他们的顾虑，使其配合司法机关做好调查工作。

3. 依法办案，接受群众监督。依靠群众必须严格依法办案，并把办案活动置于广大群众的监督之下。侦查官员向群众了解情况应主动示明身份，清楚地交代权利和义务，听取群众的意见，发现错误，及时纠正，主动接受群众的监督。

4. 正确处理依靠群众与加强侦查机关工作的关系。依靠群众与加强侦查机关工作相辅相成，二者必须有机地结合。依靠群众不是依赖群众，而是注意发挥侦查机关的主导作用和群众的支持与协助，侦查官员不得将国家赋予的职权交予群众行使。

五、合法有效原则

所谓合法有效，是指侦查官员进行侦查活动要严格遵守和执行法律，确保侦查后果的法律效用和约束力。合法有效原则的意义在于它可以将侦查活动纳入法制轨道，规范侦查行为，保障涉讼公民合法权益，保证侦查工作的质量和效力，减少冤假错案的发生。

坚持合法有效原则必须做到：

1. 侦查官员要树立牢固的法制观念，提高执行法律的自觉性。侦查工作是刑事诉讼的基础，如果侦查官员法制观念淡薄，或对法律一知半解，甚至不懂法，不仅不能满足侦查工作的需要，还会使侦查机关的声誉和形象受到影响，国家和人民的利益得不到维护，犯罪嫌疑人的合法权益也无法得到保障。因此，侦查官员必须忠于法律，树立牢固的法制观念，尽职尽责，秉公办案。

2. 侦查官员必须严格遵守和执行法律。法律是侦查活动的惟一依据。侦查官员要依据法律严肃、谨慎地进行侦查活动，严格遵守法定形式、法定期限，履行法定手续，不得以侦查需要为借口而违反法律。

3. 侦查官员违背法律程序要承担相应的法律责任。法律对非法办案明令禁止并规定了制裁措施。如《刑事诉讼法》第50条规定："……严禁刑讯逼供和以威胁、引诱、欺骗以及其他非法方法收集证据，不得强迫任何人证实自己有罪……"《刑法》第247条规定："司法工作人员对犯罪嫌疑人、被告人实行刑讯逼供或者使用暴力逼取证人证言的，处3年以下有期徒刑或者拘役……"《人民警察法》第22、48条也规定，人民警察不得刑讯逼供或者体罚、虐待人犯，有上述行为的，应当给予行政处分，构成犯罪的，追究刑事责任。

六、保守秘密原则

在侦查过程中，为了保护国家利益和保障侦查活动的顺利进行，侦查官员必须保守国家秘密和侦查秘密。所谓保密，是指保守案件中涉及到的国家重要政治、经济、军事等绝密、机密和秘密情报，以及当事人的商业秘密和个人隐私，禁止将案情、证据、诉讼参与人的有关情况向无关人员泄露。

坚持保密原则要求侦查官员要有较高的觉悟和较强的责任心，敢于坚持原则，能排除各种关系和人情干扰，提高警惕，防止因泄露案情而导致犯罪嫌疑人逃跑、毁灭证据、串供、打击报复证人等不利情况发生。

第三节　侦查机关

一、侦查机关的概念和特征

侦查作为国家同犯罪作斗争的重要手段，其核心是侦查权，即侦查主体依法搜集证据，揭露和证实犯罪，查获犯罪嫌疑人，并实施有关强制措施的权力。侦查权与检察权、审判权同为国家权力的重要组成部分。在我国，侦查权是国家赋予执法机关的一种带有国家强制力的权力，不得随意分配，只能由特定的机关行使，而在刑事诉讼中享有这一权力的主体便具有侦查机关的性质。

侦查机关，是指在刑事诉讼活动中，享有国家赋予的侦查权，并对犯罪案件依法进行侦查的专门机关。我国的侦查机关主要是指公安机关、国家安全机关、人民检察院、军队保卫部门和监狱以及走私犯罪侦查机关等。

侦查机关作为侦查活动的主体，在打击犯罪活动中发挥至关重要的作用。绝大多数刑事案件发生后，往往都是侦查机关首先介入其中，并开展侦查工作。因此，国家设立侦查机关并通过其活动可以及时预防、制止、揭露、证实犯罪，维护国家、集体利益和公民的合法权益，维护国家的稳定、社会的安定和经济的发展。

侦查机关具有以下特征：

1. 侦查机关是国家机关的组成部分，代表国家行使侦查权。侦查机关是国家机器的重要组成部分，是统治阶级实施专政的重要工具。它由国家依法设置，作为国家机关的组成部分，代表国家进行侦查活动。虽然从形式上看，侦查机关是以自己的名义为侦查行为，侦查人员以侦查机关的名义进行活动，但实质上，都是依据国家赋予的权力从事侦查活动，代表国家履行司法职能。

2. 侦查机关是享有侦查权的专门机关。在我国，公安机关、国家安全机关、人民检察院、军队保卫部门、监狱以及走私犯罪侦查机关等有权对刑事案件进行侦查，是享有侦查权的专门机关。除此之外，其他任何机关、团体和个人都不享有侦查权。人民法院是国家的审判机关，在审理案件过程中可以进行勘验、检查、搜查、扣押和鉴定等活动。但由于我国实行控审分离制，人民法院不享有侦查权，所以，这些活动是基于审判权而进行的调查活动，不属于侦查行为，人民法院不是侦查机关。有关机关、团体、单位的保卫部门可以根据刑事诉讼法有关规定协助公安机关、国家安全机关、人民检察院对发生在本单位内部的刑事案件进行现场勘查、调查取证，法律承认其效力。但由于该行为只是配合、协助侦查机关行使侦查权，不能据此认为上述保卫部门享有侦查权，是侦查机关。个人不得介入国家的侦查、审判活动。我国不赋予个人或民间机构侦查权，不承认私人侦探、私人鉴定机关的侦查主体资格。

3. 侦查机关依法行使侦查权。侦查权是国家权力的重要组成部分，是国家权力的具体表现形式，是由法律确定并授予侦查机关进行侦查活动的资格和权能。依据这一权力，侦查机关在刑事诉讼中可以讯问犯罪嫌疑

中国司法制度

人,询问证人、被害人,进行勘验、检查,搜查,扣押书证物证,实施鉴定、侦查实验,发布通缉令等。对需要采取强制措施的,侦查机关可以采取拘传、取保候审、监视居住、拘留和逮捕等强制措施。这些侦查措施和方法与其他国家机关的职权内容存在很大不同,具有主动性和强制性。虽然其中的许多调查方式和强制措施在审判和起诉阶段也可以采用,但由于性质上的差别,并不属于侦查的范围。由于侦查机关具有独立的诉讼主体资格,享有诉讼权利,承担诉讼义务,为独立的法律责任主体,因此,对其依法行使侦查权而产生的后果应承担法律责任。

4. 侦查机关依照法律规定进行侦查活动。侦查活动必须由法定机关的法定人员,即侦查机关的侦查人员,依照法律规定的程序和形式进行。刑事诉讼法及相关法律、法规对侦查的原则、条件、方式、方法、程序等都作了严格规定,意在避免因未正确执行法律而放纵犯罪、伤及无辜,损害国家利益和公民的合法权益。因此,侦查活动只有严格依照法律规定有序地进行,才能保证更好地完成诉讼任务。

二、侦查机关的性质和地位

(一)侦查机关的性质

侦查机关的性质是由我国社会主义国家的性质决定的。我国的侦查机关是在解放区人民司法机关的基础上逐步建立起来的人民民主专政性质的侦查机关,它与一切剥削阶级国家的侦查机关在产生的经济基础、阶级本质、性质、宗旨、任务、服务对象、活动原则等方面都存在着本质区别。我国是工人阶级领导的、以工农联盟为基础的人民民主专政的社会主义国家,作为国家机器重要组成部分的侦查机关,本质上只能是人民民主专政的工具,是国家意志的忠实执行者,是打击犯罪、保护人民、保卫国家安全的有力武器。

(二)侦查机关的地位

正确确立侦查机关的地位,可以明确侦查机关在国家机关中的重要性,保证侦查机关充分、独立地行使侦查权,不受其他机关的不当干涉,为真正发挥作用提供基础和保障。在刑事诉讼中,作为侦查机关的公安机关、人民检察院与作为审判机关的人民法院处于平等地位,都是刑事诉讼中的司法机关,是刑事诉讼活动的主体,分别在诉讼的不同阶段行使不同的诉讼职能,互相配合,互相制约。侦查是起诉的必要准备,是审判的重要保证,只有实现了侦查机关的侦查职能,才能保证检察机关的控诉职能和审判机关的审判职能的实现。因此,侦查权的行使,决定了作为侦查机关的公安机关、检察机关在刑事诉讼中具有独立、重要的地位。

三、侦查机关的种类

侦查机关具有国家属性，由分别具有不同性质的国家机关组成。根据行业隶属性质，侦查机关包括公安机关、国家安全机关、人民检察院、军队保卫部门和监狱。

（一）公安机关

公安机关是刑事诉讼中最主要的侦查机关，担负着绝大多数刑事案件的侦查工作。公安机关依照职能管辖范围，对刑事案件进行立案侦查。《刑事诉讼法》第18条第1款规定："刑事案件的侦查由公安机关进行，法律另有规定的除外。"根据这一规定，除法律另行规定的应当由人民检察院、国家安全机关、军队保卫部门和监狱等管辖的刑事案件以及人民法院直接受理的自诉案件外，其他所有刑事案件都应当由公安机关立案侦查。此外，人民法院直接受理的被害人有证据证明的轻微刑事案件，因证据不足驳回自诉，被害人向公安机关控告的，公安机关应当受理；人民法院按自诉案件受理后，认为证据不足的，可由公安机关受理，或者认为对被告人可能判处3年以下有期徒刑而移送公安机关的案件，公安机关应当受理。

公安机关根据其行业隶属关系，分为普通公安机关和专业公安机关。在普通公安机关中，具体行使侦查权的是其内部设立的各职能侦查部门。这些部门按照管辖分工，分别对不同的刑事案件行使侦查权。具体为：

1. 国内安全保卫部门。该部门主要对不含有涉外因素的危害国家安全罪以及侵犯公民人身权利、民主权利罪，妨害社会管理秩序罪，危害国防利益罪中的危害国家利益的案件负责侦查。所谓不含有涉外因素是指犯罪主体不涉及国外。

2. 经济犯罪侦查部门。该部门主要对破坏社会主义市场经济秩序罪以及侵犯财产罪中的部分案件进行侦查。

3. 刑事侦查部门。该部门主要对危害公共安全罪，侵犯公民人身权利、民主权利罪、侵犯财产罪，妨害社会管理秩序罪，破坏社会主义市场经济秩序罪，危害国防利益罪中的部分案件进行侦查。

4. 禁毒部门。该部门主要对走私、贩卖、运输、制造毒品案件进行侦查。

5. 治安管理部门。该部门主要对危害公共安全罪，破坏社会主义市场经济秩序罪，侵犯公民人身权利、民主权利罪，侵犯财产罪，妨害社会管理秩序罪，危害国防利益罪中的部分案件进行侦查。

6. 边防管理部门。该部门主要对组织、运送他人偷越国（边）境案，破坏界碑、界桩案以及边防管理部门在边境管理区查获的走私、贩卖毒品案件进行侦查。

7. 消防部门。该部门主要对失火案、消防责任事故案进行侦查。

8. 交通管理部门。该部门主要对交通肇事案件进行侦查。

专业公安机关，是指铁路、交通、民航、林业、海关等公安机关，它们分别对特定的案件行使侦查权。其中，铁路、交通、民航系统的机关、厂、段、院、校、所、队、工区等单位发生的刑事案件，车站、港口、码头、机场工作区域内和列车、轮船、民航飞机内发生的刑事案件，铁路建设施工工地发生的刑事案件，铁路沿线、水运航线发生的盗窃或者破坏铁路、水运、通讯、电力线路和其他重要设施的刑事案件，以及内部职工在铁路、交通线上执行任务中发生的案件，分别由案发地的铁路、交通、民航公安机关立案侦查。林业系统的公安机关负责其辖区内的盗伐、滥伐林木、危害野生动物和珍稀植物等刑事案件的侦查，大面积林区的林业公安机关还负责辖区内其他刑事案件的侦查。海关设立的各级走私犯罪侦查机关负责其所在海关业务管辖区内的走私犯罪案件的侦查工作，具体为：在中华人民共和国海关关境内，依法查缉涉税走私犯罪案件和发生在海关监管区内的走私武器、弹药、核材料、伪造的货币、文物、贵重金属、珍贵动物及其制品、珍稀植物及其制品、淫秽物品、固体废物和毒品等非涉税走私犯罪案件，接受海关调查部门、地方公安机关（包括公安边防部门）和工商行政等执法部门查获移送的走私犯罪案件。

（二）国家安全机关

国家安全机关是国家安全工作的主管机关。根据《国家安全法》和《刑事诉讼法》的有关规定，国家安全机关与公安机关在刑事诉讼中属于同一性质的侦查机关，按照职权划分，各司其职，密切配合，共同维护国家安全。

国家安全机关负责侦查危害国家安全的刑事案件。这里所说的危害国家安全的刑事案件，是指《国家安全法》第4条规定的境外机构、组织、个人实施或者指使、资助他人实施的，或者境内组织、个人与境外机构、组织、个人相勾结实施的危害中华人民共和国国家安全的行为而构成犯罪的案件。

（三）人民检察院

人民检察院是国家的法律监督机关，依法行使检察权。为履行法律监督职责，检察机关参与刑事诉讼立案、侦查、起诉、审判直至判决执行的全过程。对直接受理的刑事案件进行侦查，是其享有的一项重要职权。因此，人民检察院也是国家重要的侦查机关。

根据《刑事诉讼法》第18条第2款规定，人民检察院对贪污贿赂犯罪，国家机关工作人员的渎职犯罪，国家机关工作人员利用职权实施的非法拘禁、刑讯逼供、报复陷害、非法搜查的侵犯公民人身权利的犯罪以及侵犯公民民主权利的犯罪立案侦查。对于国家机关工作人员利用职权实施的其他重大的犯罪案件，需要由人民检察院直接受理的时候，经省级以上人民检察院决定，可以由人民检察院立案侦查。检察机关的侦查权由其内部设立的反贪污贿赂部门和渎职侵权检察部门等行使。

（四）军队保卫部门

《刑事诉讼法》第290条规定："军队保卫部门对军队内部发生的刑事案件行使侦查权……军队保卫部门……办理刑事案件，适用本法的有关规定。"这一规定明确了军队保卫部门侦查机关的地位。

军队保卫部门负责侦查的是军队内部发生的刑事案件，主要是指军人违反职责和触犯刑法的犯罪案件，以及军队和地方互涉的犯罪案件。这里所说的军人是指中国人民解放军和中国人民武装警察部队的现役军官、警官、文职干部、士兵、具有军籍的学员，以及执行军事任务的预备役人员和其他人员。

（五）监狱

监狱是对罪犯进行改造的主要执行机关，是国家机器的重要组成部分。《监狱法》第60条规定："对罪犯在监狱内犯罪的案件，由监狱进行侦查。侦查终结后，写出起诉意见书或者免予起诉意见书，连同案卷材料、证据一并移送人民检察院。"《刑事诉讼法》第290条规定："对罪犯在监狱内犯罪的案件由监狱进行侦查……监狱办理刑事案件，适用本法的有关规定。"根据上述规定，罪犯在监狱内犯罪的案件，由监狱中的侦查部门进行侦查。

四、侦查机关的职权

侦查机关的职权，是指侦查机关在侦查活动中依法享有的职能权限。它由侦查人员在法定范围内行使，并作用于特定的对象。根据刑事诉讼法及有关法律规定，侦查机关的职权具体为：

1. 公安机关负责刑事案件的侦查、拘留、执行逮捕；检察机关负责批准逮捕、直接受理案件的侦查和提起公诉；军队保卫部门负责军队内部发生的刑事案件的侦查；监狱负责罪犯在监狱内犯罪案件的侦查。

2. 侦查机关有权采取以下侦查措施：

（1）讯问犯罪嫌疑人。讯问犯罪嫌疑人是侦查官员以言辞的方式依法对犯罪嫌疑人进行查问的一种诉讼活动。其目的在于查证犯罪事实，追查同案犯，发现其他犯罪线索。

（2）询问证人、被害人。询问证人、被害人是侦查官员以言辞的方式，依法向了解案件情况的人和直接遭受犯罪行为侵害的人调查、了解案情的一种诉讼活动。其目的在于通过询问取得能够证明案件真实情况的证言，发现案件线索，查明案情，查找犯罪嫌疑人。

（3）勘验、检查。勘验、检查是侦查官员依法对与犯罪有关的场所、物品、尸体、人身进行实地勘验和检查的一种诉讼活动。其目的是发现和收集与案件有关的痕迹和物品，以判断案件的性质、犯罪嫌疑人的作案手段和动机等，为证实犯罪提供证据。

（4）搜查。搜查是侦查官员依法对犯罪嫌疑人以及可能隐藏犯罪嫌疑人或罪证的人身、物品、住所和其他有关场所进行搜索、检查的一种诉讼活动。其目的是直接获取证据或发现、收集与案件有关的各种证据，查获犯罪嫌疑人，制止其继续犯罪。

（5）扣押物证、书证。扣押物证、书证是侦查官员依法对与案件有关的物品、资料、文件暂时强制收取和扣留的一种诉讼活动。其目的是取得和保全证据，防止证据被损毁或被隐匿。

（6）组织鉴定。鉴定是侦查机关为解决案件中的专门性、技术性问题，依法指派或聘请具有专业知识的人员进行科学鉴别和判断的一种诉讼活动。其目的是对证据材料的真伪作出科学、公正的判断。

（7）通缉。通缉是公安机关通令缉拿依法应当逮捕而在逃的犯罪嫌疑人的一种侦查方法。其目的是将应予逮捕而外逃的犯罪嫌疑人抓捕归案，以交付侦查和审判。

（8）组织辨认。辨认是侦查机关组织有关人员依法对与犯罪有关的人、物、场所进行识别和指认的一种诉讼活动。其目的是为了查明犯罪事实和犯罪嫌疑人。

3. 侦查机关有权采取以下限制或者剥夺犯罪嫌疑人人身自由的方法：

（1）拘传。拘传是侦查机关对未被羁押的犯罪嫌疑人强制其到案接受讯问的一种刑事强制措施。它通常是对经合法传唤拒不到案的犯罪嫌疑人采用，在特殊情况下，不经传唤也可以直接进行拘传。如果犯罪嫌疑人抗拒拘传，侦查官员可以使用戒具。

（2）取保候审。取保候审是侦查机关责令犯罪嫌疑人提供担保人或交纳保证金并出具保证书，保证其不逃避或妨碍侦查，并随传随到的一种强制措施。它通常对犯罪较轻，不需要拘留、逮捕，但需要对其行动自由作一定限制的犯罪嫌疑人采用。

（3）监视居住。监视居住是侦查机关责令犯罪嫌疑人不得擅自离开指定的住所，并对其行动加以监视的一种强制措施。它通常适用于符合取保候审条件，但不能提供保人或保证金的犯罪嫌疑人。

（4）拘留。拘留是在紧急情况下，侦查机关对犯罪嫌疑人依法采取的暂时剥夺其人身自由的强制措施。它的适用对象是现行犯或者重大嫌疑分子。

（5）逮捕。逮捕是为防止犯罪嫌疑人逃避侦查，侦查机关依法采取的暂时剥夺其人身自由，并将其予以羁押的一种强制措施。它是一种最严厉的强制措施，适用于有证据证明有犯罪事实，可能判处徒刑以上刑罚，采取取保候审、监视居住等方法尚不足以防止发生社会危险性的犯罪嫌疑人。

4. 公安机关因侦查犯罪的需要，国家安全机关因侦查危害国家安全行为的需要，根据国家有关规定，经过严格的批准手续，可以采取技术侦察措施。技术侦察是借助先进的科技手段秘密进行的侦查活动。技术侦察手段和措施通常包括：电子侦听、盗听、监控，秘密拍照、录像，秘密获取物证等。

5. 侦查终结后，侦查机关认为需要追究犯罪嫌疑人刑事责任的，依法向人民检察院移送审查起诉；认为不应当追究犯罪嫌疑人刑事责任的，依法自行撤销案件。

6. 侦查机关对人民检察院作出的不批准逮捕、不起诉决定认为有错误时，可以要求复议；如果意见不被接受，可以向上一级人民检察院提请复核。

五、侦查机关的组织体系

我国侦查机关分级设置。中央设有中央侦查机关，主要是指公安部、国家安全部、最高人民检察院和司法部下设的监狱管理局等，它们是我国侦查机关的最高机构。地方设各级侦查机关，主要包括：①省、自治区、直辖市一级的侦查机关。主要是指公安厅（局）、国家安全厅（局）、省级人民检察院、司法厅（局）下设的监狱管理局。②省辖市、地区、自治州一级和直辖市所属区的侦查机关。主要是指公安局（处、分局）、国家安全局、市地级人民检察院、司法局下设的监狱管理局。③县、市、自治县、市辖区一级的侦查机关。主要是指公安局（分局）、县级人民检察院等。公安机关在大中城市各街道办事处管辖区内和县属的乡、镇设立基层公安派出所，作为县级公安机关的派出机构，负责所辖地区的警务工作。目前，基层派出所内由刑事侦查支队下设刑事侦探组，或由几个派出所共建刑事侦查支队。在军队内，中央军委政治部设保卫部，各大军区政治部设保卫部，各军政治部设保卫处，各师政治部设保卫科，各团政治部设保卫股。

　　专业公安机关也分级设立。中央国家有关部门中设置中央公安机关，国务院各有关部门内设置省级公安机关，该机关下属机关分别相当于市级或县级公安机关，并享有同级公安机关的职权。具体为：①铁道部设立公安局；各铁路管理局设立公安局；铁路分局设立公安处；铁路分局以下，根据需要设立公安段、科；车站、货场设立公安派出所。②交通部设立公安局；交通部下辖各航运、海运局设立公安局；各港口设立公安分局；各码头设立公安派出所。③国家民航总局设立公安局；各民航管理局设立公安局；各航空场、站设立公安分局、公安派出所。④国家林业局设立公安局；省级林业厅、局设立公安处；各林业局、林管局、林木水运局设立公安处、局；在一些森林连片地区，根据需要设立相应的公安局和公安派出所。⑤国家海关总署设立走私犯罪侦查局；走私犯罪侦查局在广东分署和全国各直属海关设立走私犯罪侦查分局；走私犯罪侦查分局原则上在隶属海关设立走私犯罪侦查支局。

　　公安机关内部设有国内安全保卫、经济犯罪侦查、刑事侦查、禁毒、治安管理、边防管理、消防、交通管理等侦查部门。这些部门在中央称为局，在地方称为处（总队、支队）、科（大队）、股（分队）等。除海关走私犯罪侦查局外，专业公安机关内均在基层派出所之上设各级刑事侦查部门。

　　公安机关是国家的治安保卫机关，也是刑事诉讼中的侦查机关，在国家机构中占有重要地位。公安机关是国家行政机构的重要组成部分，由同级人民政府产生，受同级人民政府领导，在执行国家法律的同时，还执行各级人民政府发布的命令或决定，其上下级是领导与被领导关系，上级机关可以直接指挥和参与下级机关的立案、侦查等工作。因此，各级公安机关对同级人民政府和上级公安机关负责，同时，还通过同级人民政府对同级国家权力机关负责。

检察机关内部设有反贪污贿赂局、渎职侵权检察局、监所检察局等侦查部门。这些机构在中央称反贪污贿赂总局、渎职侵权检察厅、监所检察厅，在地方称反贪污贿赂局、渎职侵权检察局、处、科等。此外，国家安全机关、军队保卫部门和监狱内均设有各级刑事侦查部门。

检察机关是国家的法律监督机关，同时也是刑事诉讼中的侦查机关。检察机关由国家权力机关产生，对国家权力机关负责，并接受其监督，上级检察机关领导下级检察机关的工作。因此，各级人民检察院对产生它的权力机关和上级人民检察院负责。

第四节　侦查官员

一、侦查官员的概念和特点

侦查官员，是指在侦查机关中任职，由国家赋予权力，以侦查机关的名义依法行使侦查权，进行侦查活动的特定人员。侦查官员战斗在打击违法犯罪的最前沿，是同刑事犯罪作斗争的一支重要队伍，是刑事诉讼不可或缺的重要力量。许多刑事案件发生后，都是由他们最先介入，侦破案件，为以后的起诉、审判工作奠定基础。侦查官员具有如下特点：

1. 侦查官员是在侦查机关任职的人员。侦查官员是侦查机关的在编人员，属于国家公务人员，一经任职，便同侦查机关形成职务关系，与国家侦查机关共同构成侦查活动的主体。侦查官员分别隶属于公安机关、国家安全机关、人民检察院、军队保卫部门和监狱等侦查机关，并在其下设的侦查部门中具体从事侦查工作。其中，警察系统的侦查官员占全部侦查官员的绝大多数，担负侦查犯罪的主要任务。

2. 侦查官员代表国家并以侦查机关的名义行使侦查权。侦查官员的侦查行为是基于国家赋予的侦查权，体现着国家的意志和要求。侦查官员的侦查活动属于职务行为，而非个人行为，因此，侦查官员必须以侦查机关的名义代表国家履行侦查职能，依法行使职权，维护国家利益，不允许违法越权或滥用职权。

3. 侦查官员依法享有侦查权。在刑事诉讼中，侦查的核心是侦查权，侦查官员的活动依据侦查权进行。为了保证侦查任务的实现，国家赋予侦查官员依法收集证据、揭露和证实犯罪、查缉犯罪嫌疑人、实施强制措施等权力。这些权力除侦查机关和侦查官员外，其他任何机关和个人都不得行使。从诉讼的意义上看，侦查是公诉的准备阶段，因此，侦查官员行使侦查权是协助公诉机关追究犯罪，实现追诉职能。

4. 侦查官员依法实施侦查行为产生的后果由侦查机关承担。侦查官员以侦查机关的名义进行侦查活动，其行为视为侦查机关的行为，其效力和后果归属于侦查机关。因此，侦查官员在法定权限内进行侦查活动所产生的法律后果一律由侦查机关承担。但侦查官员超越法定权限或以个人名义实施的行为，如刑讯逼供、无证逮捕等，其后果应由侦查官员个人承担。

二、担任侦查官员的条件

侦查官员绝大多数隶属于国家警察机关和检察机关。这里所说的警察机关主要是指公安机关、国家安全机关和监狱。因此，侦查官员应当是具备国家公务员基本条件，符合《人民警察法》或《检察官法》规定的人民警察或检察官。

担任侦查官员的条件有：

（一）具有中华人民共和国国籍

侦查官员必须是具有中华人民共和国国籍的自然人，外国人、无国籍人不得成为中国的侦查官员。

（二）达到一定年龄

警察机关的侦查官员应年满18周岁；检察机关的侦查官员应年满23周岁。未达到上述年龄者，不具备成为人民警察、检察官的条件，也就不能以人民警察、检察官的身份行使国家侦查权。

（三）拥护中华人民共和国宪法

侦查官员是依法进行侦查活动的执法人员，因此应是知法、懂法、守法的模范。侦查官员只有拥护中华人民共和国宪法，才能忠实地执行宪法和其他法律。

（四）有良好的政治、业务素质和良好的品行

侦查官员必须坚持党的基本路线和四项基本原则，有坚定的政治立场和信念，树立全心全意为人民服务的思想理念，用辩证唯物主义思想指导办案。侦查人员应当具有扎实的法律专业知识，熟悉与侦查犯罪有关的法律和政策，精通侦查业务和侦查技能，具有较强的逻辑思维能力、观察能

力、联想能力、记忆能力、交往能力和应变能力。同时，侦查人员应当遵纪守法，实事求是，廉洁自律，有较强的事业心、责任感和荣誉感。

（五）身体健康

良好、健康的生理、心理条件是刑事侦查工作的需要。侦查人员应具有强壮的体魄和充沛的精力，作风顽强，沉着冷静，机智灵活。

（六）具有一定的文化和知识水平

警察机关中的侦查官员应具有高中毕业以上文化程度。检察机关中的侦查官员应具有一定的学历，包括：①高等院校法律专业本科毕业或高等院校非法律专业本科毕业具有法律专业知识，从事法律工作满2年，其中省、自治区、直辖市人民检察院、最高人民检察院中的侦查官员，应当从事法律工作满3年。②获得法律专业硕士学位、博士学位或者非法律专业硕士学位、博士学位具有法律专业知识，从事法律工作满1年，其中担任省、自治区、直辖市人民检察院、最高人民检察院中的侦查官员，应当从事法律工作满2年。适用这一学历条件确有困难的，经最高人民检察院审核确定，在一定期限内，可以将担任侦查官员的学历条件放宽为高等院校法律专业专科毕业。

受过刑事处罚、劳动教养、少年管教的；有犯罪嫌疑尚未查清的；曾被辞退或者开除公职的；道德败坏，有流氓、盗窃等不良行为的；直系血亲和对本人有重大影响的旁系血亲中有被判处死刑或者正在服刑的；直系血亲和对本人有重大影响的旁系血亲在境内外从事颠覆我国政权活动的不得报考人民警察，也不得被录用为侦查官员。

录用侦查官员，必须按照国家规定，面向社会考试。警察机关中侦查官员的主要来源是公安警察院校的毕业生，不足部分从国家统一招考人员中录用。非警察院校毕业的新录用人员，在上岗工作之前，应接受3个月以上的培训，不合格者，取消录用资格。初任检察机关的侦查人员采用严格考核的办法，按照德才兼备的标准，从通过国家统一司法考试取得资格，并且具备检察官条件的人员中择优提出人选。对上述考试合格者，在政治思想、道德品质、工作成绩、家庭状况等方面进行审查，严格考核，择优录用。

担任领导职务的警察系统的侦查官员应同时具备以下条件：具有法律专业知识；具有政法工作经验和一定的组织、管理、指挥能力；具有大学专科以上学历；经警察院校培训，考试合格等。其采用调任的办法产生。担任领导职务的检察系统的侦查官员从检察官或者其他具备检察官条件的

中国司法制度

人员中择优提出人选，由同级人民代表大会选举或同级人民代表大会常务委员会任免。

三、侦查官员的职责与权限

（一）侦查官员的职责

侦查官员的职责，是指国家以法律的形式确定的侦查官员的职务和责任，是侦查官员总任务的具体化、规范化、法律化。明确侦查官员的职责对侦查官员正确履行职务，实现侦查目的都具有重要意义。侦查官员的职责具体表现为：

1. 查明案件真实情况。准确及时地查明案件真实情况，是处理刑事案件的基础，也是侦查官员的一项基本职责。尽管案件事实是多样、复杂的，每一起案件都有其各自的特点，但各种不同案件又都是由一定的基本事实构成的，即何事、何时、何地、何情、何故、何物、何人等。在侦查过程中，侦查官员有责任运用证据认定案件的基本事实，确定犯罪嫌疑人，认定犯罪行为的性质和轻重，保证侦查任务的顺利完成。

2. 收集证据证实案情。侦查官员既要查明案件的真实情况，还要运用合法、有效的证据来证明案件的真实情况，而后者才是侦查工作的最终目的。侦查官员收集证据证实案情的常见措施和方法有询问、讯问、辨认、勘验、检查、搜查、实验、鉴定等。

3. 制止和预防犯罪。在查明案件事实并确定犯罪嫌疑人后，侦查官员应当根据案情和犯罪嫌疑人的情况，依照《刑事诉讼法》的有关规定，采取必要的强制措施，如拘传、取保候审、监视居住、拘留或逮捕等，防止犯罪嫌疑人逃避侦查或者继续危害社会，保证诉讼活动的顺利进行。同时，侦查官员应通过侦查活动教育挽救失足者，预防和减少犯罪的发生，实现社会治安的根本好转。

4. 依法保障国家、集体和公民的合法权益不受侵犯。侦查官员有责任通过破获、处理刑事案件，实现打击犯罪、保护国家、集体利益和公民合法权益的目的，使犯罪造成的损失得以避免或者减小到最低程度，并积极挽回损失，维护社会秩序的稳定。

5. 正确适用法律。在准确及时地查明案件事实、收集证据的基础上，正确适用法律是对侦查官员侦查工作的基本要求。侦查官员有责任正确认定罪与非罪、此罪与彼罪的界限，严格依照法定程序办案，保障无罪的人不受追究，有罪的人得到依法惩处。

6. 教育公民自觉遵守法律，同犯罪行为作斗争。侦查官员通过侦破案件，对公民进行法制宣传教育，提高公民的法律意识，增强公民的法律观念，使公民了解与犯罪作斗争时自己所享有的权利和应尽的义务，调动公民同犯罪作斗争的积极性。

（二）侦查官员的权限

侦查官员的权限，是指侦查官员在侦查活动中依法享有的权力范围。侦查官员的权力是一种法定权力，体现法定要求，即在法定范围内由侦查官员行使，并依照法定的条件，作用于法定的对象。明确侦查权限，有利于侦查人员依法办案，履行职责，防止滥用侦查权，便于法律监督机关和公民对侦查活动进行监督。

根据我国《刑事诉讼法》的有关规定，侦查官员享有立案权、现场勘查权、调查询问权、刑事鉴定权、采取刑事强制措施权、讯问权、搜查权、扣押物品权、通缉权、组织辨认权、秘密侦查权、侦查实验权、决定移交案件权、撤销案件权、终止侦查权、合法使用警械武器权等。

四、侦查官员的义务与工作纪律

侦查官员的义务，是指侦查官员在执行职务过程中，应当为或不得为一定行为的约束。侦查官员的工作纪律是指侦查官员在侦查活动中应当遵守的行为规则。侦查官员在行使国家权力的同时，必须接受义务性规范的约束，这样一方面能使侦查人员增强执法责任感，提高执法水平和质量，使侦查队伍提高战斗力，另一方面也有利于保障犯罪嫌疑人、被害人等的合法权益。

侦查官员的义务主要有：

1. 严格遵守宪法和法律，模范遵守社会公德；
2. 履行职责必须以事实为根据、以法律为准绳，秉公执法，不得徇私枉法；
3. 维护国家利益、公共利益，维护自然人、法人和其他组织的合法权益；
4. 清正廉明，忠于职守，遵守纪律，恪守职业道德；
5. 保守国家秘密和侦查工作秘密；
6. 尊重公民的风俗习惯，礼貌待人；
7. 接受法律监督和人民群众监督。

侦查官员的工作纪律主要有：

1. 不得散布有损国家声誉的言论，参加非法组织，参加旨在反对国家的集会、游行、示威等活动，参加罢工；

2. 不得弄虚作假，隐瞒案情，包庇、纵容违法犯罪活动；

3. 严禁刑讯逼供或者体罚、虐待犯罪嫌疑人及其他诉讼参与人，不得殴打他人或者唆使他人打人；

4. 不得非法剥夺、限制他人人身自由，非法搜查他人的身体、物品、住所或者场所；

5. 不得滥用职权，侵犯自然人、法人和其他组织的合法权益；

6. 不得玩忽职守，不履行法定义务，造成错案或者给当事人造成严重损失；

7. 不得敲诈勒索或者索取、收受贿赂；

8. 不得拖延办案，贻误工作；

9. 不得私自会见当事人及其代理人，接受当事人及其代理人的请客送礼；

10. 不得有其他违法、违纪行为。

侦查官员违反法定义务和工作纪律的，应当承担相应的刑事法律责任、民事赔偿法律责任和行政法律责任。

第五节 侦查工作的运作机制

一、侦查工作的开始

侦查机关开始侦查活动，以发现犯罪嫌疑为前提。发现犯罪嫌疑可以通过以下几种方式：有关单位和个人的报案或者举报；被害人的报案和控告；犯罪嫌疑人的投案自首；群众扭送犯罪嫌疑人到案；侦查机关在依法履行职责过程中直接发现或获得犯罪事实和线索，等等。发现犯罪嫌疑后，侦查机关要通过受案、立案，使侦查工作发动起来。

（一）受案

受案是案件的接收受理，是侦查机关接收公民、单位的报案、控告、举报、公民扭送或者犯罪嫌疑人投案自首，并进行审查，确定是否具备立案条件，以便及时查处违法犯罪活动的一种职能活动。受案并非立案，而是立案的前提。受案是司法机关的责任和义务。侦查机关对于任何单位和个人的报案、控告、举报、公民扭送和犯罪嫌疑人投案自首都应当接受。对于不属于自己管辖的，应当移送主管部门处理，并且通知报案人、控告人、举报人；对于不属于自己管辖而又必须采取紧急措施的，应当先采取紧急措施，然后移交主管部门处理。具体做法为：①问明情况，并制作笔录，经宣读无误后，由报案人、控告人、举报人、扭送人签名或盖章。必要时，可以录音。②告知控告人、举报人诬告的法律责任。③报案人、控告人、举报人不愿意公开自己姓名和行为的，应当为他们保密。④制作《接受刑事案件登记表》，作为受理案件的原始材料，存档备查。⑤必须开展案件的初查工作，以确立是否立案、如何立案。⑥对没有管辖权的，依法办理移交手续。

　　实践中，公安机关接受的案件多来源于公民、单位向110警务中心、基层派出所的报案、控告、举报、扭送。110警务中心和派出所对报案等无论是否属于自己管辖都应当接受，并应向报案人、控告人、举报人、扭送人以及自首的犯罪嫌疑人问明情况，制作笔录。对犯罪嫌疑人需要采取紧急措施的，应立即采取紧急措施。一般情况下，110警务中心、派出所接警后，应立即出警。有案发现场的，立即赶赴现场，进行保护，并采取紧急措施先期进行处理，如对正在发生的违法犯罪和危及群众安全的行为及时果断地予以制止，并注意疏散群众，保护现场；发现受伤人员，立即采取救治措施；现场发现犯罪嫌疑人的，立即将其带回侦查机关盘问、检查等。110警务中心对接受的案件审查后，根据案情和犯罪性质，分别作出如下处理：对案情较简单、性质和危害后果不是很严重、符合立案条件的有管辖权的案件予以立案，并由设在派出所内的刑侦组负责侦查；对于案情复杂、性质恶劣、危害后果严重的案件，及时报送主管分局或刑侦大队进行侦查；对于特别重大的犯罪案件，由主管分局或刑侦大队报送主管局或刑侦支队进行侦查；对没有管辖权的案件，向有管辖权的部门移送。

　　检察机关办理直接受理立案侦查的案件，实行案件线索的受理、管理、审查工作与侦查工作相分离。检察院举报中心统一受理单位和个人对贪污贿赂、渎职侵权犯罪行为的举报材料，侦查部门不直接向社会受理案件。检察院其他内设部门收到举报线索的，一律移交举报中心统一管理。举报中心对涉嫌贪污贿赂、渎职侵权等犯罪的举报线索，应当在受理后7日内按照职能分工，移送本院侦查部门或者依照规定移送有管辖权的人民检察院。侦查部门对举报中心移送的举报线索应当在1个月以内将处理情况书面回复举报中心，逾期未回复的，举报中心应当催办，侦查部门应当说明理由。

(二) 立案

通过受案而立案是侦查工作开始的标志。侦查机关接报受理案件后，经初步审查，对确认有犯罪事实、需要追究行为人刑事责任的，经县级以上侦查机关负责人或者相当于这一级的主管部门负责人批准，决定列为犯罪案件进行侦查。刑事案件立案必须同时具备有犯罪事实发生、需要追究行为人刑事责任和办案单位有管辖权三个条件。

公安机关接受报案后，经审查符合立案条件的，制作《刑事案件立案报告表》，由本部门领导审批后，报县级以上公安机关负责人决定是否予以立案。

检察机关收到举报线索后，对举报线索，经举报线索协调小组研究后，按照管辖规定移送侦查部门进行立案前审查，认为需要初查或拟不予初查的，应当报检察长或检察委员会决定。经举报线索协调小组研究，报检察长或检察委员会作出是否立案决定，侦查部门应当在1个月内将是否立案的决定回复举报中心。

侦查机关对符合立案条件的予以立案并告知控告人、报案人。对不符合立案条件的不予立案，并将不立案的理由通知控告人、报案人。控告人、报案人不服的，可以申请复议。

二、侦查工作的运行

侦查机关对已经立案的刑事案件的侦查工作应迅速及时地进行，根据需要采取各种侦查手段和强制措施，客观全面地收集证据材料，并予以审查核实。

根据目前我国公安侦查体制改革的要求和公安部的有关规定，公安机关各有关部门对各自管辖的刑事案件，从立案、侦查、采取强制措施直至侦查终结、移送审查起诉，一般由一个部门统一完成，中间不再移送其他侦查部门。这一改革使公安机关侦审合一，改变了过去将侦查工作分为侦查和预审两个阶段、分别由侦查和预审两个不同部门采用不同侦查手段来完成的做法。其目的在于进一步明确责任，减少工作交叉，加强工作配合，提高办案质量和效率。目前公安系统内部的侦查工作已经实现了侦审合一，无论是基层刑侦组，还是县级以上的各级侦查部门，对刑事案件立案后即负责完成全部侦查任务，直至对案件移送审查起诉。

侦查运行过程中所要解决的问题主要是查明案件真实情况、查获犯罪嫌疑人和收集证据。侦破案件是侦查的首要任务。侦破案件，是指查清案件的主要事实，获取主要证据，查获犯罪嫌疑人。侦破案件应当制定计划，特别是侦查重大、疑难、复杂案件的，应当拟订侦查方案。案件侦破后，要进一步开展全面的侦查工作，对收集、调取的证据材料进行核实、审查判断，以查清案件的全部事实。侦查运行中可以采用以下具体侦查方法：讯问犯罪嫌疑人、询问证人、被害人、勘验、检查、搜查、扣押、组织鉴定、辨认、通缉、调取证据等，同时还可以根据需要对犯罪嫌疑人采取拘传、取保候审、监视居住、拘留、逮捕等强制措施。在侦查过程中根据需要还可以采用电子侦听、秘密获取物证等技术侦查手段和措施。但使用上述侦查措施和强制措施时，要严格履行法定程序。

检察机关对直接受理案件的侦查可以采取必要的侦查措施和强制措施，但不得进行秘密侦查。检察院办理案件，实行侦查工作办理权与决定权相分离，具体侦查工作必须由两人以上配合进行。各种侦查措施、强制措施的使用，由承办人提出意见，部门负责人审核，主管检察长批准或决定。如侦查部门在侦查中需要逮捕犯罪嫌疑人的，一律由审查逮捕部门审查，并依法提出是否决定逮捕的意见，报经检察长决定。侦查中的疑难问题和重要事项，由侦查部门集体研究，报经检察长或检察委员会讨论决定，必要时，逐级向上级人民检察院请示。

三、侦查工作的终结

侦查机关经过侦查后，认为案件事实清楚，证据确实充分，定性准确，法律手续完备的，可以终结案件的侦查。

侦查终结的案件，应当做到事实清楚，证据确实充分。公安机关对侦查终结的案件应当制作起诉意见书，连同案卷材料、证据一并移送同级人民检察院审查决定。发现不应当追究犯罪嫌疑人刑事责任的，应当撤销案件；犯罪嫌疑人被逮捕的，应当立即释放，发给释放证明，并且通知原批准的人民检察院。公安机关对检察机关不起诉的决定，可以要求复议、复核。

检察机关实行侦查与审查起诉相分离。侦查部门侦查终结案件后，应当提出起诉意见书，连同案卷材料、证据向审查起诉部门移送，决定是否起诉。对不应追究犯罪嫌疑人刑事责任的，应当作出不起诉决定或者撤销案件。

第六节 侦查制度的改革

我国已经实现了建立社会主义市场经济体制的经济基础大变革，这一变革影响着社会生活的各个领域，也对刑事侦查工作提出了改革现有侦查体制中不完善内容的要求。

1. 改革现行刑事侦查组织领导体制，建立适应社会主义市场经济发展需要的刑事侦查体制。"双重领导"是目前我国刑事侦查组织领导体制的一大特点。在这一体制下，地方各级公安机关一方面要接受上级公安机关的领导，另一方面又要接受当地党委和政府的领导；地方各级检察机关在对本级国家权力机关负责的同时，又要接受上级检察机关的领导。由于上级侦查机关只负责下级侦查机关的业务领导和队伍建设指导工作，侦查机关的工作决策权、人、财、物的管理权和决定权等重大权力实际上掌握在各级党委、政府或国家权力机关手中，这就使得行政干预司法成为可能，限制了侦查权的正确、及时行使，侦查部门下管一级的体制也无法得到有效贯彻。此外，各地方由于有为维护自身利益而采取地方保护、地方本位等错误做法，严重破坏了国家法律的统一和尊严，使得打击犯罪不力，侦查工作或者无法顺利、深入进行，或者缺乏协作与配合，使一些犯罪分子有了逃避法律制裁的可乘之机。面对这种不利现实，侦查机关应改变双重领导体制，实行各自系统内部的统一、垂直领导，分别由公安部、最高人民检察院统一领导和管理全国的刑事侦查工作，并通过下管一级的方式实现侦查机关的人、财、物管理权，排除行政干预和地方保护主义等不良因素的影响，形成强有力的积极、主动、高效、能够排除干扰的侦查体制，体现国家法制的统一。

2. 提高侦查官员的素质，强化侦查力量，实行侦查官员资格制度，不断提高侦查能力。侦查工作是一项专业性、综合性很强的特殊工作。随着我国社会主义市场经济的进一步发展，犯罪出现了许多新情况，如"智能犯罪"、"白领犯罪"等相继出现。新时期犯罪多具有作案手段狡猾、隐蔽，犯罪主体具有较高文化程度、较丰富知识和经验，甚至有较强的反侦破能力等特点，因此，需要一支有较高素质、能熟练运用法律知识和其他社会知识以及自然科学知识的侦查队伍。然而，我国目前的侦查队伍与这一要求还有相当大的差距，很难保证侦查工作有效、高质量运行。因此，全面提高侦查队伍的素质成为提高侦查水平的当务之急。

为全面提高侦查官员的综合素质和侦查能力，国家应严把侦查人员录用关，实行侦查官员资格制度，通过全国司法资格统一考试或公务员考试的方式，对合格者授予司法警察资格，将公安系统内部的司法警察与治安警察相分离，并规定只有取得司法警察资格者才具备担任侦查官员的条件。同时，对在岗的侦查官员定期考核，定时进行短期培训，扩展知识、增长技能、奖优罚劣、优胜劣汰，保证侦查队伍的生机和活力。

3. 强化检察机关的侦查监督职能。在我国，公安机关与检察机关按照一定的立案管辖分工共同承担刑事案件的侦查工作，两者的关系完全独立、平行并且互不隶属。虽然法律规定检察机关对除自侦案件以外的案件的侦查享有侦查监督权，即检察机关有权监督公安机关的侦查活动是否合法，并对其违法行为提出纠正意见，但是，由于检察机关不能指挥公安机关的侦查活动，除了在批准逮捕、审查起诉等环节上可以对公安机关的侦查活动进行事后审查外，一般又不能采取任何具体的同步侦查行为，因此，大多数刑事案件的侦查是由公安机关在检察机关不直接参与的情况下独自进行，是否立案以及是否终结侦查程序等都由公安机关自行决定。这样，检察机关的侦查监督权难以全面有效地发挥作用，而且在公安机关拒绝接受检察机关提出的纠正违法意见时，检察机关的侦查监督权也缺乏保障措施。对此，我们可以借鉴其他国家的一些合理做法，强化检察机关领导、指挥、监督侦查的职能，实行检察机关对公安机关初次侦查的侦查监督，具体为：将刑事案件的初次侦查权赋予公安机关，在公安机关有不当或违法行为时，检察机关可以对其进行指示或对案件进行自行侦查。对于检察机关的指示，公安机关应当服从，无正当理由而不服从的，检察机关可以向有关机关提出惩戒请求或罢免有关违法侦查官员的请求。

思考题

1. 什么是侦查和侦查制度？侦查有哪些特点？
2. 侦查体制和侦查模式有哪些表现？
3. 如何正确理解侦查在刑事诉讼中的地位？
4. 什么是侦查机关？侦查机关有哪些特征？
5. 侦查机关有哪些种类？
6. 侦查机关的职权有哪些？

中国司法制度

7. 侦查机关的组织体系如何？
8. 什么是侦查官员？侦查官员有哪些特点？
9. 担任侦查官员应当具备哪些条件？
10. 哪些人不能担任侦查官员？
11. 侦查官员的职责是什么？
12. 侦查官员的义务和工作纪律有哪些？
13. 如何理解侦查工作的基本原则？
14. 侦查工作的运作机制如何？

第四章 执行制度

> **学习目的和要求**
>
> 通过学习，理解执行制度的概念和本质；掌握执行制度的原则，把握监狱制度、民事执行制度、行政诉讼执行制度和仲裁执行制度的相关内容。

第一节 执行制度的概念、种类和本质

一、执行制度的概念

执行，是指人民法院及其他执行机关依照法定的程序，行使国家执行权、实现已经发生法律效力的判决书、裁定书以及其他司法文书所确定的内容的活动。它的特征包括：

1. 执行机关的特定性。执行机关即执行的主体，是指行使国家执行权、运用国家强制力，实现生效司法文书内容的机关。我国的执行机关包括人民法院、公安机关和监狱。其他任何组织和个人都无权行使国家执行权。

2. 执行根据的有效性。我国执行机关在开展执行工作时，必须有执行根据，而且作为执行根据的司法文书必须已经发生法律效力。发生法律效力的司法文书，包括人民法院的发生法律效力的判决书和裁定书、仲裁机构的仲裁裁决、公证机关赋予强制执行效力的债权文书以及行政机关的行政决定等。对于未发生法律效力的司法文书，执行机关不能执行。

3. 执行程序的法定性。不论对何种发生法律效力的司法文书进行执行，执行机关都必须严格遵守法定的执行程序。我国的三大诉讼法对执行程序分别作了规定。其中，刑事执行程序包括死刑判决的执行程序，死刑

缓期 2 年执行、无期徒刑、有期徒刑等判决交付执行的程序，监外执行的程序以及执行期满予以释放程序等；民事执行程序包括执行的申请和移送、采取执行措施、执行中止和执行终结等；行政执行程序与民事执行程序基本相同。

4. 执行措施的强制性。我国的执行措施可分为刑事执行措施、民事执行措施和行政执行措施。强制性是执行措施的重要特征，它具体表现在执行机关行使国家执行权，采取执行措施实现发生法律效力司法文书的内容时，凭借的是国家强制力。

执行制度是关于国家执行机关的性质、工作原则、执行程序，以及为实现发生法律效力司法文书内容所采取的强制执行措施等方面的总称。执行制度是我国司法制度的重要组成部分。

二、执行制度的种类

根据诉讼的不同性质，可以将执行制度分为刑事诉讼中的执行制度、民事诉讼中的执行制度和行政诉讼中的执行制度。

刑事诉讼中的执行制度，是指人民法院等执行机关执行发生法律效力的刑事判决、裁定时应遵守的原则、程序，以及采取的措施等方面的总称。它又称刑事执行制度。在我国，发生法律效力的刑事判决、裁定由人民法院、监狱和公安机关分别执行。根据《刑事诉讼法》的规定，人民法院负责判处死刑、罚金、没收财产、附带民事诉讼等判决和裁定的执行，监狱负责判处死刑缓期 2 年执行、无期徒刑、有期徒刑等判决和裁定的执行，公安机关负责判处管制、拘役、剥夺政治权利等判决和裁定的执行。

在刑事执行制度中，以刑事判决、裁定的执行主体为标准，又可分为人民法院的刑事执行制度、公安机关的刑事执行制度和监狱的执行制度。

民事诉讼中的执行制度，是指人民法院执行发生法律效力的民事判决和裁定、仲裁裁决等司法文书时应遵守的工作原则、执行程序，以及采取的民事强制执行措施等方面的总称。它又称为民事执行制度或民事强制执行制度。在我国，民事强制执行权由人民法院统一行使，其他任何机关、企业事业单位、社会组织和个人都无权行使。

行政诉讼中的执行制度，是指人民法院在强制义务人履行已经发生法律效力的行政诉讼裁判及行政机关的行政决定所确定的义务时应遵守的工作原则、执行程序，以及采取的执行措施等方面的总称。根据我国《行政诉讼法》第 65 条第 2 款和第 66 条的规定，在行政诉讼中，行政案件的执行主体包括人民法院和依法享有执行权的行政机关。

根据不同的标准，还可以对执行制度进行不同的划分。如以执行根据为标准，可将执行制度分为对人民法院发生法律效力的判决和裁定的执行制度、对仲裁裁决的执行制度、对强制执行公证书的执行制度、对行政机关行政决定的执行制度等；根据执行主体的不同，可将执行制度分为人民法院的执行制度、监狱的执行制度、公安机关的执行制度等。

三、执行制度的本质

在诉讼活动中，执行是国家执行机关以国家强制力为后盾，行使国家执行权，实现发生法律效力的司法文书内容的活动。它是诉讼程序的最后阶段，但不是必经阶段，并不是所有人民法院作出的发生法律效力的判决、裁定，以及由人民法院执行的其他司法文书，都要经过执行阶段。

执行的本质是国家以强制力实现发生法律效力的司法文书所确定的权利和义务。对人民法院发生法律效力的判决、裁定的执行是一种司法行政活动，具有司法行为和行政行为两方面的特点：①执行行为同审判行为、司法行为具有不可分割的联系，执行行为的正当性来源于执行依据；②执行是国家管理社会的行为，具有行政性。

执行制度是一种相对独立的司法制度，是关于我国执行机关如何实现发生法律效力的司法文书内容的制度。执行制度和审判制度都是我国司法制度的重要组成部分，但两者有着明显的区别。审判制度是关于国家审判机关的性质、组织机构、职能和审判程序等方面的总称；执行制度是关于国家执行机关的性质、工作原则、执行程序等方面的总称。审判制度的核心内容是规范人民法院审判权的行使；执行制度的主要内容则是规范执行机关依法行使执行权。

第二节 执行制度的原则

执行制度的原则，是指我国执行机关在执行活动中应当遵循的基本准则。根据我国有关法律的规定和执行工作实践，我国执行制度的原则可分为两大类：执行制度的基本原则和执行制度的具体原则。

一、执行制度的基本原则

执行制度的基本原则，是指所有执行制度共同适用的原则，它贯穿于所有执行活动的全过程。我国执行制度的基本原则是合法性原则或称依法执行原则。

合法性原则，是指执行机关在执行活动中的执行根据要合法，执行程序要合法，采取的执行措施要合法。

在执行活动中，执行根据要合法是指作为执行根据的司法文书必须是人民法院等有权机关作出的，而且必须已经发生法律效力。执行程序合法是指执行机关在开展执行工作时必须严格遵守我国诉讼法律规定的程序，包括我国三大诉讼法规定的执行程序以及有关执行问题的司法解释。采取的执行措施要合法是指执行机关在行使国家执行权，实现生效司法文书内容时采取的执行措施要符合法律规定，执行机关只能依法采取我国三大诉讼法在执行程序中规定的执行措施；否则，属违法执行，要承担相应的法律责任。

合法性原则对维护国家法律的权威，保证国家法律的正确实施，保护当事人的合法权益有着十分重要的意义。

二、执行制度的具体原则

执行制度的具体原则，是指具体执行制度的原则，是在具体执行制度中应当遵循的行为准则。

（一）监狱执行制度的原则

1. 惩罚与改造相结合的原则。坚持惩罚与改造相结合，以改造人为宗旨，是我国监狱的社会主义性质的体现和要求，也是国家机器专政职能的重要体现。监狱执行刑罚，首先是对犯罪分子实施惩罚。惩罚是刑罚的固有属性，执行刑罚本身就意味着惩罚。没有惩罚，就难以使犯罪分子认罪服法，改恶从善。但惩罚不是目的，仅是改造罪犯的手段。改造罪犯，使其成为自食其力、遵纪守法的公民，是我国监狱执行刑罚所要达到的目标。惩罚与改造是一个不可分割的整体，惩罚是以改造为宗旨的惩罚，改造是在惩罚的前提和条件下进行的改造。刑罚惩罚与改造相互依存，相辅相成，不可分割。

2. 教育与劳动相结合的原则。教育与劳动相结合是我国监狱制度的又一项原则。这里的教育是指对罪犯进行思想教育、文化教育和职业技术教育。劳动是指从事一定的生产活动。教育与劳动是我国监狱改造罪犯所采用的两种基本手段。在执行刑罚过程中，必须把教育和劳动有机结合起来。教育与劳动二者互相影响、互相促进，在改造罪犯中共同发挥作用。

（二）民事执行制度的原则

1. 执行标的有限原则。又称执行有限原则，是指人民法院民事执行的对象是有限制的。在民事执行中，人民法院只能把物和行为作为强制执行的对象，人身不能作为执行对象。

执行标的有限原则包含两层含义：①强制执行的对象是有限制的，不是无限的。并不是任何法律文书规定的事项都可以作为强制执行的对象。根据我国法律规定，强制执行的标的应当是财物或者行为，而不应当包括被执行人的人身。财产或行为作为执行标的，是由民事权利义务关系的标的所决定的，同时也是执行制度的本质要求。不以义务人的人身作为执行对象，是指在执行中既不能以扣押义务人代替其履行义务，也不能以扣押为手段，促使其履行义务。②它是指对物的执行，在范围上也是有限的。债务应当清偿，但并非被执行人的所有财产都可以执行。根据我国《民事诉讼法》的规定，人民法院在扣留、提取或查封、冻结、拍卖、变卖被执行人应当履行义务部分的财产时，应当保留被执行人及其所扶养家属的生活必需费用或必需品。

在理解这一原则时应当注意，在执行中有可能发生拘留被执行人的情况。这种情况不是民事执行行为，而是人民法院在执行中针对被执行人妨害执行的违法行为采取的强制措施。

2. 执行经济性原则。执行经济性原则，是指执行机关在执行过程中应当以最小的执行成本，实现最大的执行效益，或者说为实现一定的执行目的，执行机关应当选择最简便的方法和手段。执行经济性原则的核心在于讲究效益和适度。执行经济性原则是效益原则在执行工作中的具体体现，也是执行工作本身的客观要求。在执行工作中，执行经济性原则要求执行机关在实际执行时提高工作效率。

在执行中贯彻执行经济性原则，应当注意的是，不能因强调执行经济性原则而无原则地限制案件的执行活动，使案件不能执行；也不能因强调执行经济就不采用民事诉讼法针对妨害执行的行为规定的制裁措施。正确的做法应当是，结合案件的实际情况，适时、适度地采取制裁措施，保证执行工作的顺利进行。

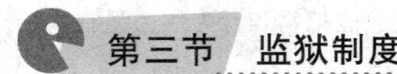

第三节 监狱制度

一、监狱的概念

（一）监狱的概念

监狱的概念有广义和狭义之分。广义的监狱，是指以国家强制力为后盾，关押罪犯或强制罪犯劳动的场所，包括判处自由刑罪犯执行刑罚的场所、死刑犯判决后拘押等候处决的场所、犯罪嫌疑人和刑事被告人的羁押场所等。狭义的监狱，是指国家基于刑罚目的而设置的关押改造被判处自由刑罪犯的机构和场所，即自由刑的执行场所。

根据《监狱法》第2条的规定，我国的监狱是国家的刑罚执行机关，是对被判处死刑缓期2年执行、无期徒刑、有期徒刑的罪犯执行刑罚的场所。

监狱制度是关于监狱的性质、工作原则、监狱管理体制，以及监狱执行刑罚时所采取的手段和方法等方面的总称。监狱制度包括监狱的领导管理制度、刑罚执行制度、狱政管理制度、教育改造制度等。在上述各项基本制度中又包括若干具体制度，如刑罚执行制度又包括收监制度，对罪犯申诉、控告、检举的处理制度，监外执行制度，减刑、假释制度等。这里介绍的监狱制度，是就中国监狱制度的总体而言的，不是单指监狱的某项具体制度。

（二）监狱的性质

按照马克思主义的国家学说，监狱同军队、警察、法庭共同构成了国家暴力机器。监狱是国家暴力机器的重要组成部分，是阶级专政的工具。

监狱是阶级社会特有的现象，因此，监狱具有鲜明的阶级性。有什么样的社会制度，就有什么性质的监狱，就有什么样的监狱形态和监狱制度。一切剥削阶级的国家，都把监狱作为镇压劳动人民、惩罚反抗者的工具。监狱成为剥削阶级对广大劳动人民实行专政的工具。

我国《监狱法》第2条明确规定监狱是国家的刑罚执行机关。这一规定表明，我国监狱既不是一般的国家行政机关，也不是专门从事生产或教育的企事业单位，而是国家刑罚执行机关，是执行刑罚的主体。刑罚是对犯罪分子实行的最严厉的惩罚方法。审判机关对犯罪分子作出刑罚判决后，监狱就是具体执行刑罚的机关。监狱执行刑罚是人民民主专政的具体化。

（三）监狱的任务

监狱作为执行刑罚的机关，其任务是正确执行刑罚，惩罚和改造罪犯，预防和减少犯罪。

1. 正确执行刑罚。我国刑法规定的刑罚分为主刑和附加刑两种。监狱执行的是除死刑（立即执行）和拘役、管制以外的其他几种主刑，即死刑（缓期2年执行）、无期徒刑和有期徒刑。这些刑罚的基本作用是保护国家和人民的利益，维护社会秩序，惩罚和预防犯罪。刑罚只有得到正确的执行，才能充分发挥其应有的作用。

2. 惩罚罪犯。刑罚从根本上讲就是对犯罪分子的惩罚，惩罚性是刑罚固有的属性。我国监狱作为国家刑罚执行机关，当然具有惩罚罪犯的任务，即通过严格的监管、警戒等法律措施，剥夺罪犯的人身自由，剥夺或限制他们行使某些权利，强迫他们遵守法律、法规和监规纪律，强制他们从事劳动和接受教育改造。

3. 改造罪犯。我国监狱对罪犯执行刑罚不是单纯地为了惩罚，更不是为了报复，而是为了将罪犯改造成为新人。具体来说，就是监狱在限制罪犯的人身自由即罪犯服刑期间，要采取各种切实有效的措施，转化罪犯的思想、矫治罪犯的恶习，使他们养成劳动习惯、学会劳动技能，成为自食其力的守法公民。

4. 预防和减少犯罪。国家设置监狱，执行刑罚，就是为了通过一系列的执法活动来改造罪犯，达到预防其再次犯罪和阻止一般人犯罪的目的，从而有效地保护国家和人民的利益，维护社会安定。

二、监狱的种类和管理体制

（一）监狱的种类

根据我国《监狱法》的规定，我国监狱分为以下两种：

1. 监狱。监狱是对成年犯执行刑罚的机构和场所，又称成年犯监狱。它在监狱体系中占有重要位置，大部分罪犯都在监狱中执行刑罚。

2. 未成年犯管教所，又称少年犯管教所，即未成年犯监狱。它是对已满14周岁、未满18周岁的未成年犯执行刑罚的机构和场所。

在我国，监禁和改造罪犯的机构和场所除监狱和未成年犯管教所外，还有拘役所、看守所。

拘役所是对被判处拘役的罪犯执行刑罚的场所，拘役所在对拘役犯执行刑罚时，应当执行《监狱法》的有关规定。看守所是羁押未决犯的机构,其主要职责是羁押处在侦查、预审、起诉、审判阶段的犯罪嫌疑人和刑事被告人。看守所不是刑事执行机关,但根据《刑事诉讼法》第253条的规定,对被判处有期徒刑的罪犯,在被交付执行刑罚前,剩余刑期在3个月以下的,由看守所代为执行。看守所对罪犯执行刑罚,应当执行《监狱法》的有关规定。

(二)监狱的设置

根据我国《监狱法》的有关规定,监狱和未成年犯管教所由省、自治区、直辖市根据需要设置,由省、自治区、直辖市的监狱管理局直接管理。监狱和未成年犯管教所的设置、撤销、迁移,由国务院司法行政部门批准。

监狱设监狱长1人,副监狱长若干人,并根据工作需要设置必要的工作机构和配备其他监狱管理人员。监狱的管理人员是人民警察。监狱人民警察,简称监狱警察,是人民警察的一个警种,与公安、交通等警察具有同等的法律地位。

未成年犯管教所设所长1人,副所长若干人,并根据工作需要设置必要的工作机构和配备其他管教人员。现在,我国每个省、自治区、直辖市一般设置一个未成年犯管教所。

(三)监狱的管理体制

司法部是我国监狱的主管机关,在司法部内设置监狱管理局,具体管理全国的监狱工作。在全国各省、自治区、直辖市都相应地设置了监狱管理局,它们在当地司法厅、局的领导下,负责管理本省、自治区、直辖市的监狱工作。监狱实行党委领导下的监狱长负责制。

三、刑罚执行

(一)刑罚执行的概念

刑罚执行有广义和狭义之分。广义的刑罚执行,是指国家司法机关将人民法院已经发生法律效力的刑事判决和裁定付诸实施的活动。执行的主体,除了监狱、拘役所、看守所外,还有公安机关和人民法院等。狭义的刑罚执行,则是指监狱依照法律规定的执行范围将人民法院已经发生法律效力的刑事判决和裁定付诸实施的活动。

广义的刑罚执行包括对生命刑、自由刑、财产刑和资格刑等一切刑罚的执行。生命刑的执行包括死刑立即执行和死刑缓期2年执行。死刑作为剥夺犯罪人生命的刑罚,具有严厉性和不可逆转性的特点。因此,死刑立即执行应当遵循慎重执行、不增加受刑人痛苦等原则。

根据我国《刑事诉讼法》的规定，死刑立即执行的程序是：①签发执行死刑的命令；②准备执行死刑；③验明正身，讯问有无遗言、信札；④押赴刑场，采用枪决或者注射等方式执行；⑤制作笔录，上报死刑执行情况；⑥做好执行死刑后的善后工作。

对于判处死刑缓期2年执行的罪犯，由看守所送往监狱执行。死缓执行的方法是劳动改造，即强迫死缓罪犯参加生产劳动，在劳动过程中反省罪行，改造思想，通过2年的考察以决定死缓执行的变更。死缓执行变更的基本程序包括：①死缓犯符合减刑条件的，2年期满以后，执行机关应当及时提出减刑的书面意见，报经省（直辖市、自治区）监狱审核后，提请当地高级人民法院裁定减刑。当地高级人民法院作出减刑裁定后，除将裁定通知执行机关执行外，还应抄送原判法院备查。②死缓犯具备执行死刑条件的，执行机关应当及时提出书面意见，报经省（直辖市、自治区）监狱审核后，由最高人民法院核准。核准死刑的人民法院院长签发执行死刑命令后，才能执行死刑。

自由刑的执行包括对人民法院已经发生法律效力的无期徒刑、有期徒刑、拘役、管制判决的执行。在我国司法实践中，自由刑判决占审判机关整个判决数量的80%以上，自由刑的执行效果对评价我国整个刑事判决执行效果具有十分重要的作用。

财产刑的执行包括罚金刑的执行和没收财产刑的执行。根据我国《刑法》的规定，罚金刑的执行方式包括一次缴纳或者分期缴纳、强制缴纳。我国《刑法》还规定了罚金的追缴制度和罚金的减免制度。没收财产刑的执行机关是人民法院的执行机构，必要时可请求公安机关协助。

资格刑的执行包括剥夺政治权利的执行和驱逐出境的执行。对于被判处剥夺政治权利的罪犯，由公安机关执行；驱逐出境由承担外国人出入境管理职责的公安机关执行，执行方式是责令犯罪的外国人在一定期限内离开我国国（边）境。到期不离境的，可以采取适当的强制措施强制离境。

狭义的刑罚执行仅指监狱对于自由刑的执行。下面介绍的是狭义的刑罚执行。

在我国，被判处死刑缓期2年执行、无期徒刑和有期徒刑的罪犯，由监狱执行。刑罚执行的主要内容是：①收押罪犯；②对罪犯实施监管；③强制罪犯进行生产劳动；④对罪犯进行教育改造；⑤对罪犯进行考核奖惩；⑥刑满释放。同时，监狱还要依法处理刑罚执行过程中所遇到的各种法律问题，主要包括对罪犯的减刑、假释；对死缓犯的处理；对罪犯申

中国司法制度

诉、控告的处理；对罪犯的保外就医或监外执行的处理；对罪犯在服刑期间又犯罪的处理，等等。

刑罚执行是将刑事判决和裁定付诸实施的实际步骤，是改造罪犯的前提条件，是预防犯罪的重要措施。刑罚执行是刑事诉讼的最后一个环节，在惩罚和改造罪犯过程中占有重要的地位。

(二) 收监

收监，又称收押，是指监狱将被判处死刑缓期2年执行、无期徒刑和有期徒刑的罪犯依照法定程序予以收监关押的活动。收监是对罪犯执行刑罚、实施惩罚和改造的首要环节，是一项严肃的执法行为。

根据我国《监狱法》的规定，收监应按下列程序进行：

1. 公安机关依法按时将罪犯送交监狱。人民法院对被判处死刑缓期2年执行、无期徒刑、有期徒刑的罪犯，应当将执行通知书、判决书送达羁押该罪犯的公安机关，公安机关应当自收到执行通知书、判决书之日起1个月内将该罪犯送交监狱执行刑罚。罪犯在被交付执行刑罚前，剩余刑期在1年以下的，由看守所代为执行而不送交监狱。

2. 监狱审查送押罪犯的法律文书。罪犯被交付执行刑罚时，交付执行的人民法院应当将人民检察院的起诉书副本、人民法院的判决书、执行通知书、结案登记表同时送达监狱。监狱没有收到上述文件的，不得收监；上述文件不齐全或者记载有误的，作出生效判决的人民法院应当及时补充齐全或作出更正；对其中可能导致错误收监的，不予收监。监狱在收押罪犯时，必须按照《监狱法》第16条的规定审查上述"三书一表"是否齐全无误，如果发现与该条法律规定不符的情况，不得收监。

3. 对罪犯进行检查。对罪犯的检查主要包括两个方面：①健康状况检查。主要是检查送押罪犯的身体状况和女性罪犯的怀孕和哺乳状况。在身体检查中，如果发现罪犯患有严重疾病需要保外就医的，女性罪犯正在怀孕或者正在哺乳自己婴儿的，可暂不予收监，而由交付执行的人民法院决定暂予监外执行，由居住地的公安机关执行刑罚。但如果对上述罪犯暂予监外执行有社会危险性的，应当收监。②人身、物品检查。主要是检查罪犯是否随身携带危险品或违禁品，以防止逃跑、自杀、行凶、破坏等事故的发生。对非生活必需品，由监狱代为保管或者征得罪犯同意退回其家属，违禁品予以没收。检查罪犯人身和携带物品时，女犯应由女性人民警察负责。根据《监狱法》第19条的规定，罪犯不得携带子女在监内服刑。

4. 进行入监登记。对收监执行的罪犯，应逐一填写《罪犯入监登记表》，主要内容包括：罪犯的姓名、性别、年龄、民族、籍贯、职业、家庭住址、健康状况、个人简历、家庭情况、主要社会关系、文化程度、特长、主要罪行、罪名以及刑期起止日期、逮捕和拘留的时间、有无前科、判决的人民法院等，并贴附罪犯的免冠照片。进行入监登记，是收押罪犯时必须履行的一项法律手续。

5. 向罪犯家属发出通知书。罪犯收监后，监狱应当及时通知罪犯家属。通知书应当在收监后5日内发出。对于无家属的罪犯，监狱可通知其原工作单位或原居住地的公安机关及基层组织。

收监是一项十分重要的基础工作，它直接关系到已经发生法律效力的判决或裁定能否准确地执行。监狱在收押罪犯时，必须依法办事，严格掌握收监条件，认真履行收监手续，以保证刑罚执行的顺利进行。

（三）对罪犯申诉、控告、检举的处理

1. 对罪犯申诉的处理。罪犯申诉，是指罪犯认为已经发生法律效力的判决或裁定有错误，向司法机关提出撤销或变更原判刑罚的请求。申诉是罪犯的一项法定权利。对于罪犯的申诉，监狱应当及时转送，不得扣压。人民检察院或者人民法院应当及时处理罪犯的申诉。监狱在执行刑罚过程中，根据罪犯的申诉，认为判决可能有错误的，应当提请人民检察院或者人民法院处理，人民检察院或者人民法院应当自收到监狱提请处理意见书之日起6个月内将处理结果通知监狱。在申诉期间不停止对判决裁定的执行，罪犯不得以申诉为借口，无理取闹和破坏监管改造秩序。

2. 对罪犯控告、检举的处理。对罪犯的控告、检举材料，监狱应当及时处理或转送公安机关或人民检察院处理，不得以任何理由进行扣压，也不得以任何形式阻挠或打击报复控告人、检举人。公安机关或人民检察院对监狱转送的罪犯控告或检举材料，应当将处理结果通知监狱。

监狱应当设立罪犯控告箱，由驻监狱的人民检察院工作人员或监狱纪检人员开箱处理。同时，监狱还应设立罪犯申诉和检举箱，并指定专人负责开箱处理。

（四）监外执行

监外执行，是指由于罪犯具有法律规定的某种情况而暂时变更刑罚执行场所和执行方式，在监狱外执行刑罚的一种刑罚执行制度。监外执行属于刑罚执行方式的变更。

在我国，监外执行有两种情况：①刑事诉讼意义上的监外执行，主要反映在刑事诉讼法有关执行的规定中；②监狱行刑意义上的监外执行，主要反映在监狱法有关刑罚执行的规定中。二者的实质相同，但在法律程序和法律意义上有所不同。

刑事诉讼中监外执行的对象是被判处有期徒刑和拘役的罪犯。在收监、交付执行之后的刑罚实际执行过程中，适用监外执行的对象是被判处无期徒刑和有期徒刑由监狱执行刑罚的罪犯。

需要注意的是，对于监外执行的对象，我国《刑事诉讼法》第254条的规定与《监狱法》第17、25条的规定不一致，应当依《刑事诉讼法》的规定执行。

根据《刑事诉讼法》第254条的规定，对被判处有期徒刑或者拘役的罪犯，有下列情形之一的，可以暂予监外执行：①有严重疾病需要保外就医的；②怀孕或者正在哺乳自己婴儿的妇女；③生活不能自理，适用暂予监外执行不致危害社会的。对被判处无期徒刑的罪犯，有前款第②项规定情形的，可以暂予监外执行。对适用保外就医可能有社会危险性的罪犯，或者自伤自残的罪犯，不得保外就医。对罪犯确有严重疾病，必须保外就医的，由省级人民政府指定的医院诊断并开具证明文件。在交付执行前，暂予监外执行由交付执行的人民法院决定；在交付执行后，暂予监外执行由监狱或者看守所提出书面意见，报省级以上监狱管理机关或者设区的市一级以上公安机关批准。

根据《监狱法》的有关规定，对在狱内服刑的罪犯，监外执行的程序是：

1. 对符合监外执行条件的罪犯，由监狱提出书面意见，报省、自治区、直辖市监狱管理机关批准。批准机关应当将批准的暂予监外执行决定，通知执行地的县级公安机关和原判人民法院，并抄送人民检察院。

2. 人民检察院认为对罪犯适用暂予监外执行不当的，应当自接到通知之日起1个月内将书面意见送交批准暂予监外执行的机关，批准暂予监外执行的机关接到人民检察院的书面意见后，应当立即对该决定进行重新核查。

3. 罪犯在出监前，监狱应当填写《罪犯出监登记表》，连同批准监外执行的决定一并送交执行地的县级公安机关。原关押监狱应及时将罪犯在监内的履行情况通报负责执行的公安机关，以便于对监外执行罪犯的监督改造。

4. 暂予监外执行的情形消失后，对刑期未满的罪犯，负责执行的公安机关应当及时通知监狱收监；刑期届满的，由原关押监狱办理释放手续。

罪犯在暂予监外执行期间死亡的，公安机关应当及时通知原关押监狱。

（五）减刑

减刑，是指在刑罚执行过程中，由于服刑罪犯具有悔改或者立功表现，而依法减轻其原判刑罚的制度。减刑是我国独创的一种刑罚执行制度。

1. 减刑的条件。减刑直接关系到罪犯原判刑罚种类或刑期的变更，必须严格按照法律规定的条件进行。被判处无期徒刑、有期徒刑的罪犯，在服刑期间确有悔改或者立功表现的，根据监狱考核的结果，可以减刑。有下列重大立功表现之一的，应当减刑：①阻止他人重大犯罪活动的；②检举监狱内外重大犯罪活动，经查证属实的；③有发明创造或者重大技术革新的；④在日常生产、生活中舍己救人的；⑤在抗御自然灾害或者排除重大事故中，有突出表现的；⑥对国家和社会有其他重大贡献的。

2. 减刑的程序。减刑建议由监狱向人民法院提出。人民法院应当自收到减刑建议之日起1个月内予以审核裁定；案情复杂或者情况特殊的，可以延长1个月。减刑裁定的副本应当抄送人民检察院。

3. 死缓犯的减刑。根据我国《刑事诉讼法》第250条的规定，死缓犯在死刑缓期执行期间，只要没有故意犯罪，2年期满后，即应当予以减刑。死缓犯减刑的程序是：罪犯所在监狱依据规定提出减刑意见，报经省、自治区、直辖市的监狱管理机关审核后，报请当地高级人民法院裁定。

（六）假释

假释，是指被判处有期徒刑或无期徒刑的罪犯，在刑罚执行一定时间后，确有悔改，不致再危害社会的，司法机关依法将其附条件提前释放的刑罚执行制度。

1. 适用假释的条件。根据我国《刑法》第81条的规定，被判处有期徒刑的犯罪分子，执行原判刑期1/2以上，被判处无期徒刑的犯罪分子，实际执行10年以上，如果认真遵守监规，接受教育改造，确有悔改表现，假释后不致再危害社会的，可以假释。如果有特殊情况，如发明创造、重大贡献等，经最高人民法院核准，可以不受上述执行刑期的限制。

2. 假释的程序。被判处无期徒刑、有期徒刑的罪犯，符合法律规定的假释条件的，由监狱根据考核结果向人民法院提出假释建议。人民法院应当自收到假释建议书之日起1个月内予以审核裁定；案情复杂或者情况特殊的，可以延长1个月。假释裁定书的副本应当抄送人民检察院。

人民法院裁定假释的，监狱应当按期假释并发给假释证明书。人民检察院认为假释裁定不当的,应当依法提出抗诉,由人民法院重新审理。被假释的罪犯由公安机关予以监督。

（七）释放和安置

罪犯服刑期满,由监狱按期释放并发给释放证明书。罪犯释放后,公安机关凭释放证明书办理户籍登记。

对刑满释放人员,由当地人民政府帮助其安置生活。刑满释放人员丧失劳动能力又无法定赡养人、扶养人和基本生活来源的,由当地人民政府予以救济。

刑满释放人员依法享有与其他公民平等的权利,应当受到平等对待,不得歧视。

四、狱政管理

（一）狱政管理的概念

狱政管理,是指我国监狱在对罪犯实施惩罚、改造过程中的行政管理工作。狱政管理是监狱工作的重要组成部分,是对罪犯执行刑罚,实施惩罚和改造的前提和基础。

狱政管理是一项政策性、法律性很强的工作,内容包括分管分押、警戒、戒具和武器的使用、通信会见、生活卫生、奖惩及对罪犯服刑期间犯罪的处理。

（二）分押分管

分押分管,是指监狱依据服刑罪犯的性别、年龄、犯罪类型、刑罚种类、刑期、主观恶性程度、改造表现等情况,实行分别关押和采取不同方式管理的制度。分押分管是我国狱政管理的一项重要制度,包括对罪犯实行分别关押、分类管理和分级处理三个方面的基本内容。

监狱对罪犯实行分押分管：①对成年男犯、女犯和未成年犯实行分开关押和管理,照顾未成年犯和女犯的生理、心理特点；②根据罪犯的犯罪类型、刑罚种类、刑期、改造表现等情况,实行分别关押,采取不同方式管理。

对女犯由女性人民警察直接管理。在有条件的省、自治区或较大的市应当专门设女监、未成年犯管教所。

（三）警戒

警戒,是指为了预防和制止罪犯逃跑、行凶、破坏、暴乱及监狱外部不法分子的袭击,而实施的防范戒备活动。警戒制度是监禁制度的重要组成部分。

根据我国《监狱法》的规定，警戒制度主要包括内部管理（内管）、武装警戒（外警）和驻地周围群众监督（群众联防）三项基本内容。

监狱的武装警戒由人民武装警察部队负责。监狱根据监管的需要，设立警戒设施。监狱周围设警戒隔离带，未经准许，任何人不得进入隔离带。

监区、作业区周围的机关、团体、企事业单位和基层组织，应当协助监狱做好安全警戒工作。

（四）戒具和武器的使用

监狱对罪犯可以使用戒具的情形是：①有脱逃行为的；②有使用暴力行为的；③正在押解途中的；④有其他危险行为需要采取防范措施的。当上述情形消失后，应当停止使用戒具。

人民警察和人民武装警察部队的执勤人员遇有下列情形之一，非使用武器不能制止的，按照法律规定，可以使用武器：①罪犯聚众骚乱、暴乱的；②罪犯脱逃或者拒捕的；③罪犯持有凶器或者其他危险物，正在行凶或破坏、危及他人生命、财产安全的；④劫夺罪犯的；⑤罪犯抢夺武器的。使用武器的人员，应当按照国家有关规定报告情况。

（五）通信和会见

1. 罪犯通信制度。通信是罪犯的一项法定权利，是罪犯与社会及其亲属保持联系的一种重要形式。罪犯在服刑期间可以与他人通信，但是来往信件应当经监狱检查。当发现有碍罪犯改造内容的信件时，可以扣留。但罪犯写给监狱的上级机关和司法机关的信件不受检查。

2. 罪犯会见制度。会见亲属、监护人是罪犯的一项法定权利，是动员社会力量及罪犯亲属协助监狱对罪犯实施教育改造的一项重要措施。罪犯在监狱服刑期间，可以会见亲属、监护人。会见时，罪犯收受物品和钱款的，应当经监狱批准、检查。

（六）生活和卫生

罪犯生活卫生管理，是指监狱依法对罪犯的衣、食、住、用，疾病的预防、治疗以及劳动保护等方面所实施的管理活动。包括生活管理和卫生管理两方面。

我国监狱历来重视对罪犯的生活卫生管理，在休息时间、饮食供应、被服发放、居住条件、卫生防疫、疾病医疗等方面，给予罪犯人道主义的待遇，并给予法律保障。我国《监狱法》明确规定："罪犯的生活标准按实物量计算，由国家规定。""罪犯的被服由监狱统一配发。""罪犯居住的

中国司法制度

监舍应当坚固、通风、透光、清洁、保暖。""监狱应当设立医疗机构和生活、卫生设施，建立罪犯生活、卫生制度。罪犯的医疗卫生保健列入监狱所在地区的卫生、防疫计划。"

（七）奖惩

监狱应当建立罪犯的日常考核制度，考核的结果作为对罪犯奖励和处罚的依据。

监狱对罪犯实施的行政奖惩是监狱依据《监狱法》规定的条件和程序，直接对罪犯实施的奖励和惩罚。其中，行政奖励包括：表扬、物质奖励、记功、离监探亲；行政处罚包括：警告、记过、禁闭。

（八）对罪犯服刑期间犯罪的处理

罪犯在服刑期间故意犯罪的，依法从重处罚。

对罪犯在监狱内犯罪的案件，由监狱进行侦查。侦查终结后，制作起诉意见书，连同案卷材料、证据一并移送人民检察院。

五、教育改造

（一）教育改造的概念

教育改造，是指我国监狱在刑罚执行过程中对罪犯强制实施的思想、文化和技术教育活动。

教育改造是在对罪犯执行刑罚过程中采用的一种强制性的基本改造手段，是为了实现把罪犯改造成为新人的行刑目的而实施的一种特殊教育。教育改造在改造罪犯的诸多手段中处于关键的地位，在转化罪犯思想中起着主导的作用。

（二）教育改造的基本原则

教育改造的原则，是指监狱对罪犯实施教育改造活动必须遵循的行为准则。我国《监狱法》第61条规定了教育改造罪犯的三项原则，即因人施教，分类教育，以理服人。

因人施教是指监狱在对罪犯实施教育改造过程中，根据罪犯的不同情况，采取相应的教育内容和方法，进行有针对性的教育。这是我国监狱机关在长期教育改造罪犯实践中总结出来的成功经验。分类教育就是根据罪犯不同的犯罪性质、特点、改造表现，将罪犯分成各种类型，并针对各类罪犯的不同情况、不同特点，选择不同的教育内容和教育方法，进行针对性的教育。分类教育由于是根据同一类型罪犯群体的特点开展教育，因而具有一定的针对性。以理服人就是采用摆事实、讲道理的方法，对罪犯做耐心细致的说服教育工作。以理服人是我国监狱机关教育改造罪犯的优良传统，是中国共产党改造罪犯方针政策的具体体现。

（三）教育改造的具体内容

对罪犯的教育改造主要包括三方面的内容，即思想教育、文化教育和职业技术教育。

思想教育是实现改造罪犯任务的重要途径，是对罪犯进行的旨在转化罪犯思想的系统影响活动。其内容主要包括法制教育、道德教育、形势教育、前途教育等。

文化教育是把罪犯改造成为守法公民，把罪犯造就成有用之才的基本手段之一。我国《监狱法》规定，监狱应当根据不同情况，对罪犯进行扫盲教育、初级教育和初级中等教育，经考试合格的，由教育部门发给相应的学业证书。监狱鼓励罪犯自学，经考试合格的，由有关部门发给相应的证书。

对罪犯进行职业技术教育，是教育改造的重要组成部分。我国《监狱法》规定，监狱应当根据生产和罪犯释放后就业的需要，对罪犯进行职业技术教育，经考核合格的由劳动部门发给相应的技术等级证书。罪犯的文化和职业技术教育应当列入所在地区教育规划。

（四）教育改造的方法

我国监狱在长期的实践中创造了一系列教育改造罪犯的有效方法，主要有：集体教育与分类教育相结合，集体教育与个别教育相结合，狱内教育与社会教育相结合。此外，还有对罪犯进行入监教育、出监教育等。

六、劳动改造

组织罪犯从事生产劳动，是刑罚执行的重要组成部分，是实现改造罪犯的一种基本手段。我国《监狱法》规定，监狱对罪犯实行惩罚和改造相结合，教育和劳动相结合的原则，将罪犯改造成为守法公民。有劳动能力的罪犯必须参加劳动。监狱根据罪犯的个人情况，合理组织劳动，使其矫正恶习，养成劳动习惯，学会生产技能，并为释放后就业创造条件。

我国《监狱法》在罪犯劳动时间、劳动强度、劳动报酬、劳动保护等方面作了严格而具体的规定，内容包括：监狱对罪犯的劳动时间，参照国家有关劳动工时的规定执行；罪犯有在法定节假日和休息日休息的权利；监狱对参加劳动的罪犯应当按照有关规定给予报酬并执行国家有关劳动保护的规定；罪犯在劳动中致伤、致残或者死亡的，由监狱参照国家劳动保险的有关规定处理。

七、未成年犯教育改造的特殊规定

（一）执行刑罚的场所

对未成年犯应当在未成年犯管教所执行刑罚。在不具备条件单独设立未成年犯管教所的地方，已判处徒刑的未成年犯，可以与成年犯在同一个监狱关押，但监狱必须对未成年犯分别关押和管理。

（二）实施教育改造为主的原则

对未成年犯执行刑罚应当以教育改造为主。未成年犯的劳动，应当符合未成年人的特点，以学习文化和生产技能为主。

监狱应当配合国家、社会、学校等教育机构，为未成年犯接受义务教育提供必要的条件。

（三）剩余刑期的执行

未成年犯年满 18 周岁时，剩余刑期不超过 2 年的，仍可以留在未成年犯管教所执行剩余刑期。

对未成年犯的管理和教育改造，除上述特别规定外，也适用《监狱法》的有关规定。

第四节　民事执行制度

一、民事执行的概念

民事执行，是指人民法院依照法定的程序，采取法定的执行措施，强制义务人履行已经发生法律效力的人民法院的民事判决、裁定或其他法律文书所确定的义务的活动。人民法院要开始民事执行工作，必须具备以下几个条件：

1. 民事执行必须要有执行根据。人民法院的民事执行根据包括发生法律效力的人民法院的判决书、裁定书、调解书，以及仲裁机关的裁决书，公证机关的强制执行证明书等法律文书。没有这类法律文书，人民法院不能开始执行。

2. 执行根据必须发生法律效力。发生法律效力的法律文书包括当事人不上诉的第一审判决书、裁定书，第二审判决书、裁定书以及仲裁机关的裁决书等。未发生法律效力的法律文书不能作为民事执行的根据。

3. 执行根据必须具有给付内容。所谓具有给付内容，是指发生法律效力的法律文书必须具有义务人给付权利人某种财物、为或不为一定行为的内容。不具有给付内容的法律文书,不能作为执行根据。

4. 负有给付义务的一方当事人拒绝履行法律文书确定的义务。

5. 当事人在法定期限内向人民法院提出执行申请,并按规定预交执行费。

6. 人民法院对执行案件享有管辖权。民事执行是人民法院的一项重要执法行为,必须严格遵守《民事诉讼法》关于民事执行程序的规定。民事执行是实现发生法律效力的法律文书中所确定的权利义务内容的重要手段,对维护法律的尊严和权威,保护当事人合法权益有着十分重要的意义。

二、民事执行制度的基本内容

（一）执行机构

执行机构,是指人民法院内部设置的从事执行工作的职能机构。它是人民法院的重要组成部分,和审判机构是平行的。人民法院根据需要可以设立执行机构。

人民法院根据需要,依据有关法律的规定,设立执行机构,专门负责执行工作。执行机构的职责是负责执行发生法律效力的法律文书,包括:①人民法院民事、行政判决、裁定、调解书,民事制裁决定、支付令,以及刑事附带民事判决、裁定、调解书;②依法应当由人民法院执行的行政处罚决定、行政处理决定;③我国仲裁机构作出的仲裁裁决,人民法院依据《仲裁法》有关规定作出的财产保全和证据保全裁定;④公证机关依法赋予强制执行效力的关于追偿债款、物品的债权文书;⑤经人民法院裁定承认其效力的外国法院作出的判决、裁定,以及国外仲裁机构作出的仲裁裁决;⑥法律规定由人民法院执行的其他法律文书。

执行工作由执行员进行。采取强制执行措施时,执行员应当出示证件。执行完毕后,应当将执行情况制作笔录,由在场的有关人员签名或者盖章。

上级人民法院执行机构负责本院对下级人民法院执行工作的监督、指导和协调。

（二）执行管辖

执行管辖,是指根据法律规定,在人民法院系统内部,划分各级人民法院和同级人民法院之间强制执行案件的分工和权限。根据《民事诉讼法》第201条的规定,发生法律效力的民事判决、裁定,以及刑事判决、裁定中的财产部分，由第一审人民法院或者与第一审人民法院同级的被执行的财产所在地人民法院执行。法律规定由人民法院执行的其他法律文书，由被执行人住所地或者被执行的财产所在地人民法院执行。

（三）执行异议

执行异议，是指当事人、案外人对执行行为提出不同意见，对被执行的财产主张权利。

1. 当事人对执行的异议。当事人、利害关系人认为执行行为违反法律规定的，可以向负责执行的人民法院提出书面异议。当事人、利害关系人提出书面异议的，人民法院应当自收到书面异议之日起15日内审查，理由成立的，裁定撤销或者改正；理由不成立的，裁定驳回。当事人、利害关系人对裁定不服的，可以自裁定送达之日起10日内向上一级人民法院申请复议。

2. 案外人对执行的异议。执行过程中，案外人对执行标的提出书面异议的，人民法院应当自收到书面异议之日起15日内审查，理由成立的，裁定中止对该标的的执行；理由不成立的，裁定驳回。案外人、当事人对裁定不服，认为原判决、裁定错误的，依照审判监督程序办理；与原判决、裁定无关的，可以自裁定送达之日起15日内向人民法院提起诉讼。

（四）执行担保和承担

1. 执行担保。在执行中，被执行人向人民法院提供担保，并经申请执行人同意的，人民法院可以决定暂缓执行及暂缓执行的期限。被执行人逾期仍不履行的，人民法院有权执行被执行人的担保财产或者担保人的财产。

2. 执行承担。作为被执行人的公民死亡的，以其遗产偿还债务。作为被执行人的法人或者其他组织终止的，由其权利义务承受人履行义务。

（五）委托执行和协助执行

1. 委托执行。被执行人或者被执行的财产在外地的，可以委托当地人民法院代为执行。受委托人民法院收到委托函件后，必须在15日内开始执行，不得拒绝。执行完毕后，应当将执行结果及时函复委托人民法院；在30日内如果还未执行完毕，也应当将执行情况函告委托人民法院。受委托人民法院自收到委托函件之日起15日内不执行的，委托人民法院可以请求受委托人民法院的上级人民法院指令受委托人民法院执行。

2. 协助执行。协助执行，是指由人民法院以外的单位和个人，按照法院的通知，协助执行发生法律效力的法律文书所确定内容的法律行为。从执行实践来看，我国的协助执行主要有三类：①有关单位的协助执行；②人民法院的协助执行；③公民个人的协助执行。

在执行中，人民法院执行人员根据案件的具体情况，如果认为需要协助执行的，即可向有关单位和个人发出协助执行通知书，说明需要协助执行的具体事项、执行方法、完成期限和应注意的问题。接到协助执行通知书的单位和个人，必须按照通知的内容和期限，完成应当协助执行的事项。

（六）执行和解和执行回转

1. 执行和解。在执行中，双方当事人自行和解达成协议的，执行员应当将协议内容记入笔录，由双方当事人签名或者盖章。一方当事人不履行和解协议的，人民法院可以根据对方当事人的申请，恢复对原生效法律文书的执行。

2. 执行回转。执行完毕后，据以执行的判决、裁定和其他法律文书确有错误，被人民法院撤销的，对已被执行的财产，人民法院应当作出裁定，责令取得财产的人返还；拒不返还的，强制执行。

三、执行的申请和移送

根据我国《民事诉讼法》第212条的规定，执行的申请和移送是执行程序开始的两种主要原因。

（一）申请执行

1. 申请执行，是指根据生效法律文书，享有权利的一方当事人在对方拒绝履行义务的情况下，向人民法院提出申请，请求人民法院强制执行。

2. 申请执行应当具备以下几个条件：

（1）必须是义务人在法律文书确定的履行期间届满仍没有履行义务。比如，判决要求张三在2009年6月30日前付清欠李四的10 000元人民币，如果截至6月30日24点，张三没有全部付清，李四就可以申请人民法院强制执行。

（2）必须在本法规定的申请执行期间提出申请，超过法定期间提出申请的，人民法院不予执行。申请执行的期间为2年。申请执行时效的中止、中断，适用法律有关诉讼时效中止、中断的规定。

（3）申请执行一般应采用书面形式，递交申请执行书。申请执行书应当说明申请执行的事项和理由，提出证据，并应尽量提供被申请人的经济状况及可供执行的财产情况。

中国司法制度

(4) 申请执行必须提交执行根据。

3. 当事人可以申请执行的情形有两种：一是发生法律效力的民事判决、裁定，负有义务的一方拒绝履行的；二是调解书和其他应当由人民法院执行的法律文书确定的负有义务的当事人拒绝履行的。

（二）移送执行

1. 移送执行，是指人民法院审判人员审结案件后，将生效的判决书、裁定书移交给执行员执行。审判实践中，执行程序一般由当事人提出申请开始，但在某些特殊情况下，比如，追索国家财产案件的判决，追索赡养费、抚育费、扶养费案件的判决，人民法院往往不经当事人申请而直接移送执行。移送执行是人民法院的职权行为，哪些案件需要移送执行，法律没有明文规定，审判人员可以根据案件的具体情况决定是否移送执行。凡审判人员没有移送执行的案件，就意味着执行开始需要当事人申请。

2. 由审判员移送执行的情形为：发生法律效力的民事判决、裁定，负有义务的一方拒绝履行。

四、执行前的准备

执行程序开始后，执行人员应当认真做好各项准备工作。根据执行工作实践，在执行前一般应当做好以下准备工作：

1. 审查申请执行书、移送执行书，对照作为执行根据的法律文书了解案情，明确执行的具体事项。

2. 了解被申请执行人拒不履行义务的原因，查明被申请执行人的财产状况和履行义务的能力。

3. 执行员接到申请执行书或者移交执行书，应当向被执行人发出执行通知，责令其在指定的期间履行，逾期不履行的，强制执行。

4. 被执行人不履行法律文书确定的义务，并有可能隐匿、转移财产的，执行员可以立即采取强制执行措施。

人民法院采取执行措施，应当制作裁定书，送达被执行人。

五、民事执行措施

民事执行措施，是指人民法院的执行机构在依法强制执行时所采取的具体方法和手段，是人民法院做好执行工作，保证生效法律文书的内容得以实现的最有效手段。由于执行措施的运用直接涉及被执行人财产的处置，关系到被执行人的合法权益，影响比较大，因此，人民法院在采取执行措施时应当严格按照《民事诉讼法》规定的执行程序和方式进行。

根据我国《民事诉讼法》的规定和最高人民法院的有关司法解释，人

民法院在执行民事案件时,可以采取以下执行措施:

(一) 查询、冻结、划拨被执行人存款

查询、冻结、划拨被执行人的银行存款,是迫使被执行人清偿所欠债务的有效手段。司法实践中,有些被执行人故意隐瞒其在银行的存款,拒不提供其在银行存款的账户号码,使执行工作难以进行,因此民事诉讼法规定,被执行人未按执行通知履行法律文书确定的义务,人民法院有权向银行、信用合作社和其他有储蓄业务的单位查询被执行人的存款情况,有权冻结、划拨被执行人的存款。查询即人民法院向银行、信用合作社和其他有储蓄业务的单位,调查询问被执行人的存款情况,是了解被执行人在银行等金融机构或者其他有储蓄业务的单位有无存款及存款数额等情况的方法。冻结是指人民法院对被执行人在银行等有储蓄业务的单位的存款,依照一定的法律程序,不准其提取或者转移的措施。划拨是指人民法院将被执行人在银行等金融储蓄机构的存款强制转汇至某一账户,以清偿权利人的债权的措施。银行、信用合作社和其他有储蓄业务的单位负有为储户保密的义务,但如果该储户不履行生效法律文书,人民法院有权查询其存款情况,并有权通知接受存款的银行、信用合作社和其他有储蓄业务的单位冻结该储户的财产,不许存款人动用。存款冻结后,如果被执行人表示愿意履行义务,人民法院可以通知采取冻结措施的银行信用合作社或者其他有储蓄业务的单位解冻,但如果被执行人仍不履行义务,则可以通知该银行、信用合作社或者其他有储蓄业务的单位将冻结的存款划拨到权利人的账户上。

(二) 扣留、提取被执行人收入

被执行人未按执行通知履行法律文书确定的义务,也没有储蓄存款,其他财产又不宜变卖的情况下,人民法院有权扣留、提取被执行人应当履行义务部分的收入。扣留、提取被执行人的收入主要是针对自然人采取的措施。收入主要指金钱收入,收入的形式可以是工资、奖金、劳务报酬、稿酬、咨询费、存款利息、房屋租金等。扣留被执行人的收入,主要指被执行人所在单位按照人民法院的协助执行通知书扣留被执行人的工资、奖金等收入。比如,人民法院通知某甲所在单位按照法律文书的规定,按月扣留某甲的工资作为其母的赡养费。提取被执行人的收入,主要指人民法院通过银行、信用合作社和其他有储蓄业务的单位或者被执行人所在单位将被执行人的收入支取出来,交给申请执行人。扣留、提取被执行人的收入应当注意以下几点:必须是被执行人未按执行通知履行法律文书确定的义务；扣留、提取的收入应当与被执行人履行义务的款额相当；扣留、提取收入时，应当保留被执行人及其所供养家属的生活必需费用。我国的民事执行，贯彻全面保护当事人合法权益的原则，也就是说，既要依法保护权利人的权利得以实现，又要防止因执行工作使被执行人及其家属无法生活。劳动收入，是被执行人的生活来源，关系到他和他所供养家属的切身利益，所以在扣留和提取时，必须为被执行人和其所供养家属保留维持生活的基本费用，而不能执行过多，给他们生活造成困难；人民法院扣留、提取收入时，应当作出裁定，并发出协助执行通知书，被执行人所在单位、银行、信用合作社和其他有储蓄业务的单位必须办理。

（三）查封、扣押、冻结、拍卖、变卖被执行人的财产

查封、扣押、冻结、拍卖、变卖被执行人的财产，是人民法院经常采取的强制措施，正确使用这些措施，对于做好执行工作具有重要意义。

查封，是一种临时性措施，是指把被执行人的财产清查封闭贴上封条，就地封存，不准任何人转移和处理。封条是由执行机构制作的表明实施查封机构、时间等内容并加盖执行机构所在法院印章的条幅。被查封的财产，执行员可以指定被执行人保管，被执行人拒绝保管或者保管不善造成损失，由他自己承担；执行员也可以指定其他人保管，被执行财产由他人保管的，所需费用由被执行人负担。

扣押也是一种临时性的措施，是指把被执行人的财产就地或者运到另外的场所，加以扣留，避免被执行人占有、使用和处分。被扣押的财产可以由人民法院保管，也可以由有关单位和个人保管，保管人员不得任意使用该项财物，保管中发生的费用，由被执行人负担。

冻结是针对被执行人的存款所采取的执行措施。冻结存款可以是个人的储蓄存款，也可以是法人或者其他组织的存款。存款被冻结后，非经人民法院通知，任何单位和个人不得提取和转移。实践中，有的银行私自将已被人民法院冻结的存款收作归还的贷款，这种做法是法律所不允许的，出现这种情况，人民法院可以对其采取妨害民事诉讼的强制措施。

拍卖和变卖是对被执行人的财产强制出卖。一般在查封、扣押的基础上进行。人民法院查封、扣押财产后，执行员应当责令被执行人在指定期间履行义务，如果被执行人逾期不履行，人民法院就可以依照规定交有关单位拍卖或者变卖被查封、扣押的财产。当然，拍卖、变卖也可以不经查封、扣押，而由执行员直接将被执行人的财产拿去拍卖或者变卖。拍卖也称"竞卖"，为公开竞争出价以确定价金的买卖方式，分自愿与强制两种。

此条中的拍卖指由专门机构主持的，把被执行人的财产公开出售，由不特定的众人出价争购，将货物卖给出价最高的买主。拍卖在一般情况下能够较为充分地实现财产的价值。没有拍卖条件的地方，或者不宜采用拍卖的财物，可以采取变卖的方式。变卖，一般是将财产交有关商业部门收购。从实践情况看，采用变卖的方式，所得到的价款与变卖的财物的实际价值往往相差较大；同时，变卖价款过低，不足以偿还债务时，使债权人的权益也受到了损害。而拍卖是按照一定的程序公开叫卖，看谁出价最高就将财物卖给谁，这对于保护债权债务双方的合法权益更为有利。将拍卖放在变卖之前，意图在于要求人民法院处理被执行人的财物时，应当首先考虑拍卖的形式。当然，如果财物属于金银等国家限制自由买卖的物品，应当交有关单位按照国家规定的价格收购。

（四）搜查被执行人隐匿的财产

搜查是对被执行人的人身、住所或者有可能隐匿财产的地方进行搜寻、查找的强制措施。如果被执行人是法人或者其他组织的，应当对其经营或者活动的场所及可能隐匿财产的地方进行搜查。

在司法实践中，某些被执行人明明有财产，却将财产隐藏起来，谎称无钱还债，拒不向人民法院报告自己真实的财产状况，使执行工作难以进行。针对这一情况，民事诉讼法规定了对被执行人及其住所或者其他场所的搜查措施，以防止被执行人隐匿、转移财产，从而保证人民法院的判决实现，保障债权人的合法权益。

根据规定，人民法院在执行中有权对被执行人及其住所或者财产隐匿地进行搜查。搜查分为对被执行人的搜查和对被执行人的住所或者财产隐匿地的搜查。对被执行人搜查，指对被执行人的人身搜查，这是为了防止某些被执行人将财物藏在身上，抗拒人民法院执行。对住所搜查，主要指对被执行人的户籍所在地和经常居住地搜查，也可以是对被执行人现时所住的地方搜查。对财产隐匿地搜查，指根据线索对藏匿财产的地点进行搜查。由于搜查是一种严厉的执行措施，涉及当事人的人身自由、名誉、居住等权利，弄不好会侵犯被执行人和其他公民的人身权、财产权和住宅不受侵犯的权利，为了防止不良社会后果的产生，人民法院采取该项措施必须特别慎重，必须由负责执行法院的院长签发搜查令方可进行，未经批准不得采取搜查措施。执行员进行搜查时，应当向被执行人及其家属或者有关场所的负责人出示搜查令。搜查令是执行搜查的法律凭证，搜查令应当写明搜查的原因、被搜查人的姓名、职业、住址等。搜查完毕后，执行员应当将执行情况制作笔录，由在场的有关人员签名或者盖章。

（五）强制被执行人交付法律文书指定的财物或者票证

交付执行是以转移物的占有为目的。交付执行是指将由债务人或第三人占有的法律文书所指定的财物或票证转移为债权人占有或支配，执行的标的应当是特定的财物或者票证。财物主要指动产；票证指具有财产内容的各项证明文书、执照和支付凭证等，如房产证、土地证、山林权属证、车辆证照、专利证书、商标证书及汇票、支票、本票等有关的票据，金钱以及种类物的交付不属此种情形下的执行标的。

两种交付特定标的物的具体办法和程序：一是由执行程序中的当事人当面交付。执行员指定交付的日期和地点，传唤双方当事人同时到达某一地点，被执行人将财物或者票证直接交给债权人，执行员制作执行笔录，由双方当事人签字；二是由执行员转交，即执行员将被执行人交来法律文书指定的财物或者票证，转交给债权人并由债权人签收。

对第三方占有法律文书所指定的财物或者票证的情况，依据规定：如果被执行的财物或者票证由有关单位持有，人民法院应当发出协助执行通知书，由有关单位转交给应交付的人，并由被交付人签收。如果有关公民持有该财物或者票证，人民法院应当通知其交出，拒不交出的，强制执行。

（六）强制迁出

强制迁出房屋或者强制退出土地，由院长签发公告，责令被执行人在指定期间履行。被执行人逾期不履行的，由执行员强制执行。

强制执行时，被执行人是公民的，应当通知被执行人或者他的成年家属到场；被执行人是法人或者其他组织的，应当通知其法定代表人或者主要负责人到场。拒不到场的，不影响执行。被执行人是公民的，其工作单位或者房屋、土地所在地的基层组织应当派人参加。执行员应当将强制执行情况记入笔录，由在场人签名或者盖章。

强制迁出房屋被搬出的财物，由人民法院派人运至指定处所，交给被执行人。被执行人是公民的，也可以交给他的成年家属。因拒绝接收而造成的损失，由被执行人承担。

（七）对行为的执行

对判决、裁定和其他法律文书指定的行为，被执行人未按执行通知履行的，人民法院可以强制执行或者委托有关单位或者其他人完成，费用由被执行人承担。

（八）办理财产权证照转移手续

财产权证照是表示具有财产内容的各种证明文书和执照，如房产证、专利商标证书、车辆执照等。在执行中需要办理有关财产权证照转移手续的，应当在产权转移的同时办理财产权证照的转移手续。

人民法院对这类案件进行强制执行时，应当通知被执行人交出原权利证书。被执行人拒绝交出的，由人民法院向有关单位发出协助执行通知书，有关单位必须办理。

（九）几种特殊的执行措施与制度

1. 迟延履行。被执行人未按判决、裁定和其他法律文书指定的期间履行给付金钱义务的，应当加倍支付迟延履行期间的债务利息。被执行人未按判决、裁定和其他法律文书指定的期间履行其他义务的，应当支付迟延履行金。

2. 继续执行。人民法院采取《民事诉讼法》第218条、第219条、第220条规定的执行措施后，被执行人仍不能偿还债务的，应当继续履行义务。债权人发现被执行人有其他财产的，可以随时请求人民法院执行。

3. 参与分配制度。被执行人为公民或者其他组织，在执行程序开始后，被执行人的其他已经取得执行依据的或者已经起诉的债权人发现被执行人的财产不能清偿所有债权时，可以向人民法院申请参与分配。申请参与分配应当在执行程序开始后，被执行人的财产被清偿前提出，同时要提交申请书。

4. 对第三人财产的执行制度。被执行人不能清偿债务，但对本案以外的第三人享有到期债权的，人民法院可以依申请执行人或被执行人的申请，向第三人发出履行到期债务的通知。第三人在履行通知指定的期限内没有提出异议，而又不履行的，执行法院可以裁定对其强制执行。

5. 被执行人不履行义务的后果。被执行人不履行法律文书确定的义务的，人民法院可以对其采取或者通知有关单位协助采取限制出境，在征信系统记录、通过媒体公布不履行义务信息以及法律规定的其他措施。

六、民事执行的中止、终结与结案

（一）执行中止

执行中止，是指在执行程序开始后，由于发生某种特殊情况，执行程序暂时停止，待这种情况消失后，执行程序再继续进行。中止执行的裁定，送达当事人后立即生效。根据《民事诉讼法》第232条的规定，有下列情形之一的，人民法院应当裁定中止执行：①申请人表示可以延期执行的；②案外人对执行标的提出确有理由的异议的；③作为一方当事人的公民死亡，需要等待继承人继承权利或者承担义务的；④作为一方当事人的法人或者其他组织终止，尚未确定权利义务承受人的；⑤人民法院认为应当中止执行的其他情形。中止的情形消失后，恢复执行。

（二）执行终结

执行终结，是指在执行过程中，由于发生某种特殊情况，执行程序没有必要或不可能继续进行，从而结束执行程序，以后也不再恢复。

根据《民事诉讼法》第233条的规定，有下列情形之一的，人民法院裁定终结执行：①申请人撤销申请的；②据以执行的法律文书被撤销的；③作为被执行人的公民死亡，无遗产可供执行，又无义务承担人的；④追索赡养费、扶养费、抚育费案件的权利人死亡的；⑤作为被执行人的公民因生活困难无力偿还借款，无收入来源，又丧失劳动能力的；⑥人民法院认为应当终结执行的其他情形。终结执行的裁定，送达当事人后立即生效。

（三）执行结案

人民法院执行发生法律效力的法律文书，一般应当在立案之日起6个月内执行结案，但中止执行的期间应当扣除。确有特殊情况需要延长的，由本院院长批准。民事执行结案的方式包括：①生效法律文书确定的内容全部执行完毕；②裁定终结执行；③裁定不予执行；④当事人之间达成执行和解协议并已履行完毕。

第五节 其他执行制度

一、行政诉讼执行制度

（一）行政诉讼执行的概念

行政诉讼中的执行，是指人民法院根据《行政诉讼法》的规定，在当事人不履行已经发生法律效力的行政判决、裁定所确定的义务的情况下，运用国家的强制力，强制义务人履行的行为。

根据我国《行政诉讼法》的规定，行政诉讼中的执行包括两种情况：①对人民法院发生法律效力的行政判决、裁定的执行即行政诉讼强制执行；②对行政机关的行政决定的执行，即行政强制执行。

（二）行政诉讼执行的条件

在行政诉讼中，人民法院开始执行工作，必须具备以下条件：

1. 必须要有执行根据。作为执行根据的法律文书包括人民法院的发生法律效力的行政判决书和裁定书，行政机关的行政决定书和行政裁决书。

2. 执行根据必须是已经发生法律效力的法律文书。

3. 执行根据必须具有给付内容，即在执行根据中必须有确定一方当事人交付金钱、财物或者完成一定行为的内容。

4. 必须是义务人拒不履行法律文书所确定的义务，即义务人到期应当履行义务而拒不履行。

（三）行政诉讼执行程序的提起

根据我国《行政诉讼法》的规定和最高人民法院的有关司法解释，提起行政诉讼执行程序主要有以下三种情况：

1. 当事人向人民法院申请执行。当事人向第一审人民法院申请执行发生法律效力的行政判决、裁定的期限为 3 个月，从法律文书规定履行期间的最后 1 日起计算。法律文书中没有规定履行期间的，从该法律文书生效之日起计算；逾期申请的，除有正当理由外，不予执行。

2. 行政机关依法强制执行。在公民、法人或其他组织拒绝履行发生法律效力的行政判决、裁定和行政机关的行政决定时，行政机关可以依法强制执行。

3. 由审判人员移送执行。行政判决、裁定发生法律效力后，一方当事人拒绝或拖延履行义务而享有权利的当事人尚未提出申请执行或者因故无法提出申请执行，人民法院的行政审判庭可以依法将已经发生法律效力的行政裁判移送执行庭执行。

（四）行政诉讼执行的措施

1. 对公民、法人和其他组织采取的措施。根据最高人民法院的有关司法解释，第一审人民法院对拒不履行发生法律效力的行政判决和裁定的公民、法人和其他组织可以采取以下强制执行措施：①冻结、划拨被执行人的存款；②扣留、提取被执行人的劳动收入；③查封、扣押、冻结、拍卖、变卖被执行人的财产；④强制迁出房屋、强制拆除违章建筑或者强制退出土地等。

采取上述强制执行措施时的具体程序，适用《民事诉讼法》的有关规定。

2. 对行政机关采取的措施。根据《行政诉讼法》第 65 条第 3 款的规定，第一审人民法院对拒绝履行发生法律效力的行政判决、裁定的行政机关可以采取以下措施：①对应当归还的罚款或者应当给付的赔偿金，通知银行从该行政机关的账户内划拨。②在规定期限内不履行的，从期满之日起，对该行政机关按日处50元至100元的罚款。③向该行政机关的上一级行政机关或者监察、人事机关提出司法建议。接受司法建议的机关，根据有关规定进行处理，并将处理情况告知人民法院。④拒不履行判决、裁定，情节严重构成犯罪的，依法追究主管人员和直接责任人员的刑事责任。

需要注意的是，在行政诉讼执行中一般不发生执行和解的问题。因为在行政诉讼中不适用调解原则，而且作为当事人一方的行政机关无权处分自己的法定职权，所以，在行政执行中，双方当事人不能自行和解。这与民事执行的规定不同，在民事执行中，当事人自行和解时常发生，而且为法律所允许，是执行终结的一种形式。

二、仲裁执行制度

（一）国内仲裁裁决的执行

仲裁裁决的执行是人民法院根据当事人的申请，依照《民事诉讼法》规定的程序将仲裁裁决的内容付诸实现的行为。仲裁机构的裁决作出后，大多数当事人都能自动履行裁决，但实际生活中仍存在一方当事人拒绝履行仲裁裁决的情形，这时，另一方当事人就可以申请人民法院执行仲裁裁决，以维护自己的合法权益。

1. 申请执行仲裁裁决的条件。根据我国法律规定，申请执行仲裁裁决必须具备以下条件：①当事人应当以书面的方式提出申请。在执行申请书中写明申请执行的事项、理由、执行标的，并向人民法院提交有仲裁条款的合同书或仲裁协议书，以及作为执行根据的仲裁裁决书。②申请执行的裁决必须是依法设立的仲裁机构作出的，而且不具备我国《民事诉讼法》第213条第2款规定的情形。③申请执行的仲裁裁决应当是另一方当事人未申请撤销的仲裁裁决或未被裁定撤销的仲裁裁决。④当事人在法律规定的期限内提出执行仲裁裁决申请。即申请执行的双方或一方当事人是公民的，申请执行期限为1年；双方当事人是法人或其他组织的，申请执行的期限为6个月。

2. 仲裁裁决的执行程序。根据我国《仲裁法》和《民事诉讼法》的有关规定，执行仲裁裁决按下列程序进行：

（1）当事人向人民法院提出执行申请。当一方当事人不履行仲裁机构的裁决时，是否申请执行是另一方当事人的一项重要诉讼权利。如果当事人主张该项权利，则应当依法向人民法院提出执行申请。受申请的人民法院应当执行。

（2）人民法院审查当事人申请执行的仲裁裁决。人民法院根据当事人的申请执行仲裁裁决是法律赋予人民法院的一项职责。同时法律还赋予人民法院对仲裁裁决的监督权，即人民法院有权对仲裁裁决进行审查核实。经人民法院组成的合议庭审查核实，仲裁裁决具有《民事诉讼法》第213条第2款规定的下列情形之一的，人民法院应当裁定不予执行：①当事人在合同中没有订有仲裁条款或者事后没有达成书面仲裁协议的；②裁决的事项不属于仲裁协议的范围或者仲裁机构无权仲裁的；③仲裁庭的组成或者仲裁的程序违反法定程序的；④认定事实的主要证据不足的；⑤适用法律确有错误的；⑥仲裁员在仲裁该案时有贪污受贿，徇私舞弊，枉法裁决行为的。人民法院认定执行该裁决违背社会公共利益的，应当裁定不予执行。人民法院根据我国《仲裁法》第58条的规定裁定撤销仲裁裁决的，应当裁定终结执行。

（3）人民法院根据我国《民事诉讼法》的规定采取执行措施，执行仲裁裁决。需要注意的是，根据《最高人民法院关于适用〈中华人民共和国仲裁法〉若干问题的解释》（自2006年9月8日起施行）的规定，当事人申请执行仲裁裁决案件，由被执行人住所地或者被执行的财产所在地的中级人民法院管辖。

人民法院受理当事人撤销仲裁裁决的申请后，另一方当事人申请执行同一仲裁裁决的，受理执行申请的人民法院应当在受理后裁定中止执行。当事人向人民法院申请撤销仲裁裁决被驳回后，又在执行程序中以相同理由提出不予执行抗辩的，人民法院不予支持。

当事人在仲裁程序中未对仲裁协议的效力提出异议，在仲裁裁决作出后以仲裁协议无效为由主张撤销仲裁裁决或者提出不予执行抗辩的，人民法院不予支持。当事人在仲裁程序中对仲裁协议的效力提出异议，在仲裁裁决作出后又以此为由主张撤销仲裁裁决或者提出不予执行抗辩，经审查符合《仲裁法》第58条或者《民事诉讼法》第213、217、258条规定的，人民法院应予支持。

当事人请求不予执行仲裁调解书或者根据当事人之间的和解协议作出的仲裁裁决书的，人民法院不予支持。

中国司法制度

(二) 涉外仲裁裁决的执行

涉外仲裁，是指根据当事人的约定，涉外仲裁机构依法对当事人之间的争执居中决断的制度。经中华人民共和国涉外仲裁机构裁决的，仲裁裁决书一经制定即发生法律效力。当事人不得就同一事项向人民法院起诉，也不得向其他机构提出变更仲裁裁决的请求。

一方当事人拒不履行涉外仲裁裁决书的，对方当事人可以向被申请人住所地或者财产所在地的中级人民法院申请强制执行。申请人必须提出书面申请书，并附裁决书正本。如果申请人一方为外国当事人，其申请书必须用中文译本提出。

根据我国《民事诉讼法》第258条的规定，对中华人民共和国涉外仲裁机构作出的裁决，被申请人提出证据证明仲裁裁决有下列情形之一的，经人民法院组成合议庭审查核实，人民法院应当裁定不予执行：①当事人在合同中没有订有仲裁条款或者事后没有达成书面仲裁协议的；②被申请人没有得到指定仲裁员或者进行仲裁程序的通知，或者由于其他不属于被申请人负责的原因未能陈述意见的；③仲裁庭的组成或者仲裁的程序与仲裁规则不符的；④裁决的事项不属于仲裁协议的范围或者仲裁机构无权仲裁的。

人民法院认定执行该裁决违背社会公共利益的，应当裁定不予执行。

仲裁裁决被人民法院裁定不予执行的，当事人可以根据双方达成的书面仲裁协议重新申请仲裁，也可以向人民法院起诉。

(三) 对国外仲裁裁决的承认和执行

1. 我国承认和执行外国仲裁裁决的法律依据。主要有：①我国在加入1958年《纽约公约》时作的互惠保留和商事保留的声明，即我国只对在另一缔约国境内作出的，按照我国法律属于契约性或非契约性商事法律关系所引起的仲裁裁决予以承认和执行；②我国缔结或参加的其他国际条约；③我国《民事诉讼法》第267条关于承认与执行外国仲裁裁决的规定。

2. 对在1958年《纽约公约》成员国领土内作出的仲裁裁决的承认与执行。①仲裁裁决一方当事人向我国法院申请承认和执行外国仲裁裁决，应当提交申请执行书和经我国驻外使、领馆认证或我国公证机关公证的仲裁裁决书中文本。如果申请人一方为外国当事人，其申请书必须用中文本提出。②申请应当在我国《民事诉讼法》第215条规定的申请执行期限内提出。③申请应当向有管辖权的人民法院提出。被执行人为自然人的，向其户籍所在地或居住地中级人民法院申请；被执行人为法人的，向其主要办事机构所在地中级人民法院申请；被执行人在我国没有住所、居所或者主要办事机构，但有财产在我国境内的，向其财产所在地的中级人民法院申请。④我国有管辖权的人民法院接到外国仲裁裁决一方当事人的申请后，应当对申请承认和执行的外国仲裁裁决进行审查。经过审查，如果不具有1958年《纽约公约》规定的排除承认和执行的情况，应当裁定承认其效力，并按照我国《民事诉讼法》规定的程序执行。否则，应当裁定驳回申请，拒绝承认和执行。

3. 对于在非1958年《纽约公约》成员国作出的仲裁裁决需要在我国承认和执行的，应当按照我国《民事诉讼法》第267条规定的条件和程序办理。即国外仲裁机构的裁决，需要在我国人民法院承认和执行的，应当由当事人直接向被执行人住所地或者其财产所在地的中级人民法院提出执行申请，人民法院应当依照我国缔结或者参加的国际条约，或者按照互惠原则办理。

三、对外国法院裁判的承认和执行

（一）承认和执行外国法院裁判的途径

根据我国《民事诉讼法》第265条的规定，承认和执行外国法院裁判的途径有两条：①当事人直接向我国有管辖权的中级人民法院申请承认和执行；②由外国法院依照该国与我国缔结或者参加的国际条约的规定，或者按照互惠原则，请求人民法院承认和执行。

（二）对外国法院裁判承认和执行的条件

1. 外国法院的裁判必须是发生法律效力的，或者是确定的裁判。

2. 需要在我国承认和执行的，即需要在我国生效的，或既需要在我国领域内生效，又需要在我国执行的，如被申请执行人的财产在我国的。

如果外国法院请求我国人民法院承认和执行，还必须具有一个前提条件，即外国法院所在国与我国有条约关系，或者外国法院按照互惠原则提出请求。

（三）承认和执行外国法院裁判的原则

根据我国《民事诉讼法》第266条的规定，承认和执行外国法院的裁判必须符合我国法律规定的基本原则，并且不违反我国国家主权、安全和社会公共利益。

（四）承认和执行外国法院裁判的程序

不论是当事人直接向我国人民法院提出申请，还是外国法院向我国人民法院提出请求，都应当向我国人民法院提交已经发生法律效力的外国法院裁判的副本和中文译本,并提交申请书、请求书及其中文译本。如果提供的副本中没有明确指出裁判已经生效或者确定的,应当附有由外国法院出具的证明其已确定的正式文件。

经过审查,外国法院的裁判符合前述条件和原则的,我国人民法院应当作出裁定承认其效力,需要执行的,应当发出执行令,依照《民事诉讼法》规定的执行程序和措施予以执行。

第六节 执行制度的完善

一、我国现行执行制度概况

在我国,现行的执行制度主要有刑事执行制度、民事执行制度和行政执行制度。这三种执行制度的执行主体以及执行主体的职责分别是:刑事执行制度的执行主体包括人民法院、监狱和公安机关。人民法院负责死刑、罚金、没收财产、附带民事诉讼判决和裁定的执行;监狱负责死刑缓期2年执行、无期徒刑、有期徒刑判决和裁定的执行;公安机关负责管制、拘役、部分有期徒刑、剥夺政治权利判决和裁定的执行。民事执行制度的执行主体是人民法院,负责民事、经济案件判决和裁定、仲裁裁决和公证机关赋予强制执行效力的债权文书的执行。行政执行制度的执行主体包括人民法院和依法享有执行权的行政机关。人民法院负责行政判决、裁定,以及行政机关申请人民法院执行的行政决定的执行。行政机关对人民法院发生法律效力的行政判决、裁定以及行政机关的行政决定可以依法强制执行。

在执行工作中,我国执行机关(人民法院、监狱、公安机关等)的执行依据是三大诉讼法中关于执行程序的规定。最高人民法院有关执行问题的司法解释,也是执行机关进行执行工作时的重要依据。

从我国诉讼法律的规定和执行实践来看,我国现行的执行体制是一种由人民法院和行政机关共同行使国家执行权的体制。现行执行体制在维护国家法律的尊严和权威,保证国家法律的正确实施和维护当事人的合法权益等方面,发挥了十分重要的作用。但是,随着社会主义市场经济体制的建立和发展,现行执行体制存在的问题也逐渐显露出来。例如,在刑事执行制度中,执行工作由人民法院、监狱和公安机关共同行使,监狱作为刑罚执行机关的主体地位没有真正确立起来，不利于与侦查、检察、审判机关的分工协作、互相监督；在民事和行政执行制度中，执行工作缺乏有效的制约和监督机制，特别是民事执行中存在的地方保护主义和"执行难"问题严重影响了国家法律的权威性，使债权人的合法权益难以得到有效保护。

为了改善我国的执行环境，克服执行工作中存在的问题，杜绝执行中的腐败现象，我国现行执行制度有必要根据法治的基本要求进行完善。

二、我国刑事执行制度的完善

刑事执行对于惩罚犯罪，实现刑法的任务具有十分重要的作用。对我国现行刑事执行制度的完善可以考虑从以下几个方面进行：

1. 健全执行法律体系，制定《刑事执行法》。在刑事司法领域，刑事执行即对国家审判机关的发生法律效力的刑事判决、裁定的执行活动应当由一部统一的法律进行规范和调整。目前，我国刑事执行法律主要由《刑法》、《刑事诉讼法》关于执行部分的规定、《监狱法》以及有关的司法解释、行政法规等组成。我国《监狱法》虽然具有基本的刑事执行法的地位与作用，但它不是整体的刑事执行法或行刑法，无法取得与刑法、刑事诉讼法相平行、衔接、统一的基本刑事部门法的地位。由此可见，有必要制定一部《刑事执行法》，完善刑事执行法律制度。

2. 统一刑罚执行机关。结合我国刑罚执行的实际状况，可以考虑对管制、拘役、宣告缓刑、裁定假释、决定保外就医、暂予监外执行的罪犯，由司法行政部门负责执行、监督考察。这样可以树立我国刑罚执行的权威性，保证我国刑罚执行的严肃、统一和效益。对刑罚执行机关的改革方案可以作以下设计：在保留现行监狱体制不变的条件下，在全国的司法行政系统内部设立相应的刑事执行司（局）、处、科等，分别接收现在分散于侦查机关或审判机关的相应执行活动。必要时，刑罚执行机关可以请求公安机关和基层组织协助执行。

3. 完善刑事执行制度的内容。尽管我国刑事执行法律体系对于执行内容的规定比较丰富，但是，由于许多法条过于简约，导致一些刑事执行活动没有明确的法律依据，缺乏可操作性。例如，对管制、拘役、未成年犯的执行以及死刑的执行方式，我国刑事执行法律规定的内容太少，执行起来随意性大，不利于保证我国刑法的正确实施。因此，对我国刑事执行制度的内容应当进一步加以完善。

4. 完善刑满释放人员的社会保护。具体措施包括：①建立专门的刑满释放人员社会保护的协调机构。由专门机构协调社会保护方方面面的工作，使刑满释放人员有归宿感，同时还可以对刑满释放人员的生存、活动状况统一掌握，及时发现与解决问题。②明确社会在对刑满释放人员社会保护上的责任。它包括国家机关、社会团体、家庭、学校、工作单位、基层组织等各个方面对刑满释放人员保护的责任。社会各界各司其职，分工协作，各方面都有具体的工作内容和程序。例如公安机关应当做好刑满释放人员的落户安置工作；劳动部门应当积极推动刑满释放人员再就业，做好对他们的社会保障工作；新闻媒体不得对遵纪守法的刑满释放人员有歧视性宣传报道；学校不得拒绝符合条件的刑满释放人员就学等。③规定国家对刑满释放人员社会保护的原则。这些原则应当包括不得歧视刑满释放人员，给刑满释放人员和其他公民同等的就业、就学机会，并给确有困难的刑满释放人员以帮助和救济，对有突出贡献的刑满释放人员给予表彰或奖励等。

5. 建立健全刑事执行的制约和监督机制，防止滥用刑事执行权，杜绝刑事执行中的腐败现象。

三、我国民事执行制度的完善

民事执行制度在我国执行法律制度中占有十分重要的地位，它承担着将人民法院已经发生法律效力的民事判决、裁定以及其他各种发生法律效力的法律文书付诸实施，维护债权人合法权益的重要任务。对我国现行民事执行制度可以考虑从以下几个方面进行完善：

1. 制定《民事强制执行法》。在民事执行立法方面，我国采取的立法体例是将民事执行程序作为单独一编规定在《民事诉讼法》中。我国不宜采取这种立法体例。因为民事强制执行程序与民事审判程序的性质不同，两者在具体原则、制度以及程序等方面必然存在差异。我国民事执行制度的内容不仅包括对人民法院发生法律效力的民事判决、裁定的执行，还包括对仲裁裁决的执行、对公证机关赋予强制执行效力的债权文书的执行等。从建立符合我国国情的社会主义法律体系出发，我国有必要将执行程序从民事诉讼法中分离出来，制定单独的《民事强制执行法》，更好地发挥民事执行制度的作用。

2. 完善民事执行救济制度。民事执行救济制度，是指当事人或案外人在其合法权益遭受执行机构民事执行行为的侵害时依法请求有关机关采取纠正、保护和补救措施的法律制度。它是合法权益遭受民事执行行为侵害的当事人或案外人应该享有的一种寻求法律救济的权利。目前，我国民事

第四章 执行制度

执行救济制度主要是由民事诉讼法、最高人民法院通过的《关于适用〈中华人民共和国民事诉讼法〉若干问题的意见》、《关于人民法院执行工作若干问题的规定（试行）》和《国家赔偿法》规定的，包括执行异议、执行回转、执行到期债权时第三人的异议和司法赔偿。我国现行的四种执行救济制度，在纠正违法或不当执行行为、维护当事人和案外人的合法权益方面发挥了一定的作用。这四种救济制度中，执行到期债权时第三人的异议制度，属于程序的救济。司法赔偿救济是以国家赔偿法的内容实施救济。而执行异议、执行回转两种救济方法均应属实体上的救济，而民诉法却规定了以程序救济方法来实施，从而导致适用上的困难，限制了救济效果的发挥。

为确保执行当事人和利害关系人合法权益得以维护与实现，应着重从程序和实体两个方面完善执行救济制度。关于程序上的执行救济制度主要应包括：①执行当事人异议制度。在人民法院强制执行过程中，执行当事人认为执行行为不合法、不适当，严重损害其合法权益时，有权请求执行机关变更或撤销已为的执行行为。②执行裁定上诉制度。当事人如果对执行裁定不服，应当允许其依法提出上诉。允许当事人上诉的执行裁定应当包括以下情形：当事人提出强制执行申请而法院不予受理的；终结执行或撤销执行的；执行法院不应受理执行申请而受理的；对非执行依据所指明的被执行人或财产进行强制执行的；其他应当提起上诉的情形。执行裁定不能上诉的做法既不利于执行当事人或利害关系人合法权益的保护，又不利于上级法院对下级法院执行工作的指导监督。

关于实体上的执行救济，主要包括债务人异议之诉和案外人异议之诉两种制度。所谓债务人异议之诉，是指债务人以排除执行根据的执行力为目的即债务人对于执行根据所确定的私权，主张有足以排除强制执行的理由，并在执行程序结束前，请求不予执行并撤销已执行部分的诉讼。该制度主要基于在强制执行时，当事人之间的实际法律状态已经发生变化，执行依据所表现的权利外观与真正的权利不相符合，为重新调整当事人之间的真正权利义务关系，并排除债权的不当执行，而允许债务人提出异议之诉以资救济。所谓案外人异议之诉，是指法院在对生效民事判决强制执行过程中，案外人对执行标的提出异议或主张权利，而向法院提出请求不准强制执行的诉讼。赋予对执行标的提出异议的人参加诉讼的权利，是大多数国家和地区的普遍做法。我国在制定相关法律时，可借鉴各国及地区执行立法的成果，设立执行异议之诉，赋予案外人对执行标的有异议时提出参加诉讼的权利,以有效保障案外人之合法权利。

3. 建立和健全民事执行工作的制约和监督机制。人民法院是凭借国家赋予的执行权开展执行工作的,而执行权是介于司法权和行政权之间的一种准司法权,且在执行中可对某些实体和程序事项作出裁定,其权力是相当广泛的,它是国家法律实施的一种重要形式。凡是权力就必须予以有效监督,否则就会发生权力滥用。对民事执行工作的制约和监督,除了实行以权力制约权力即审判权与执行权互相制约和监督之外,还应当加强国家法律监督机关对执行权的制约和监督,应当建立一系列民事执行工作制度,如定期向主管部门和司法文书的制作单位(人民法院或仲裁机构等)汇报有关民事执行工作情况的报告制度;定期或不定期由权力机关或政府主管部门对执行局的执行工作进行检查的制度。

思考题

1. 什么是执行?如何理解执行制度的本质?
2. 执行制度的原则有哪些?
3. 如何理解刑罚执行?
4. 什么是民事执行?民事执行制度的基本内容有哪些?
5. 民事执行措施有哪些?
6. 行政诉讼执行的条件是什么?
7. 如何理解仲裁裁决的执行制度?

下篇　中国司法相关制度

第五章　律师制度

> **学习目的和要求**
>
> 通过学习，全面掌握中国律师制度的基本情况，掌握律师制度的性质、律师执业条件、律师的权利和义务以及律师执业责任；熟悉了解律师事务所的运行机制和基本律师业务的运行规程，尤其是要重点掌握律师业务工作的实践技能，充分认识和思考中国律师制度的未来发展方向。

第一节　律师制度的性质与社会功能

一、律师与律师制度的概念和特征

（一）律师的概念和特征

关于"律师"的概念，《中华人民共和国律师法》（以下简称《律师法》）第2条第1款做出了明确而科学的规定，即"本法所称律师，是指依法取得律师执业证书接受委托或者指定，为当事人提供法律服务的执业人员"。这一规定准确地概括了律师的两个基本特征：

1. 律师是为社会提供法律服务的执业人员。律师的职业性质是以律师的法律专业知识为社会提供法律服务，律师则是为社会提供法律服务的执业人员。《律师法》针对律师身份的这一定性，使律师与国家公职人员区别开来。律师职业的服务性，说明律师的职能是向社会提供服务，是通过律师的劳动与社会成员进行交换，律师并不具有任何国家事务和社会事务管理职能；律师向社会提供的法律服务一般情况下是有偿的，而不是无偿的（法律援助除外），这与国家工作人员行使管理职能的无偿性有原则区别；律师从事法律服务活动，来源于当事人的授权或者人民法院的指定，这也与国家工作人员具有法定职权有原则区别。因此，律师业不具有任何国家机关的性质，律师也不是行使国家管理职权的公职人员，律师的活动不带有执行公务的性质。律师职业是一种独立性和自主性很强的、以法律事务为内容的社会服务业。在1980年颁布的《中华人民共和国律师暂行条例》中曾经规定，"律师是国家的法律工作者"，这一规定就赋予了律师国家工作人员的身份，是不符合律师身份的本质特征的。因此，《律师法》对此做出了修改，使律师的法定概念具有科学性。

2. 律师是依法取得律师执业证书的执业人员。这一规定，使律师与一般的法律服务人员区别开来。在法治社会，具有法律知识的人不仅仅是律师，能够为社会提供法律服务的人员也不仅仅是律师，但是只有依法取得律师执业证书的执业人员才能被称为律师。由于律师执业必须具有相应的法律知识水平，因此，律师执业应当具备一定的资格条件。世界各国的法律均规定，只有符合该国法定的律师任职条件，经过法定程序考核合格并授予律师资格的人，才有资格申请律师执业证书。律师在取得律师资格之后，还必须取得律师执业证书才能真正成为律师。律师执业证书是国家主管机关颁发的律师执业的合法凭证。国家主管机关通过对律师执业证书的颁发、吊销等管理行为，严格掌握进入律师队伍的条件，以保证律师队伍的良好业务素质和职业道德，保证律师队伍的整体水平。

（二）律师制度的概念和特征

律师制度是指国家法律规定的有关律师的性质、任务、组织和活动原则，以及律师如何向社会提供法律服务的法律规范的总称。律师制度的性质是由国家的政治制度决定的，不同政治制度国家的律师制度具有不同的性质。与近代民主政治制度相联系的律师制度，是国家民主政治制度的一个重要组成部分。

作为国家法律制度的律师制度，与其他法律制度相比较，具有以下基本特征：

1. 律师制度以国家法律的确认为存在的前提。律师是为当事人提供法律服务的，但是，律师向社会提供的服务不同于一般的社会劳务服务。律师的服务必然涉及国家的法律实施和国家的司法活动。因此，律师的社会服务活动必然要纳入国家法律的严格规定之中。一个特定社会是否需要和允许律师存在，是否允许律师提供法律服务，以及律师如何提供法律服务，直接关系到统治阶级的利益和统治秩序的稳定，律师的产生及其活动原则必须由国家法律加以规定和确认。如果没有法律的确认，律师就不可能产生，律师提供的法律服务就没有合法的地位，也就没有律师制度的产生和存在。

2. 律师制度以维护当事人合法权利为根本活动宗旨。在法治社会，维护权利是法律调整社会关系的关键和纽带。如果说国家立法活动的核心是实现权利在社会成员中的配置的话，那么，国家执法和司法活动的根本目的就在于保证法律权利的实现和救济。律师活动从本质上讲是接受当事人委托而产生的一种职业活动，律师活动的根本目的就是最大限度地实现和保护当事人的合法权利。当然，在这里需要强调的是，律师制度的根本宗旨是保护当事人的合法权利，而不是依附于当事人的主观意志，纯粹做当事人的代言人。对于当事人的不正当要求和利益，法律不予保护，律师也没有义务去维护。

3. 律师制度以提供法律服务为核心内容。律师制度与审判制度、检察制度一样，都是为维护统治阶级利益服务的，但是他们各自的任务和工作方式又有很大区别。检察官和法官代表国家行使检察权和审判权，他们代表国家机关，而律师不代表国家机关，也不行使任何国家权力。律师只是接受当事人的委托，用自己掌握的知识为当事人提供法律服务。有偿法律服务属性是律师业的本质属性。律师的本质属性不是政治属性，而是律师业的有偿法律服务属性。律师向社会提供法律服务具有两个基本特征：身份上的特征是指律师是依法取得律师执业证书的专业人员；业务本质上的特征是指律师向社会提供的法律服务是有偿的，而不是无偿的（特殊条件下的法律援助当为例外）。

4. 律师制度具有促进民主与法制建设的政治属性。虽然律师制度的起源我们可以追溯到古罗马时期，但是，严格意义上的律师制度产生于近代资产阶级革命时期。这种律师制度是资产阶级在17、18世纪同封建等级制度、宗教特权和司法专横的斗争中作为资产阶级民主政治制度的一个组成部分而产生的，它是资产阶级革命和资产阶级民主制度的产物，并伴随着资产阶级革命的胜利而发展起来。实践证明，在发达的资本主义国家，完善的律师制度对于促进民主政治制度和促进法制建设起着巨大的推动作用。我们已经选择了依法治国的道路，要建立社会主义民主政治制度和法治社会，必须完善我们的律师制度，充分发挥律师制度促进民主和法制建设的政治属性。

二、律师制度的社会功能

律师制度的社会功能，是指特定社会的律师制度在社会生活中所发挥的作用。律师制度从产生至今，不断发展，其社会作用越来越大，越来越成为法治社会人们须臾不可离开的法律制度。虽然在不同社会，律师制度发挥作用的程度不同，效果不同，但是，现代社会的律师制度主要发挥着以下功能：

（一）诉讼功能：律师制度是诉讼当事人合法权利的重要保障

诉讼功能是律师制度最原始、最基本的功能。最初产生的律师制度就是适应司法活动的需要，为了帮助诉讼当事人进行诉讼活动，实现诉讼当事人的权利而产生的。虽然在现代社会，随着律师业务范围的广泛拓展，诉讼业务早已不再是律师业务的主体，但是，在法治社会中，社会成员的法律权利实现的最基本的途径和最有力的保障仍然是司法诉讼制度。这是因为司法程序越来越复杂，法律越来越繁杂，社会成员参与司法活动越来越离不开律师的法律帮助。通过律师参与司法活动，提高了法律实施的水平，完善了诉讼程序，为保障社会成员的法律权利发挥了极为重要的作用。在律师制度比较完善的国家，当事人一旦权利受到侵害，或者陷于某种纠纷之中，他们立即会想到求助于律师，请求律师通过司法途径来保护自己的合法权益。在目前我国公民法律素质普遍偏低的情况下，律师制度的诉讼功能尤其值得重视。

（二）政治功能：律师制度是民主与法制的重要保障

近现代律师制度的存在以民主政治的发展和法制的完善为基础，同时，律师制度又以其自身的功能促进民主和法制的建设。律师作为向社会提供法律服务的专业人员，他们不像司法人员那样代表国家机关行使职权。律师是接受当事人的委托依法执行律师业务的。律师的基本任务就是维护当事人的合法权益。这一特点决定了律师在业务活动中必须忠实于当事人的合法权益。律师必须敢于为当事人的合法权益仗义执言。在法律职业群体中，律师是民主意识最为强烈的一个群体。律师完全可以通过自己的法律执业活动，向社会提供多方面的法律服务，从而使当事人的合法权益得到保护，使违法犯罪行为得到应有的惩处，使民主得到发扬，使法制得到维护。正因为律师具有这样的功能，所以无论资本主义国家还是社会主义国家，只要坚持民主与法制，就必须要重视自己的律师队伍建设，完善自己的律师队伍，以充分发挥律师的政治功能。

（三）经济功能：律师制度是市场经济的重要保障

传统的律师学在重视律师制度的诉讼功能和政治功能的时候，忽视了律师制度的经济功能。事实上，在当今西方发达国家，律师制度的经济功能已经成为律师制度的主要功能。律师在经济领域中发挥的作用，已经远远超过在其他任何一个领域中的作用。特别是在我国进入市场经济时代后，必须充分认识和重视律师制度的经济功能。律师业的经济功能包含两层含义：

1. 从律师业内部来看，律师业属于知识经济的组成部分。作为中介服务业，律师业本身就具有高效经济功能。在中国，从业律师普遍具有良好的文化素质和专业知识水平。律师业的资本投入主要是律师的知识资本的投入。而且，在中国目前的法律服务市场上，律师只有19万多人，平均近每7000人口中才有一个律师。因此，律师在中国还属于较为稀缺的人力资源。在中国实施依法治国和市场经济以及对外开放的时代背景下，急剧扩大的法律服务市场与稀缺的律师人力资源形成了矛盾。这就导致律师业平均利润水平自然高于其他一般行业，从而使律师业完全可以成为一个低投入高产出的高效产业。

2. 从律师业在整个国民经济发展中的经济功能看，随着市场经济的建立和律师业的发展，律师业越来越深入地渗透到国民经济的各个环节。通过律师的法律服务，能够促使国民经济各个环节遵循法律规则，实现良性循环，减少生产、流通、交换、消费等环节的经济成本，促进市场经济的培育和良性发展，最终促进生产力的发展。这是律师业经济功能的重要体现。从中国律师业恢复发展的30多年的实践来看，中国律师业积极投入到经济体制改革和民事、经济交往的各个环节。从企业承包租赁到企业的股份化、公司化改制；从企业联合、破产与兼并到公司股票发行与上市；从企业合同管理到企业经济纠纷的预防、调解、仲裁与诉讼；从企业产权关系的理顺到国有资产产权界定；从国家大型投资项目的法律论证与跟踪服务到一般工程建设的招标投标等。中国律师业在市场经济的培育和发展过程中，已经起到了不可或缺的法律保障作用。通过律师深入渗透到国民经济宏观与微观的各个方面和各个环节，提高了经济交往的质量，改善了法制环境，减少了交易摩擦，增加了交易成功的几率，提高了市场经济主体适应市场经济的能力，为中国市场经济的快速启动和发展提供了有力的支持。

（四）文化功能：促进公民法律素质的提高和法律意识的增强

律师的职业特点决定了律师更具有民间法律使者的身份色彩。在法律执业群体中，律师是接触平民百姓最多的群体，也是社会成员最为信任的法律执业群体。律师在为当事人提供法律服务的过程中，直接与当事人面对面地接触，可以对当事人进行言传身教，在宣传法律知识和提高公民的法律意识方面，发挥着其他部门和组织无法比拟的作用。因此，发达的律师制度对于提高国民的法律素质和法律意识将起到十分重要的作用。

第二节 律师制度的沿革

一、律师制度的历史发展

律师制度作为特定社会的法律现象，并不是与国家和法律同时出现的，它是在国家和法律出现以后，经历了相当长的历史时期，为适应社会需要逐步完善和发展起来的。从西方国家的律师制度的发展历史看，律师制度的起源和发展基本上经历了三个发展时期：

（一）律师制度的起源

律师制度起源于古罗马。公元前5世纪，古罗马曾在《十二铜表法》中规定了有关辩护人在法庭上辩论的内容。当时在法庭上出现的辩护士就是类似于现代的"代理"和"辩护"律师的雏形。到公元1世纪，即罗马共和国后期，律师制度正式确立了。这时，不仅采用了"律师"的名称，而且形成了律师职业阶层。此时，能够担任代理和辩护的律师的范围已经有所扩大，根据罗马法的规定，凡是权利和能力没有受到限制的罗马公民，都有出席法庭为诉讼当事人的利益作辩护的资格。罗马法还明文规定：请求律师给予必要的法律帮助，是每个公民正当的权益。这就是早期的律师制度。

（二）近代资本主义律师制度

近代律师制度是资产阶级革命的产物，是资产阶级在反对封建专制和封建司法制度的基础上创建的。当时资产阶级的一些启蒙思想家，如英国的李尔本、洛克和法国的伏尔泰、孟德斯鸠、卢梭、狄德罗等，对封建社会专横的诉讼制度进行了猛烈的抨击，提出了罪刑相适应、无罪推定等司法原则，主张用辩论式诉讼代替纠问式诉讼，主张当事人有权为自己辩护，有权请律师或其他人为自己辩护。由于这些主张适应了资本主义经济、政治和社会发展的需要，因此，在资产阶级夺取政权后，各国立法机关普遍接受了上述主张并在立法中确认了这些原则和制度。1679年英国颁布了《人身保护法》，明文规定诉讼中实行辩论原则，被告人有权获得辩护。1791年《美国宪法》修正案第6条规定，被告人在一切刑事诉讼中"享有受法庭律师为其辩护协助的权利"。美国各州的立法也对律师的资格、职责、组织机构作了相应的规定。与此同时，《法国宪法》也确立了自己的律师制度，1806年的《法国民事诉讼法典》和1808年的《法国刑事诉讼法典》则将律师制度更加系统化、具体化。继英美法之后，世界各资本主义国家相继建立了自己的律师制度。

（三）现代资本主义社会律师制度的发展

近代资本主义律师制度还主要是依附于诉讼制度中的律师代理和辩护制度，律师的业务范围还局限在司法领域，律师队伍的人数也十分有限，这一时期的律师制度还没有渗透到社会生活的各个领域。但是，到了20世纪中期以后，随着资本主义社会政治、经济的发展，尤其是社会法制化程度的提高，现代资本主义国家律师制度获得了广泛的发展。这种发展变化主要表现在以下几个方面：

1. 律师的法律服务市场迅速扩大，律师的业务范围空前广泛，律师业务领域已经突破了传统的诉讼业务领域。在资本主义律师制度建立初期，律师的业务主要是为当事人代理民事诉讼和为刑事被告人担任辩护人参加诉讼活动。有些国家曾经将律师的业务局限于法庭活动。但是，现代各国均扩大了律师的业务范围，并且随着经济的发展，非诉讼法律事务在整个律师业务活动中所占的比重越来越大。那种认为找律师就是为了打官司的观念早已过时。在市场经济条件下，律师的主要功能是积极参与市场经济的各个环节，参与市场经济的法律指导和调整活动，避免经济纠纷和诉讼活动的发生，从而减少交易成本。在当今西方发达国家，律师在非诉讼领域的业务量占律师总业务量的80%以上，律师的业务活动范围已经延伸到社会生活的各个角落和领域。[1]

2. 律师队伍的数量迅速增长。随着律师业务范围和社会对律师法律服务需求的扩大，律师的人数增长非常迅速。尤其是20世纪80年代以后，各国律师人数增长速度加快，律师数量的增长率远远超过了以前任何一个

---

[1] 章武生：《中国律师制度研究》，中国法制出版社1999年版，第19页。

时期。例如，美国1970年取得律师资格的人数是27.4万人，1990年就猛增到77.7万人，2000年美国的执业律师人数已经达到100万人以上。其他发达国家的律师数量在这段时间也有较大增长。律师队伍的迅速扩大，为扩大律师的社会影响力，为律师制度的发展奠定了基础。

3. 律师业务的分工日趋专业化。在现代西方发达国家，随着律师业务范围的日趋广泛，法律服务市场越来越复杂，法律服务市场除了需要法律知识外，还相应需要各项其他专业知识。因此，这就导致法律服务的分类越来越细化。分工日趋细化是社会发展的必然趋势。在这种情况下，任何一个律师，不管其业务能力有多强，精力有多么充沛，也很难精通各项律师业务。法律服务市场的多样化和复杂化的要求，必然迫使律师业走专业化的道路。所谓律师业的专业化分工，就是根据律师业务的划分情况，不同的律师深入掌握某项专门的法律知识和从事这类法律事务的技能，从而实现按照专业分工来合理配置律师人力资源。在律师业务逐步专业化的同时，逐步建立一批专业化的律师事务所，实现律师事务所的专业化分工。那种"万金油"式的律师在发达国家是很难立足的。

4. 律师事务所向着规模化和经营化方向发展。律师事务所的规模化是适应现代社会化大生产，而对律师业提出的必然要求。在资本主义社会发展的初期，适应小规模生产的自由资本主义时期的生产形态需要，绝大部分律师都是个人开业，19世纪50年代以后，合伙律师事务所开始增多，大部分合伙律师事务所只有2~5名律师。到了20世纪后期，随着社会化大生产规模的日益扩大，社会对律师事务所的整体服务要求越来越高。为适应这一形势，世界上主要资本主义国家律师事务所开始向大型化、规模化方向发展。美国、英国在这方面走在前面，目前这两个国家都有几所律师人数突破千人的大型律师事务所。这些大型律师事务所在世界各地设立有分支机构，主要承办金融、商事等方面的非诉讼律师业务。律师事务所向大型化、规模化方向发展，是发达国家经济发展的客观要求。由于律师业务竞争地域的国际化、竞争业务的多样化、竞争手段的现代化，使得大型律师事务所展现出竞争的优势。面对来自英、美国家的竞争和挑战，欧洲国家也都纷纷采取改革措施，扩大律师事务所的规模，不少欧洲大陆国家已经出现了许多执业人数超过百人的律师事务所。西方国家的律师事务所在规模化的基础上，已经开始了以赢利为目的的经营化运作。律师事务所的经营化是指在律师事务所的管理中要引入现代企业管理机制。律师事务所在本质上属于为社会提供法律服务的市场中介组织，律师事务所的本质属性与一般的公司、企业并无不同，现代企业管理制度中的经营机制，包括效益机制、运筹机制、成本核算、市场营销、资本经营、形象策划、利润管理、创新机制等一系列的企业经营观念和经营机制，都纳入律师事务所的经营管理之中。

二、新中国律师制度的建立和发展

新中国的律师制度是在继承和发展革命根据地时期的辩护制度和代理制度的基础上，逐步建立和发展起来的。在中华人民共和国建立初期，新中国在废除旧律师制度的同时，即着手建立人民律师制度。1954~1957年，全国19个省、自治区、直辖市先后成立了律师协会和筹备机构，法律顾问处发展到800多个，专职律师发展到2 500多人，兼职律师发展到300多人。自1957年反右斗争开始，刚刚诞生的新中国律师制度遭到了严重破坏，律师制度被视为资产阶级的司法制度予以废止，到1979年为止，在新中国的历史上造成了长达20多年的律师制度空白时期。

1978年党的十一届三中全会之后，随着社会主义民主与法制建设的发展，律师制度也得到了恢复和重建。1980年8月，第五届全国人大常委会第十五次会议讨论通过了《中华人民共和国律师暂行条例》，律师制度从此得以恢复。1992年党的十四大提出建立社会主义市场经济体制的目标后，为了适应市场经济的要求，国家进一步加快了律师改革和发展的步伐。1996年《中华人民共和国律师法》的颁布，是我国律师制度发展史上的里程碑，标志着我国律师制度进入法制化的发展轨道。从此以后，我国律师业获得了迅速的发展。截止到2005年年底，全国律师工作人员人数已经达到153 846人，其中专职律师达到114 171人，兼职律师达到7 418人。各类律师事务所12 988多个。[1] 律师在社会主义民主与法制建设、市场经济建设和社会生活的各个领域发挥的作用越来越大。2001年12月，第九届全国人民代表大会常务委员会第二十五次会议审议通过了对《中华人民共和国律师法》的修改，并于2002年1月1日起施行，这次修改进一步提高了取得律师资格的条件，有利于律师整体素质的提高。2007年10月28日，第十届全国人民代表大会常务委员会第三十次会议又通过了对《律师法》的再次修订，并于2008年6月1日起施行。

---

[1]《中国法律年鉴》，中国法律年鉴社2006年版，第1001页。

第三节 律师执业条件及其权利和义务

一、律师执业许可

1. 申请律师执业的条件。申请律师执业，应当具备下列条件：①拥护中华人民共和国宪法；②通过国家统一司法考试；③在律师事务所实习满1年；④品行良好。实行国家统一司法考试前取得的律师资格凭证，在申请律师执业时，与国家统一司法考试合格证书具有同等效力。

2. 申请律师执业的程序。申请律师执业，应当向设区的市级或者直辖市的区人民政府司法行政部门提出申请，并提交下列材料：①国家统一司法考试合格证书；②律师协会出具的申请人实习考核合格的材料；③申请人的身份证明；④律师事务所出具的同意接收申请人的证明。申请兼职律师执业的，还应当提交所在单位同意申请人兼职从事律师职业的证明。

受理申请的部门应当自受理之日起20日内予以审查，并将审查意见和全部申请材料报送省、自治区、直辖市人民政府司法行政部门。省、自治区、直辖市人民政府司法行政部门应当自收到报送材料之日起10日内予以审核，作出是否准予执业的决定。准予执业的，向申请人颁发律师执业证书；不准予执业的，向申请人书面说明理由。

3. 不予颁发律师执业证书的情形。申请人有下列情形之一的，不予颁发律师执业证书：①无民事行为能力或者限制民事行为能力的；②受过刑事处罚的，但过失犯罪的除外；③被开除公职或者被吊销律师执业证书的。

4. 律师特许执业制度。律师特许执业制度，是统一司法考试之外律师行业准入的一种制度。具有高等院校本科以上学历，在法律服务人员紧缺领域从事专业工作满15年，具有高级职称或者同等专业水平并具有相应的专业法律知识的人员，申请专职律师执业的，经国务院司法行政部门考核合格，准予执业。具体办法由国务院规定。

5. 注销律师执业证书。有下列情形之一的，由省、自治区、直辖市人民政府司法行政部门撤销准予执业的决定，并注销被准予执业人员的律师执业证书：①申请人以欺诈、贿赂等不正当手段取得律师执业证书的；②对不符合本法规定条件的申请人准予执业的。

6. 执业限制。公务员不得兼任执业律师。律师担任各级人民代表大会常务委员会组成人员的,任职期间不得从事诉讼代理或者辩护业务。

7. 兼职律师。兼职律师,是指取得律师执业证书,不脱离本职工作兼职从事律师执业的人员。高等院校、科研机构中从事法学教育、研究工作的人员,符合《律师法》第5条规定条件的,经所在单位同意,依照相关程序,可以申请兼职律师执业。

二、执业律师的权利和义务

律师的权利与义务是指律师在执行律师职务过程中依法所享有的权利和承担的义务。我国律师在执行律师职务过程中的权利和义务主要规定在《律师法》、《刑事诉讼法》、《民事诉讼法》、《行政诉讼法》以及司法部颁布的有关律师管理的行政规章之中。根据上述有关法律和法规的规定,律师的权利和义务的内容是非常广泛的。

(一)律师的权利

1. 律师依法执业受法律保护权。《律师法》第3条第4款规定:"律师依法执业受法律保护,任何组织和个人不得侵害律师的合法权益。"根据这项规定,律师依法执业有受法律保护的权利。这既是律师法规定的一项基本权利,也是一项基本原则。这项规定的基本含义是:律师依法执业的行为是合法行为,合法行为不受非法侵害;国家法律保护律师依法执业,任何单位和个人不得非法干涉;律师依法执业的行为受到非法侵害和干涉,律师有权请求司法机关和国家行政机关等予以保护,制止不法侵害、干涉,直至追究法律责任;律师依法执业的各个环节上享有的权利,应当受到保护,不得非法阻碍、干扰、剥夺、侵犯。

2. 律师执业不受地域限制的自由权。《律师法》第10条第2款规定:"律师执业不受地域限制。"这实际上是从地域范围来表述律师享有在中华人民共和国内的任何地域执业的权利。这项规定有利于打破律师行业的地域封锁,促进律师业的竞争和发展,也更有利于保护当事人的合法权益。

3. 律师执业取得合法报酬的权利。有偿法律服务属性是律师业的本质属性。任何人都可以向需要法律服务的人提供法律服务。但是,律师向社会提供法律服务具有两个基本特征:身份上的特征,是指律师是依法取得律师执业证书的专业人员;业务本质上的特征,是指律师向社会提供的法律服务是有偿的,而不是无偿的(特殊条件下的法律援助当为例外)。律师向社会提供法律服务的有偿性特征决定了律师业的营利性。《律师法》第13条规定:"没有取得律师执业证书的人员,不得以律师名义从事法律服务业务;除法律另有规定外,不得从事诉讼代理或者辩护业务。"这项规定的本意就是只有律师才有依法通过从事律师业务的方式获得经济利益的权利。这里的经济利益就是律师收费。《律师法》第23、25、59条都规定了律师从事业务可以收取律师费。

4. 律师拒绝辩护或者代理权。律师在特定条件下，拥有拒绝担任犯罪嫌疑人、被告人的辩护人或者诉讼案件以及其他法律事务的代理人的权利。《律师法》第32条第2款规定："律师接受委托后，无正当理由的，不得拒绝辩护或者代理。但是，委托事项违法、委托人利用律师提供的服务从事违法活动或者委托人故意隐瞒与案件有关的重要事实的，律师有权拒绝辩护或者代理。"这项规定体现了律师的独立性，也是对律师执业活动的有力保障。因为律师执业是依法执业，并不是完全根据当事人的意志行事。《律师法》第3条第1、2款规定："律师执业必须遵守宪法和法律，恪守律师职业道德和执业纪律。律师执业必须以事实为根据，以法律为准绳。"因此，《律师法》规定在特殊条件下律师有权拒绝辩护或者代理，就是为了保证律师忠实于事实和法律。

5. 律师的诉讼权利。诉讼业务是律师的主要业务，因此，律师的诉讼权利也是律师在执业过程中的主要权利。律师的诉讼权利是指律师在参加诉讼活动过程中，依照诉讼法律的规定所享有的权利，是履行其职责，维护当事人合法权利的必要条件。律师诉讼权利的享有及其在诉讼实践中实现的程度如何，直接影响到当事人合法权益维护和救济的程度，并且与司法是否公正关系密切。我国《律师法》第34条规定："受委托的律师自案件审查起诉之日起，有权查阅、摘抄和复制与案件有关的诉讼文书及案卷材料。受委托的律师自案件被人民法院受理之日起，有权查阅、摘抄和复制与案件有关的所有材料。"

6. 律师的调查取证权。律师的调查取证权，是指律师在执行律师业务活动过程中所享有的调查、了解有关情况和收集获取有关证据的权利。《律师法》第35条规定："受委托的律师根据案情的需要，可以申请人民检察院、人民法院收集、调取证据或者申请人民法院通知证人出庭作证。律师自行调查取证的，凭律师执业证书和律师事务所证明，可以向有关单位或者个人调查与承办法律事务有关的情况。"我国的几部诉讼法律也都规定了律师的调查取证权。《民事诉讼法》第61条规定："代理诉讼的律师和其他诉讼代理人有权调查收集证据，可以查阅本案有关材料……"《行政诉讼法》第30条第1款规定："代理诉讼的律师，可以依照规定查阅本案有关材料，可以向有关组织和公民调查，收集证据……"《刑事诉讼法》41条规定:"辩护律师经证人或者其他有关单位和个人同意,可以向他们收集与本案有关的材料,也可以申请人民检察院、人民法院收集、调取证据,或者申请人民法院通知证人出庭作证。辩护律师经人民检察院或者人民法院许可,并且经被害人或者其近亲属、被害人提供的证人同意,可以向他们收集与本案有关的材料。"这些都是对律师调查取证权的法律规定。调查取证权是律师的一项基本权利,是律师贯彻"以事实为依据,以法律为准绳"的司法原则必须具备的基本权利。因为只有赋予并切实保障律师的调查取证权,才能够保障律师确认案件基本事实,才有可能正确适用法律。否则,如果律师的调查取证权得不到有效保护的话,律师就不可能实现维护当事人合法权益的基本职责。

7. 律师在执业活动中的人身权利不受侵犯。律师在执业活动中不可避免地要介入到各种利益之中,而且律师又不属于国家公职人员,缺乏必要的人身安全上的保障,因此,律师在执业活动中的人身权利时常受到侵犯。我国《律师法》第37条第1款明确规定:"律师在执业活动中的人身权利不受侵犯。"这一规定对于保护律师在执业活动中的人身权利具有重要意义。

(二)律师的义务

律师的义务是指律师在执业活动中应当履行的职责和应当遵守法定行为规范的责任。根据《律师法》总则和律师的业务义务的规定,律师的义务主要包括以下几个方面:

1. 维护当事人合法权益的义务。这是律师全部义务的核心和律师全部业务活动的宗旨。律师的其他一切义务均是从这一义务延伸而来。[1] 维护当事人的合法权益,既是律师的基本使命,也是律师的根本职责和执业的基本原则。

2. 依法执业义务。即律师执业必须遵守宪法和法律、恪守律师职业道德和执业纪律。

3. 忠于事实和法律的义务。即律师执业必须以事实为根据,以法律为准绳,维护当事人的合法权益,维护法律的正确实施。

4. 接受国家和社会监督的义务。即律师执业应当接受国家、社会和当事人的监督。

5. 律师应当在一个律师事务所执业,不得同时在两个以上律师事务所

---

〔1〕 青锋:《中国律师制度论纲》,中国法制出版社2003年版,第356页。

执业的义务。为了有效管理律师执业活动，我国法律规定，律师事务所是律师的基本执业组织，每个律师必须加入而且也只能加入一个律师事务所执业。《律师法》第10条第1款规定："律师只能在一个律师事务所执业。律师变更执业机构的，应当申请换发律师执业证书"。

6. 公平竞争义务。《律师法》第26条规定："律师事务所和律师不得以诋毁其他律师事务所、律师或者支付介绍费等不正当手段争揽业务。"律师的不正当竞争是危害律师业健康发展的主要因素之一。常见的不正当竞争手段主要有贬损同行、压价收费、支付回扣等手段。世界各国为了保护律师业的健康发展，均制定了保护律师业公平竞争的规则。为了加强律师业的反不正当竞争，司法部在1995年2月20日发布了《关于反对律师行业不正当竞争行为的若干规定》（以下简称《规定》）。该《规定》明确宣示，制定《规定》的目的就是为了鼓励和保护律师、律师事务所之间的公平竞争，维护律师的正常执业秩序。《规定》要求律师以及律师事务所的执业行为必须遵循公平、平等、诚实、信用的原则，遵守律师职业道德和执业纪律，遵守律师行业公认的执业准则，并鼓励和保护一切组织和个人对律师执业不正当竞争行为进行监督。

7. 保密义务。《律师法》第38条第1款规定："律师应当保守在执业活动中知悉的国家秘密、商业秘密，不得泄露当事人的隐私。"据此规定，律师的保密义务就是指律师所负有的不得泄露在执业活动中知悉的国家秘密、商业秘密以及当事人的隐私的法律责任。保密义务是律师在执业活动中必须遵循的最基本的法律义务。律师遵循保密义务是取得当事人信任的基本前提。律师与当事人之间的关系是委托与被委托的关系，而这种关系的基础和前提就是相互信任。律师在执业活动中不可避免地要接触和知悉当事人的商业秘密和其他隐私秘密。如果律师不保守秘密就失去了当事人的信任。律师保守当事人的秘密也是维护当事人合法权益的需要。律师的天职就是维护当事人的合法权益。律师只有能够保守当事人的秘密才能够履行保护当事人合法权益的职责。另外，律师在执业活动中，还有接触到国家秘密的可能，律师必须保守在执业活动中接触到的国家秘密，否则损害国家利益。

8. 不得在同一案件中担任双方代理人的义务，不得代理与本人或者其近亲属有利益冲突的法律事务。《律师法》第39条规定："律师不得在同一案件中为双方当事人担任代理人，不得代理与本人或者其近亲属有利益冲突的法律事务。"在同一案件中双方当事人的利益是相互冲突的，律师如果在同一案件中担任双方代理人，就使律师失去了维护当事人合法权益的基本条件，很容易形成恶意代理，从而损害当事人的合法权益。同时，律师代理与本人或者其近亲属有利益冲突的法律事务，其也必然产生利益和角色的冲突。

9. 律师在执业过程中其他义务。《律师法》第 40 条规定："律师在执业活动中不得有下列行为：①私自接受委托、收取费用，接受委托人的财物或者其他利益；②利用提供法律服务的便利牟取当事人争议的权益；③接受对方当事人的财物或者其他利益，与对方当事人或者第三人恶意串通，侵害委托人的权益；④违反规定会见法官、检察官、仲裁员以及其他有关工作人员；⑤向法官、检察官、仲裁员以及其他有关工作人员行贿，介绍贿赂或者指使、诱导当事人行贿，或者以其他不正当方式影响法官、检察官、仲裁员以及其他有关工作人员依法办理案件；⑥故意提供虚假证据或者威胁、利诱他人提供虚假证据，妨碍对方当事人合法取得证据；⑦煽动、教唆当事人采取扰乱公共秩序、危害公共安全等非法手段解决争议；⑧扰乱法庭、仲裁庭秩序，干扰诉讼、仲裁活动的正常进行。"这些法律义务是为了保证律师在执业活动中保持清正廉洁、保证司法公正而必须的。在市场经济条件下和社会腐败现象的影响下，律师行业内部也存在着腐败现象。律师业要健康发展，必须要求律师在执业活动中一方面要保持自身廉洁，另一方面也要为遏制司法腐败做出自身的努力，承担相应的法律义务。

10. 律师在接受国家和行业监督管理上的义务。根据《律师法》的有关规定，律师在接受管理方面的义务主要包括依法纳税义务和加入律师协会的义务。就依法纳税义务而言，这是所有公民的义务。对于行业收入水平相对较高的律师而言，强调依法纳税义务尤其具有重要意义。对于不依法纳税的律师和律师事务所要按照国家有关税法和刑法的规定，追究行政责任，甚至刑事责任。另外，律师协会是律师的行业自律性的自治组织。为了有效对律师进行行业管理，我国《律师法》第 45 条规定："律师、律师事务所应当加入所在地的地方律师协会。加入地方律师协会的律师、律师事务所，同时是全国律师协会的会员。律师协会会员享有律师协会章程规定的权利，履行律师协会章程规定的义务。"

11. 法律援助义务。为了保证司法公正，保证所有的人均能得到法律的保护，我国已经建立了法律援助制度。律师作为法律服务市场的主力军，也是向社会提供法律援助的主力军。《律师法》第 42 条规定："律师、律师事务所应当按照国家规定履行法律援助义务，为受援人提供符合标准的法律服务，维护受援人的合法权益。"

第四节 律师执业机构

一、我国律师事务所的发展概况

我国《律师法》第14条规定，律师事务所是律师的执业机构。由执业律师组成律师事务所，由律师事务所构成整个律师行业，这是任何国家的律师业在发展过程中均无法回避的三个基本环节。从律师到律师事务所，再从律师事务所到律师业，在这三者关系中，律师事务所处于凝合律师人才、开拓律师业务、经营律师经济收入、理顺律师分配关系、配置律师资源，从而支撑律师整个行业发展的中心环节。

我国最初产生的律师执业机构是20世纪50年代的法律顾问处。改革开放初期恢复律师制度时仍然沿用法律顾问处的名称。1980年8月颁布的《中华人民共和国律师暂行条例》（已失效）第13条规定："律师执行职务的工作机构是法律顾问处。法律顾问处是事业单位，受国家司法行政机关的组织领导和业务监督。"这是计划经济时代我国立法上对律师执业机构的定性。这一规定表明，在计划经济时代，律师的身份是国家的法律工作者，因此律师执行的是"职务"行为，而不是法律服务业务；法律顾问处是事业单位，而不是一个经营单位；法律顾问处接受司法行政机关的组织领导，是司法行政机关内部的一个分支机构，而不是一个独立的律师执业机构。

1988年6月3日，司法部下发了《合作制律师事务所试点方案》，开始探索建立合作制律师事务所。这是针对我国律师执业机构的第一次探索性改革。合作制律师事务所在财务上独立核算，不再由国家拨款；在人事上没有国家编制，律师不再是国家干部；在管理上也有了很大的自主权。中国律师执业机构的根本改革开始于20世纪90年代初期。这次改革是随着市场经济体制的逐步建立而提出的。1993年11月14日中国共产党十四届三中全会通过的《中共中央关于建立社会主义市场经济体制若干问题的规定》（以下简称《规定》）中，将律师事务所的性质界定为市场中介组织。《规定》将律师事务所作为市场中介组织的定性，打破了原来的《律师暂行条例》（已失效）将律师执业机构作为国家事业单位的定性束缚，开始将律师事务所推向市场。这一定性比较符合律师业的本质特性和发展规律，对于我国律师事务所的改制和发展起到了积极的推动作用。

在《规定》的推动下，国务院于1993年12月26日批准了《司法部关于深化律师工作改革的方案》（以下简称《方案》）。该《方案》进一步规定了各种不同组织形式的律师事务所。从此以后，我国的律师事务所走向了多元化的发展轨道，逐步形成了国资律师所、合伙律师所、合作律师所、个体律师所并存的局面。1996年5月15日颁布的《中华人民共和国律师法》总结了律师事务所改制的基本经验和成果，最终以立法的形式确定了国办律师事务所、合作律师事务所和合伙律师事务所三种律师执业机构的组织形式。2000年7月14日国务院办公厅转发了国务院清理整顿经济鉴证类社会中介机构领导小组制定的《关于经济鉴证类社会中介机构与政府部门实行脱钩改制的意见》。从此开始了律师事务所管理体制的根本改革。中国律师事务所的改革方向开始向着合伙制律师事务所的方向发展。国资所脱钩改制是解决国资所体制问题和产权问题的最有效途径。早在1999年10月，《国务院办公厅关于清理整顿经济鉴证类社会中介机构的通知》就确定了"两个平台，归类清理"的方针，即"以会计师为平台，归类清理其他经济类中介机构；以律师为平台，归类清理其他法律服务中介机构"。根据这一部署，自2000年开始，在全国范围内，除了少数经济贫困地区以外，普遍开展了国资制律师事务所的脱钩改制工作，即国资制律师事务所与原来隶属的司法行政机关或事业单位，实行人员编制脱钩、财务脱钩、业务脱钩、行政隶属关系脱钩，全部改制为合伙制律师事务所或者合作制律师事务所。这项改制工作，现在已经基本完成。国资制律师事务所作为计划经济时代的产物，已经完成了它的使命，随着国资制律师事务所脱钩改制工作的完成，国资制律师事务所已经退出历史舞台。

另外，从2002年开始，我国开始了公职律师和公司律师的试点工作。公职律师是在政府机关内部设立的专门为政府提供法律服务的律师，公司律师是在公司内部设立的专门为公司提供法律服务的律师。截止到2005年年底，全国31个省（区、市）开始了公职律师和公司律师试点，已经有752个政府机关正式开始了公职律师试点工作，公职律师达到2 117人，200家公司企业开展了公司律师试点工作，公司律师达到968人。[1]

---

〔1〕《中国法律年鉴》，中国法律年鉴社2006年版，第192页。

二、律师事务所的设立条件

虽然根据《律师法》的规定,目前我国律师事务所主要分为三种基本形式,即国资制律师事务所、合伙制律师事务所、个人律师事务所。其中合伙制律师事务所已经成为中国律师事务所的典型形态。

1. 合伙制律师事务所的设立条件。我国《律师法》第15条第2款规定:"合伙律师事务所可以采用普通合伙或者特殊的普通合伙形式设立。合伙律师事务所的合伙人按照合伙形式对该律师事务所的债务依法承担责任。"我国目前合伙制律师事务所包括普通合伙律师事务所和特殊的普通合伙律师事务所两种形式。普通合伙律师事务所,是指依法设立的由合伙人依照合伙协议约定,共同出资、共同管理、共享收益、共担风险的律师执业机构。2006年8月,新修订公布的《合伙企业法》明确了特殊的普通合伙这一合伙组织形式,并且规定可以适用于非企业专业服务机构。特殊的普通合伙与普通合伙最主要的差别在于其承担责任的方式上:在普通合伙中,全体合伙人对合伙组织的债务承担无限连带责任;在特殊的普通合伙中,一个合伙人或者数个合伙人在执业活动中因故意或者重大过失造成的债务,应当承担无限连带责任,其他合伙人以其在合伙组织中的财产份额为限承担责任,合伙人在执业活动中非因故意或者重大过失造成的债务,由全体合伙人承担无限连带责任。

依据《律师事务所管理办法》的规定,设立普通合伙律师事务所应当满足以下条件:①有自己的名称、住所和章程;②有书面合伙协议;③有3名以上合伙人作为设立人;④设立人应当是具有3年以上执业经历并能够专职执业,且3年内未受过停止执业处罚的律师;⑤有人民币30万元以上的资产。设立特殊的普通合伙律师事务所,应当具备下列条件:①有自己的名称、住所和章程;②有书面合伙协议;③有20名以上合伙人作为设立人;④设立人应当是具有3年以上执业经历并能够专职执业,且3年内未受过停止执业处罚的律师;⑤有人民币1000万元以上的资产。

2. 个人律师事务所的设立条件。个人律师事务所,是指律师个人出资设立且以个人全部资产对律师事务所的债务承担无限责任的律师执业机构。设立个人律师事务所,应当具备下列条件:①有自己的名称、住所和章程;②设立人应当是具有5年以上执业经历并能够专职执业,且3年内未受过停止执业处罚的律师;③有人民币10万元以上的资产。

3. 国资律师事务所的设立条件。在当前保留国家出资设立的律师事务所是满足经济欠发达地区人民群众法律服务的需求。国家出资设立的律师事务所，除符合《律师法》规定的一般条件外，应当至少有2名符合《律师法》规定并能够专职执业的律师。需要国家出资设立律师事务所的，由当地县级司法行政机关筹建，申请设立许可前须经所在地县级人民政府有关部门核拨编制、提供经费保障。

三、律师事务所的设立、变更与终止

律师事务所的设立，是指律师根据法定条件和程序依法申请、并由司法行政机关依法审批成立律师执业机构的活动。我国《律师法》对于律师执业机构的设立、变更、终止的条件和程序作出了严格的规定。

（一）律师事务所设立的程序

1. 律师事务所设立的一般程序。根据《律师法》的规定，申请设立律师事务所，一般应当经过申请、审查、审核三个阶段。首先，设立律师事务所，应当向设区的市级或者直辖市的区人民政府司法行政部门提出申请。根据《律师法》第17条的规定，申请设立律师事务所，应当提交下列材料：①申请书；②律师事务所的名称、章程；③律师的名单、简历、身份证明、律师执业证书；④住所证明；⑤资产证明。设立合伙律师事务所，还应当提交合伙协议。其次，受理申请的部门应当自受理之日起20日内予以审查，并将审查意见和全部申请材料报送省、自治区、直辖市人民政府司法行政部门。最后，省、自治区、直辖市人民政府司法行政部门应当自收到报送材料之日起10日内予以审核，作出是否准予设立的决定。准予设立的，向申请人颁发律师事务所执业证书；不准予设立的，向申请人书面说明理由。

2. 律师事务所分所的设立。根据《律师法》第19条的规定，成立3年以上并具有20名以上执业律师的合伙律师事务所，可以设立分所。设立分所，须经拟设立分所所在地的省、自治区、直辖市人民政府司法行政部门审核。申请设立分所的程序与申请设立律师事务所的程序相同。合伙律师事务所对其分所的债务承担责任。

（二）律师事务所的变更和终止

根据《律师法》第21条的规定，律师事务所变更名称、负责人、章程、合伙协议的，应当报原审核部门批准。律师事务所变更住所、合伙人的，应当自变更之日起15日内报原审核部门备案。

根据《律师法》第22条的规定，律师事务所有下列情形之一的，应当终止：①不能保持法定设立条件，经限期整改仍不符合条件的；②律师事务所执业证书被依法吊销的；③自行决定解散的；④法律、行政法规规定应当终止的其他情形。律师事务所终止的，由颁发执业证书的部门注销该律师事务所的执业证书。

第五节 律师诉讼业务

一、律师业务范围概述

我国《律师法》对律师执业范围的规定采取了明示化罗列式的规定方式。《律师法》第 28 条规定了 7 种法定律师业务，具体包括：①接受自然人、法人或者其他组织的委托，担任法律顾问；②接受民事案件、行政案件当事人的委托，担任代理人，参加诉讼；③接受刑事案件犯罪嫌疑人的委托，为其提供法律咨询，代理申诉、控告，为被逮捕的犯罪嫌疑人申请取保候审，接受犯罪嫌疑人、被告人的委托或者人民法院的指定，担任辩护人，接受自诉案件自诉人、公诉案件被害人或者其近亲属的委托，担任代理人，参加诉讼；④接受委托，代理各类诉讼案件的申诉；⑤接受委托，参加调解、仲裁活动；⑥接受委托，提供非诉讼法律服务；⑦解答有关法律的询问、代写诉讼文书和有关法律事务的其他文书。

上述法律规定表明，我国实行律师业务范围的法定化原则，即律师的执业范围由《律师法》明文规定。根据律师业务是否参与诉讼为标志，我们可以将律师业务划分为诉讼律师业务和非诉讼律师业务。这也是国际上通行的律师业务分类的基本方法。其中诉讼律师业务是指律师在各类诉讼案件中，接受当事人的委托，以当事人的代理人或者辩护人的身份参与诉讼活动，依法保护当事人合法权益的业务活动。非诉讼律师业务是随着市场经济的发展逐步产生和发展起来的新型律师业务，是指律师在不参与诉讼活动的前提下，接受当事人的委托，从事法律事务，从而保护当事人合法权益的业务活动。传统的律师业务主要集中在诉讼律师业务。因此，律师的诉讼功能和诉讼业务在人们关于律师的观念中始终占有主导地位。有些国家曾经将律师的业务活动范围局限于法庭活动。但是，随着市场经济的发展和社会法制化水平的不断提高，律师的业务活动领域早已突破了诉讼业务范围的束缚。现代世界律师制度发达国家均扩大了律师业务范围，并且随着经济的发展，非诉讼法律事务在整个律师业务中所占的比例越来越大。那种认为找律师就是为了打官司的传统律师观念早已过时。在市场经济条件下，律师的主要功能是通过高效的法律服务为当事人避免纠纷，从而减少交易成本。在当今发达国家，律师在非诉讼业务中的业务量占全部律师业务量的80%以上，律师的业务范围已经渗透到社会生活的各个领域。[1]

二、民事诉讼中的律师业务

（一）律师民事代理业务的概念与特征

根据《律师法》和《民事诉讼法》的规定，律师在民事诉讼中的业务主要是律师民事诉讼代理业务。律师的民事诉讼代理业务，是指律师在民事诉讼中接受当事人的委托，担任民事案件当事人的代理人，在代理权限范围内进行诉讼，以维护委托人合法权益、保障国家法律正确实施的诉讼活动。

律师在民事诉讼中代理案件的范围是相当广泛的。凡是符合《民事诉讼法》规定的立案标准的所有的民事案件，律师均可以依法接受委托参与诉讼。律师的民事诉讼代理业务具有以下几个特征：

1. 代理人和委托人必须符合法定条件。委托人必须是具备民事诉讼当事人资格的公民、法人或者其他组织。作为代理人的律师必须是依法取得律师执业证书并在一个律师事务所执业的律师。

2. 在民事代理业务中，代理律师不是独立的诉讼主体，没有独立的诉讼地位，代理律师必须以委托人的名义并在委托人授权的范围内进行诉讼代理活动。律师在民事诉讼代理活动中，要受到当事人授权的严格限制，不像刑事诉讼中的辩护人那样，可以不受被告人意志左右，独立行使辩护权。当然，律师在民事诉讼中必须根据授权进行代理活动，也并不意味着律师只能是当事人的"传话人"、"代言人"，律师除享有被代理人授予的代理权限外，还享有法律赋予律师的特殊权利。例如，律师参加诉讼活动，有权调查收集证据，有权查阅与本案有关的材料、出席法庭、参加诉讼等。

3. 代理律师的合法代理行为的后果由委托人承担。在民事诉讼活动中，律师在委托权限范围内所进行的一切法律行为，均应当视为对律师代理的当事人具有约束力的行为，律师的合法代理行为的后果由律师代理的当事人来承担。

---

[1] 章武生：《中国律师制度研究》，中国法制出版社1999年版，第19页。

(二) 律师民事代理业务的基本工作程序

律师在民事诉讼中的代理业务主要的工作程序包括四个阶段,即接受民事诉讼代理的委托阶段、开庭前的准备阶段、庭审阶段、执行阶段。

1. 接受民事诉讼代理的委托阶段的律师工作。律师的民事代理活动是接受民事案件当事人的委托而以当事人的名义从事诉讼活动,因此,民事代理活动的开始就是接受民事案件当事人的委托,取得代理权限。办理委托代理手续的标志是签署委托代理合同和授权委托书。

委托人与律师事务所协商签订的委托代理合同,是规定律师代理委托人参加民事诉讼事宜的民事协议,它确定了律师事务所与委托人在代理民事诉讼过程中的权利和义务关系。民事案件代理律师的授权委托书是由委托人根据委托合同而出具的向代理律师授予代理权的法律文书。授权委托书是委托人正式授予代理律师代理权限的标志,是产生代理权限的直接依据。我国《民事诉讼法》第59条第1款规定:"委托他人代为诉讼,必须向人民法院提交由委托人签名或者盖章的授权委托书。"基于授权委托书而产生的民事案件的代理权的法律效力及于委托人、代理律师和人民法院,因而授权委托书应当是内容完备的独立的法律文书,其内容包括:委托人的姓名、代理律师的姓名及其所在的律师事务所的名称、授权律师代理案件的名称(案由)、代理权限等。

律师在民事案件中接受当事人的授权委托,代理民事诉讼,其代理权限一般有两种:一般代理和特别代理。一般代理又称为一般授权代理,是指委托人只授予代理律师代理当事人进行一般性的诉讼活动,而不能代理当事人进行实体性权利处分的授权代理。例如,在一般代理过程中,律师可以代理起诉、应诉、提供有关证据、法庭质证、发表综合性代理词、参与法庭辩论等。但是对于代为承认、放弃、变更诉讼请求和进行和解等涉及当事人实体权利处分的事项就不属于一般代理的授权范围。特别代理又称为特别授权代理,是指委托人以特别授权赋予律师除了一般代理权限以外,尚具有代理当事人对案件的实体问题处理直接做出决定并明确表态的诉讼代理。我国《民事诉讼法》第59条规定,诉讼代理人代为承认、放弃、变更诉讼请求,进行和解,提起反诉或者上诉,必须有委托人的特别授权。因此,律师在诉讼过程中进行涉及处分实体权利的诉讼行为和其他一些重要的诉讼行为时,必须有委托人的特别授权。特别授权的范围应当明确具体,不能笼统用"特别授权"或者"全权代理"来表示,而必须注明特别授权的具体内容。

2. 出庭前的准备阶段的律师代理工作。律师接受民事案件当事人的委托之后，一般都将代理被代理人出庭，为此，律师必须做好出庭前的准备工作。一般情况下，律师出庭前要做好以下工作：

(1) 代理撰写起诉状。律师通过审查核实和判断证据，对案情有了全面了解，认为委托人的起诉符合《民事诉讼法》第108条规定的起诉条件，便可以为当事人撰写起诉状。

(2) 代理申请财产保全和证据保全。《民事诉讼法》第92条第1款规定："人民法院对于可能因当事人一方的行为或者其他原因，使判决不能执行或者难以执行的案件，可以根据对方当事人的申请，作出财产保全的裁定；当事人没有提出申请的，人民法院在必要时也可以裁定采取财产保全措施。"因此，及时申请财产保全，是有效保护当事人合法权益的重要手段。尤其是在我国民事案件普遍存在执行难的情况下，合理合法采用财产保全手段尤其显得重要。代理律师在代理申请财产保全的同时，应当提请当事人考虑申请证据保全。我国《民事诉讼法》第74条规定："在证据可能灭失或者以后难以取得的情况下，诉讼参加人可以向人民法院申请保全证据，人民法院也可以主动采取保全措施。"证据是案件的基础，证据保全是及时有效收集和保存证据的一种手段。证据一旦灭失，就有可能导致案件当事人的败诉，因此，代理律师应当有证据保全意识。

(3) 代理申请先予执行。先予执行是人民法院在案件审结前，根据当事人的申请，裁定义务人预先履行一定给付义务，以满足原告生活、生产经营的急需而采取的一种临时性措施。律师在代理民事诉讼时，根据《民事诉讼法》第97条规定，对于追索赡养费、抚育费、抚养费、抚恤金、医疗费用的案件和追索劳动报酬的案件以及因情况紧急需要先予执行的案件，可以申请法院先予执行。

(4) 代理进行答辩或者提起反诉。代理答辩是指律师代理被告当事人针对原告提起的诉讼请求、事实根据，从事实上、法律上进行反驳的一种诉讼行为。答辩要求代理律师制作答辩状提交法院。答辩状的主要内容是针对原告在起诉状中提出的诉讼请求、事实和理由，提出相反的事实和理由，从而证明被告的观点和主张是正确的、合法的。在答辩期间，代理被告的律师还要注意受理该案的法院是否具有管辖权，如果认为受理该案的法院没有管辖权，应当在法定的答辩期间提出管辖权异议，要求受理法院首先就案件管辖权进行审查和裁定，以便于保护当事人的合法权益。超过答辩期限，当事人将失去提出管辖异议的权利。

另外，作为代理被告的律师还应当考虑是否有根据和必要提起反诉。因为反诉是被告针对原告本诉中的诉讼请求而提起的相反的保护被告自己民事权利的独立之诉，反诉能够达到抵消、吞并原告全部或者部分诉讼请求的目的，使本诉原告的诉讼请求失去实际意义。因此，在理由充足时，代理律师应当及时完成有关反诉的一切准备工作，包括确定反诉的诉讼请求，收集足够的事实和证据，并援引有关法律规定，帮助被告提起反诉，改变被告的被动局面，从而最终维护被告的合法权益。这种十分有效的诉讼手段，代理律师不可忽视，反诉请求可以在答辩状中一并提起，也可以另行撰写反诉状，以便于在庭审过程中提起。

（5）查阅案卷材料，调查收集证据。律师在开庭之前，必须详细了解案情，确定案件基本事实，才能对整个案件做出基本判断。律师了解案情、确定案件事实的基本途径就是查阅案卷和调查取证。查阅案卷的目的在于一方面为了获取对方当事人对案件事实的书面陈述和提出的有关证据，同时研究这些证据材料有无漏洞、有无不实之处、有无证明力，并确定被代理方还需要证明的待证事实，以明确收集证据的方向。

在查阅案卷的基础上，律师应当着手进行收集证据工作。律师调查取证的基本途径有三种：①可以要求自己的当事人提供相应的证据。因为案件当事人最了解案件事实，往往保存有关案件事实的基本证据。如书面合同、信件、视听资料、财务凭证、有关会议纪要、文件等。②根据证据线索，律师可以向有关国家机关、单位和个人调查取证。③申请人民法院调查取证。《民事诉讼法》第64条第2款规定："当事人及其诉讼代理人因客观原因不能自行收集的证据，或者人民法院认为审理案件需要的证据，人民法院应当调查收集。"因此，对于因客观原因当事人和律师不能收集的证据，律师应当申请人民法院调查取证。

（6）撰写庭审质证提纲。所谓庭审质证，就是在庭审过程中，在审判长的主持下，由双方当事人进行举证和对证据进行质疑的过程。这一过程是确认案件事实的过程，是影响法官对案件事实认定的过程，也是整个案件的事实审理过程。为了保证在事实审理过程中，使对自己一方当事人有利的事实得以确认，对自己一方当事人不利的事实得到合理的解释，因此，代理律师必须在庭审前，针对案件事实进行分析，按照庭审过程可能调查的事实的顺序，撰写详细的庭审质证提纲。庭审质证提纲应当包括证据目录、证据来源、证明目的、证据的真实性和证明力的论证理由与反驳理由等。庭审前撰写好质证提纲能够保证庭审过程紧张有序，准备充分，防止庭审过程中的慌张和混乱。

（7）撰写代理词。代理词是代理律师在法庭辩论阶段的重要发言材料，它是代理律师根据案件事实和法律，对被代理人主张的事实和理由进行全面论证、对对方当事人主张的事实和理由进行全面反驳的重要诉讼文书。民事代理词的内容要求做到：观点简明、论据充分、事实可靠、逻辑严谨、文字简练。

3. 庭审阶段的律师代理工作。法庭审理可以分为庭审准备阶段、法庭调查阶段、法庭辩论阶段、法庭调解阶段和法庭宣判阶段，代理律师的重点应当放在法庭调查和法庭辩论阶段。

（1）庭审准备阶段的律师代理。审判长宣布法庭审理开始时，代理律师要根据授权情况，首先考虑是否要求法庭组成人员以及其他人员回避的问题。如果上述人员有属于《民事诉讼法》第45条规定的回避情况的，应当代理当事人申请回避。其次，在庭审准备阶段代理律师还要考虑当事人的出庭情况。如果必须出庭的当事人没有出庭，影响法庭调查，可以建议法庭延期审理。最后，代理律师还要考虑当事人是否在庭审前提出了新的诉讼请求，如果对方当事人提出了新的诉讼请求，可以要求法庭延期审理，以便于做好充分的答辩准备。

（2）法庭调查阶段的律师代理。在这个阶段，律师的主要任务是代理当事人陈述和参与法庭举证和质证活动。在法庭调查阶段首先由当事人简要陈述起诉的事实和理由以及答辩的事实和理由。在当事人陈述完毕之后，审判长要归纳双方当事人争议的焦点和本案审理的焦点问题，并征询当事人对审判长归纳的争议焦点问题的意见。律师在这一环节上必须认真考虑审判长归纳的争议焦点是否妥当，能否反映自己一方当事人希望法庭查清的事实要求。如果审判长对自己一方当事人主张的事实和理由没有归纳到争议焦点上，要请求审判长予以补充争议焦点，以便将有利于自己一方当事人的事实和理由列入庭审过程。

法庭调查中的关键阶段是举证和质证阶段。举证和质证是有机结合在一起的一个完整的事实审理过程，在这一过程中，代理律师首先要将自己庭前准备的证据材料在法庭上公开陈述和提交，并针对该证据的名称、证据来源和证明目的全面阐述。同时双方当事人及其代理人要针对在法庭上公开提交的证据进行质证。质证的目的是让双方当事人和代理律师就证据充分发表意见。质证的中心环节是围绕着证据的真实性、关联性和证明力三个方面发表意见。其中证据的真实性是针对证据真假发表意见；证据的关联性是针对该证据与本案争议的事实是否具有内在联系发表意见；证据的证明力是针对该证据能够证明什么问题，不能证明什么问题发表意见。现在，有的法院在庭审过程中已经不再安排专门的法庭辩论阶段，而是将法庭辩论分割在庭审质证过程中，结合事实审理来进行，即实行"一事一举证一辩论"的审理方式。在这种审理方式中，代理律师更应当充分发挥质证过程中的作用，否则会形成错过发表意见机会的尴尬局面。

（3）法庭辩论阶段的律师代理。律师在法庭辩论阶段的主要任务是发表辩护词和反驳对方的主张和理由，充分论证本方诉讼请求的正确性和合法性，彻底否定对方的无理要求和不合法的主张，以便于审判人员接受自己的观点，否定对方的观点，从而做出有利于自己一方的判决。

依照法律规定，双方辩论结束后，审判长依照原告、被告和第三人的顺序，征求最后意见。代理律师有权针对当事人的最后陈述发言和说明。最后陈述就是简要表明当事人针对案件的基本看法和要求。

（4）法庭调解阶段的律师代理。作为诉讼代理人的代理律师，应当积极地促成当事人达成调解协议，为了促使当事人在合理、合法的条件下达成调解协议，代理律师在帮助当事人分析案情时，不仅要分析有利于当事人的事实和理由，而且要分析不利于当事人的事实和理由，以便于当事人做出正确的判断，适时做出是否同意调解的决定。值得注意的是，如果律师代理当事人接受调解结案，必须依法有委托人的特别授权，如果没有特别授权，代理律师只有与委托人协商一致后才能决定是否接受调解协议。如果委托人亲自出庭，应当由委托人在律师的帮助下，自己做出是否接受调解的决定。

（5）判决阶段的律师代理。法庭调解不能达成调解协议的，由合议庭进行评议后做出判决。法院判决宣告前，代理律师应当根据庭审情况，如果发现新的证据，要适时地向人民法院提交，并申请再次开庭质证。如果当事人有新的理由，可以通过书面的形式向法庭提出，以便于合议庭合议时参考。对于超过审判期限，久拖不判的案件，代理律师应当及时向审判人员提出要求及时判决的请求，必要时可以通过书面形式代理当事人提出要求。法院做出判决后，一审的律师代理工作就宣告结束。代理律师应当及时就案件审理结果向当事人通告，并征求当事人对于判决书的意见。如果当事人服从判决，代理律师即可整理案卷归档，宣布代理工作结束。如果当事人不服判决，代理律师要帮助当事人分析案情，提出是否上诉的建议。如果当事人决定提起上诉，并要求代理律师继续担任其代理人的，应当另行办理二审期间的律师代理手续，重新签署委托代理合同。

4. 执行阶段的律师代理工作。民事案件的生效判决和调解，仅仅表明了人民法院通过生效法律文书的形式确认了当事人之间的民事权利和义务，这种通过生效的法律文书确认的民事权利和义务只有得到实际执行才具有保护当事人合法权益的实际意义，否则，生效民事判决书和调解书得不到实际履行，将严重损害法律的严肃性和当事人的合法权益。律师在执行阶段的代理工作主要包括以下环节：

（1）代理当事人向人民法院申请执行。生效判决书或者调解书确认的法律义务，在当事人不实际履行的情况下，代理律师可以根据当事人的授权，在法定申请强制执行的期限内，代理当事人申请人民法院强制执行。代理律师应当注意申请执行的期限分为两种情况：双方当事人属于单位或者法人组织的，申请执行的期限为判决书或者调解书生效后半年之内；双方当事人是个人或者其中一方当事人是个人的，申请执行的期限为判决书或者调解书生效后1年。

（2）积极向人民法院提供被执行人的财产线索，协助人民法院执行判决书或者调解书。

（3）申请债权凭证。在生效的判决书或者调解书短时期内难以执行的情况下，债权人可以委托代理律师向人民法院申请债权凭证，以便于长期保持针对债务人的可以随时申请人民法院强制执行的债权证明。

（4）及时协助当事人过付人民法院强制执行的对方当事人的财产。

（三）律师在二审程序、再审程序和涉外民事案件代理中应当注意的问题

根据《民事诉讼法》的规定，民事案件的审理程序除了一审程序外，还有二审程序和再审程序以及涉外民事审判程序。代理律师在这些程序中的代理工作基本上与一审普通程序的代理工作相似，只是在个别方面需要特别说明。

在二审程序代理中，代理律师应当注意以下几点：①代理律师应当紧紧围绕着一审判决书认定事实、适用法律和审理程序上的问题，撰写上诉状或答辩状。②二审的审理范围以上诉人的上诉请求范围为准，因此，代理上诉人的律师必须将当事人不服一审判决的事实和理由全部通过上诉状的形式提出。代理被上诉人的律师也必须向被上诉人说明，被上诉人如果认为一审判决有误，也必须提起上诉，否则二审法院也可以根据被上诉人没有提起上诉，对被上诉人不服一审判决的内容不予审理。③二审代理律

中国司法制度

师应当及时阅卷,并及时向二审法院提出书面代理意见。

律师在再审程序中的代理,应当注意以下问题:①提起再审必须符合法定条件,即有新的证据足以推翻原判决、裁定的;原判决、裁定认定事实的主要证据不足的;原判决、裁定适用法律有错误的;原审违反法定程序,可能影响案件正确判决、裁定的;审判人员在审理该案时有贪污受贿,徇私舞弊枉法裁判的,等等。只有符合上述情形之一的,人民法院才有可能受理再审申请,律师可以代理当事人提起再审申请。②律师代理当事人提起再审程序时,一定要注意申请再审的期限,要在判决、裁定发生法律效力后2年内提出。

律师在涉外民事案件代理中应当注意涉外民事诉讼的特殊性:①人民法院审理涉外民事案件优先适用特别规定。《民事诉讼法》第235条规定:"在中华人民共和国领域内进行涉外民事诉讼,适用本编规定。本编没有规定的,适用本法其他有关规定。"因此,律师在代理具有涉外因素的民事案件时首先要按照《民事诉讼法》第四编的特别规定,只有第四编没有规定的情况下才适用一般规定。②国民待遇原则。我国《民事诉讼法》第5条第1款规定:"外国人、无国籍人、外国企业和组织在人民法院起诉、应诉,同中华人民共和国公民、法人和其他组织有同等的诉讼权利义务。"③对等原则。涉外诉讼中的对等原则,是指一国司法机关如果对他国公民、企业和组织的诉讼权利加以限制的,他国司法机关可以针对该国的公民、法人和组织的诉讼权利实行对等的限制措施。我国《民事诉讼法》第5条第2款规定了相应的对等原则。④主权原则。国家主权原则是涉外民事诉讼的根本原则,是一般原则的核心。维护国家主权是律师代理涉外诉讼的出发点和根本点。主权原则主要包括:所有在中华人民共和国领域内进行民事诉讼的外国人、外国企业和组织,一律适用我国的《民事诉讼法》进行诉讼并由人民法院进行审判;外国当事人需要委托律师的,必须委托中华人民共和国的律师代理,外国律师不得以律师身份在我国代理诉讼和出庭;凡是我国人民法院专属管辖的案件,任何外国法院均无权管辖;外国人、外国企业和组织在我国起诉和应诉时,必须适用中国通用的语言文字等。律师在代理涉外民事诉讼时,必须遵循和贯彻这些规定,切实维护我国的主权,协助人民法院正确、合法、及时地处理涉外案件。⑤遵守国际条约的原则。条约必须信守是国际关系中一条公认的基本原则,我国在国际交往中一贯遵循国际条约,遵守和履行国际条约所规定的义务。依照《民事诉讼法》第236条的规定,中华人民共和国缔结或者参加的国际条约同《民事诉讼法》有不同规定的，适用国际条约的规定，但中华人民共和国声明保留的条款除外。

三、行政诉讼中的律师业务

（一）律师行政诉讼代理概述

律师行政诉讼代理，是指在行政诉讼活动中，律师接受当事人的委托担任代理人，在代理权限范围内代理诉讼，以维护委托人合法权益，保证国家法律正确实施的诉讼行为。

行政诉讼制度是从民事诉讼中分离出来的，在其发展的初期，适用民事诉讼程序。1990年10月1日《行政诉讼法》生效之后，行政诉讼才从民事诉讼中独立出来。律师在民事诉讼中的代理业务和在行政诉讼中的代理业务具有很大的区别：

1. 代理案件的性质不同。行政诉讼代理的案件是行政主体与行政管理相对人之间的行政争议案件；而民事诉讼代理的案件则是当事人之间因财产关系、人身关系而发生的民事、经济争议案件。

2. 适用法律规范不同。行政诉讼代理主要适用的是行政实体法和行政诉讼法等有关法律规范，如《土地管理法》、《行政诉讼法》等；民事诉讼代理主要适用的是民事实体法和民事程序法。

3. 代理的当事人主体资格不同。行政诉讼当事人的主体资格是限定的，原告必须是认为其合法权益受到行政机关侵犯的公民、组织和法人，被告必须是具有行政管理职权的国家机关或其他行政主体。行政案件中，原告与被告之间形成的行政法律关系，其主体地位是不平等的，其中一方当事人是国家行政机关或其他行政组织，另一方是处于被管理地位的行政管理相对人。

4. 代理权限不同。民事诉讼中，当事人可以委托律师一般授权代理和特别授权代理。但是，在行政诉讼中，除了行政赔偿诉讼之外，由于行政诉讼不适用调解，代理律师不能获得特别授权代理，只能进行一般诉讼代理。

（二）律师在行政诉讼代理中的工作程序

律师在行政诉讼中的代理工作程序包括：接受委托、庭前准备、参加庭审等。

1. 接受委托。接受委托、确定委托代理关系是律师行政诉讼代理工作的开始。律师接受委托的标志仍然是签署委托代理合同和委托人签署授权委托书。关于委托代理合同和授权委托书的内容，基本上与民事诉讼中的

中国司法制度

委托代理合同与授权委托书相同，主要区别在于行政诉讼的授权委托书不能授予实体权利处分的特别授权（行政赔偿诉讼除外）。

2. 庭前准备工作。承办行政诉讼案件代理的律师在确定代理关系后，就要进入庭前准备阶段。这一阶段的主要工作包括以下内容：①了解案情，收集证据。行政诉讼中的原告代理律师在开庭前要积极调查取证，以便于吃透案情，做好案件事实方面的充分准备。当然，由于行政诉讼的举证责任属于被告一方，因此，原告对于不能举证的内容，可以要求被告在庭审中举证。值得说明的是，在行政诉讼代理中，代理被告一方的律师在原告起诉后不得调查取得新的证据，只能运用被告在做出具体行政行为时所依据的原有证据进行诉讼。②撰写起诉状或者答辩状。行政起诉状是原告方向人民法院提交的主要诉讼文书，除了格式上与民事诉状一致外，在内容上首先要确定原告起诉的具体行政行为是什么，并围绕着行政机关的具体行政行为的违法性（包括认定事实错误、适用法律错误、处理结果错误、程序违法等）和该具体行政行为给原告造成的损害进行陈述和论证，然后提出明确的诉讼请求。行政诉讼的答辩状是被告提交给人民法院的主要诉讼文书，其格式与民事诉讼答辩状相同，但在内容上主要应当围绕着论证被告的具体行政行为的合法性（包括认定事实清楚、适用法律正确、处理结果合理合法、程序合法等）来展开。③拟订庭审质证提纲。与民事案件的审理方式相同，目前在行政案件的审理中也实行对抗式的审判方式，充分发挥当事人的举证和质证作用。因此，在庭审之前必须准备好庭审质证提纲。④撰写代理词。原告代理律师的代理词主要针对争议中具体行政行为的违法性和对原告造成的危害撰写；被告律师的代理词主要围绕争议中具体行政行为的合法性以及反驳原告主张撰写。

3. 参加庭审。代理律师参加庭审工作的重点仍然是法庭调查质证和法庭辩论阶段。行政诉讼中的法庭调查质证和法庭辩论的基本规则与民事诉讼基本相同。法庭辩论必须仅仅围绕着具体行政行为的合法性展开，这是任何一个行政诉讼案件争论的焦点。

四、刑事诉讼中的律师业务

刑事诉讼中的律师业务包括刑事辩护和刑事代理。其中主要集中在刑事辩护业务，刑事代理在刑事律师业务中居于次要地位。因此，在本书中我们重点介绍律师的刑事辩护业务。

(一) 辩护制度概述

辩护是一种诉讼活动，它是指在刑事诉讼中犯罪嫌疑人、被告人及其辩护人，根据事实和法律反驳指控的诉讼活动。因此，辩护是与指控相对立的，是针对指控而提出的，没有指控就没有辩护。辩护是基于辩护权而产生的。所谓辩护权，是指法律赋予犯罪嫌疑人、被告人根据事实和法律，针对指控、起诉进行申述、辩解和反驳，提出证明自己无罪或者罪轻的材料和意见，维护自己合法权益的诉讼权利。

辩护权具有以下基本特征：①法定性，即法律赋予犯罪嫌疑人、被告人的一项基本权利；②专属性，只有被指控犯罪的犯罪嫌疑人、被告人才拥有辩护权；③辩护权的行使目的是保护犯罪嫌疑人、被告人的合法权益。

近代辩护制度是作为资产阶级民主政治制度的组成部分而产生的。具体讲，辩护制度就是为了保证犯罪嫌疑人和刑事被告人的辩护权得以充分行使和实现，由法律规定的有关辩护权的内容及其行使方式的法律制度的总称。

我国《刑事诉讼法》规定，犯罪嫌疑人、刑事被告人行使辩护权的方式包括本人自行辩护、委托辩护、指定辩护三种情况。律师在刑事诉讼中担任辩护人是委托辩护中的主要形式。

（二）律师在刑事辩护中的地位和作用

1. 律师在刑事辩护中的地位。辩护律师的诉讼地位是刑事辩护中的重要问题，它决定了律师的辩护责任、任务，而且制约着辩护律师的性质和身份。在刑事诉讼中，虽然律师是接受委托或者被人民法院指定担任辩护律师的，但是，辩护律师与犯罪嫌疑人、被告人的诉讼地位不同，辩护律师在刑事诉讼中处于独立的诉讼地位。这种独立的诉讼地位表现在四个方面：

（1）辩护律师在刑事诉讼中的辩护是依法进行的，律师的辩护意见是根据法律和事实形成的。辩护律师的辩护观点不受犯罪嫌疑人、被告人的意志左右和约束，辩护律师可以独立发表不同于犯罪嫌疑人或被告人观点的辩护意见。

（2）辩护律师的职责是由《刑事诉讼法》规定的，《刑事诉讼法》第35条规定："辩护人的责任是根据事实和法律，提出犯罪嫌疑人、被告人无罪、罪轻或者减轻、免除其刑事责任的材料和意见，维护犯罪嫌疑人、被告人的诉讼权利和其他合法权益。"可见，辩护人就是为了维护犯罪嫌疑人、被告人的合法权益而参加诉讼的，辩护人不具有指控犯罪的责任。辩护人在诉讼中的这种独立责任与其他诉讼参加人完全不同。

（3）辩护律师在刑事诉讼中与审判人员、国家公诉人以及其他诉讼参加人处于相互制约、互相配合的关系，没有任何隶属关系。

（4）辩护律师在刑事辩护中可以根据《刑事诉讼法》和《律师法》的规定，独立行使辩护权。辩护律师的辩护权虽然来自于委托或指定，但是辩护律师一旦获得辩护权之后，其辩护权的行使是受法律保护的，辩护律师就享有独立的辩护权利并承担独立的辩护义务。

2. 律师在刑事辩护中的作用。辩护律师参加刑事诉讼对于完善刑事诉讼制度、促进司法公正具有重要意义。辩护律师在刑事诉讼中的作用表现在：

（1）有利于维护犯罪嫌疑人、被告人的合法权益，这是由辩护律师的责任决定的。

（2）有利于维护法律的正确实施，促进司法审判机关提高办案质量，这是由辩护律师在刑事诉讼中具有独立的诉讼地位并且与审判机关、检察机关的相互制约关系决定的。

（3）有利于宣传普及法律常识，教育被告人认罪伏法。

（三）辩护律师的工作程序

1. 律师对刑事辩护案件的受理。根据《刑事诉讼法》的规定，律师担任辩护人参加刑事诉讼活动，主要有两种情况：①接受委托；②接受人民法院、人民检察院、公安机关的指定。律师接受委托担任刑案中的辩护人大体有三种方式：犯罪嫌疑人、被告人自行直接委托；犯罪嫌疑人、被告人的法定代理人或者近亲属代为委托；其他公民代为委托。律师通过委托方式受理刑事辩护业务的标志是签署委托辩护合同和辩护授权委托书；律师接受人民法院指定受理刑事辩护业务的标志是接受人民法院的指定辩护函件。

2. 辩护律师出庭前的准备工作。为了保证律师在法庭上的辩护质量，辩护律师必须做好庭前准备工作。律师出庭前的准备工作主要有：查阅案卷材料、会见被告人、调查取证、撰写庭审质证提纲、撰写辩护词。

（1）查阅案卷材料。根据《律师法》第34条和《刑事诉讼法》第38条的规定，辩护律师自人民检察院对案件审查起诉之日起，可以查阅、摘抄、复制本案的案卷材料。其他辩护人经人民法院、人民检察院许可，也可以查阅、摘抄、复制上述材料。阅卷是一项十分复杂而重要的工作。阅卷的目的在于：①确定控方指控犯罪的具体证据和理由。包括证据的名称、来源和证明力以及指控犯罪所适用的法律、罪名认定等。②明确辩护的基本方向和所依据的证据。③全面综合掌握案情,全面综合分析控方和辩方的事实依据和所适用的法律,从而为撰写辩护词打下坚实的基础。律师阅卷是一项非常细致的工作。辩护律师应当掌握阅卷的基本方法,抓住中心问题,提高阅卷效率。阅卷过程中必须抓住三个关键环节:①抓住重点,仅仅围绕着有罪、无罪和罪行轻重的关键环节去阅读案卷。对于无关紧要的枝节问题,不必过于纠缠。②要做好阅卷笔录,必要时对于关键性的材料进行摘录、复制,以便作为辩护证据。阅卷中的摘录、复制一定要记明材料的出处,包括卷宗名称、册数、页码等,以便于在代理词和庭审辩护中引用。③综合分析、印证卷宗材料,对于重复和基本一致的材料,可以只注明证据名称、页码即可。对于相互矛盾的证据,要仔细认真摘录和复制,以便于在辩护中分析运用。

(2)会见犯罪嫌疑人或被告人。辩护律师会见犯罪嫌疑人、被告人实际上是一种特殊的调查活动,是律师辩护工作中不可或缺的一项重要工作,律师会见被告人的主要工作任务是:说明律师身份,征求犯罪嫌疑人、被告人是否同意委托律师进行辩护;听取犯罪嫌疑人、被告人对起诉书的意见;听取犯罪嫌疑人、被告人自己的陈述和辩解;征求犯罪嫌疑人、被告人对辩护律师辩护观点的看法;告知犯罪嫌疑人、被告人在刑事诉讼中的权利与义务;向犯罪嫌疑人、被告人解释有关法律规定。

律师会见犯罪嫌疑人、被告人是一项十分严肃的工作,对律师的要求十分严格。因此,辩护律师必须以高度的责任心来对待会见工作。在会见犯罪嫌疑人、被告人的过程中,必须注意以下几个方面:①会见必须按照法律规定的地点和程序进行。对于已经被羁押的犯罪嫌疑人、被告人,应当在羁押场所会见。律师会见犯罪嫌疑人、被告人应当持有律师执照和律师事务所出具的专用介绍信。会见在押犯罪嫌疑人、被告人时,应当遵守监管场所的规则,防止犯罪嫌疑人、被告人逃跑、自杀等行为发生。②律师会见犯罪嫌疑人、被告人要严守国家秘密和案件秘密。不得向其泄露犯罪嫌疑人、被告人不应当知道的案卷材料。③会见律师必须严守律师职业道德,坚持原则,不能对犯罪嫌疑人、被告人做出毫无原则的承诺,更不能向犯罪嫌疑人、被告人传递情报、通风报信,串通、诱导犯罪嫌疑人、被告人翻供等。

(3)调查取证。辩护律师在阅读案卷和会见犯罪嫌疑人、被告人的基础上,针对案情已经基本清楚。律师需要调查取证的事实,仅仅是存有疑点和相互矛盾的证据,而不是全部事实证据。律师在调查取证过程中要注意以下问题：①严格按照法定程序调查取证。律师调查取证时应当持有律师事务所的介绍信和律师执照，并由两名律师进行。②严格按照实事求是的原则调查取证，不得采用引诱、欺骗等方式调查取证，更不得指使证人作伪证，否则要承担刑事责任。《刑事诉讼法》第42条规定："辩护人或者其他任何人，不得帮助犯罪嫌疑人、被告人隐匿、毁灭、伪造证据或者串供，不得威胁、引诱证人作伪证以及进行其他干扰司法机关诉讼活动的行为。违反前款规定的，应当依法追究法律责任，辩护人涉嫌犯罪的，应当由办理辩护人所承办案件的侦查机关以外的侦查机关办理。辩护人是律师的，应当及时通知其所在的律师事务所或者所属的律师协会。"③要注意保守国家秘密和当事人个人隐私。

（4）组织辩护观点和辩护思路。律师通过阅卷、会见被告人、进行必要的调查之后，对承办案件的案情会有较为全面的了解。在此基础上，律师需要对全案进行综合分析研究，根据已经掌握的事实和证据，找出有利于被告人的证据和理由，围绕着提出犯罪嫌疑人、被告人无罪、罪轻、从轻或者减轻处罚的辩护目的，组织好辩护观点和辩护思路。辩护观点和辩护思路主要围绕着案件性质、事实认定、刑罚适用以及诉讼程序方面提出。

律师的辩护思路由三部分组成，即辩护论点、辩护论据和辩护方式。在这三者之间，具有关键作用的是辩护论点，因此，律师组织和确定正确的辩护论点是一项十分重要的工作。

（5）撰写庭审质证提纲和辩护词。为了做好庭审质证工作，辩护律师必须提前做好庭审质证提纲，就庭审过程中检察机关可能提出的证据提前做好质证准备，形成书面的质证意见，供法庭参考。庭审质证提纲包括证据目录、证据的真实性、合法性、证明力等方面的辩护意见。

辩护词是代表辩护律师观点的综合性诉讼文书，辩护律师必须认真制作，形成书面的材料。辩护词大体上可以分为三部分，即绪论部分、本论部分、结论部分。绪论部分主要是简明扼要地说明辩护律师对于本案的基本观点，明确辩护律师针对起诉书的主要分歧意见。本论部分是辩护词的论证和核心部分。在这部分内容中，要运用大量、有力、充分的证据，采取各种论证方法，从各个方面与角度，系统论证自己观点的正确性。结论部分是辩护词的总结，是对辩护律师辩护意见的最后陈述和归纳。

3. 庭审过程中的律师辩护工作。法庭审判程序一般分为开庭准备、法庭调查、法庭辩论、被告人最后陈述、宣判阶段。

（1）开庭准备阶段律师的工作。在此阶段，辩护律师要注意合议庭组成人员、鉴定人员是否存在需要回避的情况，并注意应当到庭的当事人、证人、鉴定人员是否到庭。

（2）法庭调查阶段的律师工作。律师在这一阶段的重要任务就是参加庭审质证。辩护律师要针对检察机关提出的证明被告人有罪的证据进行全面的质证，结合证据的合法性、真实性、证明力等各个方面，充分发表辩护律师针对检察机关提供的证据的意见。同时，辩护律师也要根据情况提交证明被告人无罪或者罪轻的证据材料。

（3）法庭辩论阶段律师的工作。在法庭辩论阶段，辩护律师首先要认真听取公诉人的公诉词，抓住公诉词中的矛盾和纰漏，为有针对性地反驳公诉词做好准备。其次，律师要发表辩护词，全面阐述律师的辩护观点。在相互辩论阶段，辩护律师要紧紧围绕着自己的辩护观点，针对公诉词和起诉书中的纰漏进行反驳。

（4）被告人最后陈述阶段的律师工作。律师在被告人最后陈述阶段要注意保护被告人享有的最后陈述权利的行使。如果法庭上出现了妨碍被告人最后陈述权利的情况，辩护律师可以发表意见，建议法庭予以纠正。

（5）法庭宣判阶段的律师工作。在法庭宣判阶段辩护律师要做好以下工作：参加法庭宣判，了解判决内容；及时会见被告人，询问对判决的意见，并对被告人提供相应的法律帮助。

（6）庭后律师总结归档。结案后，承办律师一般应当及时写好办案小结、立卷、归档。卷宗材料的归档顺序的排列，应当按照诉讼程序的客观进程以及形成书面材料的自然顺序进行。卷内材料一般包括：委托书、起诉书、出庭通知书、阅卷笔录、会见被告人谈话笔录、调查材料、庭审记录、辩护词、判决文书、办案小结等。

第六节 律师非诉讼业务

一、律师非诉讼业务概述

律师代理非诉讼法律事务，是指律师接受公民、法人或其他组织的委托，通过诉讼外的途径办理法律事务的一种业务活动。随着社会主义市场经济体制的建立和社会法制化程度的深化，律师业务越来越向非诉讼化扩展,律师代理非诉讼法律业务逐步成为律师业务中最广泛和最重要的一项业务。

非诉讼法律事务的复杂性和多样性,决定了律师代理非诉讼法律事务也具有多样性的特征。近年来,随着律师业务的不断扩大,律师办理非诉讼业务的范围也不断扩大,种类不断增多,归纳起来,大致包括以下几个方面:①接受国家机关、企事业单位、社会团体或公民的委托,担任法律顾问。虽然在多数聘请法律顾问合同中也包含代理聘请方参加诉讼的内容,但是,法律顾问代理顾问单位参加诉讼,一般需要另行办理委托手续。所以,严格意义上的法律顾问,不属于诉讼律师业务,而应当属于非诉讼律师业务。②接受当事人委托,代理单项非诉讼法律事务的办理,例如代理贸易投资、知识产权、证券、金融、税收、保险、房地产、海事海商等民事经济活动中的法律事务。③接受当事人的委托,参与非诉讼调解活动。④接受当事人的委托,参与行政复议、仲裁等非诉讼活动。⑤接受委托针对专项事务出具法律意见书。⑥提供法律咨询、代书法律文书。⑦接受委托,办理其他具有法律意义的事务。

律师办理非诉讼业务具有复杂性、多样性的特点,因此,不可能规定一个统一的工作程序。不同的非诉讼法律事务,可以按照不同的程序去办理。但是,律师办理非诉讼法律事务也具有一些共同的工作程序。主要包括:

1. 接受委托,取得代理权限。无论律师从事诉讼法律事务还是非诉讼法律事务,均不可能自然获得当事人的权利能力。律师要以当事人的名义从事法律行为,必须获得当事人的授权。因此,任何一项非诉讼法律事务的第一项程序就是接受当事人的委托,签订委托代理合同,从而获得当事人的授权,这是律师从事非诉讼法律事务的开始。非诉讼法律事务往往比较复杂,没有明确的界限,因此委托代理合同的签订必须严格、认真,将双方的权利和义务详细加以规定,并且要明确规定合同的生效和终止条件以及律师服务的方式、律师服务报酬的标准及其取得方式等。

2. 制定工作方案。律师在签订合同后,往往对于委托人所委托的非诉讼法律事务的内容和要求已经有了基本的了解。律师应当根据现有材料和当事人的要求等客观条件,制定初步的工作方案。工作方案的内容包括目的要求、现有条件分析、需要获得的工作目标、达到目标的工作方案等。初步方案可以是粗线条的,可以随着条件的变化而修改。但是,为了取得当事人的理解和支持,律师的初步工作方案应当送给当事人征求意见。

3. 调查取证，收集法律事务材料。任何一件法律事务均需要必要的证据材料，这是支持律师工作的事实基础。绝大部分证据材料，可以要求当事人提供，但是有些证据材料，由于当事人没有或者取得较为困难，律师必须采取调查取证手段，进行收集。对于证据材料较多的法律事务，律师应当建立证据目录和证据卷宗，以便于使用方便。

4. 代理当事人实施法律行为。在详细取得有关证据材料的基础上，律师要按照当事人的要求，本着维护当事人合法权益的原则，去完成当事人委托的非诉讼法律事务，并取得标志性的工作成果。

5. 总结归档。建立工作档案是律师的基本业务素质之一。律师从事非诉讼法律事务结束后，也要按照工作进程和工作阶段，建立非诉讼律师业务档案。

二、各种非诉讼律师业务简介

（一）律师担任法律顾问业务

法律顾问的含义有广义和狭义两种理解。广义的法律顾问，是指为有关单位或者个人解答法律询问，提供法律帮助的专业人员，这些人员不限于律师，有一定法律知识、可以为他人提供法律服务的人均可以担任。狭义的法律顾问，专指接受律师事务所的委派，根据律师事务所与聘请单位签订的法律顾问合同，为聘请单位提供法律服务的执业律师。本书中仅指狭义的法律顾问。与律师的其他业务相比，法律顾问具有以下基本特征：

1. 法律地位的独立性。这主要是指法律顾问的活动只对事实和法律负责，不受任何单位、社会团体和个人的干扰和阻挠。法律顾问虽然是为顾问单位服务的，但是并不接受顾问单位的非法干预。

2. 服务内容以及服务方式的综合性及广泛性。律师受聘担任法律顾问是服务性的，这种服务对于聘任单位而言是全方位的，凡是涉及法律方面的事务，法律顾问均可提供帮助。

3. 与顾问单位具有平等的法律关系。顾问律师应聘担任聘方的法律顾问，双方是一种平等的契约关系。双方之间不存在行政隶属关系。

4. 服务对象的相对稳定性。律师从事其他业务具有临时性的特点，一般是具体的单项法律事务结束后，服务关系即告终结。但是，法律顾问一般在一个较长时间内，律师相对稳定地为顾问单位提供法律服务。

法律顾问包括许多种类，按照顾问期限不同，可以分为常年法律顾问和临时法律顾问；根据聘任人不同，可以分为政府法律顾问、企业法律顾问、社团法律顾问、个人与家庭法律顾问等。

无论是何种法律顾问，均应当遵循法律顾问的工作准则。法律顾问的工作原则主要有6项：①预防为主，补救为辅的原则；②指导为主，亲办为辅的原则；③尊重聘方，不强加于人的原则；④优质服务，保护聘方合法权益原则；⑤坚持法制，维护国家利益原则；⑥谨慎从事，严守秘密原则。

（二）律师接受单项委托代理非诉讼法律事务业务

1. 律师见证。律师见证，是指律师应当事人的要求，依法对自己亲身所见的法律事实和法律行为的真实性、合法性予以证明的一种活动。例如，外国人、外国企业和组织在与我国公司、企业签订重大经济、贸易、技术合同时，双方当事人往往要求我国律师给予见证。律师见证，在《中华人民共和国律师法》中并没有作为一项律师业务予以确认，但是在律师业务的实践中已经开展起来，并且起着积极的作用。

律师见证业务的一般做法是：①律师根据当事人的要求，对有关的法律行为或法律事实的真实性、合法性进行审查；②审查当事人、法定代表人及其代理人的法律资格是否合法；③在当事人所签订的法律文件上写明法律评语；④制作律师见证文书，在签订的律师见证文书上签名，并加盖律师事务所印章；⑤装卷归档，将律师见证的有关法律事实和法律文件，制作律师工作档案，装卷归档，以备查阅。

2. 资信调查。律师进行资信调查，可以根据当事人的委托，以委托人的名义进行，也可以直接使用律师事务所的名义进行。调查的途径，可以通过对方当事人所在地的商务机构、工商登记管理机构、金融机构、咨询机构或者我国驻外使领馆调查；也可以直接要求对方当事人出具有关证明文件，如银行资信证明等。

律师资信调查主要包括以下内容：被调查者的民事主体资格，如是否具备法人资格、是否进行了工商登记等；审查对方当事人的经济状况，如注册资本、实收资本、资产负债情况、收支状况、经营内容和经营水平、生产能力以及技术设备能力等；审查对方的商业信誉状况，如产品质量、履约能力、企业信誉等。调查完毕，形成书面调查报告，提交委托人，供签约时参考。

3. 出具法律意见书。在实践中，当事人经常就某项特定的法律事务委托给执业律师，要求执业律师就该法律事务提供全面的法律意见书。法律意见书是律师在认真调查取证、综合分析法律事务的基础上，针对该法律事务发表的综合性的法律文书，是当事人做出正确决策的重要参考依据。

例如关于外商投资的法律意见书、国内企业重组改制的法律意见书、单位处理某项具体事件的综合法律意见书等。

律师出具法律意见书一般应当包括以下内容：法律事务简要陈述；基本材料归纳描述与分析；法律事务的解决方案和法律可行性分析；适用法律分析；法律建议。出具法律意见书要求律师必须紧紧围绕着委托人的要求去论证，得出肯定或者否定的建议意见。在出具的法律意见书中必须针对可能产生的法律问题全面予以分析，并提出切实可行的解决方案。

（三）律师参与非诉讼调解业务

调解是依照国家的政策和法律，用说服教育的方式，劝导双方当事人相互谅解，通过协商的办法解决纠纷。律师参与非诉讼调解的方式主要有三种：

1. 代理委托人参加有关调解组织的调解活动。在实践中，除了诉讼中人民法院主持的调解活动以外，还包括人民调解委员会和行政机关的调解。在这些调解活动中，当事人可以委托律师代理参加调解，从而维护自己的合法权益。有关组织的调解是具有法律效力的调解，调解的结果对于当事人具有法律约束力。因此，律师代理当事人参加调解，应当办理授权委托手续，并且在调解过程中，切实保护当事人的合法权益。

2. 律师主持调解。对于律师能否在民事活动中主持非诉讼调解，法学界有两种观点：一种观点认为，律师在非诉讼调解中，只能是一方当事人的代理人，只能以一方当事人的代理人的身份参加调解、仲裁，不能一手托两家主持调解。另一种观点认为，只要律师取得双方当事人的信任，律师秉公主持调解是完全可行的。本书采用后者的观点。律师主持调解，是指律师接受双方当事人的委托，作为争议双方的调停人主持的调解。律师主持调解，其任务是在双方当事人之间，通过疏通劝导，促成双方当事人达成协议，解决争议。律师主持调解，既可以主持调解民事纠纷，也可以主持调解经济合同纠纷。律师主持调解的基本程序是：接受委托，办理委托合同；查清事实，分清责任，找准争议焦点；提出调解方案，主持调解；制作调解协议书；调解协议书的执行。

3. 律师代理和解。律师代理和解，是指纠纷发生后，律师接受一方当事人的委托，积极与对方当事人协商，在彼此谅解的基础上达成和解协议的纠纷解决方式。律师代理和解的特点是，没有第三人主持进行，完全是双方进行协商，自愿处分自己的实体权利，而后双方共同达成解决问题的协议。由于这种方式省事、省时、省力，解决问题快，现在已经成为解决国内经济纠纷的一种重要方式,也是世界各国解决国际贸易纠纷中的习惯做法。

律师在代理和解过程中,处于一方当事人的地位,与对方当事人的地位是平等的。因此律师在办理代理和解业务时要注意以下问题:要严格办理委托手续,明确授权范围;要搞清事实、分清责任,在此基础上平等互利、协商一致;要在必要的时效内完成和解工作,防止因无休止的和解工作而耽误一方的索赔权和胜诉权。

(四)律师参加仲裁业务

仲裁,是指根据当事人之间的仲裁协议,由法定仲裁机构针对当事人之间的民事纠纷进行居间裁决的行为。《中华人民共和国仲裁法》于1995年9月1日起生效。根据《仲裁法》,仲裁具有以下基本特征:①仲裁的范围包括平等主体的公民、法人和其他组织之间发生的合同纠纷和其他财产权益纠纷。②仲裁必须依据仲裁协议进行,《仲裁法》第4条规定:"当事人采用仲裁方式解决纠纷,应当双方自愿,达成仲裁协议。没有仲裁协议,一方申请仲裁的,仲裁委员会不予受理。"③仲裁实行一裁终局制度。仲裁裁决做出后,当事人就同一纠纷再申请仲裁或者向人民法院起诉的,仲裁委员会或者人民法院不予受理。

律师接受当事人的委托,以代理人的身份代理仲裁当事人参与仲裁活动。律师参与仲裁活动的基本工作程序包括:

1. 接受委托,签署委托代理合同。律师在接受委托,代理仲裁案件时,除了审查委托人的资格外,还必须审查争议双方当事人之间是否达成了仲裁协议。如果没有仲裁协议,应告知当事人只能通过诉讼途径解决纠纷,不能申请仲裁。

2. 调查取证。仲裁是一种准诉讼活动。仲裁的过程在程序上有很多地方类似于诉讼活动。其中调查取证是律师代理仲裁的一项主要工作。

3. 为当事人撰写仲裁申请书或者仲裁答辩状。在仲裁开庭以前,代表双方当事人主要观点和争议焦点的仲裁文书就是申请方的仲裁申请书和被申请方的仲裁答辩状。在开庭以前,仲裁员都要认真、仔细研究申请书和答辩状。代理律师必须重视这两份材料的撰写。

4. 准备仲裁庭开庭质证提纲和仲裁代理词。这两项内容,类似于诉讼程序中的法庭质证提纲和代理词。仲裁裁决书具有一个很大的特点,就是要全面概括当事人的要求和观点,包括对有关证据的理解和质证观点,在充分说明当事人观点的基础上,由仲裁裁决书阐明仲裁庭的观点和理由。

因此，相对于诉讼而言，代理仲裁的律师针对证据的质证观点更为重要。

5. 参加仲裁庭开庭审理活动。在仲裁庭开庭审理期间，代理律师的主要任务是参加仲裁庭开庭的事实调查质证活动和仲裁庭组织的辩论活动。

6. 接受裁决，总结归档。由于仲裁实行一裁终局制度，因此，对于仲裁裁决，当事人只能接受，不能再提起诉讼。一旦裁决结束，就意味着律师代理仲裁程序的结束，律师就应当及时将仲裁裁决书送交当事人，并及时总结归档，结束代理工作。

（五）律师法律咨询和代书业务

律师法律咨询，是指律师根据当事人的询问，为当事人解答法律疑难问题的业务活动。法律咨询是律师为社会各界提供法律服务的一种重要方式，其特点是：①法律咨询具有广泛性。法律咨询的主体广泛，包含社会各界；法律咨询询问的问题广泛，涉及社会生活的方方面面；法律咨询涉及的法律广泛，涉及国家颁布的各项法律、法规；法律咨询的服务手段广泛，不仅需要法律知识，还需要其他各项社会科学知识与自然科学知识。②法律咨询的意见和建议不具有约束力，只供咨询人参考。③法律咨询具有很强的针对性，往往询问人是为了解决具体问题进行咨询，要求律师给予明确的、可操作性的解答。

律师解答法律咨询要坚持"以事实为根据，以法律为准绳"的原则，不能离开事实和法律，仅凭个人感情进行解答。律师的解答必须基于基本的事实，严格按照法律要求解答。同时，解答法律询问要坚持说服教育、息讼解纷的原则，不得利用解答法律咨询故意挑起事端。

解答法律咨询的基本方式有两种：①口头方式，对于较为简单的法律问题，可以采用随时咨询、口头解答的方式，来满足咨询人的要求；②书面方式，对于比较复杂的法律咨询，律师应当认真仔细研究，形成书面解答意见，甚至出具正规的法律意见书，给予当事人全面的法律解答。究竟采用何种方式，要根据具体业务情况，区别对待。

代书是律师代写法律文书的简称，是指律师根据委托人提供的事实和证据，按照委托人的意志并以委托人的名义，依据法律，代替委托人书写法律文书的专业活动。律师代书活动的基本特征是：①律师代书反映的是委托人的合法意志，并且以委托人的名义进行；②代书必须依据事实和法律进行撰写；③代书的目的是为了维护委托人的合法权益。

律师代书不同于一般写文章，它有独特的表达方式。律师代书不仅要具备法律文书写作的基本知识，还必须具备相当的业务知识和写作能力。

律师代书的基本要求是：

1. 叙述事实要清楚、具体，责任要明确。要将涉及的事实的时间、地点、经过、原因全面扼要地陈述清楚。要抓住案情的关键所在，围绕中心，抓住要害，把整个事实叙述清楚。

2. 说理要充分，力戒空谈。说理正确，表现为观点正确，引用法律条文明确，法律与事实结合密切，适用得当。

3. 行文要简练、朴实、清楚、通顺，避免冗长和重复。

4. 格式要严谨统一，制作要规范。各类法律文书均有统一的格式化要求，律师代书要按照要求制作法律文书，使人们通过律师代书的法律文书能够简明扼要地明确案件事实和当事人的要求以及事实证据与法律适用条文。

第七节 律师执业中的法律责任

为了规范律师业的发展，应当建立和完善律师执业法律责任制度。法律责任，是指法律关系主体违反法律规定而应当承担的否定性法律后果。根据法律关系主体违反法律规定的性质不同，法律责任可以分为刑事责任、民事责任和行政责任。律师在执业活动中，由于违反法律规定或者违反与当事人之间的约定，也要承担相应的法律责任。

一、律师执业中的刑事责任

律师作为特殊主体，在执业活动中的刑事责任集中反映在《刑法》第306条所规定的律师刑事责任。《刑法》第306条第1款规定："在刑事诉讼中，辩护人、诉讼代理人毁灭、伪造证据，帮助当事人毁灭、伪造证据，威胁、引诱证人违背事实改变证言或者作伪证的，处3年以下有期徒刑或者拘役；情节严重的，处3年以上7年以下有期徒刑。"本条规定涉及辩护人、诉讼代理人毁灭证据罪、伪造证据罪、妨害作证罪3个罪名。

虽然近几年来，法学界和律师界呼吁废除《刑法》"306条款"的呼声一直居高不下，但是，应当看到，我国《刑法》"306条款"规定是有刑法理论根据的。任何一种行为是否在《刑法》规定中入罪，主要是由这种行为的社会危害性所决定的。我们不能否认极少数素质较差的执业律师，在刑事诉讼中确实存在"毁灭、伪造证据，帮助当事人毁灭、伪造证据，威胁、引诱证人违背事实改变证言或者作伪证"的情况。如果出现这种情况，将对国家的司法活动造成极大危害，使应当受到刑事追究的人逃避法律的制裁。这种行为与司法人员在办理案件过程中的刑讯逼供、枉法裁判等行为的社会危害性是一样的，都侵犯了刑法所保护的社会秩序，应当受到刑事制裁。

二、律师执业中的民事责任

律师事务所与委托人之间存在委托合同法律关系，根据合同法的基本原则，律师事务所与委托人之间的地位是平等的，律师事务所及其律师应当按照诚实信用的原则，尽职尽责地履行委托合同约定的义务，为委托人提供有效的法律服务，维护委托人的合法权益。如果律师在履行职务的过程中，违反了合同约定的义务，侵犯委托人或者第三人的合法权益，就应当按照民法以及有关法律的规定承担相应的民事责任。对于我国律师执业中的民事赔偿责任，在《律师法》第54条中已经有了十分明确的规定，"律师违法执业或者因过错给当事人造成损失的，由其所在的律师事务所承担赔偿责任。律师事务所赔偿后，可以向有故意或者重大过失行为的律师追偿。"可见，律师事务所及律师的民事赔偿责任有明确的法律依据。

关于律师的民事赔偿责任，在性质上属于侵权责任还是违约责任，在理论界认识上还有争议。确定法律责任的性质在于承担法律责任的事实基础。不同的民事法律事实产生的民事法律责任的性质是不同的。律师提供法律服务的范围和方式是非常广泛而复杂的，既有诉讼业务，也有非诉讼业务；既有普通的委托事项，也有复杂的委托事项。律师民事赔偿责任产生的前提条件，虽然都有委托合同作为基础，但是律师的执业行为却不是单一的。律师执业行为中产生的不同法律事实决定着不同性质的民事责任，根据不同的民事法律事实，律师民事赔偿责任仍然可以划分为违约责任和侵权责任。律师执业行为中违约责任与侵权责任的区别就在于产生民事责任的律师执业行为是否属于委托协议中所约定处理法律事务的范围。如果律师事务所及律师没有履行合同约定的为委托人提供法律服务的义务，则属于承担违约责任的范畴；如果律师事务所及律师所实施的行为已经超出委托协议约定的范围，并给委托人和第三人造成损害的，则构成侵权，应当承担侵权责任。

三、律师行政责任

如同律师民事责任的责任主体包括律师和律师事务所一样，律师行政责任中的责任主体也包括律师和律师事务所。律师行政责任，是指律师、律师事务所违反法律法规、律师职业道德与执业纪律而应当承担的行政法律后果。为了规范律师执业行为，建立良好的律师执业秩序，我国历来重视对律师执业的管理和规范，不断完善律师行政责任制度。目前针对律师和律师事务所的行政处罚主要规定在《律师法》和2010年4月8日司法部发布的《律师和律师事务所违法行为处罚办法》中，该《办法》自2010年6月1日起施行。

《律师法》第47条规定，律师有下列行为之一的，由设区的市级或者直辖市的区人民政府司法行政部门给予警告，可以处5 000元以下的罚款；有违法所得的，没收违法所得；情节严重的，给予停止执业3个月以下的处罚：①同时在两个以上律师事务所执业的；②以不正当手段承揽业务的；③在同一案件中为双方当事人担任代理人，或者代理与本人及其近亲属有利益冲突的法律事务的；④从人民法院、人民检察院离任后2年内担任诉讼代理人或者辩护人的；⑤拒绝履行法律援助义务的。第48条规定，律师有下列行为之一的，由设区的市级或者直辖市的区人民政府司法行政部门给予警告，可以处1万元以下的罚款；有违法所得的，没收违法所得；情节严重的，给予停止执业3个月以上6个月以下的处罚：①私自接受委托、收取费用，接受委托人财物或者其他利益的；②接受委托后，无正当理由，拒绝辩护或者代理，不按时出庭参加诉讼或者仲裁的；③利用提供法律服务的便利牟取当事人争议的权益的；④泄露商业秘密或者个人隐私的。第49条规定，律师有下列行为之一的，由设区的市级或者直辖市的区人民政府司法行政部门给予停止执业6个月以上1年以下的处罚，可以处5万元以下的罚款；有违法所得的，没收违法所得；情节严重的，由省、自治区、直辖市人民政府司法行政部门吊销其律师执业证书；构成犯罪的，依法追究刑事责任：①违反规定会见法官、检察官、仲裁员以及其他有关工作人员，或者以其他不正当方式影响依法办理案件的；②向法官、检察官、仲裁员以及其他有关工作人员行贿，介绍贿赂或者指使、诱导当事人行贿的；③向司法行政部门提供虚假材料或者有其他弄虚作假行为的；④故意提供虚假证据或者威胁、利诱他人提供虚假证据，妨碍对方当事人合法取得证据的；⑤接受对方当事人财物或者其他利益，与对方当事人或者第三人恶意串通，侵害委托人权益的；⑥扰乱法庭、仲裁庭秩序，干扰诉讼、仲裁活动的正常进行的；⑦煽动、教唆当事人采取扰乱公共秩序、危害公共安全等非法手段解决争议的；⑧发表危害国家安全、恶意诽谤他人、严重扰乱法庭秩序的言论的；⑨泄露国家秘密的。律师因故意犯罪受到刑事处罚的，由省、自治区、直辖市人民政府司法行政部门吊销其律师执业证书。

第八节 中国律师制度的改革与发展

中国现代的律师制度是随着改革开放的步伐而逐步恢复和发展起来的。从中国律师制度恢复至今的 20 多年的时间里，中国律师制度始终是在改革和完善的过程中逐步成长起来的。21 世纪的中国律师业面临着历史性的发展机遇和严峻挑战。为了适应时代的要求，中国律师业必须坚持不断改革与发展的道路。

一、中国律师事务所的改革与发展

律师制度改革的关键在于律师事务所的改革。整个律师业走向规模化、规范化发展过程中的关键因素也在于建立适应市场经济发展的律师组织形态——律师事务所。因此，我们在探索中国律师制度改革过程中，有必要对中国律师事务所的改革和发展问题进行探讨，探索出适应中国国情和律师业发展要求的律师组织形态。

（一）中国目前律师事务所存在的弊端

按照市场经济的发展要求，对照国外律师业的发展经验，我国的律师事务所还存在着一系列的组织缺陷，成为阻碍律师产业化发展的障碍。

1. 思想观念陈旧，市场主体意识差。许多律师仅仅将律师事务所作为收费、谈业务的一个场所和招牌，没有意识到律师事务所是整个律师业的发展载体。许多律师对律师事务所的长远发展缺乏探索的兴趣。律师重视个人直接收入的多少，根本不考虑律师事务所的积累与长远发展就充分说明了这一问题。律师队伍中对于律师执业组织的离心力，以及对于律师执业组织缺乏归属感的思想倾向，不能不看作是律师队伍目光短浅的表现。律师队伍中较为普遍存在的不重视律师事务所长远发展的表现，将严重阻碍律师业的健康发展。

2. 律师事务所整体规模普遍较小，缺乏大型行业骨干律师事务所对律师业发展发挥导向作用。这种状况是与我国市场经济起步较晚，律师事务所的市场化发展时间较短有直接关系的。随着市场竞争的加剧，规模化、专业化的律师事务所越来越显示出其巨大的竞争力，中国律师事务所走规模化、专业化道路的发展方向已经初露端倪。由于法律服务市场的多层次性和多样化需求，我们并不追求所有的律师事务所都走规模化的发展道路，事实上这也是不可能和不必要的。但是，在国民经济的任何一个行业中必须有代表这个行业发展方向和发展水平的龙头企业，才能不断带动这个行业向前发展，这是产业经济学已经证明了的行业发展规律。在中国律师业，缺乏的就是一批具有相当规模和水平的大型律师事务所来带动整个律师产业的发展。当然，律师事务所的规模化和专业化是市场竞争和市场选择的结果，而不是人为组成的。那种缺乏市场基础和合作基础、人为造就大型律师事务所的做法是违背市场规律的，是不可取的。

3. 律师事务所内部专业分工较低，竞争能力差。现代社会的发展趋势是分工越来越细，法律服务市场也必将适应整个市场经济的要求，划分出越来越细致的服务领域。"万金油"式的律师人才和律师事务所越来越不适应市场的要求。目前受律师业务水平的主观限制和法律服务市场开拓水平的客观限制，以及律师业务收费的利益驱动等因素的影响，我国律师业分工水平是非常低下的。一个行业分工水平较低，意味着这个行业的幼稚。这种局面造成了下列弊端：①整个律师行业在一般法律业务中形成低水平的垄断式的竞争；②不利于高水平律师和律师事务所积极开拓法律服务市场；③不利于优秀律师人才的成长。这种状况最终要阻碍律师业的发展。

4. 律师事务所急需建立科学的产权机制和分配机制。市场经济是一种权利个体化和明晰化的经济。在市场经济条件下，社会本位观念和组织本位观念要让位于个人权利本位观念。因此，在市场经济条件下，最不可忽视的就是组织成员的个人权利。要适应这一时代发展趋势，在构建具有中国特色的律师事务所的过程中，必须解决的问题就是产权问题和科学的分配机制问题。而这两个既有区别又相互联系的问题，是我国律师事务所改革过程中的难点和重点。在这一方面存在的问题有：产权结构不清晰；产权结构不科学不合理，即没有按照律师业的特点建立一套行之有效的规范化的产权结构机制；资本投入和律师劳动贡献投入在产权结构中的结合问题没有从理论上和实践中得到解决；在产权结构的设定和分配机制上仍然没有摆脱平均主义思想观念的束缚；律师事务所积累与消费的分配关系没有从根本上得到解决；甚至至今国家财政部门也没有制定出一套适合律师事务所的财务分配和财务管理制度，等等。产权问题和分配机制问题不能从根本上得到科学化、规范化的解决，就不可能造就适应律师业发展的律师事务所运行机制。

5. 律师事务所管理水平差，缺乏律师事务所的职业管理队伍。一个行业能否实现管理的专业化和职业化，是这个行业是否成熟的一个重要标志。中国的律师事务所普遍存在的执业律师兼顾律师事务所管理的局面，是小作坊式的律师事务所经营方式的重要表现。因为只有在小作坊式的经营方式中，才为了减轻管理成本，形成业主式的管理方式。这种状况是律师事务所难以形成凝聚力、难以获得长远发展、难以成为规模所的根本原因之一。因此，中国律师界必须建立职业经理人制度，要加强律师事务所的职业经理人的培养，通过一定的规章制度的形式肯定事务所职业经理人的地位和管理权限、责任，引导律师事务所的管理走向专业化和职业化的道路。律师事务所的职业经理人制度应当是律师业发展过程中必须的基本制度。

6. 缺乏企业化的资本经营机制和市场营销、成本核算、利润管理等管理理念和管理制度。由于长期将律师事务所作为事业单位管理的历史惯性的影响，目前律师事务所的管理中仍然采用事业化的管理理念和管理模式。律师事务所的管理者始终缺乏企业家的头脑和意识。在现代企业管理中已经普遍采用的一些管理手段，没有被引入律师事务所的管理过程之中。尤其是涉及律师事务所发展速度、发展方向和发展规模的资本经营机制、利润管理机制、成本核算机制、市场营销与策划等管理措施，很少在律师事务所的管理中应用。

（二）建立公司制律师事务所是我国律师事务所的改革方向

鉴于中国的律师事务所存在的一系列不适应市场经济要求的弊端，中国律师制度改革的关键就在于律师事务所的改革。律师事务所体制改革的目标是通过运用市场机制，按照公司运行规则来构建我国现代律师事务所体制，即建立公司制律师事务所，使我国律师事务所真正达到"产权清晰、权责明确、管理科学"的要求。中国律师的改革与发展，需要一种与市场经济机制相适应的创新机制，律师事务所的制度创新是中国律师业创新的重要方面。律师事务所公司化是律师事务所制度创新的实现形式。

所谓律师事务所的公司化，是指律师事务所在组织形式、产权结构、管理方式、责任承担等方面，符合公司制度的要求，使律师事务所建立起符合公司制度要求的组织机制、职责权利机制、管理机制和经营机制，使律师事务所在法律地位上符合市场经济发展的要求，形成一个产权明晰、权责分明、管理科学，激励和约束相结合的律师事务所内部管理体制，从而实现律师事务所的专业化和规模化发展。

律师事务所的公司化是社会经济发展的结果。律师事务所的公司化属于制度范畴问题。律师事务所的组织形态可以是多种多样的，但是每一种律师事务所形态的存在和发展，是由社会经济条件决定的，是社会经济发展的必然产物。从当代世界各国经济状况和国际经济一体化的情况来看，律师事务所的公司化也是势在必行。从当前律师业的发展趋势看，公司制律师事务所将是律师事务所组织形态中占主导地位和代表律师事务所发展方向的组织形态。

律师事务所的公司化是律师组织形态合乎规律发展的结果。律师事务所作为一种社会组织有其内在发展的规律性。从理论上讲，律师事务所组织形态受一定的机制支配，这种机制支配着人们对律师事务所组织形态的选择。这种支配机制，就是与经济机制相适应的市场机制和非市场机制。

1. 市场机制决定了适用公司制律师事务所组织形态的必要性。在市场经济条件下，市场的参加者参与市场的目的，就是为了获得"剩余权益的最大化"。律师在法律服务市场上，是以法律服务交易者的身份出现的，律师一般不能以单个律师的形式同法律服务的需求者订立和履行法律服务合同，否则就会造成交易成本太高。法律服务需求的多样性和层次性也要求在律师之间必须建立起一种合作关系。律师在向法律服务市场提供法律服务时，还存在着律师人员数量与服务质量之间的矛盾。总之，律师在市场上要实现其服务的目的，出于交易成本费用的节约、相互协作的必要性和供求矛盾等方面的考虑，就必须将律师按照合乎规律的形态组成一个有机的单位。由此不难看出，律师事务所之所以采取一定的组织形态是由法律服务市场的机制决定的，这种机制为公司制律师事务所的发展提供了机制上的可能。律师事务所作为市场经济的参加者，同样受市场机制的影响，以"权益最大化和成本最小化"为其组织形态的选择目标。因此，律师事务所的公司化是由市场经济条件下的市场机制决定的。

2. 律师事务所的公司化是由非市场机制决定的。从经济组织制度角度考察可知，经济组织在历史上依次经过了由低到高三种经济组织制度，即业主制、合伙制和公司制。这三种制度的产生是由产权主体、管理制度和责任形式决定的。同样，律师事务所也存在着个体制（律师个人开业）、合伙制和公司制三种形态。个体制律师事务所，由于产权属于开业律师本人，管理属于本人，开业律师也必然要对其律师事务所承担无限责任，同时，这样的律师事务所无法容纳较多的律师参与社会服务，因而无法进行专业化分工和较大规模的发展，这种形式与当今日益发展的法律服务市场不相适应。合伙所，产权主体是多个合伙律师，合伙律师之间是一种财产共有关系，在管理上和对外交往方面是相互的代理关系，由于这种财产共有和代理关系决定了合伙所交易成本较高，同时合伙人之间的多个代理和合伙契约关系的存在，使律师事务所存在着权益与投入之间的矛盾，规模扩大与数个契约关系相互冲突的矛盾，这些矛盾影响律师事务所组织的稳定，也可能因律师之间合作的原因而影响律师事务所规模的扩大。诚然，合伙所是西方律师业发达国家律师事务所的传统形式，而且有的律师事务所规模也相当大，但对这些较大规模的律师事务所进行分析可以发现，这些名为合伙制的律师事务所实际上已经存在着公司化的机制，而且，从西方律师业发达国家（如英国、美国、加拿大等国）的律师事务所组织形态来看，公司制实际上已经成为律师事务所组织的现有形态，具有不断发展的趋势。公司制律师事务所是多个产权主体共同组成律师事务所，律师事务所投资者的财产所有权与律师事务所的财产权是分离的。律师事务所的管理由代表机构来完成，律师事务所的责任是有限责任，既具有财产关系明晰，又有使投资者失去对组织财产支配的特点，从而使律师事务所具有组织稳定、管理成本低、法律风险小、规模容易扩大等优点。总之，公司制律师事务所是我国律师事务所发展的必然形态，是在律师业国际国内竞争日益激烈的条件下律师事务所发展的必由之路，也是律师事务所发展的一种高级形态，有利于律师业的健康发展。

二、律师行业管理体制的改革与发展

（一）我国律师管理制度的现状

从世界范围看，律师管理体制在不断向行业化方向发展，大多数发达国家和一部分发展中国家已经基本上实现了对律师管理主要或完全由律师行业组织来进行。律师组织的自治程度在不断加强。国家或律师行业组织对律师实行法律化、规范化管理，主要通过从律师队伍的入口把关，即通过严格的律师从业资格制度，以保证律师具有履行自己职责的能力和品行。

自律师制度恢复以来，我国的律师管理体制经历了两个发展阶段，即单一的政府管理体制阶段和政府管理与行业协会管理"两结合"阶段。律师制度恢复初期的单一化的行政管理体制是计划经济条件下的产物。随着计划经济体制逐步被打破，这一管理模式的弊端越来越明显。从20世纪80年代中期开始，随着我国律师制度在总体上的不断变化，律师管理体制也在逐步演变。变化的基本方向是从单一化的行政管理体制向行政管理与行业管理相结合的方向发展。1986年7月，第一届全国律师代表大会在北京召开，正式成立了中华全国律师协会。这标志着我国律师行业组织的建设迈出了重要一步。但是，在实践中，各级律师协会的主要领导一般由司法行政机关的领导兼任，律师协会在律师管理体制中基本处于辅助地位，行业管理的色彩不太明显。1993年12月，国务院批转了《司法部关于深化律师工作改革的方案》（以下简称《方案》）。《方案》指出，要"从我国的国情和律师工作的实际出发，建立司法行政机关的行政管理与律师协会行业管理相结合的管理体制。经过一个时期的实践后，逐步向司法行政机关宏观管理下的律师协会行业管理体制过渡"。《方案》明确提出了我国律师管理体制改革的现实模式和目标模式，为改革指明了方向。1996年5月通过的《律师法》把司法行政机关监督、指导和律师协会行业管理相结合的管理体制以法律的形式固定了下来。《律师法》专设一章对律师协会作了规定，明确了"律师协会是社会团体法人，是律师的自律性组织"。

（二）我国律师管理制度改革的方向

我国律师业管理体制的改革方向早在1993年颁布的《司法部关于深化律师工作改革的方案》中就已经明确，即"从我国的国情和律师工作的实际出发，建立司法行政机关的行政管理与律师协会行业管理相结合的管理体制。经过一个时期的实践后，逐步向司法行政机关宏观管理下的律师协会行业管理体制过渡"。《律师法》进一步对此做出了明确的法律规定。实践证明，这一改革方向是适应中国国情的，也是适应律师业的发展要求的。中国律师业管理体制的改革方向概括为一句话就是："司法行政机关宏观管理下的律师协会行业管理体制"。对于这一改革方向，我们应当着重把握以下几点：

1. 司法行政机关对于律师业的管理处于宏观管理的主导地位。《律师法》第4条明确规定，国务院司法行政部门依照本法对律师、律师事务所和律师协会进行监督、指导。可见，司法行政机关的宏观行政管理在律师管理体制的两结合中居于主导地位，律师协会行业组织及其活动应当接受其宏观管理。

2. 司法行政机关的宏观行政管理权限主要包括起草律师管理法规、制定律师管理规章、授予律师资格、颁发律师执业证书、批准律师执业机构的设立以及针对律师和律师执业机构的违法行为行使行政执法权等。

3. 律师协会的行业管理是未来律师业管理的基础，大量的微观管理行为和具体事务性的管理工作均需要由律师协会进行行业管理。律师协会是独立的社会法人团体和律师的自律性组织，作为律师协会的会员，所有律师必须接受律师协会的行业管理。律师协会的管理职能主要包括：保障律师依法执业，维护律师的合法权益；总结、交流律师的工作经验；组织律师的业务培训；进行律师职业道德和执业纪律的教育、检查和监督；组织律师开展对外交流；调解律师执业活动中发生的纠纷；对律师给予奖励或处分等。

三、中国律师业务范围的改革与发展

在律师业务范围方面，值得研究的问题是律师是否有权从事《律师法》第28条规定的律师法定业务以外的服务项目。从理论上讲，现在是信息社会，律师的法律服务具有复杂性，随着律师业的发展，律师事务所作为市场中介组织，应当具有广泛的业务范围，而不必局限于《律师法》第28条规定的业务范围。随着律师业的发展，律师业的服务市场出现非法律化的趋势，出现了律师业的非法律服务市场。在知识经济和法制经济同步发展的时代，知识经济的各个领域时刻也离不开法律的支持，一些需要专业知识的服务项目，同时也需要法律服务的支持。这就为律师业拓展非法律服务空间提供了可能。在西方发达国家的大型律师事务所，已经不仅仅从事法律服务，而是成为以法律服务为主，同时提供多种中介服务的中介经济组织。在这些国家，律师服务的非法律化，是律师在竞争中取胜的"秘密武器"。律师事务所招聘工程师、会计师、经济师、医生、电脑专家、金融专家等，从而向社会提供法律服务之外多项专业知识服务，大大地开拓了律师的服务市场空间。随着中国律师业的发展，律师服务的非法律化市场空间也是非常大的。

在改革和拓展律师业务范围方面，理论界提出了律师业务法定化的观点。我国《律师法》虽然规定了律师的法律地位，但《律师法》并没有将律师业务做出全面准确的界定，律师的法定业务极其有限，这直接导致了律师业在我国还没有取得与其他产业相同的地位。因此，在推动中国律师业积极拓展法律服务市场方面，要进行进一步改革，在充分认识到"法定"业务对律师产业需求与供给的影响基础上，通过立法进一步明确律师的地位，确认律师的业务范围，进而使律师业向着专业化、规模化、产业化方向发展。律师业务法定化包含两层基本含义：一方面，律师法定业务范围的扩大，通过《律师法》和其他法律、法规的规定，将全部法律服务市场毫无保留地向律师开放，打破法律服务市场中的各种针对律师业的封

闭"堡垒",如在税务代理、知识产权代理等各种行业性的封闭,要明确规定允许律师业混业经营,积极扩大律师业的法定经营领域。另一方面,对于专业性较强的法律服务领域,如重大涉外法律事务、证券法律服务事务、企业重组改制法律事务、房地产法律事务、融资租赁法律事务等,可以积极探索强制律师代理制。

四、律师收费制度的改革与发展

律师业生存的经济基础是律师收费。律师不是国家的工作人员,没有工资收入,律师业是依靠收取律师服务费用来维持生存和发展的。从本质上讲,律师向社会提供法律服务是一种商业行为,律师收费就是这种商业服务行为获得的报酬。长期以来,由于我国对律师业的定位局限于将律师业作为司法制度的组成部分来看待,因此,忽视了律师业的商业属性,导致在律师业收费问题上长期存在理论上的争论,其结果导致实践上的混乱。为了加快我国律师业的发展,加快改革律师收费制度已经势在必行。

(一)我国目前律师业收费制度的基本情况

2006年6月国家发改委、司法部联合发布《律师服务收费管理办法》,该《办法》自2006年12月1日起执行。根据《律师服务收费管理办法》,我国目前的律师业务收费制度主要包括以下内容:

1. 律师事务所统一收费制度。《律师服务收费管理办法》第22条第1款规定:"律师服务费、代委托人支付的费用和异地办案差旅费由律师事务所统一收取。律师不得私自向委托人收取任何费用。"这一规定表明,律师向当事人提供法律服务,必须是以律师事务所的名义与委托人形成服务合同关系,律师是代表律师事务所来履行该法律服务合同。因此,有权收取律师费的主体是律师所在的律师事务所,而不是律师个人。

2. 律师服务收费实行政府指导价和市场调节价相结合。按照《律师服务收费管理办法》第5条的规定,我国律师服务收费的确定标准分为政府指导价和市场调节价两种。律师事务所依法提供下列法律服务实行政府指导价:代理民事诉讼案件;代理行政诉讼案件;代理国家赔偿案件;为刑事案件犯罪嫌疑人提供法律咨询、代理申诉和控告、申请取保候审,担任被告人的辩护人或自诉人、被害人的诉讼代理人;代理各类诉讼案件的申诉。律师事务所提供其他法律服务的收费实行市场调节价。

3. 律师收费采用计件收费、按标的比例收费、计时收费和风险代理收费四种收费方式相结合。按照《律师服务收费管理办法》第10~12条的规定,计件收费一般适用于不涉及财产关系的法律事务;按标的额比例收费适用于涉及财产关系的法律事务；计时收费可适用于全部法律事务。办理涉及财产关系的民事案件时，委托人被告知政府指导价后仍要求实行风险代理的，律师事务所可以实行风险代理收费，但下列情形除外：婚姻、继承案件；请求给予社会保险待遇或者最低生活保障待遇的；请求给付赡养费、抚养费、扶养费、抚恤金、救济金、工伤赔偿的；请求支付劳动报酬的等。禁止刑事诉讼案件、行政诉讼案件、国家赔偿案件以及群体性诉讼案件实行风险代理收费。

（二）我国律师收费制度改革的方向

我国律师收费制度的改革方向，从总体上讲，应当是适应社会主义市场经济的需要，积极探索适合中国国情的律师收费制度。在这一探索过程中，应当体现和坚持以下原则：

1. 坚持以市场调节为主、国家干预为辅的原则。律师依法为社会提供法律服务，并获得服务报酬，这是一种市场行为。既然是市场行为，律师收费就要接受市场经济规律的制约。因此，律师收费主要应当依靠市场竞争机制来确定。过多强制限定律师收费标准，必然违背市场经济规律，最终也限制了律师行业的发展。但是，同时也应当看到，律师行业具有特殊性，律师收费涉及司法公正和国家、社会以及当事人等一系列利益关系，因此，律师行业不同于一般的产业，必须保持国家针对律师收费制度在宏观上的适度干预。

2. 当事人协商收费为主、法定收费标准为辅的原则。市场经济条件下，在不违背法律和社会公共利益的前提下，法律应当尊重当事人的意思表示。因此，在律师收费方面，由当事人与律师事务所进行协商，即采用协商收费制度应当成为律师收费制度的核心。只有为了防止不正当竞争或者对于一些特殊法律服务项目，为了保证法律的实施，国家可以采取法定收费标准来规范小部分的律师收费项目。

3. 因地制宜、区别对待的原则。我国律师业务的发展水平很不平衡，东西部地区之间有差距，大城市与中小城市有差距，城市与农村有差距。因此，在改革律师的收费制度时，必须考虑到律师业务的区域差距，采取区别对待的收费办法。

4. 鼓励律师业务专业化发展的收费原则。为了鼓励律师向专业化方向发展，必须改革目前主要按照案件性质的计件收费制度和按照争议标的大小的比例收费制，积极探索能够反映律师业务水平和付出劳动时间的收费制度。如按照律师的职称、业务能力、社会声望、有效工作时间、业务效果等因素来确定律师收费制度。这种收费制度,有利于鼓励律师提高业务水平,发展专业化的律师业务,实现不同律师业务之间收费标准的平衡。

思考题

1. 简述律师制度的社会功能。
2. 简述我国取得律师资格的条件。
3. 律师的基本权利和义务是什么?
4. 合伙律师事务所的基本特征是什么?
5. 简述律师民事代理业务的基本工作程序。
6. 简述律师刑事辩护的独立性。
7. 论律师执业中的民事赔偿责任。

第六章 公证制度

学习目的和要求

通过学习,了解公证制度的产生和发展概况,掌握公证的概念、功能以及公证的效力,准确理解公证机构的性质,明确担任公证员的条件,熟悉公证机构的业务范围和公证的运作机制。

第一节 公证制度的一般理论

一、公证制度的产生和发展

公证是商品经济发展的产物,罗马共和国末期的"代书人制度"是现代公证的起源。当时,代书人被称为"达比伦",这种人以自己专有的法律知识为当事人服务。他们不仅为当事人代拟契约、遗嘱等法律文书,还在文书上签字作证明,并按规定收取报酬。代书人制度的特点是:①代书是一种专门职业,从事该职业的人不得再兼任国家或私人的其他职务;②代书人是自由职业者,但须受国家监督;③代书人都有其专门的事务所,并且须在该事务所中拟定文书;④代书人制作文书时不得违反国家法律,否则会被剥夺从事该职业的权利;⑤代书人拟定的文书只有经过法院审查确认后才可成为无争议的文书。

到罗马帝国时代,"公证"开始成为专门的法律术语,在《查士丁尼法典》中就有公证人制作公证遗嘱的规定。公元 9 世纪,专门的公证规章开始出现,在拜占庭《市政录》中,就收录了皇帝立奥六世(公元 886~921 年)颁布的公证人行业规章。到公元 15 世纪,欧洲出现了最早的公证法,拿破仑在《法国民法典》等法律中对公证作出了一系列规定,建立了比较完善的公证法律体系,奠定了资本主义公证制度的基础。

在我国,"中人"作证已有几千年的历史。西周时已出现了"质人、质剂、质工商";汉代"居延简"中已有地方官员证明商业契约的记载;

东晋规定,田宅买卖契券上要由官府盖公印以证明所有权,这些是中国公证的萌芽。1912年,北洋政府在颁布的《登记条例》中第一次使用了"公证"一词。1935年7月30日,国民党政府以司法院名义颁布了中国第一部公证法规——《中华民国公证暂行规则》,1943年3月31日又以国民政府名义颁布了《中华民国公证法》。新中国成立后,开始推行和发展社会主义的公证制度。

1951年,中央人民政府颁布《中华人民共和国人民法院暂行条例》,指示人民法院开办公证业务。北京、天津、上海等大城市的人民法院相继设立了公证处。1954年,公证工作转归司法行政机关直接领导;公证业务范围主要是办理公私之间签订的经济合同公证和民事权利义务公证。但由于受"左"倾错误思潮的影响,1959年公证制度被取消,只剩个别公证处转归法院,办理少量的涉外公证业务。

1979年底,新成立的司法部开始重建我国的公证制度。1982年4月13日,国务院发布了我国第一部公证法规——《中华人民共和国公证暂行条例》,奠定了我国公证制度的法律基础。1986年12月4日,司法部颁发了《办理公证程序试行细则》。经过几年的试行,司法部又将该《细则》修订为《公证程序规则(试行)》,于1991年4月1日起施行。《公证程序规则》于2002年6月11日经司法部长办公室会议审议通过,自2002年8月1日正式施行。2006年5月10日司法部部务会议审议通过了新的《公证程序规则》,自2006年7月1日起施行,2002年的《公证程序规则》同时废止。为加强我国公证人员与世界各国公证人员的联系,司法部于1990年3月召开了第一次全国公证员代表大会,成立了中国公证员协会。为把我国的公证事业推向一个新的发展阶段,2000年8月10日,司法部印发了经国务院批准的《关于深化公证工作改革的方案》。该《方案》明确规定我国公证工作改革的目标是争取在2010年初步建成与社会主义市场经济体制相适应的具有中国特色的公证制度。2005年8月28日,十届全国人大常委会第十七次会议审议通过了《中华人民共和国公证法》,这部法律于2006年3月1日起正式实施。《公证法》是新中国的第一部公证法典,它的颁布实施,对于建立和完善中国特色社会主义公证制度,推动公证事业发展,充分发挥公证工作在全面建设小康社会、加快推进社会主义现代化建设、构建社会主义和谐社会中的职能作用,具有重要意义。

二、公证制度的基本价值理念

公证制度,是关于公证机构的性质、公证业务范围、公证效力、公证程序以及公证管理体制等方面制度的总称。公证制度是我国法律制度的重要组成部分。

公证制度是一种程序性的司法证明制度，它的功能主要是通过发挥公证的证明、沟通、服务、监督职能，规范民事、经济行为，预防纠纷，减少诉讼，维护社会公正和市场经济秩序。国家设立公证制度的宗旨是为了保证法律的正确实施，稳定社会主义市场经济秩序，保护公民、法人和非法人组织的合法权益。

公证制度属于程序法律制度的范畴，这一特点决定了公证制度的价值观。公证制度的基本价值包括：

1. **秩序**。随着公证制度的发展，公证业务已经涉及国家经济建设、社会生活和对外交往等各个领域。公证法律制度通过调整国家公证机构在公证活动中所涉及到的各种社会关系，保证国家法律的正确实施，提高行政工作效率，维护社会主义市场经济秩序，使社会处于一种稳定有序的发展状态。

2. **正义**。公证机构对真实、合法的法律事实、文书进行公证，出具公证书；对不真实、不合法的法律事实、文书拒绝出具公证书。对在公证活动或与公证活动有关的活动中违反公证法律、法规或规定的公证机构、公证人员、公证当事人及其他有关人员，公证制度规定了相应的公证法律责任。公证的正义价值主要体现在上述两个方面。

三、公证制度的基本制度设计

从目前的公证立法来看，我国公证制度基本制度设计主要包括以下几个方面：

1. 确立公证制度的性质。公证制度是一种程序性的司法证明制度，是我国法律制度的重要组成部分。

2. 确定公证的法律效力。即在公证立法中明确规定公证的证明力、法律行为生效要件效力和强制执行效力。

3. 界定公证机构的性质，完善公证机构内部运行机制。我国《公证法》规定了公证机构的性质，第6条指出公证机构"是依法设立，不以营利为目的，依法独立行使公证职能、承担民事责任的证明机构"。并确立了公证机构、公证人员责任制度和公证赔偿制度。

4. 建立科学的公证管理体制。我国《公证法》确立了司法行政机关行政管理与公证员协会行业管理相结合的公证管理体制，这与我国现阶段的国情是相适应的。

5. 规定公证活动的原则。公证原则是在公证活动中必须遵循的行为准则，如客观、公正原则，真实、合法原则，自愿原则，直接原则等，我国《公证法》虽然只明确了客观公正原则，但《公证法》的具体条文对其他原则也有所体现。

6. 明确公证业务范围。公证业务范围是公证机构办理公证法律事务的范围，对公证机构开展业务和保护当事人合法权益有着十分重要的意义，我国《公证法》对此作了明确界定。

7. 规定办理公证的程序。公证程序是公证人员和公证当事人在公证活动中应当遵守的操作规程，是公证文书真实性、合法性的重要保证。新施行的《公证程序规则》对此作了比较全面的规定。

8. 明确公证法律责任。公证法律责任是公证机构、公证人员、当事人及其他有关人员在公证活动或与公证活动有关的活动中违反公证法律、法规和规章所应承担的法律后果。《公证法》专门规定了公证法律责任，有助于实现公证职能，有利于维护社会公正和市场经济秩序。

第二节 公证的概念、特征及功能

一、公证的概念和特征

在我国，公证是指国家公证机构根据当事人的申请，按照法定程序证明法律行为、有法律意义的文书和事实的真实性、合法性的一种非诉讼活动。

公证具有以下法律特征：

1. 公证的主体是国家公证机构和申请公证的当事人。在特定的公证活动中，必须有行使国家证明权的公证机构和提出公证申请的当事人。因为他们的行为对公证的发生、发展和终止有着决定性的影响，他们在公证活动中既享有法定的权利，又承担法定的义务。

2. 公证证明的对象是公证机构依法证明的法律行为、有法律意义的文书和事实。对不属于法律行为或者无法律意义的事实和文书，即使当事人申请公证，公证机构也不应予以公证。

3. 公证的内容是证明公证对象的真实性、合法性。真实性是指公证对象是客观存在的，能通过证据材料被公证人员感知，而且事实的内容与公证证明的内容相符。合法性是指公证对象的内容、形式及取得方式均符合国家法律、法规和规章的规定，不违反政策和社会公共利益。

4. 公证是国家公证机构依照法定程序进行证明的一种非诉讼活动。公证机构在行使国家证明权、进行公证活动时，必须严格遵守公证法律规定的程序。我国《公证法》和《公证程序规则》对办理公证的原则和公证的程序作了明确具体的规定。

二、公证的功能

公证作为保证实体法正确实施的一种程序性法律制度，具有以下功能：

1. 证明功能。公证是国家公证机构行使国家证明权，依法对公证对象的真实性、合法性给予证明的一项活动。公证机构依法出具的公证书能够作为人民法院直接认定案件事实的根据；赋予强制执行效力的债权文书，可以直接作为债权人向人民法院申请强制执行的依据。

2. 预防功能。公证是一种预防性的证明制度。公证机构通过公证活动，指导公民、法人依法设立、变更法律行为，可以消除纠纷隐患；通过对不真实、不合法的行为、事实和文书拒绝公证，可以预防纠纷，减少诉讼。

3. 保障功能。公证的过程实际上就是公证机构运用法律，贯彻实施法律的过程。公证机构每办理一件公证，一方面自己要严格遵守法律的规定，另一方面要教育公民遵守法律，引导公民、法人依法行事。通过公证活动，公证机构既保证了国家法律、法规的正确实施，又维护了当事人的合法权益，同时还进行了法律教育。

4. 沟通功能。公证是经济交往和国际交往的重要媒介。公证书具有权威性、可靠性、广泛性和通用性的特点，不受行业、国籍、职业、行政级别、地域的限制，是国际国内都通行使用的可靠的法律文书，是民事主体之间增进了解，建立信任关系的重要工具。

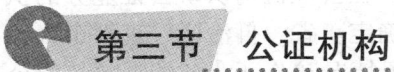

第三节 公证机构

一、公证机构的性质

我国《公证法》第 6 条规定："公证机构是依法设立，不以营利为目的,依法独立行使公证职能、承担民事责任的证明机构。"这一规定表明,我国公证机构是专门依法独立行使公证职能的证明机构。

公证机构的性质包括三个方面的含义:①公证处是依法设立的证明机关;②公证人员行使证明权不以营利为目的;③公证职能只能由公证处依法独立行使,其他任何机关、社会团体、企业事业单位、公民个人都不得行使。

在理解公证机构的性质时应当注意,虽然司法行政部门依照《公证法》的规定对公证机构、公证员和公证协会进行监督与指导,但我国的公证机构不是国家司法行政机关,也不是国家司法行政机关的一个职能部门。

二、公证机构的设置

根据《公证法》第7条的规定,我国公证机构按照统筹规划、合理布局的原则,可以在县、不设区的市、设区的市、直辖市或者市辖区设立;在设区的市、直辖市可以设立一个或者若干个公证机构。公证机构不按行政区划层层设立。改革开放以来,公证事业持续、稳步、健康发展,公证工作改革明显加快。全国现有公证处3150家,其中1365家已改为事业体制,38家进行了合作制试点;公证机构布局明显优化,2700多家公证处设在县(市、区),基本满足社会对公证服务的需求;全国执业公证员已近12 000人,大专以上学历的占注册公证员总数的93.3%,执业公证员开始从通过国家统一司法考试的人员中选拔,职业化建设迈出新的步伐。[1]

三、公证机构设立的条件和程序

根据《公证法》第8、9条的规定,设立公证机构,应当具备下列条件:①有自己的名称;②有固定的场所;③有2名以上公证员;④有开展公证业务所必需的资金。设立公证机构,由所在地的司法行政部门报省、自治区、直辖市人民政府司法行政部门按照规定程序批准后,颁发公证机构执业证书。

四、公证员

公证员是符合《公证法》规定的条件,在公证机构从事公证业务的执业人员。公证员的数量根据公证业务需要确定。省、自治区、直辖市人民政府司法行政部门应当根据公证机构的设置情况和公证业务的需要核定公证员配备方案,报国务院司法行政部门备案。

----

〔1〕 数据引自《2004年中国公证业发展政策报告》。

根据《公证法》第 18~20 条的规定，担任公证员，应当具备下列条件：①具有中华人民共和国国籍；②年龄 25 周岁以上 65 周岁以下；③公道正派，遵纪守法，品行良好；④通过国家司法考试；⑤在公证机构实习 2 年以上或者具有 3 年以上其他法律职业经历并在公证机构实习 1 年以上，经考核合格。从事法学教学、研究工作，具有高级职称的人员，或者具有本科以上学历，从事审判、检察、法制工作、法律服务满 10 年的公务员、律师，已经离开原工作岗位，经考核合格的，可以担任公证员。

但是，有下列情形之一的，不得担任公证员：①无民事行为能力或者限制民事行为能力的；②因故意犯罪或者职务过失犯罪受过刑事处罚的；③被开除公职的；④被吊销执业证书的。

担任公证员，应当由符合公证员条件的人员提出申请，经公证机构推荐，由所在地的司法行政部门报省、自治区、直辖市人民政府司法行政部门审核同意后，报请国务院司法行政部门任命，并由省、自治区、直辖市人民政府司法行政部门颁发公证员执业证书。

五、公证管理体制

我国的公证制度是在 20 世纪 80 年代初参照苏联模式建立起来的，公证管理体制采取的是行政机关的管理模式。1993 年 6 月司法部针对公证管理体制中存在的问题，专门下发了《关于公证工作的改革意见》，提出了相应的改革措施。随着公证改革的不断发展，公证业务不断向社会生活的各个领域渗透，为了尽快建立健全适应社会主义市场经济要求的公证制度，充分发挥公证机构的服务、沟通、公证、监督作用，司法部于 2000 年 8 月 10 日公布了经国务院批准的《关于深化公证工作改革的方案》。这一《方案》提出了积极、稳妥地整体推进公证工作改革，争取在 2010 年初步建成与社会主义市场经济体制相适应的具有中国特色的公证制度的目标。在《2006 年年度中国公证业发展政策报告》中，司法部明确提出要根据《公证法》的规定，综合考虑人口、经济社会发展、交通状况、公证业务需求、便民利民等因素，研究制定各省（区、市）公证机构总体布局规划，实现统筹规划、合理布局。按照合法有序、积极稳妥、循序渐进和便民利民的原则，做好司法部、省、自治区司法厅所属公证处和设区的市、直辖市市区范围内公证处的设置调整工作，进一步实现公证资源的科学合理配置，为公证行业健康发展创造有利的条件。

我国现行公证管理体制的主要特征是：

1. 事业体制公证处、合作与合伙制公证处和行政体制公证处并存，以事业体制公证处为主；

2. 面向社会招考公证员，建立了公证员考试考核选拔制度，实行公证员执业证书和在职培训制度；

3. 规范和完善了公证处的内部运行机制，建立了公证赔偿制度；

4. 对公证机构实行司法行政机关行政管理与公证员协会行业管理相结合的公证管理体制，建立和完善了公证惩戒制度；

5. 在公证工作方式、方法上推行主任领导下的主办公证员负责制。

第四节 公证业务范围

一、公证机构的业务范围

公证机构的业务范围，是指公证机构根据法律规定和公证机构的职责权限能够办理的公证法律事务范围，即公证机构的主管。它是我国公证法律制度的重要组成部分。确定公证机构的业务范围，对公证机构开展公证业务和当事人通过申办公证保护其合法权益有着十分重要的意义。

我国《公证法》首先列举了公证机构的业务范围，第11条规定："根据自然人、法人或者其他组织的申请，公证机构办理下列公证事项：①合同；②继承；③委托、声明、赠与、遗嘱；④财产分割；⑤招标投标、拍卖；⑥婚姻状况、亲属关系、收养关系；⑦出生、生存、死亡、身份、经历、学历、学位、职务、职称、有无违法犯罪记录；⑧公司章程；⑨保全证据；⑩文书上的签名、印鉴、日期，文书的副本、影印本与原本相符；⑪自然人、法人或者其他组织自愿申请办理的其他公证事项。法律、行政法规规定应当公证的事项，有关自然人、法人或者其他组织应当向公证机构申请办理公证。"第12条规定："根据自然人、法人或者其他组织的申请，公证机构可以办理下列事务：①法律、行政法规规定由公证机构登记的事务；②提存；③保管遗嘱、遗产或者其他与公证事项有关的财产、物品、文书；④代写与公证事项有关的法律事务文书；⑤提供公证法律咨询。"

同时，我国《公证法》还列举了公证机构不得从事的行为，从而在否定意义上限定了公证机构的业务范围，具体包括：①为不真实、不合法的事项出具公证书；②毁损、篡改公证文书或者公证档案；③以诋毁其他公证机构、公证员或者支付回扣、佣金等不正当手段争揽公正业务；④泄露在执业活动中知悉的国家秘密、商业秘密或者个人隐私；⑤违反规定的收费标准收取公证费；⑥法律、法规、国务院司法行政部门规定禁止的其他行为。[1]

二、公证业务分类

根据《公证法》的规定，结合当前我国公证工作的实践情况，我们可以将公证机构的业务分为以下几类：

（一）证明法律行为

证明法律行为的公证，是指公证处依法证明自然人或法人设立、变更、终止权利义务关系的行为的真实性和合法性的活动。它是我国公证机构受理公证事项中常见的数量较多的一项公证业务。

法律行为是公民、法人或其他组织之间设立、变更、终止法律上的权利和义务关系的行为。常见的法律行为主要有以下几种：①各种经济合同。主要包括房屋买卖合同，各种租赁、承包合同，贷款合同，抵押合同，股权、设备、技术转让合同等。②各种民事协议。如赠与、财产分割、婚前财产约定、赔偿、民间借款、赡养、遗赠抚养等协议。③收养和认领亲子。④继承。⑤各种单方法律行为。如遗嘱、委托、赠与、声明、承诺等。⑥包括招标投标、拍卖、抽签、摇奖等特定和不特定多数人参加的现场活动。

（二）证明有法律意义的事实

民事法律事实按照是否包含当事人的意志，可以分为行为和事件两大类。公证证明有法律意义的事实，是指法律行为以外的，可以引起民事权利义务关系发生、变更或终止的一切事实。这些事实包括两个方面：

1. 法律事件，是指由于意外情况的发生而导致法律关系设立、变更或消灭的法律事实，是与当事人的主观意志无关的那些自然发生或客观存在的事实。公证证明法律事件的内容，主要是证明出生、死亡、失踪以及不可抗力等。

2. 非争议性事实，是指没有争议的、客观存在的事实。这些事实在当时并无争议，而且也不一定很快发生法律后果，但是将来可能发生争议、可能或预计发生法律后果，因而需要公证。公证证明的非争议性事实主要有：①公民个人身份、经历状况等方面的事实。主要包括身份、学历、经

---

[1] 参见《中华人民共和国公证法》第13条。

历、民族、国籍、生存、亲属关系、婚姻状况以及未受刑事制裁等。当事人申请办理这类法律事实的证明文书,一般是国外使用,作为设立或者行使某项民事权利的凭证。②企业或其他经济组织的资格、资信、经济活动等方面的事实。如企业法人资格、非法人经济组织资格、企业资信、债务履行、商标专用权、专利权等。

(三)证明有法律意义的文书

有法律意义的文书,是指在法律上具有特殊意义或作用的文件、证书、各种文字材料的总称。公证机构所证明的法律文书是指书面法律行为(合同、委托、遗嘱等)以外的其他具有法律意义的文书,主要有法人营业执照、董事会决议、专利注册证书、商标注册证书、公司章程、各种表格、记录、纪要等。

我国《公证法》第11条第1款第10项规定的"证明文书上的签名、印鉴、日期,文件的副本、影印本与原本相符"等公证事项,均属于证明有法律意义的文书的公证业务范围。

公证机构办理具有法律意义的文书公证,分别不同情况,通常采用以下四种方式:

1. 证明文件上的签名、印鉴属实。公证机构根据当事人的申请,对国家机关、法人或者其他组织所制发的文书,证明文书上负责人的签名或所盖签名章以及制发文件单位所盖的公章属实。这类文书主要有:毕业证书、学位证书、经历证书、荣誉证书、健康检查证明书、公司章程等。

2. 证明当事人在公证员面前,在有关文书上的签名、盖章属实。这种证明,主要是指当事人事先或当场作出的某种重要法律文书,在公证机构给予办理公证时,在公证员面前,在文书上签名、盖章,然后由公证处制发证明这一事实的公证书。这类文书主要有赠与书、受赠书、放弃继承权声明书、遗失身份证或护照声明书等。

3. 证明文件的副本、节本、译本、影印本与原本相符。国家机关、社会团体颁发的文件(保密文件除外),如果具有法律意义,但当事人又不宜使用原件,或者当事人为了防止原件丢失、损坏,使自己合法权益在受到损失而不便使用原件时,公证机构根据当事人的申请,经过与原本核对,可以出具公证书,证明副本(正本以外的其他复本)、节本(经过删节的文本)、译本(翻译成另一种文字的文本)、影印本(经洗印或复印出的文本)与原本(文件的底本、原稿)相符,确认副本、节本、译本、影印本的真实性,从而赋予其与原本相同的效力。

4. 证明用不同民族的文字或者不同国家的文字写成的同一文书是相符的。在当事人申请公证机构证明某种民族文字翻译成另一种民族文字后与原文相符；或者请求证明本国文字译成外国文字、外国文字译成本国文字后，译文与原文相符时，公证机构经过审查核实，证明译文与原文相符，即可确认其真实性，使之产生应有的效力。

（四）证明债权文书有强制执行效力

赋予债权文书强制执行效力是我国公证机构的一项法定职能。公证机构作出的赋予债权文书强制执行效力的公证书与人民法院制作的发生法律效力的民事判决和裁定一样，有同等的强制执行效力，可以直接作为人民法院强制执行的根据。

对符合法定条件的债权文书，依法证明其具有强制执行的效力，这是法律赋予公证机构的一项特殊职能。如果负有给付货币、物品或有价证券义务的债务人拒绝履行自己的义务，而债权文书已经经过公证证明，并且载明债务人不履行义务时应受强制执行的意思表示，公证机构就可以根据债权人的申请，依法证明债权文书具有强制执行的效力，债权人可以不经审判程序而直接向有管辖权的人民法院申请强制执行，受申请的人民法院应当执行。

（五）保全证据

保全证据，是指在证据可能灭失或以后难以取得的情况下，公证机构根据当事人的申请，依法采取措施，对证据先行收集和固定，以保持其客观真实性和证明力的一种活动。

根据法学理论，公证机构采取证据保全措施，必须具备以下几个条件：①当事人向公证机构申请保全证据的时间，必须是在民事诉讼发生之前。如果是在民事诉讼发生之后，当事人只能向受诉人民法院提出证据保全的申请。②当事人申请保全证据的内容，必须关系到本人的合法权益。③当事人申请保全证据的原因，必须是证据有灭失的危险或有以后难以取得的可能。④当事人申请保全证据，必须向公证机构提交书面申请，证明申请证据保全的目的、理由及申请保全该证据的种类、特征等。

公证机构保全证据时，应根据证据的不同特性采取不同的方法。一般的做法是制作笔录、复制、拍照绘图、录音、录像、封存以及提取保管等。必要时，可请专门人员对某些特殊的物证、书证进行鉴定，制作鉴定书，然后由公证机构制作证明该鉴定书的公证书发给当事人。

(六) 提存

提存,是指债务已到清偿期限,如果由于债权人方面的原因而使债务人无法履行其给付义务时,债务人将给付标的物提交于公证机构,而后由公证机构转交于债权人的行为。随着市场的逐步发展,目前的提存已经突破了上述传统的概念。在当事人之间达成的交易中,如果规定了须具备一定的条件,债务人才给付标的物时,当事人可以约定,预先将给付标的物的全部或一部分提存到公证机构,待条件具备时,再由公证机构将给付标的物交付债权人。

公证处办理提存公证,应以通知书或公告方式通知债权人在确定的期限内领取提存标的物,债权人领取提存标的物时,应提供身份证明和有关债权的证明,并承担因提存所支出的费用。不易保存的或债权人到期不领取的提存物品,公证处可以拍卖,保存其价款。提存人可以凭人民法院的裁决书或提存之债已清偿的其他证明领回提存物。从提存之日起,超过5年无人领取的提存标的物,视为无主财产,上交国库。

(七) 保管遗嘱、遗产或其他与公证事项有关的财产、物品、文书

根据当事人的申请,公证机构可以为其保管遗嘱、遗产或者其他与公证事项有关的财产、物品、文书。

公证机构对于当事人申请保管的遗嘱、遗产等物品和文件,经审查认为确有保管必要的,应当代为保管。公证机构为当事人保管遗嘱、遗产或其他文件时,应当制作保管证明书。保管证明书内容包括申请保管人的姓名、性别、年龄、住址;申请保管的文件和物品的名称、件数;保管期限;今后由谁领取等项目;最后由申请人与承办公证员分别签名或盖章。保管证明书一式两份,一份发给申请人,另一份由公证处附卷存档。公证机构为当事人保管遗嘱或其他文件,应依法按年度向申请人收取保管费用。

(八) 代写与公证事项有关的法律事务文书

公证活动中,常常需要当事人自己首先填写或起草某项文书,但有些当事人由于文化水平的限制,或由于缺少必要的法律知识,自己书写确有困难,此时,公证机构的公证人员可以根据当事人的申请,代写与公证事项有关的法律事务文书。

公证机构代书的内容主要是两类:①当事人申办公证所需要的各种文书。如填写公证申请表,代当事人书写委托他人代办公证手续的委托书等。②当事人申请公证机构给予证明的各种文书,如遗嘱、赠与书、声明

书、合同、赔偿协议书等。

公证员代当事人起草申请公证的文书时，应当注意：①起草的文书应当符合当事人的意愿；②起草的文书从内容到格式符合有关法律的规定；③代书的文字要求语言简明、表述清楚准确，字迹工整。公证员代书完成后，应当交给当事人审阅，最后由当事人在该文书上签名或盖章。

（九）公证调解

公证调解，是指经过公证的事项在履行过程中发生了纠纷，原公证处根据当事人的请求对该纠纷进行的调解。公证机构的调解属于民间调解，不具有法院调解的效力，因为公证机构的职责是办理公证，调解不是其法定职责，而是向社会提供的一种法律服务。公证处进行调解时，不能制作调解书，也不能收费。

根据《公证程序规则》第56条的规定，经公证的事项在履行过程中发生争议的，出具公证书的公证机构可以应当事人的请求进行调解。经调解后当事人达成新的协议并申请公证的，公证机构可以办理公证；调解不成的，公证机构应当告知当事人就该争议依法向人民法院提起民事诉讼或者向仲裁机构申请仲裁。这里需要注意的是，一方面，公证机构只能应当事人的请求进行调解，不能主动依职权调解，也不能调解当事人请求之外的纠纷；另一方面，公证机构的调解不具有强制效力，当事人不服的，只能依法向人民法院提起民事诉讼或者向仲裁机构申请仲裁。

第五节 公证的效力

一、公证效力的概念

公证的效力，是指公证证明在法律上所起的效用和约束力。公证作为一种证明制度，其证明结果的直接表现是公证机构出具的公证书。因此，公证的效力又称为公证书的效力。公证书是公证效力的物质载体和具体的表现形式，具有普遍的证明效力。

根据我国现行有关法律规定，公证在法律上具有三种效力：证据效力、强制执行效力、法律行为生效要件的效力。

二、证据效力

证据效力，是指公证书在诉讼过程中能够直接证明公证所确认的法律行为、有法律意义的文书和事实是真实的、合法的，能够直接作为人民法院认定案件事实的根据。证据效力是公证书最基本的效力。

我国《公证法》第36条规定："经公证的民事法律行为、有法律意义的事实和文书，应当作为认定事实的根据，但有相反证据足以推翻该项公证的除外。"我国《民事诉讼法》第67条规定："经过法定程序公证证明的法律行为、法律事实和文书，人民法院应当作为认定事实的根据。但有相反证据足以推翻公证证明的除外。"根据上述规定，公证书是一种可供人民法院直接采用的证据，具有法定的特殊证据效力。

应当明确，我国现行法律并没有赋予公证书绝对的证据效力。对公证书是否作为认定案件事实的根据，人民法院具有决定权。当有确凿证据足以推翻公证文书时，人民法院可以不予采证，但应当在判决书中说明不予采证的理由。

在社会生活中，公证作为国家的一种证明行为，具有法定的证据效力和广泛的证明效力。公证机构依法出具的公证书不仅在日常的民事、经济交往和行政管理活动中是一种可靠的证明文书，而且也是进行国际间民事、经济交往不可缺少的法律文书，具有域外的法律证明力。

三、公证的强制执行效力

公证的强制执行效力，是指对公证机构赋予强制执行效力的债权文书，债务人到期不履行义务时，债权人可以不再经过诉讼程序，直接向有管辖权的人民法院申请强制执行。

我国《公证法》第37条第1款规定："对经公证的以给付为内容并载明债务人愿意接受强制执行承诺的债权文书，债务人不履行或者履行不适当的，债权人可以依法向有管辖权的人民法院申请执行。"这一规定表明，赋予债权文书强制执行效力是我国公证机构的一项法定职能。公证机构作出的赋予债权文书强制执行效力的公证书与人民法院制作的发生法律效力的民事判决和裁定一样，有同等的强制执行效力。根据《民事诉讼法》第214条的规定，债权人可以根据公证机构的强制执行公证书直接向有管辖权的人民法院申请强制执行，而不再需要向人民法院起诉。

应该明确，并非一切公证证明都具有强制执行效力，公证机构作出的赋予债权文书强制执行效力的强制执行公证书是一种特殊的公证文书。根据《公证程序规则》第39条的规定，具有强制执行效力的债权文书的公证，应当符合下列条件：①债权文书以给付货币、物品或有价证券为内容；②债权债务关系明确，债权人和债务人对债权文书有关给付内容无疑义；③债权文书中载明当债务人不履行或者不适当履行义务时，债务人愿意接受强制执行的承诺；④《公证法》规定的其他条件。

需要注意的是，在我国，民事强制执行权由人民法院统一行使。公证机构依法赋予强制执行效力的债权文书，应当由人民法院执行，公证机构无权直接采取执行措施。对公证机构依法赋予强制执行效力的债权文书确有错误的，人民法院裁定不予执行，并将裁定书送达双方当事人和公证机构。

四、法律行为生效要件效力

法律行为生效要件效力，是指依照法律规定或者当事人约定，某项法律行为只有经过公证证明后才发生法律效力，反之则不发生法律效力。

我国《公证法》第11条第2款规定："法律、行政法规规定应当公证的事项，有关自然人、法人或者其他组织应当向公证机构申请办理公证。"第38条规定："法律、行政法规规定未经公证的事项不具有法律效力的，依照其规定。"据此，公证是该项法律行为生效的要件之一。但并不是所有民事法律行为都必须经过公证才发生法律效力。只有经过公证后才能发生法律效力的民事法律行为，主要有以下三种：

1. 根据法律、法规规定，某项法律行为必须办理公证，非经公证不发生法律效力。如涉外收养必须办理公证才能生效，遗嘱人撤销、变更公证遗嘱必须采用公证方式。

2. 按照当事人约定，某项法律行为必须经过公证证明才能发生法律效力。如合同当事人在合同中明确约定："本合同经公证处公证后生效。"那么，该项合同只有经过公证才能发生法律效力。

3. 依照国际惯例或双边协定，我国发往域外使用的文书，必须经过公证机构公证证明，再经外事机关和外国驻华使、领馆认证，才能在国外发生法律效力。如出国使用的亲属关系证明、学历证明等文书都必须经过公证证明，但两国协议免除公证的除外。

第六节 公证的运作机制

公证运作机制，是指公证主体在公证活动中应当遵循的行为准则和操作规程，现行《公证法》和《公证程序规则》确立了我国公证运作机制的基本框架。

一、公证当事人

公证当事人，是指与公证事项有法律上的利害关系并以自己的名义向公证处提出公证申请，在公证活动中享有权利和承担义务的自然人、法人或其他组织。

《公证程序规则》根据具体情况，对申请办理公证的当事人作了明确的限定，包括：①无民事行为能力人或者限制民事行为能力人申办公证，应当由其监护人代理；法人申办公证，应当由其法定代表人代表；其他组织申办公证，应当由其负责人代表。②当事人可以委托他人代理申办公证，但申办遗嘱、遗赠扶养协议、赠与、认领亲子、收养关系、解除收养关系、生存状况、委托、声明、保证及其他与自然人人身有密切关系的公证事项，应当由其本人亲自申办；公证员、公证机构的其他工作人员不得代理当事人在本公证机构申办公证。③居住在香港、澳门、台湾地区的当事人，委托他人代理申办涉及继承、财产权益处分、人身关系变更等重要公证事项的，其授权托托书应当经其居住地的公证人（机构）公证，或者经司法部指定的机构、人员证明；居住在国外的当事人，委托他人代理申办前款规定的重要公证事项的，其授权委托书应经其居住地的公证人（机构）、我驻外使（领）馆公证。

二、公证原则

公证原则，是指公证机构在公证活动中必须遵循的基本准则，是公证机构办理一切公证业务的总依据。结合《公证法》和《公证程序规则》的相关规定，参照公证制度的一般理论，我国目前公证制度应当遵循以下原则：

1. 客观、公正原则。根据《公证法》第 3 条的规定，公证机构办理公证，应当遵守法律，坚持客观、公正的原则。这是公证机构在公证活动中必须遵循的最基本准则。

2. 独立公证原则。根据《公证程序规则》第 3 条的规定，公证机构依法独立行使公证职能，独立承担民事责任，任何单位、个人不得非法干预，其合法权益不受侵犯。独立公证原则是保障公证机构合法行使职责的重要原则。

3. 真实、合法原则。我国《公证法》第 2 条规定："公证是公证机构根据自然人、法人或者其他组织的申请，依照法定程序对民事法律行为、有法律意义的事实和文书的真实性、合法性予以证明的活动。"表明真实、合法原则乃是公证机构在公证活动中必须的重要原则。根据这一原则，公证人员在公证活动中既要审查当事人申请公证的事项是否真实可靠，又要审查当事人的身份及行使权利和履行义务的能力，并且，审查申请公证的事项是否合法，还必须按照法定的程序办理公证。

4. 自愿原则。自愿原则是指公证机构办理公证事务时必须根据当事人的自愿申请，没有当事人的申请就不能办理。公证机构不得依职权主动办理公证甚至强制办理公证。公证当事人在公证机构受理公证申请后，可以根据自己的意愿中途撤回申请；在公证机构出具公证书后也可以申请撤销公证。

在贯彻自愿原则时，需要注意的是，国家从规范公民、法人的行为和调整民事、经济关系的角度出发，规定某些重要的法律行为必须采用公证形式。对国家法律、法规和规章规定应当采用公证形式的法律行为，公证机构办理公证时仍必须根据当事人的申请。

5. 直接原则。即公证人员要通过接待当事人、审查证据等方式，亲自掌握第一手材料，了解当事人的真实意愿，亲自作出是否公证的决定，并对由此引起的法律后果负责。直接原则要求公证员亲自办理公证事务，要求公证员主要负责完成与公证或拒绝公证、终止公证相关的关键性业务工作，其他事务性工作由公证处的其他人员完成。

6. 保密原则。公证人员办理公证事务，应当保守国家秘密和当事人的秘密。公证人员对本公证处所办理的事务，应当保守秘密。公证人员保守秘密的内容包括：①公证人员除对本人办理的公证事务有保守秘密的责任外，对本公证处其他公证人员办理的公证事务，也同样负有保密的责任；②公证人员不仅要对已办理的公证事务的内容保守秘密，对公证处拒绝公证的事项的内容同样要保守秘密；③公证机构制作的公证书只发给申请公证的当事人或其代理人，非经当事人的请求，不得将公证书副本发给其他无关人员；④对公证档案材料，公证机构要设专人保管，防止遗失和泄密。未经法定程序批准，不得查阅和复制公证档案材料。

7. 便民原则。即公证机构办理一切公证事务要采取便利公民的方法和手续。我国公证工作的便民原则主要体现在：①办理公证的手续简便；②到当事人的居所地办理公证事务；③根据公证工作需要，可以委托外地公证处调查。

8. 使用本国语言文字和使用本民族语言文字原则。公证文书使用语言文字问题，是涉及国家主权的问题。我国公证机构制作公证书应当使用中文。在我国公证机构办理公证的一切外文文书，必须先译成中文，由公证机构在中文译本的文书上予以公证。申请人要求证明外文文书上签名属实的，经过审查，其内容与我国法律不相抵触、不损害我国利益的，可以另行证明，而不能在外文文书上直接证明并签名盖章。

在少数民族聚居或多民族地区办理制作的公证文书及其他文件，应该使用本民族语言文字或当地民族通用的语言文字，对于不通晓当地少数民族通用的语言和文字的当事人，应当为他们提供翻译。办理两个以上不同民族当事人之间的公证，也应当分别采用各自民族的语言文字进行公证活动和发布公证文书。

三、办理公证的程序

公证程序，是指公证机构和公证当事人在进行公证活动时应当遵守的基本步骤和规则。严格按照公证程序进行公证活动，可以从程序上保证公证的质量，确保公证文书的真实性与合法性。公证程序包括公证的一般程序、特别程序和复议程序。

（一）一般程序

办理公证的一般程序包括申请与受理、审查、出具公证书三个基本的阶段，以及办理公证和终止公证的程序规则。

1. 申请与受理。申请，是指公证当事人向公证机构提出办理公证的请求。任何公证事项，无论是法律、法规规定必须办理公证的，还是当事人主动要求办理公证的，都必须由当事人向公证处提出办理公证的申请。

我国《公证法》第25条规定："自然人、法人或者其他组织申请办理公证，可以向住所地、经常居住地、行为地或者事实发生地的公证机构提出。申请办理涉及不动产的公证，应当向不动产所在地的公证机构提出；申请办理涉及不动产的委托、声明、赠与、遗嘱的公证，可以适用前款规定。"《公证程序规则》第15条规定："2个以上当事人共同申办同一公证事项的，可以共同到行为地、事实发生地或者其中一名当事人住所地、经常居住地的公证机构申办。"第16条规定："当事人向2个以上可以受理该公证事项的公证机构提出申请的，由最先受理申请的公证机构办理。"

根据《公证程序规则》第17条的规定，自然人、法人或其他组织向公证机构申请办理公证，应当填写公证申请表。公证申请表应当载明下列内容：①申请人及代理人的基本情况；②申请公证的事项及公证书的用途；③申请公证的文书的名称；④提交证明材料的名称、份数及有关证人的姓名、住址、联系方式；⑤申请的日期；⑥其他需要说明的情况。申请人应当在申请表上签名或盖章，不能签名、盖章的由本人捺指印。

根据《公证程序规则》第18条的规定，自然人、法人或者其他组织申请办理公证，应当提交下列材料：①自然人的身份证明，法人的资格证明及其法定代表人的身份证明，其他组织的资格证明及其负责人的身份证明；②委托他人代为申请的，代理人须提交当事人的授权委托书，法定代理人或者其他代理人须提交代理权的证明；③申请公证的文书；④申请公证的事项的证明材料，涉及财产关系的须提交有关财产权利证明；⑤与申请公证的事项有关的其他材料。

当事人应当向公证机构如实说明申请公证的事项的有关情况，提交的证明材料应当真实、合法、充分。

对于符合前述条件的申请，根据《公证程序规则》第19条的规定，还要满足以下条件，公证机构才可受理：①申请人与申请公证的事项有利害关系；②申请人之间对申请公证的事项无争议；③申请公证的事项符合《公证法》第11条规定的范围；④申请公证的事项符合《公证法》第25条的规定和该公证机构在其执业区域内可以受理公证业务的范围。需要强调的是，对于法律、行政法规规定应当公证的事项，则只需要符合前面四项中的第①、②、④项条件即可。对不符合前述条件的申请，公证机构不予受理，并应通知申请人。对因不符合第④项条件不予受理的，应当告知申请人向可以受理该公证事项的公证机构申请。

公证机构在受理公证申请后，应当向申请人发送受理通知单。申请人或其代理人应当在回执上签收。并应当告知当事人申请公证事项的法律意义和可能产生的法律后果，告知其在办理公证过程中享有的权利、承担的义务。告知内容、告知方式和时间，应当记录归档。此外，公证机构受理公证申请后，还应当按照规定向当事人收取公证费。公证办结后，经核定的公证费与预收数额不一致的，应当办理退还或者补收手续。当然，对符合法律援助条件的当事人，公证机构应当按照规定减收或者免收公证费。

2. 审查。审查，是指公证处在接受公证申请，决定受理后，对当事人申办的公证事项和提供的证明材料进行调查、核实的活动。审查是全部公证程序中最重要的环节，是决定公证行为正确与否的关键性因素。

根据《公证程序规则》的相关规定，公证机构受理公证申请后，应当根据不同公证事项的办证规则，分别审查下列事项：①当事人的人数、身份、申请办理该项公证的资格及相应的权利；②当事人的意思表示是否真实；③申请公证的文书的内容是否完备，含义是否清晰，签名、印鉴是否齐全；④提供的证明材料是否真实、合法、充分；⑤申请公证的事项是否真实、合法。

公证机构在审查中，对申请公证的事项的真实性、合法性有疑义的，认为当事人的情况说明或者提供的证明材料不充分、不完备或者有疑义的，可以要求当事人作出说明或者补充证明材料。认为申请公证的文书内容不完备、表达不准确的，应当指导当事人补正或者修改。当事人拒绝补正、修改的，应当在工作记录中注明。应当事人的请求，公证机构可以代为起草、修改申请公证的文书。

公证机构在审查中，对申请公证的事项以及当事人提供的证明材料，按照有关办证规则需要核实或者对其有疑义的，应当进行核实，或者委托异地公证机构代为核实。有关单位或者个人应当依法予以协助。核实的方式包括：①通过询问当事人、公证事项的利害关系人核实；②通过询问证人核实；③向有关单位或者个人了解相关情况或者核实、收集相关书证、物证、视听资料等证明材料；④通过现场勘验核实；⑤委托专业机构或者专业人员鉴定、检验检测、翻译。

公证机构进行核实，应当遵守有关法律、法规和有关办证规则的规定，并遵循如下规则：

（1）派员外出核实的，除核实、收集书证外，应当由2人进行，特殊情况下只有1人外出核实的，应当有1名见证人在场。

（2）采用询问方式向当事人、公证事项的利害关系人或者有关证人了解、核实公证事项的有关情况以及证明材料的，应当告知被询问人享有的权利、承担的义务及其法律责任。询问的内容应当制作笔录。询问笔录应当载明：询问日期、地点、询问人、记录人、询问事由、被询问人的基本情况，告知内容、询问谈话内容等。询问笔录应当交由被询问人核对后签名或者盖章、捺指印。笔录中修改处应当由被询问人盖章或者捺指印认可。

（3）在向当事人、公证事项的利害关系人、证人或者有关单位、个人核实或者收集有关公证事项的证明材料时，需要摘抄、复印（复制）有关资料、证明原件、档案材料或者对实物证据照相并作文字描述记载的，摘抄、复印（复制）的材料或者物证照片及文字描述记载应当与原件或者物证相符，并由资料、原件、物证所有人或者档案保管人对摘抄、复印（复制）的材料或者物证照片及文字描述记载核对后签名或者盖章。

（4）采用现场勘验方式核实公证事项及其有关证明材料的，应当制作勘验笔录，由核实人员及见证人签名或者盖章。根据需要，可以采用绘图、照相、录像或者录音等方式对勘验情况或者实物证据予以记载。

（5）在核实材料时需要委托专业机构或者专业人员对申请公证的文书或者公证事项的证明材料进行鉴定、检验检测、翻译的，公证机构应当告知当事人由其委托办理，或者征得当事人的同意代为办理。鉴定意见、检验检测结论、翻译材料，应当由相关专业机构及承办鉴定、检验检测、翻译的人员盖章和签名。委托鉴定、检验检测、翻译所需的费用，由当事人支付。

（6）委托异地公证机构核实公证事项及其有关证明材料的，应当出具委托核实函，对需要核实的事项及内容提出明确的要求。受委托的公证机构收到委托函后，应当在1个月内完成核实。因故不能完成或者无法核实的，应当在上述期限内函告委托核实的公证机构。

3. 出具公证书。出具公证书是指公证处对当事人申办的公证事项，经过审核调查，认为符合法律规定的公证条件，由公证员签署并出具公证书的活动。出具公证书是公证一般程序中的最终环节。

（1）出具公证书的条件。出具公证书的条件因公证对象的不同而各不相同。

出具民事法律行为公证的公证书，应当符合下列条件：①当事人具有从事该行为的资格和相应的民事行为能力；②当事人的意思表示真实；③该行为的内容和形式合法，不违背社会公德；④《公证法》规定的其他条件。不同的民事法律行为公证的公证规则有特殊要求的，从其规定。

出具有法律意义的事实或者文书公证的公证书，应当符合下列条件：①该事实或者文书与当事人有利害关系；②事实或者文书真实无误；③事实或者文书的内容和形式合法，不违背社会公德；④《公证法》规定的其他条件。不同的有法律意义的事实或者文书公证的公证规则有特殊要求的，从其规定。

出具文书上的签名、印鉴、日期的公证书，其签名、印鉴、日期应当准确、属实；文书的副本、影印本等文本的公证，其文本内容应当与原本相符。

出具具有强制执行效力的债权文书公证的公证书，应当符合下列条件：①债权文书以给付货币、物品或者有价证券为内容；②债权债务关系明确，债权人和债务人对债权文书有关给付内容无疑义；③债权文书中载明当债务人不履行或者不适当履行义务时，债务人愿意接受强制执行的承诺;④《公证法》规定的其他条件。

(2) 审批与公证书制作、送达、领取。公证机构的负责人或者被指定负责审批的公证员不得审批自己承办的公证事项。对于符合条件的公证事项,除了按规定不需要审批的公证事项外,承办公证员应当拟制公证书,连同被证明的文书、当事人提供的证明材料及核实情况的材料、公证审查意见,报公证机构的负责人或其指定的公证员审批。

审批公证事项及拟出具的公证书,应当审核以下内容:①申请公证的事项及其文书是否真实、合法;②公证事项的证明材料是否真实、合法、充分;③公证程序是否符合《公证法》、《公证程序规则》及有关公证规则的规定;④拟出具的公证书的内容、表述和格式是否符合相关规定。其中审批重大、复杂的公证事项,应当在审批前提交公证机构集体讨论。讨论的情况和形成的意见,应当记录归档。

审批(不需审批的除外)后符合出具公证书条件的,应当按照司法部规定或相关办证规则规定的格式制作公证书。制作公证书应当使用全国通用的文字。在民族自治地方,根据当事人的要求,可以同时制作当地通用的民族文字文本。两种文字的文本,具有同等效力。发往香港、澳门、台湾地区使用的公证应当使用全国通用的文字。发往国外使用的公证书应当使用全国通用的文字。根据需要和当事人的要求,公证书可以附外文译文。

公证机构制作的公证书正本,由当事人各方收执一份,并可以根据当事人的需要制作若干份副本。公证机构留存公证书原本(审批稿、签发稿)和一份正本归档。公证书出具后,可以由当事人或其代理人到公证机构领取,也可以应当事人的要求由公证机构发送。当事人或其代理人收到公证书后应当在回执上签收。公证书需要办理领事认证的,根据有关规定或者当事人的委托,公证机构可以代为办理公证书认证,所需费用由当事人支付。

(3) 公证书的生效。公证书自出具之日起生效。需要审批的公证事项,审批人的批准日期为公证书的出具日期;不需要审批的公证事项,承办公证员的签发日期为公证书的出具日期;现场监督类公证需要现场宣读公证证词的,宣读日期为公证书的出具日期。

4. 不予办理公证和终止公证。不予办理公证,是指公证机构在办理公证过程中发现公证事项不真实、不合法或有违反法律的事由,而不予办理公证的行为。终止公证,是指公证机构在办理公证过程中,因法定原因致使公证事项不能继续办理或继续办理已无实际意义,而决定结束办理公证事项的程序。

根据《公证程序规则》第48、49条的规定，公证事项有下列情形之一的，公证机构应不予办理公证：①无民事行为能力人或者限制民事行为能力人没有监护人代理申请办理公证的；②当事人与申请公证的事项没有利害关系的；③申请公证的事项属专业技术鉴定、评估事项的；④当事人之间对申请公证的事项有争议的；⑤当事人虚构、隐瞒事实，或者提供虚假证明材料的；⑥当事人提供的证明材料不充分又无法补充，或者拒绝补充证明材料的；⑦申请公证的事项不真实、不合法的；⑧申请公证的事项违背社会公德的；⑨当事人拒绝按照规定支付公证费的。公证机构不予办理公证的，应当由承办公证员写出书面报告，报公证机构负责人审批。不予办理公证的决定应当书面通知当事人或其代理人，并根据不予办理的原因及责任，酌情退还部分或者全部收取的公证费。

根据《公证程序规则》第50、51条规定，公证事项有下列情形之一的，公证机构应当终止公证：①因当事人的原因致使该公证事项在6个月内不能办结的；②公证书出具前当事人撤回公证申请的；③因申请公证的自然人死亡、法人或者其他组织终止，不能继续办理公证或者继续办理公证已无意义的；④当事人阻挠、妨碍公证机构及承办公证员按规定的程序、期限办理公证的；⑤其他应当终止的情形。公证机构终止公证的，应当由承办公证员写出书面报告，报公证机构负责人审批。终止公证的决定应当书面通知当事人或其代理人，并根据终止的原因及责任，酌情退还部分收取的公证费。

5. 公证期限。公证期限，是指法律对公证机构办理公证事务的时间限制，即办理一件公证事项的最长期限。我国《公证程序规则》第35条规定，公证机构经审查、认为申请公证的事项符合《公证法》、本规则及有关办证规则规定的，应当自受理之日起15个工作日内向当事人出具公证书。其中，因不可抗力、补充证明材料或者需要核实有关情况的，所需时间不计算在前款规定的期限内，但应当及时告知当事人。

（二）特别程序

公证特别程序，是公证机构在办理特定公证事务时，依照法律规定所适用的公证程序。它是相对于公证的一般程序而言的一种公证程序，只适用于法律规定的特定的公证事务。根据《公证程序规则》的相关规定，公证机构在办理招标投标、拍卖、开奖、遗嘱、保全证据、执行证书，以及进行公证后的调解工作时，均适用特别程序。特别程序没有规定的，适用公证一般程序的规定。

1. 招标投标、拍卖、开奖等现场监督类公证程序。公证机构办理招标投标、拍卖、开奖等现场监督类公证，应当由2人共同办理。承办公证员应当依照有关规定，通过事前审查、现场监督，对其真实性、合法性予以证明，现场宣读公证词，并在宣读后7日内将公证书发送当事人。该公证书自宣读公证证词之日起生效。

办理现场监督类公证，承办公证员发现当事人有弄虚作假、徇私舞弊、违反活动规则、违反国家法律和有关规定行为的，应当即时要求当事人改正；当事人拒不改正的，应当不予办理公证。

2. 遗嘱公证程序。公证机构办理遗嘱公证，应当由2人共同办理。承办公证员应当全程亲自办理。特殊情况下只能由1名公证员办理时，应当请1名见证人在场，见证人应当在遗嘱和笔录上签名或者盖章。

3. 保全证据公证程序。公证机构派员外出办理保全证据公证的，由2人共同办理，承办公证员应当亲自外出办理。办理保全证据公证，承办公证员发现当事人是采用法律、法规禁止的方式取得证据的，应当不予办理公证。

4. 出具执行证书程序。根据《公证程序规则》第55条的规定，债务人不履行或者不适当履行经公证的具有强制执行效力的债权文书的，公证机构可以根据债权人的申请，依照有关规定出具执行证书。执行证书应当在法律规定的执行期限内出具。执行证书应当载明申请人、被申请执行人、申请执行标的和申请执行的期限。债务人已经履行的部分，应当在申请执行标的中予以扣除。因债务人不履行或者不适当履行而发生的违约金、滞纳金、利息等，可以应债权人的要求列入申请执行标的。

5. 调解程序。根据《公证程序规则》第56条的规定，经公证的事项在履行过程中发生争议的，出具公证书的公证机构可以应当事人的请求进行调解。经调解后当事人达成新的协议并申请公证的，公证机构可以办理公证；调解不成的，公证机构应当告知当事人就该争议依法向人民法院提起民事诉讼或者向仲裁机构申请仲裁。需要注意的是，公证机构只能应当事人的请求进行调解，不能主动依职权调解，也不能调解当事人请求之外的纠纷；此外，公证机构的调解不具有强制效力，当事人不服的，只能依法向人民法院提起民事诉讼或者向仲裁机构申请仲裁。

四、公证争议处理

公证争议处理制度直接关系到公证当事人的切身权益，因此相当重要。《公证法》颁布之前，我国公证争议处理制度主要包括公证复议制度和相关诉讼制度，现行《公证法》取消了公证复议制度，确立了复查制度、投诉制度、起诉制度与公正赔偿制度。

1. 公证复查制度。公证复查制度是当事人在公证制度内获得救济的主要途径。

（1）申请复查。根据《公证程序规则》第61条的规定，当事人认为公证书有错误的，可以在收到公证书之日起1年内，向出具该公证书的公证机构提出复查。公证事项的利害关系人认为公证书有错误的，可以自知道或者应当知道该项公证之日起1年内向出具公证书的公证机构提出复查，但能证明自己不知道的除外。提出的期限自公证书出具之日起最长不得超过20年。复查申请应当以书面形式提出，载明申请人认为公证书存在的错误及其理由，提出撤销或者更正书的具体要求，并提供相关证明材料。

（2）复查处理。公证机构收到复查申请后，应当指派原承办公证员之外的公证员进行复查。复查结论及处理意见，应当报公证机构的负责人审批。

公证机构进行复查，应当对申请人提出的公证书的错误及其理由进行审查、核实，区别不同情况，按照以下规定予以处理：①公证书的内容合法、正确、办理程序无误的，作出维持公证书的处理决定。②公证书的内容合法、正确，仅证词表述或者格式不当的，应当收回公证书，更正后重新发给当事人；不能收回的，另行出具补正公证书。③公证书的基本内容违法或者与事实不符的，应当作出撤销公证书的处理决定。④公证书的部分内容违法或者与事实不符的，可以出具补正公证书，撤销对违法或者与事实不符部分的证明内容；也可以收回公证书，对违法或者与事实不符的部分进行删除、更正后，重新发给当事人。⑤公证书的内容合法、正确，但在办理过程中有违反程序规定、缺乏必要手续的情形，应当补办缺漏的程序和手续；无法补办或严重违反公证程序的，应当撤销公证书。

被撤销的公证书应当收回，并予以公告，该公证书自始无效。公证机构撤销公证书的，应当报地方公证协会备案。

公证书被撤销后，所收的公证费按以下规定处理：①因公证机构的过错撤销公证书的，收取的公证费应当全部退还当事人；②因当事人的过错撤销公正书的，收取的公证费不予退还；③因公证机构和当事人双方的过错撤销公证书的，收取的公证费酌情退还。

（3）复查期限。公证机构应当自收到复查申请之日起30日内完成复查，作出复查处理决定，发给申请人。需要对公证书作撤销或者更正、补正处理的,应当在作出复查处理决定后 10 日内完成。复查处理决定及处理后的公证书,应当存入原公证案卷。需要注意的是,公证机构办理复查,因不可抗力、补充证明材料或者需要核实有关情况的,所需时间不计算在前款规定的期限内,但补充证明材料或者需要核实有关情况的,最长不得超过 6 个月。

2. 投诉制度、起诉制度与公证赔偿制度。按照《公证程序规则》的规定,当事人、公证事项的利害关系人对公证机构作出的撤销或者不予撤销公证书的决定有异议的,可以向地方公证协会投诉。投诉制度是公证协会自律管理的重要制度,随着我国公证制度的不断完善,越来越多的公证争议将会通过投诉得到解决。

根据《公证程序规则》第 68 条的规定,当事人、公证事项的利害关系人对公证书涉及当事人之间或者当事人与公证事项的利害关系人之间实体权利义务的内容有争议的,公证机构应当告知其可以就该争议向人民法院提起民事诉讼。需要注意的是,对于这种情形,当事人只能提起民事诉讼,而不能提起行政诉讼。

《公证程序规则》第 69 条确立了公证赔偿制度,按照该制度,公证机构及其公证员因过错给当事人、公证事项的利害关系人造成损失的,由公证机构承担相应的赔偿责任;公证机构赔偿后,可以向有故意或者重大过失的公证员赔偿。对于因过错责任和赔偿数额发生的争议,当事人、公证事项的利害关系人与公证机构可以通过协商解决,也可以申请地方公证协会调解,当然也可以向人民法院提起民事诉讼。必须注意的是,公证赔偿诉讼只能是民事诉讼,而不是行政诉讼。

思考题

1. 公证制度是如何产生和发展的?
2. 什么是公证?公证有哪些功能?
3. 公证的效力有哪些?
4. 担任公证员需具备的条件是什么?
5. 公证机构的业务范围有哪些?
6. 如何理解出具公证书的条件?
7. 什么是公证赔偿责任?

第七章　仲裁制度

> **学习目的和要求**
>
> 通过学习，掌握仲裁的概念、性质与社会功能；熟悉与理解仲裁机构和仲裁员，仲裁原则和仲裁制度，国内仲裁业务；了解涉外仲裁业务。

第一节　仲裁的概念、性质与社会功能

一、仲裁的概念

"仲裁"这一名词来自西方法律制度，英文为 arbitration，表示居中裁决的意思，旧时也称为公断。我国"仲裁"二字取自日文中显示的中文，由"仲"和"裁"两个字组成。"仲"的本意为"在中间的"，"裁"的含义为"决定、判断"。西方仲裁主要是指民商事纠纷双方当事人自愿达成协议，将争议交由行会或商会中的指定人士居间进行公正裁决，并履行裁决决定的一种解决争议的方式。

我国于 1994 年 8 月 31 日公布了《中华人民共和国仲裁法》（1995 年 9 月 1 日起施行，2009 年 8 月 27 日被《全国人民代表大会常务委员会关于修改部分法律的决定》予以修订），并于 2006 年 8 月 23 日公布了《最高人民法院关于适用〈中华人民共和国仲裁法〉若干问题的解释》（2005 年 12 月 26 日由最高人民法院审判委员会第 1375 次会议通过，2006 年 9 月 8 日起实施，2008 年 12 月 16 日被《最高人民法院关于调整司法解释等文件中引用〈中华人民共和国民事诉讼法〉条文序号的决定》予以修改）。根据我国《仲裁法》的规定，仲裁是指平等主体的双方当事人依法自愿达成协议，将经济纠纷提交给仲裁机构进行裁决并予以执行，从而解决纠纷的一种法律制度。经济纠纷包括合同纠纷和其他财产权益纠纷。

除了《仲裁法》这一专门仲裁法典之外，有关仲裁的规定还出现在其

他法律法规中，如《中华人民共和国民事诉讼法》、《中华人民共和国合同法》等国内法；另外，在国际公约和国家间订立的互助协定中也有关于仲裁的规定。在仲裁理论界，通常将《仲裁法》称为狭义上的仲裁法，将其他包含仲裁内容的法律法规称为广义上的仲裁法。本章所称仲裁法一律指狭义仲裁法，即《中华人民共和国仲裁法》。

仲裁起源于古希腊和古罗马奴隶制国家。公元前6世纪，古希腊奴隶制城邦国家设置仲裁人，进行居中裁决，以解决争议。当时地中海沿岸一带商品经济较发达，商事和海事纠纷大量出现，为了及时解决纠纷，双方当事人达成协议，指定行会中的专业人士进行公正裁决。古罗马元老院裁决行省之间的争议的做法一直延续到公元3世纪。这一做法进一步发展了仲裁活动。《十二铜表法》中已经有了关于仲裁的记载。英国1347年的有关年鉴中出现了关于仲裁的条款。16～17世纪英国东印度公司的章程中订有仲裁条款，规定公司成员之间的民事争议以仲裁方式解决。英国议会在1697年制定了《仲裁法案》，正式承认了仲裁制度。14世纪中叶，瑞典的地方性法规中出现了关于仲裁的条款。

19世纪以后，欧美各国纷纷以立法的形式，尤其是单行法的形式，确认仲裁制度的法律地位。并且，随着国际间经济交往日益扩大，仲裁适用的范围扩展到涉外商事和海事纠纷之中。国际社会相继制定了多个仲裁公约，逐步形成了近现代意义上的国际仲裁制度。这样，仲裁组织由附设于商会逐渐发展为独立的民间组织，并建立了国际性的仲裁机构。从立法上来看，法国1806年《民事诉讼法典》用专章规定了仲裁制度。英国于1889年形成其第一部《仲裁法》，解决其与欧洲各国之间的商事争议，将仲裁运用到国际贸易之中。瑞典于1887年颁布了《仲裁法令》，1919年对其进行重要修改，1929年通过了《瑞典仲裁法》。美国于1925年制定了《美利坚合众国统一仲裁法案》，1955年通过了新的《美利坚合众国统一仲裁法案》，现为美国多数州采用。国际联盟于1923年主持签订了《日内瓦仲裁条款议定书》，规定各缔约国应使在其领域内作成的有效仲裁裁决得到强制执行。有关国家据此于1927年签订《日内瓦外国仲裁裁决执行公约》，规定各缔约国应承认并执行他国仲裁裁决。

第二次世界大战后，国际经济贸易蓬勃发展，国际仲裁不断发展。联合国于1958年通过了《承认和执行外国仲裁裁决公约》（简称《纽约公约》）。该公约规定，原则上它可以适用于任何外国仲裁裁决。从仲裁机构上来看，各国纷纷建立仲裁机构，如伦敦仲裁院（1892年）、斯德哥尔摩商会仲裁院（1917年）、美国仲裁协会（1926年）、日本海运集会所仲裁部（1926年）等。国际商会于1932年设立仲裁院，专门处理国际性商事争议。

现今，世界各国仲裁制度和国际商事仲裁制度正在迅速发展。国际仲裁委员会和美国仲裁协会受理的案件数量持续上升。伦敦国际仲裁院重新制定了《仲裁规则》，使仲裁进一步脱离司法管辖，逐步正规化。我国的中国国际经济贸易仲裁委员会在国际上也享有很高的声誉。开罗、香港、吉隆坡和澳大利亚等地正在形成新的区域性仲裁中心。随着国际经济贸易的发展，仲裁这一历史悠久的法律制度从形式到内容都发生了很大的变化，它由国内民商事仲裁发展为劳动争议仲裁、国际经济贸易仲裁、海事仲裁和解决国家间争端的国际仲裁。仲裁作为一种解决争议的法律制度，正在发挥着越来越重要的作用。[1] 旧中国仲裁制度建立于北洋军阀时期。国民政府于1912年颁布了《商事公断处章程》。国民党政府于1930年颁布《劳动争议处理法》，处理雇主与工人（15人以上）或工人团体之间发生的争议。第二次国内革命战争时期和解放战争时期，革命根据地和解放区也建立了仲裁制度。晋察冀边区于1942年颁布了《晋察冀边区租佃债息条例》和《关于仲裁委员会工作指示》，规定了仲裁委员会的性质、任务和权限。中华苏维埃政府和一些边区的地方人民政府都设立了专门的仲裁委员会。

新中国建立后，我国先后建立了涉外商事仲裁制度、经济合同仲裁制度、技术合同仲裁制度以及劳动争议仲裁制度等。1994年8月31日，第八届全国人民代表大会常务委员会第九次会议通过了《中华人民共和国仲裁法》。从此明确了我国仲裁制度发展的方向，结束了建国以来仲裁种类繁多，仲裁体制混乱的局面。

我国仲裁制度尊重仲裁制度的历史起源，吸收其演变过程中逐步形成的各项内容，建立起一整套适合我国国情的仲裁体系。我国仲裁体系在本质上具有与世界其他国家仲裁制度相同的特性。这主要表现在：

1. 自愿性。我国经济纠纷双方当事人解决争议的方式有多种途径，其中主要包括诉讼和非诉讼两种途径。而仲裁是非诉讼活动中解决争议的主要方式。经济纠纷双方当事人依法应根据真实意思表示选择仲裁，解决纠纷。仲裁机构只能裁决双方当事人自愿提交仲裁的争议事项。《仲裁法》

---

[1] 林忠：《中国商事争端解决》，法律出版社1998年版，第118~119页。

第4条规定，当事人采用仲裁方式解决纠纷，应当双方自愿，达成仲裁协议。仲裁自愿性是仲裁制度区别于诉讼的一个根本特点。

2. 协议管辖性。当事人自愿达成的仲裁协议是仲裁管辖的前提。《仲裁法》第4条规定，没有仲裁协议，一方申请仲裁的，仲裁委员会不予受理。在协议中，当事人可以任意选择仲裁机构，审理其争议。仲裁不实行级别管辖和地域管辖。

3. 专业性。仲裁所受理的经济纠纷往往涉及经济、贸易、金融和专业技术问题，因而具有很强的专业性。仲裁机构的组成人员依法应由精通经贸、金融、技术和相关法律的专业人士担任。仲裁员在审理案件的过程中，应当充分运用专业知识，结合有关法律规定，及时、公正地作出仲裁裁决。

4. 保守秘密性。仲裁案件以不公开审理为原则。仲裁所受理的大部分经济纠纷，都包含商业秘密或技术秘密，这就使得仲裁必须尊重当事人保密性的需要，制定相应的仲裁制度，以确保仲裁在保密的情况下进行审理。《仲裁法》和仲裁规则都规定了仲裁员及其他工作人员的保密义务。

二、仲裁的性质

仲裁属于非诉讼法律制度，由仲裁委员会依法受理仲裁事项。根据我国《仲裁法》的规定，仲裁委员会既不是司法机关，也不是行政机关。它是具有民间性质的解决争议的机构。同时，《仲裁法》赋予仲裁裁决以申请强制执行力，使得仲裁有国家强制力作后盾。从以上法律规定和我国仲裁的特点可以看出，我国仲裁既具有民间性，又具有司法性。它是一个具有特殊性质的法律制度。我国目前所实行的仲裁制度已经与国际接轨。它充分体现当事人的自由意志，符合仲裁产生的初衷，很好地保持了仲裁精神。同时，为了确保法律关系的稳定性，我国不仅在立法上和组织上建立了一套独立的仲裁体系，而且，将仲裁裁决纳入民事执行制度范畴，确保仲裁裁决的实现，使得仲裁制度能够更好地发挥应有的作用。

我国仲裁具有鲜明的民间性，这主要体现在仲裁开始前所具备的协议性（即契约性），以及在仲裁过程中双方当事人所享有的自愿和解权与仲裁申请人的自愿撤回仲裁申请权。应该说，我国仲裁的民间性是它的主要特性。这一点既体现在法律规定中，也体现在仲裁实务中，是不容否认的。至于我国仲裁的司法性，是仲裁制度发展史上的一个进步。它在仲裁民间性得到充分的法律保护和肯定的情况下，以司法程序保障有效仲裁裁决得以执行，给予仲裁裁决以强制执行力。这不仅没有破坏仲裁民间性这一本质属性，事实上，正是由于这一特性，使得仲裁当事人的合法权益得到了更好的保障，进而使得仲裁制度成为我国法律制度中的一个有机组成部分。

三、仲裁的社会功能

我国《仲裁法》第 1 条规定："为保证公正、及时地仲裁经济纠纷，保护当事人的合法权益，保障社会主义市场经济健康发展，制定本法。"这一立法目的明确了仲裁的社会功能。根据我国《仲裁法》的规定，仲裁的社会功能主要有以下三点：

1. 公正、及时地仲裁经济纠纷。这是仲裁解决争议的功能。仲裁运用其特有的当事人自愿选择性和民间性，充分发挥其方式灵活和程序简便的特点，依据法律和事实，公正、及时地解决经济纠纷。它是仲裁制度的一项基本功能，体现了仲裁制度的价值和精神。

2. 保护当事人的合法权益。这是仲裁的维权功能。在经济活动中，平等主体的当事人选择仲裁平息争议，是因为仲裁是一项来自于民间、用之于民间的法律制度，与诉讼相比，它更容易为当事人所接受，也能更及时地解决纠纷。从而在法律上，同时也在实际上使得当事人的合法权益得到应有的保障。

3. 保障社会主义市场经济健康发展。随着市场经济体制的建立和发展，平等主体之间的经济关系日益成为市场经济的主要成分，其间所发生的经济纠纷构成了市场经济活动中的不稳定因素。只有为其提供多种解决途径，包括法院诉讼、仲裁、民间调解和自行和解等手段，及时、合法地解决纠纷，才能维护经济活动正常发展，保障国家的经济建设顺利进行。仲裁适用民事自决原则，仲裁裁决有国家强制力作后盾。这使得仲裁具有当事人自愿、公正、便利和及时的优势，使得仲裁制度具备相当的法律效力。而行政调解、民间调解和自行和解等其他民间息讼方式，不具备法律效力。当事人一旦反悔，其所达成的协议没有法律保障。这一点说明，仲裁具有法律约束力，优越于其他民间息讼方式。仲裁实行一级设置，一裁终局，其程序明显简化。这是法院诉讼制度所不具备的特点，也是现今讲求效率的社会中当事人极为重视的一点。仲裁所具有的优越性，使得仲裁制度为愈来愈多的当事人所选择，分流了相当一部分经济纠纷，减轻了法院的负担。仲裁制度以其独特的地位，发挥着其他法律制度所不可比拟的重要作用，解决大量的经济纠纷，保障社会主义市场经济健康发展。

综上所述，仲裁制度是我国法律体系中必不可少的一项法律制度，具有不可替代的重要性。它具有悠久的历史，并且随着民主与法制的不断进步，在法治社会中，会更加完善，更符合现代社会的要求，因而必将发挥越来越重要的作用。

第二节 仲裁机构和仲裁员

一、仲裁机构

我国仲裁机构称为仲裁委员会。《仲裁法》颁布施行以后，我国仲裁机构只分为两种：国内仲裁机构和涉外仲裁机构。

（一）国内仲裁委员会

根据我国《仲裁法》的有关规定，我国仲裁委员会可以在直辖市和省、自治区人民政府所在地的市设立，也可以根据需要在其他设区的市设立，不按行政区划层层设立。这就是说，我国国内仲裁委员会仅设在直辖市、省会城市和经济较发达的设区的市。国务院办公厅印发的《重新组建仲裁机构方案》规定，一个市只能设立一个仲裁机构，不得设立多个不同的专业仲裁委员会或若干仲裁庭。

另外，我国《仲裁法》规定，仲裁委员会由有法定资格的市的人民政府组织有关部门和商会统一组建。从这里可以看出，我国仲裁机构的组建部门为市政府和商会。其中"有关部门"指工商行政管理局、科学技术委员会和房地产管理局。市政府组织以上部门共同组建仲裁委员会是有其历史渊源的。在《仲裁法》颁布实施之前，以上行政部门分别依照专业和行政级别设立各自的仲裁委员会，其中包括经济合同仲裁委员会、技术合同仲裁委员会、房地产仲裁委员会、著作权仲裁委员会和劳动争议仲裁委员会等，共30余种。同一系统的仲裁机构之间往往实行级别管辖和地域管辖，造成仲裁制度在一段时期内陷入混乱状态，远远背离了仲裁制度应有的属性。《仲裁法》颁布后，人民政府组织原来设有仲裁机构的行政部门和商会共同组建统一的仲裁机构，一方面可以使仲裁委员会尽快建立起来；另一方面使仲裁恢复了本来面目，以法律的高度肯定了仲裁具有民间性和自治性。目前，除劳动争议仲裁委员会和农业集体经济组织内部的农业承包合同仲裁委员会之外，仲裁我国国内平等主体之间的经济纠纷的仲裁机构依法统一设置。从而一改往日仲裁机构纷杂、多头管理的局面，基本实现了仲裁制度一体化，保障仲裁制度发挥其应有的作用。我国仲裁制度发展到今天，在立法方面，立法机关制定了全国统一适用的《仲裁法》，规范仲裁制度；在重建组织方面，人民政府利用其行政权力和国库财力，组织各方面力量，协同商会迅速重建仲裁委员会，聘任一批来自各行业的专业人士。根据国务院的规定，国务院法制局和各省市人民政府法制局（办）主持承办这项工作。国家在立法上和组织上为仲裁制度的发展铺平了道路，促使我国仲裁制度发生了质的飞跃，进入一个新的发展时期。

仲裁委员会的设立必须具备以下法定条件：①有自己的名称、住所和章程；②有必要的财产；③有该委员会的组成人员；④有聘任的仲裁员。仲裁委员会应当依照《仲裁法》制定章程，设立仲裁委员会的宗旨、人员组成和产生办法等。仲裁机构的成立条件与《民法通则》第37条关于法人条件的规定相吻合。因而可以说，仲裁委员会属于事业法人。在其设立初期，由人民政府参照事业单位的有关规定，负责解决编制、经费和住所，逐渐实现自收自支，完成仲裁委员会向民间性组织这一根本属性的过渡。

设立仲裁委员会应当经省、自治区、直辖市的司法行政部门登记。这一法律规定表明，我国仲裁机构的管理机关应当为司法行政部门。司法行政机关在登记时，只对仲裁委员会的登记行为予以认可，不得实行审查或审批。也就是说，司法机关对仲裁委员会提交的合法的申请文件应当依法予以登记，而不得进行实质性的审查。我国法律同时规定，仲裁委员会独立于行政机关，与行政机关没有隶属关系。仲裁委员会之间也没有隶属关系。

仲裁委员会由主任1人、副主任2~4人和委员7~11人组成，由法律、经济贸易专家和有实际工作经验的人员担任。仲裁委员会的组成人员中，法律经济贸易专家不得少于2/3。

仲裁委员会内部设立若干职能部门：①管理部门，指仲裁委员会会议和主任会议。仲裁委员会会议由仲裁委员会全体组成人员组成，对仲裁委员会工作中的重大事项作出决定。主任会议由仲裁委员会主任、副主任和秘书长组成，在仲裁委员会会议闭会期间，负责仲裁委员会重要的日常工作。②日常办事机构，即秘书处。仲裁委员会设秘书长1人。日常办事机构在秘书长的领导下负责处理仲裁委员会的日常工作。③专家咨询机构，称作专家咨询委员会。设负责人1人，由仲裁委员会副主任兼任。它为仲裁委员会和仲裁员提供疑难问题的咨询意见，其咨询意见对仲裁委员会和仲裁员没有约束力。④其他职能部门，如仲裁员资格审查部门等。除上述职能部门外，仲裁委员会还可以根据需要，在法律规定的范围内，设立其他职能部门。

仲裁委员会一旦变更组成人员或住所，应当在变更后的10日内向登记机关提交有关文件。仲裁委员会可以由仲裁委员会会议决议解散，自行终止。仲裁委员会终止决议经人民政府同意后，应当到登记机关办理注销登记。

（二）涉外仲裁委员会

涉外仲裁委员会的设立条件和程序同样适用我国《仲裁法》的有关规定，它也是法人机构。涉外仲裁委员会可以由中国国际商会组织设立。1987年经国务院批准，中国国际贸易促进委员会同时使用"中国国际商会"的名称。中国国际商会依法重新组建了涉外仲裁机构。目前，我国涉外仲裁委员会包括中国国际经济贸易仲裁委员会和中国海事仲裁委员会。涉外仲裁委员会设在北京。中国国际经济贸易仲裁委员会分别于1989年和1990年在深圳和上海设立分会，即中国国际经济贸易仲裁委员会深圳分会、中国国际经济贸易仲裁委员会上海分会。中国国际经济贸易仲裁委员会的前身是中央人民政府政务院于1954年决定在中国国际贸易促进委员会内设立的对外贸易仲裁委员会；中国海事仲裁委员会的前身是国务院于1959年决定设立的中国国际贸易促进委员会海事仲裁委员会；1988年6月分别改称为中国国际经济贸易仲裁委员会和中国海事仲裁委员会。改革开放以后，中国国际经济贸易仲裁委员会逐渐赢得了良好的国际声誉，所受理的国际仲裁争端数量不断增多，居国际社会仲裁机构前列。20世纪90年代以来，中国国际经济贸易仲裁委员会受理的案件数激增，1993~1997年曾连续5年居世界首位。中国是1958年联合国《承认及执行外国仲裁裁决公约》的缔约国，因此中国国际经济贸易仲裁委员会所作出的裁决可在世界上100多个国家和地区获得承认和执行。近年来，中国国际贸易仲裁委员会同许多国家的仲裁机构开展了广泛的业务合作，并订立了仲裁合作协议。随着《仲裁法》的出台和仲裁制度的规范发展，尤其在新世纪我国加入世贸组织以后，涉外仲裁机构将发挥越来越大的作用。

涉外仲裁委员会由主任1人、副主任若干人和委员若干人组成。涉外仲裁委员会的主任、副主任和委员可以由中国国际商会聘任，仲裁员可以从具有法律、经济、贸易和科学技术等专门知识的外籍人士中聘任。涉外仲裁员可以是中国公民，也可以是外籍人士。目前在中国国际经济仲裁委员会中，外籍仲裁人员约 1/4。涉外仲裁机构受理涉外经济贸易、国际运输和海事中发生的争端。

我国《仲裁法》并未明确规定国内仲裁机构和涉外仲裁机构的仲裁管辖界限。仲裁机构重新组建以来，一些仲裁委员会，如上海仲裁委员会、厦门仲裁委员会和深圳仲裁委员会已经开始受理涉外仲裁案件。国务院办公厅 1996 年 6 月 8 日发布的《国务院办公厅关于贯彻实施〈中华人民共和国仲裁法〉需要明确的几个问题的通知》中规定："新组建的仲裁委员会的主要职责是受理国内仲裁案件；涉外仲裁案件的当事人自愿选择新组建的仲裁委员会仲裁的，新组建的仲裁委员会可以受理……"从这里可以看出，只要涉外仲裁当事人事先达成仲裁协议，任何一个仲裁机构，包括国内仲裁机构，都可以接受仲裁申请。仲裁界对此规定持不同看法。有的认为这样做可以促使仲裁机构之间展开自由竞争，将提高仲裁机构的服务质量，公正裁决；与之相反的看法认为，这将"不可避免地"造成仲裁程序上和司法实践上的混乱。

二、仲裁协会

中国仲裁协会是仲裁机构自身开展行业管理的自律性组织，是社会团体法人。我国仲裁委员会是中国仲裁协会的会员。中国仲裁协会全国会员大会制定协会章程。仲裁协会根据章程对仲裁委员会及其组成人员和仲裁员的违纪行为进行监督。中国仲裁协会依照《仲裁法》和《民事诉讼法》的有关规定制定仲裁规则。除了法定职责之外，仲裁协会的职能还包括指导和协调各仲裁委员会的工作，组织人员培训，进行对外交流，维护仲裁委员会和仲裁员的合法权益，以及推动仲裁理论和实务的发展等。

三、仲裁员

仲裁委员会的组成人员即主任、副主任和委员及其聘用的具体受理争议事项的人员统称为仲裁员。其中，接受指定具体受理案件的仲裁员为真正意义上的仲裁员。

（一）仲裁员的条件

我国《仲裁法》第 13 条明确规定了仲裁员的任职资格。根据我国《仲裁法》的规定，担任仲裁员的法定条件包括以下两个方面：

1. 品德条件。我国《仲裁法》第 13 条第 1 款规定："仲裁委员会应当从公道正派的人员中聘任仲裁员。"我们可以这样理解，担任仲裁的人员必须具有良好的道德品质，这是法律要求仲裁员的首要条件。仲裁员应当守法、公正，作风正派，能够严格要求自己，真正做到依据法律和事实来解决争议。只有这样，仲裁人员才能在法律规定的范围内，正确维护当事人的合法权益，保持仲裁机关的信誉，充分发挥仲裁制度在我国社会主义经济建设中的应有作用。

2. 业务条件。《仲裁法》第13条第2款规定了对仲裁人员的专业要求。从这些专业要求中可以看出，仲裁员可以来自多种专业领域，但必须从事本专业达到法定年限，或具备本专业高级职称，或具有同等专业水平。它包括三个方面内容：

（1）从事仲裁工作、律师工作或曾任审判员满8年的。这主要指：①在《仲裁法》实施前设立的仲裁委员会工作满8年，或者在《仲裁法》实施前设立的仲裁委员会中加上在《仲裁法》实施后新组建的仲裁委员会中工作总共满8年的。这一规定继续聘用了原有仲裁员，很好地完成了《仲裁法》实施前后新旧仲裁体制的过渡和衔接。②从事律师工作满8年的。律师作为专业法律工作者，不仅具有丰富的法律专业知识，而且具有办理诉讼与非诉讼法律事务的实践经验。随着仲裁业务的大量出现，越来越多的律师受聘于仲裁机构，受理仲裁事务。③曾任审判员满8年的。人民法院的现任审判员不得兼任仲裁员。审判人员担任仲裁员必须是辞职人员、脱离原审判机关人士或离退休人员。有一点必须说明，"曾任审判员"是指正式获得审判员职务，而不是指"从事审判工作"8年。我国《仲裁法》的这一规定，充分发挥了离职审判人员在审判工作岗位上积累起来的丰富的法律专业知识和审理案件的工作经验，用其所长，充实仲裁队伍，加快仲裁机构专业化进程。当然，曾任审判人员的仲裁员应当注意区分仲裁与审判的不同性质，注意体现仲裁的民间性和当事人的自决性，真正将自己放到居中的位置，依照仲裁规则公正裁决。

（2）从事法律研究、教学工作并具有高级职称的。这些人员往往具有深厚的理论基础，聘任其担任仲裁员，可以充分发挥其法学理论优势，尤其在法律规定出现漏洞、冲突或缺乏详细内容时，依照法律精神和相关理论，结合事实和证据，作出合法裁决。这里高级职称是指正、副教授和正、副研究员。

（3）具有法律知识、从事经济贸易等专业工作并具有高级职称或者具有同等专业水平的。在这里，担任仲裁员的职称条件有两点：①高级职称；②没有高级职称但具备同等专业水平。仲裁事项为经济纠纷，因而，仲裁员必须是经济贸易领域中的专家，熟知相关法律法规。具备这一条件的仲裁员，有高级职称的是经贸专家，具有同等专业水平的人员实践经验丰富，他们了解相应的法律知识，能够很好的胜任仲裁员工作。

仲裁员只有同时具备合格的道德品质、一定的法律知识和高水平的专业技术能力，才能够作好居中裁判工作，维护当事人的合法权益，解决经济纠纷，为理顺经济秩序做出应有的贡献。仲裁制度贯彻的好坏，仲裁员是核心。我们需要建立一支高素质、高水平的仲裁员队伍，无论在国内仲裁还是在涉外仲裁中都建立起威信，树立良好的形象，促使仲裁事业更好地发展。

（二）仲裁员的聘任方式

我国仲裁员采用聘任制。仲裁员由仲裁委员会聘任。仲裁委员会应当从具有仲裁员资格的人员中聘任仲裁员。仲裁委员会主任会议提出仲裁员名单，经仲裁委员会会议审议通过，凡审议通过并经受聘者同意的，由仲裁委员会聘任并发给聘书。仲裁员聘任期限为3年，期满后可以继续聘任。国务院办公厅《重新组建仲裁机构方案》规定，仲裁委员会应当主要在本省、自治区、直辖市范围内聘任仲裁员。国家公务员及参照国家公务员制度的机关工作人员可以受聘为仲裁员，但必须符合仲裁员条件，经所在单位同意，而且不得影响本职工作。仲裁委员会的工作人员可以聘任为仲裁员。

仲裁委员会一般将聘任的仲裁员制作成名册。我国《仲裁法》第13条第3款规定，仲裁委员会按照不同专业设仲裁员名册。仲裁员名册的专业划分可以包括合同、房地产、证券、物价、商事、海事和知识产权等。

（三）仲裁员的违法后果

我国《仲裁法》规定，仲裁人员有下列情形的应当承担法律责任，仲裁委员会应当将其除名：

1. 私自会见当事人、代理人，或者接受当事人、代理人的请客送礼，情节严重的。"情节严重"是指多次或屡次违反上述法律规定，或造成恶劣影响的。仲裁员在工作当中进行上述活动，情节严重的，势必导致不公平裁决，侵害当事人的合法权益，给仲裁工作带来恶劣影响。因而《仲裁法》规定，将有上述行为的仲裁员依法除名。

2. 仲裁员在仲裁该案时有索贿受贿、徇私舞弊、枉法裁决行为的。这些行为属于严重违法乱纪行为，甚至触犯刑律。因此仲裁委员会对有上述违法行为的仲裁员给予除名处分。

第三节 仲裁原则和仲裁制度

仲裁基本原则，包括自愿仲裁原则和以事实为根据、符合法律规定、公平合理解决纠纷的原则，以及仲裁独立原则。这三项原则对整个仲裁工作具有原则性的指导意义。仲裁制度包括协议仲裁制度、或裁或审制度和一裁终局制度。它们是仲裁所必须遵守的工作法则。

一、仲裁原则

（一）自愿仲裁原则

自愿仲裁原则，是指根据《仲裁法》的规定，双方当事人应当基于真实的意思表示达成协议，选择仲裁、决定仲裁事项和程序的仲裁原则。自愿原则是一项最基本的仲裁原则。它是仲裁制度产生和存在的基础与保障。

仲裁是建立在当事人意思自治之上的一项法律制度。当事人自愿仲裁是仲裁制度的本质属性。其基本含义和内容是指当事人达成仲裁协议、申请仲裁、选择仲裁机构和仲裁员、约定仲裁实体事项（仲裁庭仅审理仲裁协议中明确约定的仲裁事项）和程序事项（如仲裁机构、仲裁地点、仲裁庭组成形式、开庭形式和审理方式等）、达成仲裁调解或和解协议以及撤销仲裁申请，都必须出于其真实意愿，任何机关、组织和个人都不得强迫当事人进行仲裁。这是仲裁民间性的明显表现。

（二）以事实为根据、符合法律规定、公平合理解决纠纷的原则

我国《仲裁法》第7条规定："仲裁应当根据事实，符合法律规定，公平合理地解决纠纷。"这一规定具有两层含义：①仲裁机构裁决仲裁案件必须以事实为根据、符合法律规定，这是仲裁工作的客观要求；②仲裁应当公平合理地解决纠纷，这是仲裁的最终目的。

以事实为根据，是指仲裁机构在审理过程中应当全面、深入地查清案件真实情况，查明客观事实，分清是非，明确责任，依法作出正确裁决。查清案件事实可以通过以下途径：当事人的陈述，包括申请人的申请书和被申请人的答辩书等书面陈述，以及双方当事人提交的各种证据材料；庭审调查，即开庭审理时，仲裁庭通过双方当事人当庭举证和质证，确认定案证据，没有经过当庭质证的事实和证据材料，不能作为定案根据；仲裁庭自行收集证据，即仲裁庭认为必要时可以就案件事实进行调查，以进一

步查明事实真相。以及通过庭审辩论、鉴定等其他法定程序认定事实、辨明是非。只有以事实为根据，才能理清当事人之间错综复杂的权利义务关系，为正确裁决打下基础。

符合法律规定，是指仲裁庭审理案件时，应当按照法定程序审理案件，在查明事实真相的基础上，确定并适用有关实体法，以认定当事人之间的权利义务关系，作出仲裁裁决。仲裁机构审理仲裁案件适用的法律一般来说包括仲裁法、仲裁规则和民商事法律。此外，仲裁庭审理仲裁案件时，无论程序上还是实体上只要做到不违反法律规定，还可以适用其他法定规范，以保证仲裁裁决的内容符合法律规定。

公平合理解决纠纷，是指仲裁庭应当依法以第三人的立场，依照事实和有关法律，作出正确裁决，以维护当事人的合法权益。它包含以下含义：①要求仲裁庭在进行仲裁时，无论仲裁员是由哪一方当事人选定的，或是指定产生的，都应当处于中立地位，平等对待双方当事人，避免偏袒或歧视任何一方当事人。对待任何一方当事人都要公平，做到不偏不倚。②仲裁不仅可以适用法律处理争议，还可以参照经济贸易活动中被人们普遍接受的做法即援引国际贸易惯例或行业惯例进行仲裁。仲裁与诉讼不同，凡是法律有明文规定的，仲裁机构应当根据法律的明文规定作出裁决。对于法律没有明文规定的，只要仲裁员依法审理案件，当事人没有异议，即便部分事实未查清，也可以依据经贸惯例或行业惯例作出裁决。③仲裁庭成员应当恪守职业道德，严格遵守仲裁程序和制度，依法办事，以确保作出公正、符合公理的仲裁裁决。所谓合理地作出裁决，是法律赋予仲裁制度的特殊规定，由于仲裁具有民间性，当事人随时享有广泛的协商处置权或申请人单方处置权，只要其处置事项和内容不违反法律规定、不侵犯公共利益、集体利益或其他第三人利益以及社会公德，就可以处置程序事项和实体事项，从而终结仲裁。④在涉外仲裁中，仲裁除必须符合成文法的规定外，还可以适用国际惯例。仲裁民间性决定了仲裁具有其他司法制度所不可比拟的优越性。但是，无论仲裁赋予当事人多么广泛的自行处置权，都必须在法律许可的范围以内才具有法律效力。而且，最重要的一点是，仲裁庭和仲裁员必须严格遵照仲裁法和仲裁规则进行仲裁，才能做到公平合理地解决纠纷。公平合理地解决纠纷是当事人进行仲裁的目的和要求，也是仲裁制度的一项基本原则。

（三）仲裁独立原则

仲裁独立原则，是指仲裁机构是依法设立并行使仲裁权的专门组织，仲裁机构进行仲裁不受任何行政机关、社会团体和个人的干涉。仲裁独立原则的内容主要体现在：①仲裁机构独立。即仲裁机构独立于行政机关，它既不是行政机关的附属机构，也不具有行政机关的性质，而是专门的仲裁组织；仲裁机构独立于审判机关，它受审判机关的制约，但不是审判机关的附属机构；仲裁机构之间相互独立，仲裁协会、仲裁委员会和仲裁庭依法各司其职，相互独立、相互制约、相互配合，组成一套完整的仲裁体制，但是相互之间没有隶属关系。②仲裁庭和仲裁员审理仲裁案件独立进行。仲裁庭组成后，对仲裁案件独立进行审理和裁决。仲裁庭和仲裁员的仲裁活动独立于仲裁委员会。

二、仲裁制度

（一）协议仲裁制度

协议仲裁制度也称协议管辖制度，是指仲裁机构必须根据双方当事人之间达成的仲裁协议受理仲裁案件，仲裁协议是产生仲裁活动的惟一前提条件。《仲裁法》第4条规定："当事人采用仲裁方式解决纠纷，应当双方自愿，达成仲裁协议。没有仲裁协议，一方申请仲裁的，仲裁委员会不予受理。"协议仲裁制度是自愿仲裁原则的具体体现。由于仲裁机构是民间组织，没有强制管辖权，以仲裁方式解决争议，只有依据双方当事人共同选择仲裁的真实意思表示，取得仲裁管辖权。当事人选择仲裁必须达成仲裁协议，没有仲裁协议，仲裁机构不予受理。

仲裁协议，是指双方当事人自愿选择仲裁方式解决争议的真实意思表示。仲裁协议既可以在争议发生前，也可以在争议发生后订立。在争议发生前订立的仲裁协议称为事前仲裁协议；在争议发生后订立的仲裁协议称为事后仲裁协议。绝大多数仲裁协议为事前仲裁协议。根据我国《仲裁法》的有关规定，仲裁协议必须以书面方式订立。我国《仲裁法》只承认书面仲裁协议。书面仲裁协议表现为三种形式：合同中订立的仲裁条款、独立的仲裁协议和其他书面形式的仲裁协议。合同中约定的仲裁条款是指在合同中订立以仲裁方式解决争议的条款。它仅适用于履行合同的过程中所发生的争议，与履行合同无关的争议不适用仲裁条款。并且，仲裁条款只能适用于主合同生效后发生的合同纠纷。独立的仲裁协议是指当事人专门就仲裁事项达成的协议。它通常表现为单独的仲裁合同。单独订立的仲裁合同可以适用于当事人之间约定的任何纠纷，既可以适用于合同纠纷，也可以适用于非合同纠纷。非合同纠纷包括由缔约过失责任、侵权民事责任或不当得利返还民事责任所引起的财产权益的纠纷。[1] 仲裁协议除了仲裁条款和单独订立的仲裁协议之外,还可以存在于来往信件和数据电文(包括电报、电传、传真、电子数据交换和电子邮件)等其他可以有形地表现所载内容的形式中。根据《合同法》的规定,当事人采用信件、数据电文等形式订立合同的,签订确认书时合同成立。如果没有签订确认书,仲裁协议是否有效,需要仲裁机关认定,不能作为当然有效仲裁协议进行仲裁。另外还有一种特殊情况,即某些合同中虽然没有设立仲裁条款,但合同的有关条款引用了含有仲裁内容的文件,可以视为当事人订立了仲裁协议。这是一种有效的仲裁协议,是仲裁协议的一种特殊表现形式。仲裁协议是仲裁协议制度的核心内容,仲裁机关根据有效仲裁协议进行仲裁。当事人选择仲裁方式解决争议必须订立仲裁协议。

协议仲裁制度是仲裁管辖权得以产生的基础,它是一项基本的仲裁管辖制度。仲裁机构依法受理双方当事人在有效仲裁协议中约定的仲裁事项。根据仲裁协议制度,有效仲裁协议可以确定仲裁机构为惟一管辖机构,进而完全排斥法院管辖权。《仲裁法》第5条规定:"当事人达成仲裁协议,一方向人民法院起诉的,人民法院不予受理,但仲裁协议无效的除外。"仲裁制度作为我国法律体系的一个组成部分,赋予经济纠纷当事人更多的自主选择权。

(二)或裁或审制度

或裁或审制度,是指经济纠纷当事人对于《仲裁法》管辖范围内的争议事项,既可以选择仲裁,也可以选择起诉。当事人对于以上纠纷依法享有充分的处置权,是指当事人有权选择解决争议的方式。换句话说,我国法律对于经济纠纷在仲裁制度中采取"不申请不予仲裁"的管辖制度,在诉讼制度中采取"不告不理"的管辖制度。当事人解决经济纠纷的途径多种多样,除了仲裁和诉讼,还可以选择调解、协商与和解等其他方式。仲裁和诉讼只是解决经济纠纷的两种主要方式。但是仲裁管辖具有其特殊性。一旦当事人达成仲裁协议,只有仲裁机构具有管辖权。所以,或裁或审制度仅适用于没有仲裁协议的争议事项。根据法律规定,当事人既可以签订仲裁协议选择仲裁,也可以直接向人民法院起诉。其中,当事人虽然达成仲裁协议,但仲裁协议无效,一方当事人向法院提起诉讼的,法院可以受理。如果一方当事人向人民法院提起诉讼,对方当事人并未提出异议

---

[1] 王利明主编:《民法》,中国人民大学出版社2000年版,第533~534页。

并且参加诉讼的,视为放弃仲裁协议,接受法院的司法管辖,进入诉讼阶段。

(三) 一裁终局制度

一裁终局制度,是指仲裁机构一旦对仲裁事项作出仲裁裁决,立即发生终局的法律效力,结束争议,解决纠纷。当事人不得就同一争议再向其他仲裁机构申请仲裁,也不得向人民法院提起诉讼。正是由于仲裁的这一特性,经济纠纷当事人更倾向于利用仲裁方式解决争议。与诉讼相比,仲裁无论是在时间上还是在程序上都要更加及时和简便,具有无法比拟的优越性。一裁终局制度是仲裁制度的特色,它从根本上体现了仲裁裁决的法律效力,最大限度地满足了当事人尽早解决纠纷、尽快获得合法权益的愿望和要求。一裁终局制度有着坚实的法律基础:①当事人订有仲裁协议,双方自愿进行仲裁;②在仲裁过程中,双方当事人可以在仲裁庭的主持下达成调解协议,也可以自行和解;③无论对于实体问题还是程序问题,双方当事人随时可以进行协商。基于以上几点,仲裁庭在作出仲裁裁决之前,已经充分听取双方当事人的陈述和意见,经过法定的调查程序,从而依法裁决。这一仲裁裁决可以说是由当事人双方和仲裁庭共同作出的解决纠纷的方案,它既体现了双方当事人的意志,又是仲裁机构依照法律程序作出的权威性结论。因而无论是从当事人的角度,还是在法律上来看,仲裁裁决理应具有当然的法律效力。仲裁裁决由此具备终止争议的效能。所以法律规定仲裁实行一裁终局。这一制度的实施给经济纠纷当事人带来了更大的方便,有利于经济秩序的稳定与发展。

第四节 国内仲裁业务

我国《仲裁法》规定平等主体之间发生的经济纠纷可以仲裁,包括国内仲裁和涉外仲裁。在这里,国内仲裁指的是普通仲裁事项,我们称它为普通仲裁。《仲裁法》所规定的国内普通仲裁由法定统一的仲裁机构受理,实行协议仲裁制度和一裁终局制度。仲裁机构之间没有隶属关系,任何仲裁庭作出的仲裁裁决具有同样的法律效力。在《仲裁法》规范的普通仲裁制度之外,我国还存在着另外两种形式的仲裁制度:劳动争议仲裁和农业集体经济组织内部的农业承包合同纠纷仲裁。所以,目前我国国内仲裁实际上包括普通仲裁、劳动争议仲裁和农业承包合同仲裁三种形式。由于后两种仲裁形式与普通仲裁性质不同，我们不予以介绍。下面我们仅就《仲裁法》中规定的普通仲裁形式进行介绍。

普通仲裁，是指由我国《仲裁法》规定的、适用于平等经济主体之间所发生的经济纠纷的国内仲裁制度。根据《仲裁法》的规定，婚姻、收养、监护、抚养、继承纠纷，以及依法应当由行政机关处理的行政争议，仲裁机构不能仲裁。普通仲裁是相对于劳动争议仲裁和农业承包合同纠纷仲裁而言的一种最能体现仲裁制度本质特征的基本仲裁制度。它是仲裁制度的基本表现形式。我国《仲裁法》所规定的国内仲裁就是指普通仲裁。由于《仲裁法》第 77 条规定，本法所规定的仲裁制度不包括劳动争议和农业集体经济组织内部的农业承包合同纠纷仲裁，因而本章所称仲裁制度一律指普通仲裁。仲裁必须依照严格的程序进行。仲裁程序一般分为三个阶段，即申请和受理、仲裁庭的组成、审理和裁决。下面我们分别从几个方面介绍仲裁程序：

一、仲裁的申请与受理

1. 仲裁的申请。仲裁程序一般由当事人申请仲裁开始。对当事人的申请，仲裁委员会应当进行审查，符合受理条件的，依法受理，仲裁程序开始；不符合受理条件的，不予受理。因而当事人提出仲裁申请是仲裁程序开始的必要条件，但申请仲裁必须符合法定条件。根据《仲裁法》的规定，当事人申请仲裁应当符合下列条件：

（1）有仲裁协议。当事人之间一旦达成仲裁协议，仲裁协议即成为仲裁机构享有管辖权的法定依据。订有仲裁协议的经济纠纷，只能由仲裁机构受理，审判机关无权管辖。仲裁协议是仲裁程序开始的惟一前提条件。

（2）有具体的仲裁请求和事实、理由。当事人申请仲裁必须有具体的仲裁请求，并提出事实依据和理由。具体的仲裁请求是指当事人在申请仲裁时应写明争议的具体事项或要求保护的具体权益。只有当事人仲裁目标明确，仲裁事项属于仲裁范围，仲裁委员会经过审查后才会依法受理。

仲裁请求一定要明确、具体。根据当事人仲裁请求目的和内容的不同，仲裁请求可以分为确认请求、给付请求和变更请求。确认请求是指当事人要求确认他们之间是否存在一定的民事法律关系。确认请求可以分为肯定的确认请求和否定的确认请求。前者是要求确认民事法律关系存在，如合同成立；后者是要求确认民事法律关系不存在，如合同关系不成立。给付请求是指当事人申请裁决对方当事人履行一定民事义务的仲裁请求。

如要求支付违约金、价款或赔偿金等。变更请求是指当事人申请裁决改变或消灭一定民事法律关系的仲裁请求。如请求解除合同关系、变更违约金数额等。

所谓事实、理由，是指仲裁申请人应当写明提出仲裁请求所依据的事实以及相关理由。事实是指经济纠纷发生过程中的具体情况，即客观真相。本着"谁主张谁举证"的原则，当事人在提交事实真相的同时应提供相应的证据。理由是指当事人即仲裁申请人提请仲裁的事实依据和法律依据。

至于当事人所提供的具体请求、事实是否真实，理由是否合法、正确，都不影响案件的受理。这些因素可以在仲裁程序开始后，由仲裁机构进行审理和确认。

2. 仲裁的受理。《仲裁法》第24条规定，仲裁委员会收到仲裁申请书之日起5日内，应当作出是否受理的决定，并通知当事人。仲裁申请书内容有欠缺的，应当给与一定的期限补正，再予以审查，决定是否受理。

《仲裁法》第25条规定，仲裁委员会受理仲裁申请后，应当在仲裁规则规定的期限内将仲裁规则和仲裁员名册送达申请人，并将仲裁申请书副本和仲裁规则、仲裁员名册送达被申请人。被申请人收到仲裁申请书副本后，应当在仲裁规则规定的期限内向仲裁委员会提交答辩书。仲裁委员会收到答辩书后，应当在一定期限内将答辩书副本送达申请人。被申请人未提交答辩书的，不影响仲裁程序的进行。

申请人和被申请人依法享有同等的权利。申请人可以放弃或者变更仲裁请求；被申请人可以承认或者反驳仲裁请求，有权提出反请求。当事人可以申请财产保全。仲裁委员会应当将当事人的申请依照《民事诉讼法》的有关规定提交人民法院。

二、仲裁庭的组成

仲裁庭，是指依照仲裁程序审理仲裁案件并作出仲裁裁决的仲裁组织。仲裁庭依据当事人的约定由3名或者1名仲裁员组成，分别称为合议制仲裁庭和独任制仲裁庭。仲裁员一般由当事人指定或者由仲裁委员会主任指定。由3名仲裁员组成的，设首席仲裁员。当事人没有在仲裁规则规定的期限内约定仲裁庭的组成方式或者选定仲裁员的，由仲裁委员会主任指定。仲裁委员会应当将仲裁庭的组成情况书面通知当事人。

仲裁庭成员如有法定情形应自行回避或由当事人申请其回避。仲裁员因回避或其他原因不能履行职责的，依法重新选定或指定仲裁员，已经开始的仲裁程序可以重新进行。

三、开庭和裁决

仲裁应当开庭进行,当事人协议不开庭的可以书面审理。仲裁不公开进行,但当事人可以协议公开进行,涉及国家机密的除外。仲裁委员会应在仲裁规则规定的期限内将开庭日期通知双方当事人。在一定期限内,当事人可以申请延期开庭并提出正当理由。

申请人和被申请人经书面通知,无正当理由不到庭或未经仲裁庭许可中途退庭的,前者视为撤回仲裁申请,对于后者可以缺席裁决。当事人应当提供证据,仲裁庭认为有必要也可以自行收集证据。仲裁庭对专门性问题可以交由专门机关进行鉴定。当事人可以申请证据保全,仲裁庭应当将申请提交证据所在地的基层人民法院。

证据在开庭时出示,当事人可以质证。在仲裁过程中,当事人有权进行辩论并进行最后陈述。开庭情况应当记入笔录,当事人或其他仲裁参与人有权补遗或更正;仲裁庭不予补正的,应当记录该申请。

当事人申请仲裁后可以自行和解,达成和解协议。根据和解协议,可以请求仲裁庭作出裁决书,也可以撤回仲裁申请。如果反悔,可以根据仲裁协议申请仲裁。仲裁庭在作出裁决前可以先行调解。由当事人自愿提出调解的,仲裁庭应当调解。达成调解协议的,仲裁庭应当制作调解书或者根据协议制作裁决书,二者具有同等法律效力。调解不成的,应当及时作出裁决。调解书经双方当事人签收后,即发生法律效力;签收前反悔的,仲裁庭应当及时作出裁决。裁决书自作出之日起发生法律效力。

四、申请撤销裁决

根据《仲裁法》第58、59条的规定,当事人申请撤销仲裁裁决必须有法定情形,而且应当在收到裁决书之日起6个月内提出。当事人应当向仲裁委员会所在地的中级人民法院提出撤销仲裁裁决的申请。人民法院应当组成合议庭审查核实裁决是否违背法律规定或社会公共利益,于受理申请之日起2个月内作出撤销裁决或者驳回申请的裁定。人民法院可以裁定中止撤销程序,通知仲裁庭在一定期限内重新仲裁,仲裁庭拒绝重新仲裁的,人民法院应当裁定恢复撤销程序。

五、执行

仲裁裁决书是民事执行的根据之一。仲裁裁决的执行属于民事执行制度。因而,当事人应当履行裁决。否则,另一方当事人可以向人民法院申请强制执行。一方当事人申请执行裁决,另一方当事人申请撤销裁决的,人民法院应当中止执行。被申请人有证据证明裁决有《民事诉讼法》第213条第2款规定情形之一的，人民法院裁定不予执行。《仲裁法》第64条第2款规定："人民法院裁定撤销裁决的，应当裁定终结执行。撤销裁决的申请被裁定驳回的，人民法院应当裁定恢复执行。"

第五节 涉外仲裁业务

涉外仲裁，是指根据我国《仲裁法》的规定，涉外仲裁机构对涉外经济贸易、运输和海事中发生的纠纷进行的仲裁。涉外仲裁双方当事人一般至少有一方是外国人。如果双方当事人都是中国公民，他们之间发生的纠纷应当是有关国际经济贸易、运输或海事方面的争议。

一、涉外仲裁机构及其业务范围

涉外仲裁委员会是我国涉外仲裁机构。我国《仲裁法》第66条第1款规定："涉外仲裁委员会可以由中国国际商会组织设立。"中国国际商会即中国国际贸易促进委员会。我国涉外仲裁机构设立在中国国际商会内部，分别为中国国际经济贸易仲裁委员会和中国海事仲裁委员会。

（一）中国国际经济贸易仲裁委员会

中国国际经济贸易仲裁委员会（China International Economic and Trade Arbitration Commission），简称贸仲委（CIETAC）。其前身是中国对外贸易促进委员会。1954年5月6日，中央人民政府政务院第215次政务会议通过《关于在中国国际贸易促进委员会内设立对外贸易仲裁委员会的决定》，并于1956年4月2日正式成立对外贸易仲裁委员会。1980年2月26日，国务院决定将其改称为对外经济贸易仲裁委员会。1984年2月在深圳设立了仲裁办事处。1988年6月21日，国务院又批准将其改名为中国国际贸易仲裁委员会，并扩大了受案范围。贸仲委分别于1989年和1990年在深圳和上海设立分会。

1. 中国国际经济贸易仲裁委员会内部组织机构[1] 贸仲委是解决涉外经济纠纷的仲裁机构，其内部依法设立若干部门：

（1）委员会议。贸仲委聘请经济贸易、法律等方面的专家担任仲裁委

---

〔1〕 常英主编：《仲裁法学》，中国政法大学出版社2001年版，第180~184页。

员会委员，任期3年。仲裁委员会委员会议是仲裁委员会委员得以行使职权的组织形式。其主要任务是：制定和修改仲裁委员会的章程；审议并通过关于制定和修改仲裁委员会仲裁规则的草案；审议并通过仲裁委员会秘书长提出的年度工作报告；讨论有关政策、工作问题等其他重要事项并形成决议。

委员会议每年召开1次。根据需要，可以召开临时会议。每次委员会议须有半数以上的委员出席，才可以举行。会议由委员会议主席或由主席授权副主席主持召开。会议决议须由半数以上委员通过才能生效。

（2）主任会议。仲裁委员会主任会议在仲裁委员会委员会议闭会期间，负责仲裁委员会的工作。主任会议每3个月举行1次。根据需要，可以召开临时主任会议。主任会议讨论仲裁委员会和仲裁委员会分会的重大问题，并作出相应决定。

（3）专家咨询委员会。仲裁委员会内部设立专家咨询委员会。专家咨询委员会由仲裁委员会主任会议决定聘请5~15名专家组成，仲裁委员会副主任兼任其主任委员。它主要负责讨论仲裁过程中出现的重大或疑难问题，提出咨询意见。

（4）秘书局（处）。仲裁委员会设秘书局，仲裁委员会分会设秘书处。分别负责仲裁委员会和分会的日常事务、案件登记管理、仲裁程序管理和仲裁费用收取等。

（5）秘书长会议。秘书长会议由仲裁委员会和分会的秘书长、副秘书长以及秘书局（处）的其他负责人共同召开，讨论决定秘书局（处）程序管理事务和其他有关事项。在必要时，向仲裁委员会或仲裁委员会分会的主任会议提出有关建议。

（6）仲裁研究所。仲裁研究所是仲裁委员会秘书局（处）下设的仲裁研究机构。它主要负责研究仲裁实践中碰到的重大问题和仲裁理论问题，还负责仲裁委员会出版的刊物、案例等资料的编辑工作，以及仲裁宣传工作。

2. 中国国际经济贸易仲裁委员会受案范围。现行《中国国际经济贸易仲裁委员会仲裁规则》由中国国际贸易促进委员会、中国国际商会2012年2月3日修订并通过，2012年5月1日起施行。该《仲裁规则》第2、3条规定，仲裁委员会以仲裁的方式，独立、公正地解决如下契约性或非契约性的经济贸易等争议：①国际或涉外争议案件；②涉及香港特别行政区、澳门特别行政区及台湾地区的争议案件；③国内争议案件。

1990 年以来，中国国际经济贸易仲裁委员会的受案数量在世界各国国际商事仲裁机构中名列前茅，已经成为国际上主要的涉外商事仲裁委员会之一。

（二）中国海事仲裁委员会

1958 年 12 月 21 日国务院通过了《关于在中国国际贸易经济促进委员会内设立海事仲裁委员会的决定》。1959 年 5 月 1 日，中国国际经济贸易促进委员会海事仲裁委员会正式成立。1988 年 6 月 21 日，国务院将其改称为中国海事仲裁委员会。它是专门受理涉外海事争议的仲裁机构。

1. 中国海事仲裁委员会的组织机构。中国海事仲裁委员会内部设中国海事仲裁委员会委员会议。仲裁委员会委员由中国国际经济贸易促进委员会聘请海上运输、保险等方面的专家人士担任，任期 3 年。中国海事仲裁委员会设秘书处，负责处理仲裁委员会的日常性事务工作。

2. 中国海事仲裁委员会的受案范围。海事争议数量不多，大部分相关合同中也没有规定仲裁条款，因而海事仲裁案件的数量较少。根据 2004 年 7 月 5 日发布，并于同年 10 月 1 日施行的《中国海事仲裁委员会仲裁规则》第 2 条规定，中国海事仲裁委员会受理下列争议案件：①租船合同、多式联运合同或者提单、运单等运输单证所涉及的海上货物运输、水上货物运输、旅客运输争议；②船舶、其他海上移动式装置的买卖、建造、修理、租赁、融资、拖带、碰撞、救助、打捞，或集装箱的买卖、建造、租赁、融资等业务所发生的争议；③海上保险、共同海损及船舶保赔业务所发生的争议；④船上物料及燃油供应、担保争议，船舶代理、船员劳务、港口作业所发生的争议；⑤海洋资源开发利用、海洋环境污染所发生的争议；⑥货运代理，无船承运，公路、铁路、航空运输，集装箱的运输、拼箱和拆箱，快递，仓储，加工，配送，仓储分拨，物流信息管理，运输工具、搬运装卸工具、仓储设施、物流中心、配送中心的建造、买卖或租赁，物流方案设计与咨询，与物流有关的保险，与物流有关的侵权争议，以及其他与物流有关的争议；⑦渔业生产、捕捞等所发生的争议；⑧双方当事人协议仲裁的其他争议。

二、涉外仲裁裁决的执行

（一）涉外仲裁裁决的撤销和不予执行

1. 涉外仲裁裁决的撤销。涉外仲裁裁决的撤销适用《民事诉讼法》第 258 条的规定。当事人如果能够提出证据证明涉外仲裁裁决有该条第 1 款规定的情形之一的，经人民法院合议庭审查核实，应当裁定撤销。《民事诉讼法》第258条第1款有如下内容：①当事人在合同中没有订有仲裁条款或者事后没有达成书面仲裁协议的；②被申请人没有得到指定仲裁员或者进行仲裁程序的通知，或者由于其他不属于被申请人负责的原因未能陈述意见的；③仲裁庭的组成或者仲裁程序与仲裁规则不符的；④裁决的事项不属于仲裁协议的范围或者仲裁机构无权仲裁的。

撤销涉外仲裁裁决的法定情形，与国内仲裁裁决的撤销的有关规定是有区别的，它的法定范围较窄。这一规定借鉴了国外仲裁立法的规定，符合1958年《纽约公约》的原则，与国际习惯接轨。它的特点是撤销裁决或拒绝执行裁决的理由只限于程序上的缺陷，而不涉及实体问题。

2. 涉外仲裁裁决的不予执行。《仲裁法》第71条规定，被申请人有证据证明涉外仲裁裁决有《民事诉讼法》第258条第1款规定的情形之一的，人民法院合议庭经审查核实，应当裁定不予执行。

（二）涉外仲裁裁决的执行

涉外仲裁裁决的执行问题具有特殊的复杂性。一般情况下，不履行涉外仲裁裁决的一方当事人的财产在我国境内的，由我国法院执行。但根据《仲裁法》第72条规定，如果当事人请求执行发生法律效力的涉外仲裁裁决，而被执行人或者其财产不在我国领域内的，应当由当事人直接向有管辖权的外国法院申请承认和执行。这种仲裁裁决的执行属于境外执行。

当事人到境外申请仲裁裁决的强制执行，涉及到有管辖权的外国法院承认与执行我国仲裁裁决的问题。所谓承认，是指被申请国对我国仲裁裁决予以认可，承认其法律效力，使得当事人可以在该国境内自动履行的一种司法活动；所谓执行，是指被申请国在承认申请国仲裁裁决有效性的前提下，使用其国内法所规定的民事强制执行程序，用扣押、冻结、查封或变卖被执行人财产等手段，保障执行申请人的请求得以实现的一种司法活动。为了解决国际间承认和执行外国仲裁裁决问题，1958年有关国家缔结了《纽约公约》。我国也加入了该公约。这使得我国涉外仲裁裁决的境外执行问题有了法律依据和保障。该公约规定各缔约国必须承认和执行外国仲裁裁决，不得加以任何与国内裁决执行不同的限制或歧视。目前加入《纽约公约》的国家和地区达100多个。作为缔约国，我国涉外仲裁裁决在所有这些国家和地区都能得到承认和执行，程序简便，很好地保护了当事人的合法权益。但是如果被申请国不是《纽约公约》缔约国，则可以根据双边条约或协定中订立的执行仲裁裁决的有关内容进行处理。如我国自1986年开始，先后与法国、波兰、比利时等国签订了司法协定。有的协定

中国司法制度

设专条规定缔约双方相互承认和执行对方作出的仲裁裁决。这些双边协定在外国仲裁裁决的承认与执行问题上实现了互惠原则。

涉外仲裁裁决如果在不是《纽约公约》成员国，也未与我国订立司法协助及互惠关系的国家申请执行的，应当根据我国《民事诉讼法》的有关规定，通过外交途径，向被申请国法院申请承认和执行。

思考题

1. 什么是仲裁？其性质与社会功能如何？
2. 什么是仲裁机构和仲裁员？
3. 仲裁有哪些原则和制度？
4. 国内仲裁业务具体包括哪些内容？
5. 谈谈你对涉外仲裁业务的理解。

第八章　调解制度

学习目的和要求

通过学习，掌握调解制度的概念、地位和功能，以及我国调解制度的种类；了解调解制度的运作机制。

第一节　调解制度的概念、地位和功能

一、调解制度的概念

调解制度，是指调解组织或其他具有调解职能的组织作为第三人，根据法律规定和社会公德，以说服教育的方式，协助当事人自愿达成协议，从而解决民商事纠纷和轻微刑事案件的一种非诉讼法律制度。对这一概念可以从以下几个方面理解：

1. 调解必须由第三人主持。这是调解与当事人自愿和解的最大区别。在这里，第三人是指调解组织和其他具有调解职能的组织。调解组织，是指依法成立的专门从事调解工作的组织，在我国主要指人民调解委员会。其他具有调解职能的组织是指专门调解组织以外的司法机关或法律授权的专门组织，依法适用调解程序，处理民商事纠纷和轻微刑事案件。在这种情况中，所有这些机关和组织在从事诉讼和非诉讼活动中，法律都规定了调解程序。大多数情况下法律只规定可以调解，但调解不是处理纠纷的必经程序。在极少数情况下，调解是处理案件的必经程序。

2. 调解必须双方当事人自愿。以调解的方式解决纠纷必须是双方当事人的自愿选择。调解组织处理的民间纠纷，包括轻微刑事案件在内，属于人民内部矛盾。对于这一类矛盾，最好采用当事人能够接受的方式予以处理。调解就是这样一种解决民间纠纷的理想方式。当事人既可以主动要求调解机关解决纠纷；也可以在其他法律程序进行的过程中，如法院审理过程中，被告知可以进行调解，当事人可以行使法律所赋予的选择权决定是

否进行调解。任何组织和机关都无权强迫当事人进行调解。另外，达成调解协议，也必须是双方当事人自愿的。双方当事人所作出的任何让步与和解，都必须是其真实意思表示，任何调解组织都不能强迫当事人达成调解协议。

3. 调解必须以说服教育的方式解决纠纷。这是调解的特有属性。做调解工作的第三人，不得用命令的方式，或其他强迫的方式进行调解。只能用说服教育的方式，在分清责任、化解矛盾的情况下，尽量帮助当事人双方认清是非，互相协商，最终达成协议解决纠纷。正是由于调解的这一属性，使得调解制度与其他司法制度区别开来，并容易为当事人所接受。

4. 经过调解所达成的协议内容必须符合法律规定和社会公德，不得损害国家、集体或第三人的合法利益。也就是说，双方当事人所作的任何让步都必须在法律允许的范围内进行。只有符合法律规定和社会公德的调解协议才是有效协议。因而调解必须遵守法律规定，这就意味着调解组织和其他具有调解职能的组织必须依法调解，双方当事人必须依法进行调解。调解是一项严格依法进行的非诉讼法律制度。

5. 调解的目的是解决民商事纠纷和轻微的刑事案件。调解是息讼解纷的一种有效途径和手段。调解的范围是民商事纠纷和轻微的刑事案件。严重的刑事案件应当由司法部门予以追究和打击，调解组织没有管辖权。我国之所以设立调解组织和制度，是因为它是一种有效的解决纠纷的方式。调解制度运用说服教育的方法，协助当事人认清是非，分清责任，在不影响团结的情况下，纠纷双方达成协议，从而平息纷争。

二、调解制度的地位和功能

调解制度产生和发展的历史背景，可以清楚地说明调解制度的地位和功能。调解制度的起源，可以追溯到原始社会。原始社会人们之间产生纷争，往往在氏族或部落首领的主持下，调和解决，这是调解制度的萌芽。当人类进入奴隶制社会后，出现了阶级和国家，国家面临两大类矛盾，即对抗性矛盾和非对抗性矛盾。统治阶级运用军队、法庭、监狱等暴力手段，以国家强制力为后盾，解决主要矛盾，而以其他方式解决次要矛盾。其中人们在生产和生活中发生的民间纷争，主要由调解进行调整，解决纠纷，缓和社会矛盾。从奴隶制国家开始，历代官府都建立了基层调解制度。据《周礼·地官》记载，周代的地方官吏中有"调人"的设置，"掌司万民之难而谐和之"。可见，在奴隶制时代，我国就已形成了古代调解制度。以后各朝代对调解制度都进行了不同程度的继承和发展。调解制度成为我国古代优秀的法律文化传统，是新中国调解制度的前身和基础。

世界其他各国近现代也大都建立了调解组织和制度。18世纪末，北欧各国除冰岛以外，都有法庭外调解组织，其形式和工作方法大体相同，称为北欧模式。如挪威于1797年将全国分为若干调解区，各区设调解委员会，由群众选择有声望的人员担任调解委员。19世纪，美国、日本等国也先后建立了群众调解制度。当然，各国调解组织和人员有很大差异。美国更多地由律师进行调解，并设有地方调解组织；[1]而日本主要由政府部门和有关企业共同设立各种专门的法庭外调解组织。除欧美和日本等国家之外，非洲和阿拉伯国家也有调解纠纷的传统，在各级法庭和区、村建立调解制度。现在，调解制度作为一种传统的解决非诉讼纠纷的方式，在世界各国都得到广泛的运用。西方各国在诉讼阶段之前，运用各种平息纠纷的形式减少诉讼，并将诉讼外解决纠纷的所有方式统称为替代性纠纷解决方式即ADR（Alternative Dispute Resolution）。调解是ADR的主要形式之一，在西方日益受到重视，解决了大量的诉讼外纠纷，为维持正常的法律秩序做出了令人瞩目的贡献。如在美国，90%以上的纠纷是通过各种形式在诉讼外解决的，调解在其中所占的比例最高，尤其在解决某些特定类型纠纷中发挥着显著作用，以调解方式解决的纠纷在合同和债务纠纷中占87%，在其他人身损害赔偿纠纷中占83%，民间调解的和解成功率高达85%。[2]当然，世界各国由于风俗习惯、文化背景和法律传统的不同，在调解立法、调解组织、调解制度、调解人员的配备上以及调解方式上各不相同，自成体系。但有一点是共同的，即调解正发展成为当今社会重要的非诉讼纠纷解决方式之一。

调解制度作为我国司法制度的有机组成部分，是一种非诉讼法律制度，有着重要的地位和作用。我国调解制度历史悠久，自古至今一直是民间和官府解决民事纠纷和轻微刑事案件的重要方式。今天，我国调解制度得到了前所未有的发展，形成了一套完整的调解体系，不仅在非诉讼领域起着重要作用，而且，早已通过立法进入诉讼领域。民事审判和仲裁等法律制度中都规定了调解程序，调解在诉讼和仲裁领域一直发挥着不可忽视的作用。我国调解制度无论在立法上，还是体系上和制度上都在不断完善和发展。而且，调解制度作为非诉讼纠纷的解决方式，有着深厚的社会基

---

[1] 熊先觉：《中国司法制度》，中国政法大学出版社1986年版，第347～350页。
[2] 范愉：《非诉讼纠纷解决机制研究》，中国人民大学出版社2000年版，第176～177页。

础和发展潜力。随着社会生活和工作节奏的不断加快,以及社会经济和法律制度的发展,当事人、司法机关和法律授权的专门组织解决纠纷时,越来越讲求经济适用原则。调解制度所具有的自愿性、自主协商性和程序简便的特点,使得它不仅符合当今社会的要求,而且在未来社会具有更加广阔的发展前景。

调解制度所具有的不可替代的功能,使得它成为我国法律制度中一个不可缺少的组成部分。我国调解制度主要具有以下功能:

1. 平息纷争。调解存在的社会基础就在于其贴近生活,方便人民群众,可以随时随地处理矛盾。调解组织往往设置在基层,各街道和乡村都设有调解人员;在法院、仲裁机构和其他负有解决纠纷法定职责的组织中,只要当事人同意,就可以先行调解。调解时不拘形式,在法律允许的范围内,双方当事人可以自主作出让步,达成协议。调解是在分清是非、化解矛盾的基础上进行的,所达成的协议是双方当事人真实的意思表示,更容易为双方当事人所遵守,从而能够更彻底地解决纠纷。调解之所以能够产生、存在和不断发展,就在于它具有解决纠纷的功能。在当今社会,各种民商事纠纷大量出现,人们纷纷寻找解决纠纷的最佳途径和方法。各种解决纠纷的方式都得到了大力发展。而调解制度所具有的独特的解决纠纷的手段,愈来愈为人们所认识和接受。调解制度所具有的解决纠纷的功能,使它成为司法制度的重要组成部分。

2. 分流、减轻法院和仲裁机关的压力。调解组织解决了大量的民商事纠纷和轻微的刑事案件,尤其是来自基层的纠纷。通过调解解决的纠纷,当事人大部分能够遵守协议,避免提起诉讼程序或仲裁程序,进入诉讼阶段或仲裁阶段。诉讼阶段达成的调解协议不允许上诉,简化了纠纷的解决程序。这些做法可以使法院和仲裁机关集中精力解决疑难案件和大案要案,节省了大量的人力、物力和财力。这体现了调解制度存在的必要性。有人将其称为解决社会生活中产生的大量矛盾的第一道防线。它大大降低了法院和仲裁机构的受案数量,减轻了他们的负担,起到了应有的作用。

3. 维护双方当事人的合法权益,稳定社会秩序。在调解的过程中,调解组织站在法律的立场上,以第三人的身份,不偏不倚,依法律和情理调解纠纷。一旦当事人和解并达成调解协议,当事人双方的合法权益以协议的形式予以约束,纷争解决了,法律秩序则重新得到稳定。调解制度通过解决纠纷,最终维护当事人的合法权益,达到稳定社会生活秩序和工作秩序,促进社会经济、文化和政治发展的目的。

4. 促进安定团结。调解是在说服教育的基础上解决纠纷，当事人在认清是非、分清责任的同时，逐步化解矛盾。在协商的过程中，互相作出让步，最终达成协议。所有这些，有利于双方当事人达成谅解，从而促使双方当事人恢复和加强正常交往，有利于人际关系的稳定和发展，有利于双方当事人进一步确立民事关系，进入社会生活和工作的正常秩序。只有民事法律关系得到稳定发展，才能最终促成整个社会的稳定与发展，进而实现安定团结的社会局面。

5. 继承和发扬法律文化传统，完善我国司法体制。调解制度历史悠久，在我国古代社会，不仅民间自发产生乡里调解，官府也设置专门的调解人员处理民间纠纷。随着朝代的不断变迁和发展，民间调解和官府调解始终具有强大的生命力，并且得到了发扬光大。调解制度已经有几千年的历史，有着深厚的群众基础。它是我国法律制度中的瑰宝，新中国成立后，很快将其纳入法律体系中。在加入了 WTO 的新世纪，我国的调解制度更是得到了大力的发展和完善。这不仅继承和发扬了我国具有悠久历史的法律文化和传统，也大大完善了我国的法律制度。

第二节 我国调解制度的种类和运作机制

一、我国调解制度种类概述

我国依法建立了一套完整的调解体系，按照调解组织的不同，调解制度可以分为以下种类：人民调解、仲裁调解、行政调解、律师调解、消费者协会调解和法院调解等。从以上分类可以看出，调解制度主要存在于非诉讼法律活动中，同时也存在于诉讼制度中。不同的调解制度具有不同的法律效力。通过人民调解、行政调解、律师调解和消费者协会调解所达成的调解协议，不具有任何法律效力。但是，仲裁机构和法院组织所作出的调解协议书，与仲裁裁决书和判决书具有同等法律效力，是法定民事执行根据。人民调解制度、行政调解制度和法院调解制度是我国调解体系中三个主要的调解形式。律师调解和消费者协会调解也是我国调解制度的组成部分。

律师调解是随着经济体制改革的不断深入和发展，以及律师制度的恢复和发展，于 20 世纪 80 年代正式产生和发展起来的。目前，律师调解可以分为独立调解和代理过程中调解。律师独立调解,是指当事人将争议直接提交给律师事务所,由律师事务所指派律师或当事人指定律师进行调解的解决纠纷的形式。国外已经出现独立调解人,一些律师事务所也开始从事调解业务。我国虽然没有出现专门从事调解的律师和律师事务所,但调解已经成为律师或律师事务所业务之一。我国律师可以根据当事人的请求,以律师事务所的名义进行调解。由于当前经济快速发展,民事法律关系日益复杂化、多样化,当事人需要律师作为职业法律工作者,根据法律规定和律师丰富的专业知识与经验,使纠纷得到专业化的解决。当事人在听取律师的建议,并通过律师的解释知晓法律的相关规定之后,多数情况下能够按照法律规定达成协议、解决纠纷。律师做好调解工作意义重大:①可以树立良好的律师形象,扩大律师作为专业法律工作者的业务范围和社会影响。②可以服务于社会。当事人之所以请求律师事务所给予调解,看中的就是律师的法律专业知识和经验,以及律师所具备的法律专业工作者的身份和律师事务所的信誉与业务能力。律师和律师事务所在进行调解的过程中,运用所掌握的专业知识,解决纠纷,实现了律师服务于社会的职责。③可以稳定社会秩序。律师与律师事务所调解纠纷手续简便、氛围宽松,可以尽快解决当事人的纷争。争议得到解决,纷争得以平息,正常的民事法律关系可以尽快得以恢复。④可以宣传法律、法规和法律知识。在解决纠纷的过程中,当事人很快了解并掌握有关法律规定,形成正确的判断,理智、合法地解决纠纷。由于我国幅员辽阔,律师调解已经出现东西联合、南北联合或中外律师联合,即两地或若干地方,以及国际间律师事务所或律师相互协作开展调解工作的调解形式。这有利于节省当事人、律师事务所和律师资源,提高调解效率。律师调解应当得到大力提倡和保护,它有利于更好地保护当事人的合法权益,有利于促进国家民主与法制建设。

消费者协会调解,是指消费者协会在受理消费者投诉以后,依法应当对投诉事项进行调查、调解的工作制度。《消费者权益保护法》第32条规定消费者协会应履行的职责,其第1款第4项规定:消协"受理消费者的投诉,并对投诉事项进行调查、调解"。其第34条第2项规定:消费者和经营者发生消费者权益争议的,可以请求消协调解。从以上法律规定可以看出,消费者协会具有法定调解职能。消费者协会依法通过两种渠道履行调解职能,一种是消协在受理投诉事项时应当进行调解,对投诉事项必须进行调解;一种是消费者和经营者发生权益争议时,可以请求消协调解,这是指当事人将该争议提交给消协时，其目的就是请求消协给予调解。二者存在内在的区别。前者主要是指消费者投诉时，消协在处理的过程中，应当依法适用调解手段，这里所讲的调解是消协处理投诉事项时所采取的一个程序或步骤；而后者是消费者和经营者专门就争议事项请求消协调解，它是消协受理的独立的工作事项。

以上我们简单介绍了律师调解和消费者协会调解这两种调解形式。下面我们着重介绍人民调解制度、法院调解制度和行政调解制度。

二、人民调解制度的历史发展和运作机制

（一）人民调解制度的历史发展

1. 旧中国民间调解制度的历史发展。人民调解制度历史悠久，在古代称为民间调解、乡里调解。中华民族具有特殊的文化传统和法律传统，民间调解在我国有几千年的历史，比其他国家历史悠久、发展完善、成效显著。这主要有以下几点原因：①中国礼教提倡"以和为贵，以让为贤"，人们轻易不伤和气，能够私下调和决不起诉经官；②中国古代民事法律不发达，重刑轻民，对民间纠纷采取民间自行解决和官府设置基层调解官吏解决相结合的方式，主张"民不告，官不纠"，只要没有上升为危害统治阶级利益和统治基础的严重社会问题，任其在民间自生自灭；③古代司法制度民刑不分，民事官司同样遭受刑讯、坐监牢，令百姓望而生畏；④中国古代一般以宗族为单位形成乡间村落，宗族长老历来司掌着调处内部纠纷的权力，乡里长官也有调处纠纷的职责。因此，民间邻里不和、婚丧嫁娶、继承财产或土地房产买卖等纠纷，一般都在当地调解解决，民间形成了自行调解纠纷的优良习俗。《史记·鲁仲连邹阳列传》记载了这一优良传统："为人排患释难解纷乱而无取。"历代统治者利用调解息讼的方式缓和社会矛盾，维护统治秩序，直至以法律形式固定下来。唐朝民间纠纷诉讼前，先由里正、村正、坊正调解；元朝乡间社长负有调解职责；《大明律集解附例》中记载，明朝在各州、县设立"申明亭"，"凡民间应有词状，许耆老里长准受于本亭剖理"；清朝的保长、甲长也附带调解纠纷。辛亥革命后，有的地方有"息讼会"的调解组织。南京国民政府颁布了《民事调解法》，又于1931年颁布了《区乡镇坊调解委员会权限规程》，对乡、镇调解委员会组织、权限、调解方法等作了规定。但是，旧中国的民间调解，由于缺乏明确的法律规范，又受到宗法制度和阶级的局限，实际调解权控制在族长、地主、乡绅等少数地方统治者的手里，劳动人民往往受尽欺凌，迫于地方势力而委曲求全。因而古代、近代乡里调解，同法庭、监狱一样成为统治阶级的工具,很少有公道可言。

2. 人民调解制度的建立和发展。

(1) 解放前民间调解制度的产生和发展。我国的民间调解发展为人民调解制度,萌芽于第一次国内革命战争时期,草创于第二次国内革命战争时期。当时的人民调解带有以人民政府调解为主的特点,是苏区政权建设和司法建设民主化和群众化的措施之一。如川陕省苏维埃规定村政权负责"解决群众的纠纷",实行逐级调解制度。当时,农会等群众团体也调解群众纠纷。

抗日战争时期,人民调解制度初步形成,是人民司法工作的组成部分之一。从1941年起,各根据地抗日民主政府相继颁发有关调解的指示、条例和法令。如1941年4月14日山东革命根据地人民政府颁布了《山东省调解委员会暂行组织条例》。这些调解条例的颁布和施行,在我国人民调解制度发展史上具有重要意义,它表明民间调解由人民政权机关以法律形式固定化、制度化,从此具有正式法律地位和效力。

解放战争时期即第三次国内革命战争时期,调解条例适用的地区进一步扩大,有的解放区人民政府又颁布了新的条例或决定。如华北人民政府于1949年2月25日作出了《关于调解民间纠纷的决定》,指出人民调解工作的重要性,提出不得强迫调解、不得侵犯诉讼自由,规定人民调解的范围包括民事案件和轻微刑事案件。这一时期人民调解工作的组织形式、调解范围、调解原则和程序逐步统一。这一时期调解工作主要有人民调解、法庭调解和行政调解三种形式,其中人民调解通过人民调解委员会调解或其他群众团体调解,也可以由当事人亲友进行调解。它对及时解决民间纠纷,增强人民内部团结,巩固革命根据地和解放区,并最终夺取革命胜利,作出了积极贡献,为新中国人民调解制度的建立提供了丰富的历史经验。[1]

(2) 新中国人民调解制度的建立和发展。建国后,人民调解工作作为人民司法工作的内容之一,逐步法治化、制度化。1953年4月第二届全国司法工作会议对人民调解工作给予了很高评价,并确定在全国范围内有步骤地建立健全人民调解组织。1954年3月22日,中央人民政府政务院颁布了《人民调解委员会暂行组织通则》,首次在全国范围内统一规定了人民调解工作的性质、任务、组织、活动原则、工作制度和工作方法,使人

---

〔1〕 熊先觉:《中国司法制度》,中国政法大学出版社1986年版,第347~348页。

民调解工作制度化、法律化，为人民调解工作的进一步开展提供了法律依据和准则。人民调解制度成为我国特有的一种司法制度，是我国法制的组成部分。《通则》的颁布施行，是我国人民调解制度发展史上的里程碑。此后，人民调解制度开始得到全面发展。到1954年年底，在不到10个月的时间里，全国已有人民调解委员会155 100多个，数量上有了很大增长，质量上有了显著提高，在当时城乡社会主义改造运动中发挥了积极作用。它标志着我国人民调解制度走向成熟。

从1957年下半年起，"左"倾思潮开始抬头，人民调解工作出现了偏差和错误。如有的地区把人民调解委员会改为"调处委员会"，到1958年，不少地区把调处委员会和治保委员会合并为"治安调处委员会"。它在当时拥有广泛的强制性权力，"调处"在性质、任务和职权上都与"调解"有所区别，出现了强迫命令、前置处理等非法现象，逐渐失去了群众基础。

1960年前后，在国家三年经济困难时期，人民调解工作呈现出自然解体的趋势。1962年下半年开始，由于人民群众的需求，人民调解工作重新回到《通则》规定的正确方向上来，重新受到人民群众的欢迎和支持。到1963年，人民调解委员会调解了前几年遗留下来的大量民间纠纷，对恢复和发展国民经济工作起了一定作用。

十年动乱开始以后，人民调解委员会被诬蔑为"搞阶级调和的工具"，"是阶级斗争熄灭论的产物"，"是修正主义的货色"。公、检、法被砸烂后，调解组织陷于瘫痪。

1973年，随着人民法院的恢复，人民调解委员会在一些地区开始恢复，但仍受到极"左"路线的干扰，恢复工作进展缓慢。粉碎"四人帮"后，特别是党的十一届三中全会以后，人民调解制度重新受到肯定和重视。1978年5月召开的第八次全国司法会议要求各地尽快恢复、健全人民调解委员会。1979年下半年司法部和地方各级司法行政机关重建，我国城乡逐步设置司法助理员，加强对人民调解委员会的指导和管理。1980年1月全国人民代表大会常务委员会批准重新公布了《人民调解委员会暂行组织通则》（已失效），人民调解工作重新受到重视。1982年3月我国公布了《民事诉讼法（试行）》（已失效），明确肯定了人民调解制度。同年12月，第五届全国人民代表大会第五次会议首次将人民调解组织写进了宪法，明确规定了人民调解委员会的法律地位。1989年5月5日，国务院常务会议审议通过了《人民调解委员会组织条例》（以下简称《条例》），同年6月17日，李鹏总理签署国务院第37号令正式予以颁布施行。《条例》规定了人民调解委员会的组织、工作原则和纪律，明确了人民调解委员会的任务和地位，为广大城镇和乡村居民解决民事纠纷和轻微刑事案件提供了一条有效的法律途径，进一步完善和发展了人民调解制度。

随着社会主义市场经济的发展和完善，我国已经顺利加入世贸组织，在新的法律环境下，人民调解制度与我国其他司法制度一样，面临着新的机遇和挑战。我国人民调解制度植根于具有悠久历史的民间调解制度之上，现代已发展成为组织完善、性质鲜明、作用显著的独立的法律制度。西方各国早已注意我国的民间调解制度和现代的人民调解制度，并盛誉其为"东方之花"。鉴于人民调解在新世纪的重大作用，有关人民调解制度的现行法律法规应当及时更新、修改，以适应时代的要求。最高人民法院于2002年9月16日公布了《最高人民法院关于审理涉及人民调解协议的民事案件的若干规定》（2002年9月5日由最高人民法院审判委员会第1240次会议通过，自2002年11月1日起施行）。2005年以来，国家立法机关和司法部开始进行人民调解法的立法工作。2010年8月28日第十一届全国人民代表大会常务委员会第十六次会议通过了《人民调解法》，自2011年1月1日起施行。

（二）人民调解的组织、任务和工作原则

1. 人民调解委员会。人民调解委员会是依法设立的调解民间纠纷的群众性组织。村民委员会、居民委员会设立人民调解委员会。企业事业单位根据需要设立人民调解委员会。人民调解委员会由委员3~9人组成，设主任1人，必要时，可以设副主任若干人。人民调解委员会应当有妇女成员，多民族居住的地区应当有人数较少民族的成员。村民委员会、居民委员会的人民调解委员会委员由村民会议或者村民代表会议、居民会议推选产生；企业事业单位设立的人民调解委员会委员由职工大会、职工代表大会或者工会组织推选产生。人民调解委员会委员每届任期3年，可以连选连任。县级人民政府司法行政部门应当对本行政区域内人民调解委员会的设立情况进行统计，并且将人民调解委员会以及人员组成和调整情况及时通报所在地基层人民法院。人民调解委员会应当建立健全各项调解工作制度，听取群众意见，接受群众监督。村民委员会、居民委员会和企事业单位应当为人民调解委员会开展工作提供办公条件和必要的工作经费。

2. 人民调解委员会的任务和工作原则。人民调解委员会的任务为调解民间纠纷。在调解民间纠纷的同时，通过运用法律法规，宣传法律和政策,达到教育公民遵纪守法、尊重社会公德的目的。基层广大的人民调解委员会成员,在处理大量民间纠纷的过程中,不断向双方当事人讲清政策,严格依照法律规定解决纠纷,所有这些工作,促进了法制宣传,对提高我国公民法律意识、政策水平和道德水准起到了推动作用。人民调解委员会进行调解工作时应当遵守以下原则:

(1) 在当事人自愿、平等的基础上进行调解原则。自愿平等原则是人民调解的基础。人民调解应当在当事人自愿、平等的基础上进行。当事人可以接受调解,也可以不接受调解,即使在调解的过程中,当事人也可以拒绝继续调解;当事人可以接受人民调解委员会安排的调解员,也可以自主选择调解员;当事人可以接受调解员提出的调解方案,也可以自行提出调解方案;当事人可以自主选择达成书面协议还是口头协议;等等。当事人在调解的过程中享有平等的地位,权利行使平等,义务履行平等,任何人均不享有特权。人民调解是群众自我管理、自我教育、自我服务的自治活动。在人民调解制度演进中,自愿、平等原则始终得以巩固和发展。民间纠纷涉及的内容主要是当事人有权自行处分的人身、财产权益,应当尊重和保证当事人的意愿,实行当事人意思自治,不受压制和强迫。《人民调解法》的众多规定均体现了本原则。人民调解在解决纠纷中,当事人无论是公民还是法人、其他组织,双方地位完全平等。如果纠纷不是平等民事主体之间涉及权利义务的争议,或者涉及个人权利与公权力的争议,不应列入人民调解的范畴。人民调解员由群众推选产生,来自群众、代表群众、服务群众,是与纠纷没有利害关系的"第三方",并遵循《人民调解法》明确规定的严格行为规范实施调解活动。双方当事人在人民调解员的居间主持下,在平等、自愿的基础上,充分发表自己的意见,主张自己的权利,针对矛盾的症结,通过合理疏导、耐心说服、情感感化,弄清事实、摆明道理、互谅互让,达成一致协议,使矛盾纠纷得到合理解决。

(2) 不违背法律、法规和国家政策原则。本原则规定了人民调解的依据。法律和道德都是社会规范,是人们应该遵从的基本行为规则。民间纠纷的内容主要涉及法律规范调整的范畴,也有许多纠纷涉及道德规范调整的范畴。在法律规范调整的范畴中,又主要是民事权利义务规范。因此,人民调解主要依据法律、法规、国家政策进行。在不违背法律、法规和政策设定的强制性规定的前提下,可以依照社会公德、村规民约、公序良俗、行业惯例进行调解。纠纷调解的结果对当事人权利义务的确定,不得违反法律、法规和国家政策的明确要求,不得侵害公共利益和第三方权益。

调解矛盾纠纷过程中,通过贯彻这一原则,使当事人更加清楚地理解什么是合法,什么是违法,公民享有哪些权利,应该履行哪些义务,增强了公民自觉地用法律武器保护自己,用合法的途径解决矛盾纠纷的法律意识,使调解的过程成为法制宣传教育的过程。要充分发挥人民调解组织和人民调解员分布广、贴近群众的优势,尤其是在党和国家重大政策出台时,结合调解实例有针对性地加强与群众切身利益密切相关的法律法规和国家政策的宣传,使公民知法、懂法、守法,自觉维护社会主义法制秩序,提高公民的法律意识和法制观念,以合理合法的形式表达利益诉求。这也是人民调解制度重要而长远的使命之一。

(3) 尊重当事人的权利,不得因调解而阻止当事人依法通过仲裁、行政、司法等途径维护自己的权利的原则。尊重当事人权利原则是人民调解的保障。调解、仲裁、行政或司法途径,都是当事人维护自身合法权益的有效途径,各具优势和特点。选择哪种途径主张权利、维护利益是当事人的权利。运用人民调解,采用说服、协商、疏导等办法,及时解决矛盾纠纷,在预防和减少纠纷、增进团结、促进和谐上发挥了重要、不可替代的基础性作用。但是,这项制度本身的优势建立在尊重当事人权利,自愿、平等的基础上,而不是把人民调解作为所有纠纷的解决机制。这是由人民调解的性质和功能定位决定的,是人民调解获得社会公信力的重要保障。面对纷繁复杂的矛盾纠纷,需要健全完善多种纠纷解决方式有机结合的机制,整合多样资源,既突出人民调解化解矛盾的基础性作用,又畅通与其他权利救济渠道的衔接配合,最终达到化解矛盾、维护稳定、促进和谐的目的。

尊重当事人权利原则,也是自愿平等原则的延伸。调解的进行以纠纷当事人的自愿为前提,调解的启动、进行以及协议的履行等都取决于当事人的自愿。人民调解员在调解过程中可以进行说服劝解,可以提出解决的方案,但采用与否仍取决于当事人。当事人对调解协议反悔或调解不成功时,当事人还可以向法院提起诉讼或者采用其他方式维护合法权益。本法第 23 条明确规定了当事人接受调解、拒绝调解或者要求终止调解的权利。第 26 条规定,调解不成的,人民调解员应当终止调解,并依据有关法律、法规的规定,告知当事人可以依法通过仲裁或者行政、司法途径维护自己的权利。人民调解员不得阻挠、干涉当事人依法行使权利,维护权益。

（三）人民调解员

人民调解员由人民调解委员会委员和人民调解委员会聘任的人员担任。人民调解员应当由公道正派、热心人民调解工作，并具有一定文化水平、政策水平和法律知识的成年公民担任。县级人民政府司法行政部门应当定期对人民调解员进行业务培训。

人民调解员在调解工作中有下列行为之一的，由其所在的人民调解委员会给予批评教育、责令改正，情节严重的，由推选或者聘任单位予以罢免或者解聘：①偏袒一方当事人的；②侮辱当事人的；③索取、收受财物或者牟取其他不正当利益的；④泄露当事人的个人隐私、商业秘密的。

人民调解员从事调解工作，应当给予适当的误工补贴；因从事调解工作致伤致残，生活发生困难的，当地人民政府应当提供必要的医疗、生活救助；在人民调解工作岗位上牺牲的人民调解员，其配偶、子女按照国家规定享受抚恤和优待。

（四）调解程序

当事人可以向人民调解委员会申请调解；人民调解委员会也可以主动调解。当事人一方明确拒绝调解的，不得调解。基层人民法院、公安机关对适宜通过人民调解方式解决的纠纷，可以在受理前告知当事人向人民调解委员会申请调解。

人民调解委员会根据调解纠纷的需要，可以指定一名或者数名人民调解员进行调解，也可以由当事人选择一名或者数名人民调解员进行调解。

人民调解员根据调解纠纷的需要，在征得当事人的同意后，可以邀请当事人的亲属、邻里、同事等参与调解，也可以邀请具有专门知识、特定经验的人员或者有关社会组织的人员参与调解。人民调解委员会支持当地公道正派、热心调解、群众认可的社会人士参与调解。

人民调解员调解民间纠纷，应当坚持原则，明法析理，主持公道。调解民间纠纷，应当及时、就地进行，防止矛盾激化。人民调解员根据纠纷的不同情况，可以采取多种方式调解民间纠纷，充分听取当事人的陈述，讲解有关法律、法规和国家政策，耐心疏导，在当事人平等协商、互谅互让的基础上提出纠纷解决方案，帮助当事人自愿达成调解协议。

当事人在人民调解活动中享有下列权利：①选择或者接受人民调解员；②接受调解、拒绝调解或者要求终止调解；③要求调解公开进行或者不公开进行；④自主表达意愿、自愿达成调解协议。当事人在人民调解活动中履行下列义务：①如实陈述纠纷事实；②遵守调解现场秩序，尊重人民调解员；③尊重对方当事人行使权利。

人民调解员在调解纠纷过程中，发现纠纷有可能激化的，应当采取有针对性的预防措施；对有可能引起治安案件、刑事案件的纠纷，应当及时向当地公安机关或者其他有关部门报告。人民调解员调解纠纷，调解不成的，应当终止调解，并依据有关法律、法规的规定，告知当事人可以依法通过仲裁、行政、司法等途径维护自己的权利。人民调解员应当记录调解情况。人民调解委员会应当建立调解工作档案，将调解登记、调解工作记录、调解协议书等材料立卷归档。

（五）调解协议

经人民调解委员会调解达成调解协议的，可以制作调解协议书。当事人认为无需制作调解协议书的，可以采取口头协议方式，人民调解员应当记录协议内容。调解协议书可以载明下列事项：①当事人的基本情况；②纠纷的主要事实、争议事项以及各方当事人的责任；③当事人达成调解协议的内容，履行的方式、期限。

调解协议书自各方当事人签名、盖章或者按指印，人民调解员签名并加盖人民调解委员会印章之日起生效。调解协议书由当事人各执一份，人民调解委员会留存一份。

口头调解协议自各方当事人达成协议之日起生效。

经人民调解委员会调解达成的调解协议，具有法律约束力，当事人应当按照约定履行。人民调解委员会应当对调解协议的履行情况进行监督，督促当事人履行约定的义务。经人民调解委员会调解达成调解协议后，当事人之间就调解协议的履行或者调解协议的内容发生争议的，一方当事人可以向人民法院提起诉讼。

经人民调解委员会调解达成调解协议后，双方当事人认为有必要的，可以自调解协议生效之日起 30 日内共同向人民法院申请司法确认，人民法院应当及时对调解协议进行审查，依法确认调解协议的效力。人民法院依法确认调解协议有效，一方当事人拒绝履行或者未全部履行的，对方当事人可以向人民法院申请强制执行。人民法院依法确认调解协议无效的，当事人可以通过人民调解方式变更原调解协议或者达成新的调解协议，也可以向人民法院提起诉讼。

三、法院调解制度的历史发展和运作机制

调解制度一般分为诉讼内调解和诉讼外调解。诉讼内调解，指的就是法院调解，又称为法庭调解。诉讼外调解，是指除法院调解以外的各种类

型的调解制度。法庭调解是指在审判人员的主持下，双方当事人自愿协商达成协议，以此结束诉讼的一种调解制度。法庭调解的范围包括民商事案件和轻微刑事案件。民商事案件的调解贯穿于民事诉讼的始终，一审、二审和再审程序都可以适用调解制度。

（一）法院调解制度的产生和演变

1. 法庭调解制度的起源。法庭调解作为民事诉讼制度，是资产阶级民主革命的产物。法国早在1790年8月就对法庭调解进行了规定，并于1806年公布的《法国民事诉讼法典》中作了专章规定。此后，欧洲各国民事诉讼法都对法庭调解制度进行了相同或类似的规定。如1898年《德国民事诉讼法典》也规定了法庭调解制度。大陆法系国家一般比较重视法庭调解制度。当今世界各国民事诉讼法都有关于法庭调解的规定，当然在具体名称或规定上有所不同。

2. 我国法庭调解制度的产生和演变。

（1）旧中国法庭调解制度的产生和演变。中国奴隶制社会和封建制社会没有法庭调解制度。唐、宋、元、明、清的法律均无明文规定，其中元朝有关于和解的规定，"诸戏伤人命，自愿休和者听"（《大元通制》）。只有古代典籍对个别司法官吏调解民事案件和轻微刑事案件的史实有所记载。《论语·颜渊》记载，孔子憧憬"必也使无讼"的社会，他在任鲁国司寇时，对家庭内部纠纷，主张调解息讼。据《荀子·宥坐》记载，孔子受理一件父告子的案件，采取将被告关押3个月不予判决的做法，最后原告要求撤诉，孔子立即释放被告。

南京国民政府于1945年12月26日颁布的《民事诉讼法》中，规定了诉前调解，但仅适用于当事人主动申请的情况下。目前我国台湾地区一直沿用诉前调解。这样规定限制了调解的范围，它的可取之处是将调解和诉讼分离开来，使调解摆脱法官作风，更好地体现调解本色，同时也使得诉讼效率在某种程度上得以提高，不受调解程序的限制。

可以说，我国古代和近代政权没有建立法庭调解制度，当然类似的实践和做法是常有的。

（2）新中国法庭调解制度的建立和发展。新中国法庭调解制度的建立，可以追溯到革命根据地时期。当时认为民事案件属于人民内部矛盾，应当从有利于加强人民内部团结出发，调解解决。通过调解解决，不伤感情、不失和气，有利于当事人共同为更远大的目标奋斗。1942年前后，陕甘宁边区和其他各个边区的司法机关本着民事审判工作为人民服务的精

中国司法制度

神，先后提出审理民事案件以"调解为主"的方针。陕甘宁边区高等法院陇东分庭庭长马锡五（专员）同志巡回审判、就地审理，创造了著名的"马锡五审判方式"，"调解为主，就地解决"的民事审判方针相继推广到各个边区。

建国后，在1958年召开的中共北戴河会议上，毛泽东同志指出：解决民事案件还是马青天（指马锡五）那一套好，调查研究，调解为主，就地解决。1963年，第一次全国民事审判工作会议提出"调查研究，就地解决，调解为主"应成为民事审判的根本工作方法和工作作风。1964年，民事审判工作方针发展为"依靠群众，调查研究，就地解决，调解为主"的十六字方针。1982年3月8日颁布的《中华人民共和国民事诉讼法（试行）》规定了"着重调解"，修正了民事审判的工作方向，强调调解虽然地位重要，但只是民事审判工作中的一个程序，应当体现"审判"工作的性质。"调解为主"和"着重调解"在实践中都出现过偏差，对审判工作造成严重后果。这样的审判工作方针导致审判人员片面追求调解率，违背调解原则，对有些案件久调不决，侵害了当事人的合法权益。[1]

1991年4月7日，第七届全国人民代表大会第四次会议审议通过了《中华人民共和国民事诉讼法》，1991年4月9日起施行。它的出台对于我国民事诉讼制度的健全和完善，有着十分重要的意义。《民事诉讼法》首次在总则中以专章的形式规定了调解制度。这说明我国调解制度在审判体制中逐步发展成熟，正式成为我国民事诉讼制度的独立组成部分，形成了完整体系。另一方面也说明，我国民事诉讼法在体系上更加科学，将调解规定在总则中，体现了调解原则贯穿于民事诉讼活动的始终的精神。而《民事诉讼法》在普通程序一章中，以一节的形式规定了调解内容。当然，随着新世纪的到来，民事法律应进一步发展，跟上时代发展的步伐。我国成为世贸组织成员后，国内民事活动内容会发生新的变化，涉外民商事活动大量出现。2007年10月28日，第十届全国人民代表大会常务委员会第三十次会议通过了《关于修改〈中华人民共和国民事诉讼法〉的决定》，今后的民事诉讼法还将进行修改和完善。

2012年3月14日，我国十一届全国人民代表大会第五次会议通过了《全国人民代表大会关于修改〈中华人民共和国刑事诉讼法〉的决定》，新的刑事诉讼法自2013年1月1日起施行。其中第206条第1款规定，"人

---

〔1〕 熊先觉：《中国司法制度》，中国政法大学出版社1986年版，第340~343页。

民法院对自诉案件，可以进行调解；自诉人在宣告判决前，可以同被告人自行和解或者撤回自诉。本法第204条第3项规定的案件不适用调解。"其第一编（总则）第七章规定了附带民事诉讼，刑事自诉案件提起附带民事诉讼的，由同一审判庭审理，可以适用调解。

在我国三大类诉讼中，民事诉讼、刑事自诉案件和刑事自诉案件附带民事诉讼都可以适用调解，但《行政诉讼法》第50条规定："人民法院审理行政案件，不适用调解。"

（二）法庭调解的原则和运作机制

1. 法庭调解的原则和地位。《民事诉讼法》第85条规定："人民法院审理民事案件，根据当事人自愿的原则，在事实清楚的基础上，分清是非，进行调解。"这一条款规定了法庭调解的原则、法庭调解的基本要求和地位。

法庭调解的原则，是指"当事人自愿原则"，它有两个含义：①双方当事人接受调解完全出于自愿，同意以调解的方式解决纠纷，终结诉讼；②双方当事人协商的内容和结果完全出于自己的意志，法庭不得施加任何压力和影响。民商事案件适用调解原则，但不是所有案件都经过调解程序。人民法院受理案件以后，认为有调解可能的，或当事人一方申请调解对方没有异议的，可以促成当事人达成协议；当事人不同意调解，或调解不能达成协议的，应及时作出判决，或者另行开庭审理。需要注意的是，无民事行为能力人的离婚案件情况比较特殊，其法定代理人可以就离婚、财产和子女抚养等问题与对方进行协商，但达成协议后，应以判决的形式结案。受理的案件如果侵害了国家利益，涉及追缴罚没处理措施，不得调解，必须以判决的方式结案。如刑事公诉案件，在国家、集体财产遭受损失的情况下，可以提起附带民事诉讼，人民法院在必要的时候，可以查封或者扣押被告人的财产，不能适用调解。

法庭调解的基本要求，是指人民法院应当在事实清楚的基础上，分清是非，进行调解。人民法院在受理案件后，认为法律关系明确，事实清楚，有调解可能的，进行调解。在实践中，对于任何民事案件，法庭都会讲明当事人享有调解权，并依次询问原告、被告或其他诉讼参与人是否可以调解，这是法律赋予当事人的诉讼权利，法庭必须告知当事人。因而，目前就法庭调解基本要求的合理性和必要性问题，理论界已经提出异议，认为当事人同意调解，并不都发生在查清事实之后，正相反，往往在法庭正在审理的过程中，判决下达之前，开始调解程序。这时无论是案件事实还是证据材料都正在调查、审理过程中，只要当事人之间能够在法律允许的范围内协商解决，法庭没有查清事实的必要，这能够真正体现调解自愿原则。

法庭调解的地位，是指法庭调解具有法定地位，调解与审判是审理民事案件和轻微刑事案件的两种基本形式。它适用于民事案件的简易程序、一审程序、二审程序和审判监督程序，以及轻微刑事案件。任何一个民事案件都可以根据当事人的意愿调解，但对于绝大多数民事案件来说，它不是审判的必经程序。《婚姻法》第32条规定，人民法院审理离婚案件，应当进行调解。根据这一规定，调解是法院审理离婚案件的必经程序（一方被宣告失踪，另一方提出离婚诉讼的，应准予离婚不必调解）。

2. 法庭调解的形式和法律效力。根据《民事诉讼法》的规定，法庭调解的形式灵活多样。由于调解贯穿于诉讼的整个阶段，可以在询问当事人时进行调解，也可以在开庭审理时进行调解；可以由审判人员独任调解，也可以由合议庭主持调解；可以调解一次，也可以调解多次；可以在当事人所在地调解，也可以在法院调解。审判人员就地调解，可以方便当事人，能够取得较好效果。

人民法院进行调解时，可以使用简便方式传唤当事人、证人。可以使用打电话、口头转告等能够通知到当事人的形式，提高工作效率。

法庭调解可以邀请有关单位和个人协助做当事人的工作，有关单位和个人应当协助法院进行调解。公民之间的纠纷可以邀请人民调解员或为双方当事人所信赖的人做协调工作。法人或非法人组织可以邀请双方当事人的共同上级主管机关协助协调。人民法院应向被邀请的单位和个人介绍案情和争议焦点，可以提出具体调解建议，使其有所准备、有针对性地参与调解工作，同时法院可以给予适当经济补偿。

调解达成协议的，人民法院应当审查，确认协议内容符合法律规定的，应当制作调解协议书，但法律有专门规定的除外。如果双方当事人达成的书面协议的部分内容不符合法律规定的，经双方当事人同意进行修改，符合法律规定后，应制作调解书；如果当事人不同意进行修改，应尽快以判决的方式结案。依照二审程序和审判监督程序审理的案件，以调解结案的，应当制作调解书。因为二审法院作出的判决、裁定和调解书生效后，原一审法院的判决、裁定视为撤销。按审判监督程序审理的案件，在生效的法律文书中应注明撤销原判决、裁定或调解书。这涉及到撤销原审裁决问题。

调解书应当写明诉讼请求、案件事实和调解结果，并由审判员、书记员署名，加盖人民法院印章，送达当事人。调解书经双方当事人签收后，立即产生法律效力。调解书必须经过双方当事人签收以后才具有法律效力。当事人签收时间不同的，以各自的签收时间为生效时间，分别对双方当事人产生法律效力，并且应当告知当事人，由法院发出关于调解书是否生效的通知，以确定调解书是否生效。生效的调解书与判决书具有同等的法律效力。

根据法律规定，有些案件经过调解达成协议，人民法院可以不制作调解书。这些案件包括：调解和好的离婚案件；调解维持收养关系的案件；能够即时履行的案件，即双方当事人在人民法院的监督下，可以由双方当事人到人民法院履行权利义务，也可以由审判员到标的物所在地监督履行，当事人即时将权利义务履行完毕，人民法院才予以终结诉讼，如损害赔偿案件和即时清结的合同纠纷等；其他不需要制作调解书的案件，由人民法院灵活掌握，如经过调解继续按原协议履行的承包、租赁等合同纠纷。以上几种类型的案件往往不涉及他人利益，不涉及他人权利和义务的行使和履行，而且由于其所具有的即时履行性，不发生申请执行问题，因而可以不制作调解书。是否制作调解书，由人民法院审判人员根据案件具体情况，从有利于彻底解决纠纷、维护当事人合法权益出发，灵活掌握。

对不需要制作调解书的案件，书记员要做好调解笔录，并由当事人和其他参与调解的人员、审判员和书记员签名或盖章，调解笔录立即发生法律效力。

根据《民事诉讼法》的规定，调解书和调解笔录送达当事人后立即生效，没有上诉期限，因而不产生上诉问题。当事人如果对生效的调解书或调解笔录有异议，认为确实存在错误，应当提起审判监督程序。

人民法院对于调解不成的案件，应当及时判决。调解不成的案件一般有两种情况，即调解未达成协议或者调解书送达前一方反悔的。对于双方分歧较大，无法调解或调解不成的案件，人民法院应当及时判决，不能久调不决，以及时维护当事人的合法权益。对于调解书送达前一方反悔的，应视为调解不成，人民法院应及时通知对方当事人，并收回调解书或裁定撤销调解书，通知当事人继续审理，或直接作出判决。

四、行政调解制度的运作机制

行政调解，是指由我国行政机关主持，通过说服教育的方式，民事纠纷或轻微刑事案件当事人自愿达成协议，解决纠纷的一种调解制度，通常称为政府调解。行政调解的范围一般主要为民事纠纷,也包括轻微的刑事案件。行政调解所调解的民事纠纷的范围十分广泛,既包括合同纠纷,也包括非合同纠纷等其他民间纠纷,纠纷的种类既包括损害赔偿、补偿纠纷,也包括侵权赔偿纠纷,还包括经济纠纷、劳动争议、权属和权限纠纷等。目前,行政机关依法行政,各行政机关负有不同的调解职责,行政调解法规健全,体系庞大,正发挥着重要作用。行政调解解决了大量的民间纠纷,促进了安定团结,减轻了人民法院诉讼工作。它一般分为两种形式:①基层人民政府,即乡镇人民政府对民间纠纷的调解;②主管行政机关根据法律规定,对特定民商事纠纷或劳动纠纷进行的调解。行政调解属于诉讼外调解,没有法律效力,协议由当事人自觉履行。如果当事人反悔,可以由行政机关作出裁决、由当事人申请仲裁,也可以向人民法院起诉。

(一) 基层人民政府行政调解职能

自从建立革命根据地人民政权以来,基层人民政权、特别是民政部门始终负有调解民事纠纷和轻微刑事案件的职责。人民政府行政职能中包括调解解决民间纠纷,这是我国行政机关的优良传统。建国后,基层人民政府的行政调解工作逐步制度化、法律化。目前,随着法律的不断完善和发展,基层人民政府的调解职能得到了进一步规范。

在城市街道办事处和乡、镇政府设有司法助理员和民政助理员。司法助理员是司法行政工作人员,其任务包括调解民事纠纷和轻微刑事案件,指导人民调解委员会的工作,进行法制宣传。民政助理员也负责调解民间纠纷。

随着市场经济的发展,人民内部矛盾日益多样化和复杂化,调解的难度越来越大,相当数量的矛盾、纠纷在村级无法得到及时有效解决,引起了群众的不满。为探索新时期人民内部矛盾调解的新机制,全国司法部门进行了积极探索。其中,山东陵县在乡镇建立司法调解中心有效地把新时期人民内部矛盾化解在基层的做法,已在全国推广。

司法调解中心建设首创于陵县。1998年,陵县在进行深入调查研究的基础上,在各乡镇建立党委政府统一领导、司法所为主体、各有关部门共同参与的司法调解中心,开辟了一条化解新形势下人民内部矛盾的新路子。据介绍,乡镇司法调解中心在山东陵县主要由乡镇司法、信访、法庭、计生、土管、经管、民政、派出所等部门参与组成,由乡镇党委副书记兼任中心主任,司法所长任常务副主任。中心下设调解庭、"148"值班室、法律服务所、安置帮教办等机构。乡镇司法调解中心不单独列编，不增加编制，不增加工资。2001年4月，乡镇司法调解中心在全国开始推广，到2001年底，全国有80%的乡镇建立了司法调解中心。乡镇司法调解中心是农村民主法制建设发展的必然产物，是化解新时期人民内部矛盾的新机制，对维护农村的社会稳定和经济发展将起到重要作用。

乡镇司法调解中心实际上将司法行政机关的司法行政调解和乡镇人民调解紧密结合起来，建立了统一的乡镇调解机制，这将大大加强民间调解的建设，有利于民间纠纷的解决，保证民间调解的程序正当性、守法性和公正性。司法部在全国建立乡镇司法调解中心的做法，将成为民间调解发展史上的一件大事。

此外，《劳动争议调解仲裁法》第10条规定，发生劳动争议，当事人除了可请求企业劳动争议调解委员会和依法设立的基层人民调解组织依法调解外，还可请求在乡镇、街道设立的具有劳动争议调解职能的组织调解。目前，在乡镇、街道设立的具有劳动争议调解职能的组织主要有两种模式：一种是依托于乡镇劳动服务站的调解组织，另一种是依托于地方工会的劳动调解组织。依据《农村土地承包经营纠纷调解仲裁法》第7条规定，村民委员会、乡（镇）人民政府应当加强农村土地承包经营纠纷的调解工作，帮助当事人达成协议解决纠纷。

（二）合同管理机关的调解职能

处理合同纠纷有多种途径。根据我国《合同法》第128条的规定，解决合同纠纷共有四种方式：①以协商的方式自行化解；②由有关调解机关居间主持，以调解的方式解决纠纷；③由仲裁机关以仲裁的方式解决；④向人民法院提起诉讼，以诉讼的方式解决。这说明我国合同纠纷可以以调解的方式解决。根据1997年11月3日国家工商行政管理局第79号令公布施行的《合同争议行政调解办法》第2条的规定，工商行政管理机关调解合同争议。调解不公开进行。调解的范围包括法人、个人合伙、个体工商户、农村承包经营户以及其他经济组织相互之间发生的以实现一定经济目的为内容的合同争议，法律、行政法规另有规定的从其规定。工商部门调解的合同争议涉及第三人的，应当通知第三人参加。调解结果涉及第三人利益的，应当征得第三人同意，第三人不同意的，终止调解。这一规定与其他调解制度不同，其他调解制度只要双方当事人同意调解即可达成协议，无需征得第三人的同意。行政调解没有法律效力，当事人如果反悔，可以提请仲裁或向人民法院提起诉讼。

另外，工商行政管理机关依法还有调解其他纠纷的职能。根据《消费者权益保护法》第34条规定，消费者和经营者发生消费者权益争议的，可以通过下列途径解决：①与经营者协商解决；②请求消费者协会和解；③向有关行政部门申诉；④根据与经营者达成的仲裁协议提请仲裁机构仲裁；⑤向人民法院提起诉讼。《消费者权益保护法》规定的第三条途径：向有关行政部门申诉中的申诉是指消费者在消费过程中其合法权益受到侵害时，就有关事实以口头或书面形式向工商行政管理机关反映情况，请求解决消费纠纷，维护自身的合法权益并处理经营者的违法行为。工商行政管理部门对消费者的申诉有两种处理方法，即对消费争议进行调解，对经营者的违法行为进行行政处罚。进行调解时，工商行政管理部门应按照自愿原则，主持调解消费争议，依照事实、法律的规定，促成当事人达成协议。工商行政管理部门行政调解的依据除《消费者权益保护法》外，还有国家工商局1998年修订后施行的《工商行政管理机关受理消费者申诉暂行办法》。

（三）其他行政主管机关的调解职能

我国行政主管机关对其职权范围内发生的有关民事纠纷、单位之间以及单位与个人之间发生的行政事务纠纷，都负有管理职责。在处理上述纠纷时，可以依法运用调解的方式解决纠纷。如根据《产品质量法》第47条的规定，解决产品质量民事纠纷的途径有四种：协商、调解、仲裁和起诉。当事人有权决定选择其中的任何一种。根据《产品质量法》的规定，"调解"是指行政调解和民间调解。这里行政调解是指由有关主管行政机关主持的调解，如技术监督部门、工商行政管理部门等。根据《环境保护法》第41条第2款的规定，环境污染赔偿责任和赔偿金额的纠纷处理，可以采取行政调解和民事诉讼等方式。这里的行政调解也是指由有关行政主管机关进行调解。

另外关于土地、矿产、水、森林、草原、渔业等自然资源纠纷的处理，我国有关法律大都作出了进行行政处理或者实行行政处理与民事诉讼"双轨制"的规定。如《水法》第57条第1款规定："单位之间、个人之间、单位与个人之间发生的水事纠纷，应当协商解决；当事人不愿协商或者协商不成的，可以申请县级以上地方人民政府或者其授权的部门调解，也可以直接向人民法院提起民事诉讼"；《草原法》第16条第1~3款规定："草原所有权、使用权的争议，由当事人协商解决；协商不成的，由有关人民政府处理。单位之间的争议，由县级以上人民政府处理；个人之间、个人与单位之间的争议,由乡(镇)人民政府或者县级以上人民政府处理。当事人对有关人民政府的处理决定不服的,可以依法向人民法院起诉"。对于以上这些纠纷,行政机关在运用行政手段处理的过程中,往往可以先行调解。当然,调解一定要建立在当事人自愿的基础上。调解不是行政处理的必经程序,但行政机关可以在双方当事人同意的前提下,作出努力,争取协商解决纠纷。在协商不成的情况下,可以作出行政裁决,当事人也可以直接向人民法院提起诉讼。

以上三种调解制度构成了我国独特的调解体系,各自在不同的领域发挥着应有的作用。但是,我国调解制度体系也存在着不少问题,有待进一步发展和完善。下面简要介绍一下我国各类调解制度目前存在的问题和改革思路。

《人民调解法》颁行后,司法部有关负责人介绍了该法的七大亮点:①坚持和巩固了人民调解的群众性、民间性、自治性的性质和特征。人民调解是人民群众自我教育、自我管理、自我服务的一项制度,这一属性及定位是人民调解工作赖以存在的基础,也是长期以来人民调解工作保持强大生命力、深受群众欢迎的根本原因。尽管人民调解组织形式、调解领域、工作方式有许多新的发展变化,但这一性质始终没有改变,也不能改变。②进一步完善了人民调解的组织形式。法律规范了村民、居民调解委员会和企事业单位调解委员会的设立、组成及任期制度。同时,为乡镇、街道人民调解委员会及一些特定区域,如依托集贸市场、旅游区、开发区设立的人民调解组织和基层工会、妇联、残联、消协等群众团体、行业组织设立的新型人民调解组织保留了制度空间。③进一步明确了人民调解员的任职条件、选任方式、行为规范和保障措施。为提高人民调解员队伍整体素质,优化人民调解员队伍结构,法律规定了人民调解员的任职条件,要求司法行政机关定期对人民调解员进行业务培训。同时规定了人民调解员从事调解工作应当给予适当的误工补贴。在人民调解工作岗位上致伤致残或牺牲的人民调解员及其家属可以享受国家救助和抚恤,以激励广大群众积极参与人民调解工作。④进一步体现了人民调解的灵活性和便利性。基于人民调解的性质和特征,法律的相关规定凸显了人民调解不拘形式、灵活便捷、便民利民的特点和优势,要求在充分尊重当事人权利的基础上,采用多种方式帮助当事人达成协议,避免人民调解程序司法化的倾向。⑤法律确认了人民调解与其他纠纷解决方式之间的衔接机制。为贯彻调解优先原则,充分发挥人民调解在化解社会矛盾纠纷中的基础作用,处理好人民调解与其他纠纷解决方式之间的衔接关系,法律规定基层人民法院、公安机关对适宜通过人民调解方式解决的纠纷,可以在受理前告知当事人申请人民调解。人民调解委员会对调解不成的纠纷,应当告知当事人依法通过仲裁、行政、司法等途径维护自己的权利。⑥进一步明确了人民调解协议的效力和司法确认制度。法律明确规定,经人民调解委员会调解达成的调解协议,具有法律约束力,当事人应当按照约定履行。同时,这部法律首次通过立法确立了对人民调解协议的司法确认制度,即对经人民调解委员会调解达成调解协议后,双方当事人认为有必要的,可以自协议生效之日起30日内共同向人民法院申请司法确认;人民法院确认调解协议有效,一方当事人拒绝履行或者未全部履行的,对方当事人可以向人民法院申请强制执行。这是近年来人民调解工作的一项重要制度创新,是运用司法机制对人民调解给予支持的重要保障性措施。⑦加强了对人民调解工作的指导和保障。法律规定,国家鼓励和支持人民调解工作,县级以上地方人民政府对人民调解工作所需经费应当给予必要的支持和保障,对有突出贡献的人民调解委员会和人民调解员按照国家规定给予表彰奖励。同时,明确规定了司法行政机关对人民调解工作的指导管理体制,明确了基层人民法院对人民调解委员会调解民间纠纷进行业务指导。[1]《人民调解法》的制度创新有目共睹,但学者们研究后仍然发现其存在如下诸多问题需要立法和实践者加以解决:以基层为基础,完善人民调解组织;人民调解组织的脱行政化问题;调解人员结构的问题;程序和制度设计方面的问题;准确理解和解释调解协议的法律效力;实现民间调解组织的整合;建立科学合理的调解评估标准和机制;改革人民调解员的培训方式。[2]

法庭调解是我国民事诉讼中处理民事纠纷的最具特色的传统方式,曾经得到西方国家的肯定并被誉为"东方经验"而加以学习借鉴。然而在审判方式改革不断深化的今天,有的法院提出"强化审判、弱化调解"的改革思路,片面强调快审快结和当庭宣判率,重判决与轻调解的倾向已经显露。法官在审案中注重的是公开、公正、高效,和风细雨、耐心细致的调解工作逐渐被忽略,民事诉讼调解率大幅度下降,而高判决率所引起的上诉多、申诉多、执行难等问题不仅使法院工作陷于负重与被动,同时也增

---

〔1〕 崔清新、周英峰:"盘点人民调解法七大亮点",载 http://news.xinhuanet.com/politics/2010-08/28/c_12494162.htm,2012-2-28访问。

〔2〕 范愉:"《中华人民共和国人民调解法》评析",载《法学家》2011年第2期。

 第八章 调解制度

加了当事人对法院工作方式简单化、办案社会效果差的不满情绪。这些问题的出现与法庭调解本身存在的问题密切相关。我国法庭调解主要有以下几个方面的问题：

1. 法庭主持调解往往造成当事人意思自治不能得到完全实现，这一点不符合调解的特有属性。法庭调解由审判员主持，当事人对是否同意进行调解、究竟对哪些内容作出让步，没有充足的时间进行权衡，在法庭的压力下，当事人不能完全把握调解进程和结果，造成法庭调解的不彻底性，有些调解结果甚至违背当事人的部分或全部意志，侵害了当事人的合法权益。

2. 法院调解原则中关于查明事实、分清是非原则的规定不尽合理，因为调解与审判的根本不同之处就在于当事人意思自治，即当事人自由处分自己的合法权利，只要当事人之间的合意不违反法律的禁止性规定，没有侵犯第三人的合法权利，法庭就应承认其具有法律效力。

3. 关于法院调解的程序法律规定不健全。这主要包括进行法庭调解的前提条件不明确，最高人民法院《关于适用〈民事诉讼法〉若干问题的意见》第91条规定，"人民法院受理案件后，经审查，认为法律关系明确、事实清楚，在征得当事人双方同意后，可以径行调解"，而对于"法律关系明确、事实清楚"，没有具体标准，因而在司法实践中存在不同的认识；法律没有明确规定调解的期限，容易造成拖延诉讼；调解协议生效方式的规定对调解协议生效造成困扰，《民事诉讼法》第89条第3款规定，"调解书经双方当事人签收后，即具有法律效力"，但在审判实践中，调解书往往不能同时送达双方当事人，如果以最后一方当事人的签收时间作为调解书的生效时间，那么，后一方当事人签收时就能够更充分地对调解书内容进行利弊权衡，造成客观上的不平等，同时，先签收一方的当事人往往不清楚后一方当事人的签收时间，而影响其对调解书生效时间的认定，在申请执行过程中往往不能准确地向法院提供调解书的生效时间。

4. 对恶意调解缺乏制约措施。民事诉讼中恶意调解的表现形式主要有：依据不合法的合同进行调解、当事人恶意串通通过调解获取非法利益和法院审判人员向当事人施压以促成当事人达成不合理的调解协议。有的案件当事人恶意串通，为逃避他人债务以诉讼调解的方式转移财产、规避法律责任，较为常见的有调解假离婚、假抵债、假清偿。这类案件往往是事后才发现其进行调解的恶意目的，损害了其他债权人的利益。我国法律对这种调解行为缺乏相应的预防和补救措施。以上是我国现行法庭调解制

度在审判实践中显现出的诸多不足,使得法庭调解与市场经济的要求及审判体制高效运转的需要还存在一定的差距,改良法院调解制度已成为法律工作者的一项紧迫任务。从现代世界民事诉讼制度的发展趋势看,为克服诉讼迟延、法律职业工作者人数不能满足实际需要、诉讼费昂贵等弊端,和解或调解作为解决民事纠纷的机制,无论在大陆法系还是普通法系,无论在西方国家还是东方国家,无论在立法上还是司法上,都受到前所未有的重视,对和解或调解制度的完善正处于不断成熟之中。

为发扬民事诉讼调解的优良传统,应当健全法院调解体制,提高诉讼调解效率。我们应当从以下几个方面改革和完善我国法院调解制度:①应当强化当事人对诉讼与和解的支配权,弱化调解程序中的职权主义色彩,即赋予当事人在调解活动中更大的自主权,减少审判人员对调解的干预。民事纠纷属于私权范畴,在不违反法律基本原则的情况下,法院应当尊重当事人的选择,允许其自由处分自己的民事权利。在没有查清事实、分清责任的情况下,当事人自愿达成调解协议,体现了当事人处分自身实体权利和诉讼权利的自治性,法院或法官没有权力干预当事人的处分权。在此我们可以借鉴德国和美国的相关规定和做法。德国法律规定,和解是当事人之间的协议,只在案卷上作为合同进行登记,在法庭上公开宣读并经当事人同意。其适用的规则是《德国民法典》第779条的规定,即当事人可以互相让步达成终止某一法律关系的契约,如果契约的内容不符合事实,则该契约无效。诉讼中的和解在诉讼进行的任何阶段都可以达成,和解在它所涉及的范围内具有终止诉讼的效力,在一方不履行和解协议的情况下,具有强制执行的效力。美国的民事诉讼和解适用判例法,鼓励当事人审判前进行和解,或者以非诉讼方式解决纠纷。审判前和解是由法官在征得双方当事人同意后命令他们和解,或由与法官无关系的第三方主持。如果当事人间的诉讼和解有规避法律或者侵害第三者权利的情况,可以通过新的诉讼来解决。法院不得以国家名义进行干预,法律必须维护合法的和解协议。②在以后的立法中,应考虑删除"事实清楚,分清是非"这一调解原则。③法庭调解的前提条件"法律关系明确、事实清楚"应予以取消,代之以由当事人自己决定是否进行调解的制度,实行当事人意思自治为主,国家干预为辅的原则。④法律应为调解活动规定明确的期限。司法实践中反复调解、无限期调解,造成案件久拖不决的现象较为严重,从诉讼效率原则出发,应当对调解活动规定一个合理的期限,以确保民事诉讼活动能在民诉法规定的审理期限内顺利结案。⑤实行调解协议书签字生效制度。建议法律明确规定，法院受理案件后，当事人一旦达成调解协议，双方当事人一经签字即视为调解成立，任何一方当事人不得提出反悔，调解协议书立即生效。⑥为确保调解协议的合法性和当事人的合法权益，还应建立调解协议书无效确认制度。完善我国调解制度需要在立法和实践过程中不断摸索，总结经验、教训，相信我国的法庭调解制度会不断走向成熟。

行政调解门类繁多、功能齐全，正在发展和完善中，其中司法行政机关的基层民间调解工作正在全国范围内进行改革，逐渐形成统一的司法行政调解体制，这将成为我国民间调解制度发展史上的一个转折点。

总之，我国调解体系是一个有机联系的统一整体，是我国司法制度不可缺少的组成部分。随着我国法律的健全和发展，调解制度一定会更加完善，在我国法制建设和人民生活中发挥更大的作用。

思考题

1. 什么是调解？其地位和功能如何？
2. 我国调解制度的种类有哪些？
3. 人民调解制度的历史发展和运作机制如何？

第九章 司法鉴定制度

学习目的和要求

通过学习，掌握司法鉴定的概念和基本性质，了解司法鉴定的本质属性以及双重性在司法鉴定管理活动中的重要意义。了解中央和人大常委会《关于司法鉴定管理问题的决定》（以下简称《决定》）中关于司法鉴定体制改革的基本精神和规定，掌握司法鉴定体制改革的目标和实现途径，通过分析司法证明实践中存在的突出问题，进一步理解司法鉴定改革的基本内容和基本要求。了解中国司法体制改革的三大目标和总体要求，进而掌握司法鉴定制度进一步发展与完善的努力方向和目标要求。

第一节 司法鉴定概述

制定法律和适用法律构成法治的基本内涵。观察中国当前的司法实践，在适用法律上，影响司法公正的主要原因并不是适用法律根据的问题，而在于对案件事实的认定上。而认定案件事实的依据和基础是证据。在现代司法证明活动中，司法鉴定意见是一种科学证据，[1]也是查明案件事实的一种重要方法和手段，是法定的司法证明制度，在证据形式中居于核心地位，具有特殊的功能和作用。可以说，完善证据制度的关键在于改革司法鉴定制度，这也是由司法鉴定的基本性质和本质属性决定的。

一、司法鉴定的概念

司法鉴定的概念，一般是指在诉讼过程中对案件中的专门性问题，由司法机关指派或当事人委托，聘请具有专门知识的人对专门性问题作出判

---

〔1〕 2005年2月28日，全国人大常委会通过《关于司法鉴定管理问题的决定》，正式以"司法鉴定意见"取代了"司法鉴定结论"。

第九章 司法鉴定制度

断的一种活动。[1] 但由于观察角度不同、司法改革的发展阶段不同，对于司法鉴定的概念有着不同的概括、界定和发展。如有的侧重从司法鉴定的应用范围、决定机关、任务目的、鉴定主体等方面下定义为："司法鉴定是指在诉讼中，有法定司法鉴定决定权的机关和部门，依其职权，或自己决定，或应犯罪嫌疑人、被告人的请求，或应任何一方当事人的请求，委派具有专门知识、技能或特别经验的人，对案件涉及的某些专门问题进行鉴别、判断的活动。"[2] 有的从司法鉴定是司法活动的一个专门概念下定义："司法鉴定是在诉讼活动中，对于案件中的某些专门性问题，按诉讼法的规定，经当事人申请，司法机关决定，或司法机关主动决定，指派、聘请具有专门知识的鉴定人，运用科学技术手段，对专门性问题作出判断结论的一种核实证据的活动。简单地说，司法鉴定就是在侦查、起诉、审判等诉讼活动中依法进行的鉴定。"[3] 有的认为，司法鉴定是指人民法院、人民检察院、公安机关、国家安全机关、监狱对案件立案前调查或诉讼、执行中的专门问题，由本部门鉴定机构中有专门知识的人或者委托社会专业鉴定组织中有专门知识的人进行检验、评断的活动。[4] 有的认为，"司法鉴定是指在诉讼过程中，鉴定机构和鉴定人依法对案件涉及的专门性问题进行分析、研究、鉴别并作出结论的活动"[5] 有的认为，"司法鉴定是指司法鉴定人接受司法机关、仲裁机构或当事人的委托，依照法律规定的条件和程序，运用专门知识或技能对诉讼仲裁等活动中所涉及的某些专门性问题进行鉴别和判定的活动。"[6]

对上述定义进行比较可知，不同点主要在于鉴定决定权的范围不同、鉴定适用范围不同、鉴定主体范围不同和鉴定的客体范围不同，其共同点在于都反映了司法鉴定的基本性质和本质属性。2005年2月《全国人民代表大会常务委员会关于司法鉴定管理问题的决定》第1条规定："司法鉴定是指在诉讼活动中鉴定人运用科学技术或者专门知识对诉讼涉及的专门

---

[1] 何家弘：《完善司法鉴定制度是科学证据时代的呼唤》，载《中国司法鉴定》2001年第1期。
[2] 张玉镶：《司法鉴定学基本概念研究》，载《中国司法鉴定》2001年第1期。
[3] 邹明理：《我国现行司法鉴定制度研究》，法律出版社2001年版。
[4] 《黑龙江省司法鉴定管理条例》。
[5] 《吉林省司法鉴定管理条例》。
[6] 孙秉晨：《建立科学规范的司法鉴定管理体制势在必行》，载《中国司法鉴定》2001年第2期。

性问题进行鉴别和判断并提供鉴定意见的活动。"我们认为，随着司法改革的发展和社会需求的迅速增长，司法鉴定的概念还将不断发展、调整，如关于司法鉴定的界限正由传统的严格的诉讼活动的范围扩展到仲裁活动；司法鉴定的启动权由司法机关扩展到当事人，依照《民事诉讼法》、《行政诉讼法》的规定当事人负有举证责任，当然也应当具有鉴定决定权，即便是在刑事诉讼中，一方面应当允许被告及其委托人提起鉴定，另一方面司法机关自行决定的鉴定也不能硬性强加在当事人头上，凡当事人提出异议的应当重新鉴定，法官的责任主要在于审核鉴定意见；关于司法鉴定是否包含立案前或执行中的专门问题，我们认为在民事和行政诉讼中应当包括，在刑事诉讼中如经司法机关核准，也应当包括；鉴定主体也在逐步拓宽，但必须经司法机关批准或经司法鉴定主管部门批准授权，这也是大陆法系国家的通行做法；司法鉴定客体也是随着司法活动的需要而不断扩大其范围的。

综上所述，我们认为，司法鉴定，是指在诉讼活动和仲裁活动中，对涉及到的专门性问题，经司法机关、仲裁机关或当事人指定或委托，由司法鉴定机构或其他专门机构的司法鉴定人员或其他专业人员运用科学技术手段、专门知识和特别经验依法作出判断、鉴别的科学技术实证活动。除此之外，从现代社会纠纷解决的渠道、机制和手段的多样化发展的趋势看，司法鉴定除运用于诉讼、仲裁活动外其适用范围也在不断扩大。可以预见的是，今后在调解解决大量非诉性、非裁性的民间纠纷、社会矛盾和在行政执法、行政管理中产生的争议时，都可以借助司法鉴定，公正、客观和有效地解决问题。需要指出的是，司法鉴定的概念、司法鉴定的适用范围同司法鉴定机构的服务对象各有不同的含义，不能混为一谈。

二、司法鉴定的基本性质和基本特点

司法鉴定的基本性质是科学性与法律性的统一，这一基本性质决定了司法鉴定的双重性这一基本特点。具体来说，双重性主要体现在以下几个方面：①司法鉴定活动的双重性。司法鉴定活动既是一种科学技术实证活动，同时也是依法参与诉讼的活动。②司法鉴定机构的双重性，除一部分专门的司法鉴定机构外，大批社会的行业鉴定机构，既是本行业的技术鉴定机构，又是具有司法鉴定主管部门授权的司法鉴定机构。③司法鉴定人身份的双重性，既有专职司法鉴定人，又有兼职司法鉴定人，对于兼职司法鉴定人而言，既是本行业的专业技术人员，同时，在开展司法鉴定活动时又是具有司法鉴定人职业资格的司法鉴定人。④调整司法鉴定活动的规范也具有双重性,既包括法律规范,又包括行政规范(包括技术规范)。⑤权力配置的双重性,既涉及司法权,又涉及行政权(具体讲是一种为司法活动服务的行政权,即司法行政权)。一般来说司法权与行政权的主要区别在于一个是不作为,一个是积极作为。⑥司法鉴定制度的双重性,司法鉴定制度既涉及司法制度如司法鉴定的实施制度,司法鉴定意见的举证、质证、认证和采信制度,又涉及司法行政管理制度,如鉴定人的执业资格的取得和管理、鉴定机构的设立、授权和资质管理、司法鉴定人的教育培训、司法鉴定技术标准规范的制度、司法鉴定活动的监督评估等。司法鉴定制度既是司法制度的组成部分,又是司法活动的保障制度和辅助系统。因此,应当是司法权和行政权、司法制度和司法行政管理制度的有机衔接和相互配合。这一点是司法鉴定制度的关键环节,如果衔接得好,将有利于促进和保障司法鉴定走上良性发展轨道。反之,如果司法权和行政权相互错位,都想包办对方该干的事,势将违背司法改革的发展方向,违反司法公正的价值目标,不仅造成司法效率低下,而且也管不好不该自己管的事,甚至导致司法腐败。

事实上,正是由于司法鉴定所具有的双重性,在实践中才具有重要的意义:

1. 它决定了司法鉴定作为一种科学性与法律性相统一的特殊的科学鉴定与一般的科学技术鉴定和社会行业鉴定的区别,也决定了司法鉴定机构不同于科学技术鉴定机构和社会行业鉴定机构。

2. 它决定了司法鉴定活动既不同于侦查活动、检察活动和审判活动,也不同于技术侦查活动和技术检查活动。

3. 它决定了专业技术职称并不能等同于更不能替代司法鉴定人职业资格,也决定了社会行业鉴定机构未经司法鉴定主管部门的事先批准和授权并不天然具有司法鉴定权(从司法改革的方向和基本要求看,从现有的法律法规的有关规定精神看,人民法院在对外统一指聘或委托司法鉴定时,应当与司法行政机关制定的司法鉴定人登记管理制度和司法鉴定机构登记管理制度衔接,[1] 即在具有司法鉴定许可证的司法鉴定机构和司法鉴定人执业范围内指定或委托开展司法鉴定)。

4. 它决定了司法鉴定的管理模式,应当是直接管理与间接管理相结合。

---

〔1〕 参见2005年9月司法部经国务院审核批准后颁布的《司法鉴定机构登记管理办法》。

5. 它决定了司法鉴定制度必须服从和服务于诉讼活动尤其是审判活动，必须主动适应和配合诉讼制度尤其是审判方式改革的要求及改革方向。

6. 它决定了司法鉴定制度的改革和发展必须遵循司法体制改革的总体要求和发展方向，做到法律规范、行政规范和技术规范的协调和统一。

三、司法鉴定的本质属性

这也是由司法鉴定的基本性质所决定的。司法鉴定的本质属性指的是法律性、中立性和客观性的统一。它们决定了司法鉴定的发展方向、管理模式、鉴定体制和运行机制。

1. 法律性，主要是指司法鉴定机构的人员和活动具有的法律特征和合法性要求：①鉴定程序严格遵照诉讼法的规定，鉴定只能在诉讼过程中提起并由承办案件的司法机关决定和指聘，它不属于市场行为，不能因个人意愿随时启动和实施。②司法鉴定机构必须经过公检法司安等政法机关批准设立，社会公共鉴定机构也需经司法鉴定的主管部门审核登记或司法机关临时指聘。③鉴定客体（对象）仅限于案件中经过法律或法定程序确认的某些专门性问题。④鉴定主体必须是具有鉴定人执业资格的自然人，而不是鉴定组织或业务部门及技术部门，司法鉴定人作为诉讼参与人，应当依法出庭接受询问和质证。⑤鉴定活动属于以科学技术手段核实证据的诉讼活动。⑥鉴定意见是法定的证据之一。由此可见：一方面，司法鉴定工作是为司法工作服务的，司法鉴定活动是司法活动的组成部分。另一方面，司法鉴定的改革必须与司法制度的改革同步，司法鉴定制度的发展完善有赖于法治环境的改善。

2. 中立性，主要是指司法鉴定机构和司法鉴定人应具有相对的中立性（即社会化），不能直接隶属于或依附于诉讼职能部门或者具有直接利害关系的部门（如参与诉讼的侦查机关、起诉机关和审判机关），这也是实现司法公正的基本保证。与行政权相比，司法权具有终结性、独立性、中立性、消极性和被动性、个别性、专属性等基本特征。对于司法鉴定而言，中立性或独立性也是其必须遵循的原则。这种对鉴定机构和鉴定人提出的基本要求（也包括按预设的中立程序开展司法鉴定等要求），又是以其机构和人员的相对独立为基础的。如在美国，司法鉴定机构具有严格的中立性。各实验室都是中立的，与各司法机关和警察局不存在任何行政管理关系，而仅仅是一种委托关系并以委托合同的形式为司法机关服务，并由鉴定机构派技术人员作为专家证人出庭作证。他们认为，这种机构和人员的中立性更能保证鉴定意见的真实性，避免许多人为因素的干扰。[1] 可以说如果失去这种中立性，司法公正就只是一句空话。

3. 客观性，这是客观规律、客观事实和科学定理对司法鉴定工作提出的基本要求。司法鉴定意见的确定性和权威性，取决于两个方面：一个是正当法律程序的保障（保证司法鉴定的合法性和公信力）；一个是鉴定意见的客观性（真实性）。鉴定意见的客观性又源于两个方面：①科学性。司法鉴定是科学认识证据的重要方法和手段，司法鉴定是以科学技术为生命的，司法鉴定过程就是一个科学认识的过程，司法鉴定的意见，往往就是科学认识的结论。人类社会经过上千年的无数实验和探索，发展、归纳和总结出的科学规律、科学定理、科学理论、科学知识，构成司法鉴定的基本理论、基本知识和基本技能、基本方法、基础设备，这正是建立在人类社会公认的科学规律、科学定理和科学结论基础上的司法鉴定意见与证人证言之间的根本区别。②专业性。鉴定意见的可靠性取决于它产生的过程和方式，取决于它的专业化程度和专业技术水平。司法鉴定的专业性，主要指的是专业技术机构的专业技术人员，根据专业技术理论、知识和方法，采用专业技术设备和手段，按照专业技术程序规范和标准规范的要求，对专门性问题进行识别、比较和认定、评断，并得出专业性结论的活动。

当然，需要指出的是，司法鉴定意见也有主观性的一面（这是产生重复鉴定的原因之一），这是因为主体的多样性和认识水平的不同，采用的设备和技术标准不统一，检测比对的标准体系不统一和时间上的差异等因素造成的。但与其他证据形式相比较而言，它的客观性因素大大超过其主观性因素，具有相对合理性和较大的可靠性。

四、司法鉴定的特殊功能

司法鉴定的本质属性决定了司法鉴定意见在证据体系中具有特殊的功能：

1. 由于它自身具有较高的权威性和确定性，直接影响着对案件事实的认定，往往成为法官借以查明案件事实，认定案件性质的关键证据。

2. 它是鉴别、认定其他证据是否真实、是否可靠的重要参照标准和依据。

3. 它是认识其他有关证据的重要手段。它以其专有的判断和认定方

---

[1] 李禹、王羚："赴美司法鉴定考察印象综览"，载《中国司法》2001年第3期。

式，使那些初步具有证明作用的证据材料呈现其在诉讼上的证据效力。它是将案件中发现的其他证据与案件有机联系起来的桥梁，从而帮助法官审查判断证据。[1]

五、司法鉴定的分类

这是规范司法鉴定工作的基础和标准之一。随着社会的发展，司法工作面对的各种专门性问题越来越广泛，越来越复杂，越来越专业化、国际化和技术化，因此，司法鉴定的领域也在随之不断发展和调整。目前大体分为三大类：①传统的领域，如法医病理鉴定、法医临床鉴定、司法精神病鉴定、法医物证鉴定、法医毒物鉴定、司法会计鉴定、文书司法鉴定、痕迹司法鉴定和微量物证鉴定。②近年来发展的新领域如计算机司法鉴定、建筑工程司法鉴定、电子数据司法鉴定、知识产权鉴定、涉案价格司法鉴定、涉农类司法鉴定、环境类司法鉴定、矿难类司法鉴定等。以上两类涉及的领域均实行司法鉴定人执业资格制度。[2] ③属于已经开始进入司法实践，但条件尚不具备，暂时未实行司法鉴定人执业资格制度，如交通事故鉴定、医疗事故鉴定、保险理赔鉴定、进出口商品检验检疫鉴定、重大安全事故鉴定、科技成果鉴定等。这一类鉴定将随着今后的发展，具备基本条件后，逐步纳入司法鉴定的执业领域。此外，还有一些个别鉴定，数量很少且往往与特殊的技能、绝活和经验相关，如古字画和文物鉴定等均难实行司法鉴定人执业资格制度，而只能采用司法机关临时审定聘任的办法。

六、关于面向社会

《决定》第7条第1款规定："侦查机关根据侦查工作的需要设立的鉴定机构，不得面向社会接受委托从事司法鉴定业务。"这是因为侦查机关设立的鉴定机构与侦查机关之间存在隶属关系，其主要职能是为工作提供技术支持，因此，作为侦查机关的一个组成部分，不允许面向社会接受委托从事经营性的、有偿的司法鉴定业务，以保持政府机构的廉洁性和公正形象。[3] 所谓面向社会是相对于侦查机关而言的，即除侦查机关之间可以相互委托外，凡属侦查机关以外的部门、单位委托的均属面向社会服务的

---

〔1〕刘善春、毕玉谦、郑旭：《诉讼证据规则研究》，中国法制出版社2000年版。

〔2〕《司法鉴定执业分类规定（试行）》司发通（2000）159号。

〔3〕参见全国人大常委会法制工作委员会刑法室编：《〈全国人大常委会关于司法鉴定管理问题的决定〉释义》，法律出版社2005年版，第19页。

范围，可见侦查机关和面向社会在概念上共同构成一个完整的逻辑范畴。侦查机关鉴定机构的主要特征有：①主要指现有的公安机关、安全机关、检察机关和军队保卫部门内设的鉴定机构。②这些司法机关内设的鉴定机构是依照这些机构的法定职能，直接为侦查破案、审查起诉工作的。③这些机构在国家财政经费保障的同时，为了保证司法公正和严格执法，均应实行收支两条线。因此，一方面他们有义务保证完成上级下达的任务，同时，这些内设机构作为政法部门应当严格执行中央关于政法机关不得从事经营性活动和公务员未经批准不得兼职的政策，不应当面向社会从事经营性的有偿服务。但另一方面，在社会鉴定资源不足的地区，也应该在省级司法行政机关登记后，充分发挥它们的作用。考虑到这些机构的主要任务是履行法定职责，对于这些机构主要采取行为管理模式，统一纳入司法鉴定的管理渠道上来。

第二节 司法鉴定的基本制度

司法鉴定既是诉讼证据的重要形式之一，又是检验其他诉讼证据客观真实的手段，是提高诉讼质量的重要保障和现代诉讼活动科学、民主、文明的标志。司法鉴定制度，是指诉讼及仲裁活动中有关鉴定活动的行为准则与规范的总称。主要包括司法鉴定管理制度、司法鉴定机构制度、司法鉴定人制度、司法鉴定启动制度、司法鉴定程序制度、司法鉴定质证制度和司法鉴定认证（采信）制度等。

一、司法鉴定管理制度

（一）我国现行司法鉴定管理制度的现状

我国现行的司法鉴定管理制度是从建国初期的司法机关侦查办案所需而设的内部鉴定发展而来的。公安机关内部鉴定机构建立于20世纪50年代，而检察、法院和医疗机构司法鉴定机构的发展主要是党的十一届三中全会以后，在行使法定的检察、审判权以及满足当事人需求的过程中逐步建立的。此外，一些高校和科研所也设立了一批鉴定机构，除承担教学、科研任务外，主要是接受公、检、法等机关委托，从事一些鉴定业务。

长期以来，司法鉴定管理制度存在着严重的弊端，主要的问题是：①司法鉴定机构的隶属不明，鉴定机构多系统设置。这种鉴定机构多系统的设置造成了国家人、财、物的巨大浪费,更重要的是"自侦自鉴"、"自检自鉴"和"自审自鉴"等严重违反司法鉴定的本质属性和鉴定公正的原则。②各司法鉴定机构运行机制混乱。③对鉴定人鉴定资格没有统一的标准。在实际工作中往往是由诉讼机关尤其是法官说了算,法官说有资格就有资格,随意性很大;加上对鉴定人的权利义务也无法律规定,所以往往使得鉴定人独立的诉讼地位得不到真正地体现。④司法鉴定的范围、对象无法律规定,势必造成实践中司法鉴定工作的随意性,本应经司法鉴定才能认定的问题,随意取舍或只认口供、证言,用以代替鉴定意见。由于法律没有规定如何调整鉴定的范围,致使实践中对该对象的鉴定意见的证据效力发生歧义。⑤对鉴定人没有健全的培训和考核晋升制度。

(二) 我国司法鉴定管理制度改革的基本思路

党的十五大提出的"依法治国"方略,是我国民主与法制建设重要进程中的又一个里程碑,反映出党的第三代领导集体将致力于国家的民主法制建设,通过不断进行政治体制的改革来达到"依法治国"的目标。党的十六大进一步提出了司法体制改革的总体目标,并要求实现司法审判和检察与司法行政事务的分离。2004年底中央在司法体制和工作机制改革的初步意见中,首次提出了"建立统一的司法鉴定管理体制"的改革目标和四项要求。2005年全国人大常委会又通过了《关于司法鉴定管理问题的决定》,从法律上确定新的管理体制及相关规定(详见下一节内容)。

长期以来,政府职能中没有关于司法鉴定的明确规定,1998年国务院机构改革中明确把指导管理面向社会服务的司法鉴定工作作为司法部新增职能,并由国务院"三定"方案加以规定,这在共和国法制史上还是第一次。司法鉴定管理制度的改革是一个系统工程,涉及到国家司法制度改革的诸多方面和国家现行法律的有关立法精神,还涉及到司法鉴定管理制度本身的方方面面,另外还要考虑当今法治国家司法制度改革发展的趋势和一些有益的经验,因此,司法鉴定管理体制的改革要综合这些因素来考虑,不能单就司法鉴定管理体制来进行改革,改革的关键是要确立一个科学的、先进的机制。

(三) 我国司法鉴定管理体制改革的结构模式

我国司法鉴定管理体制的结构模式要在我国司法制度改革的背景下来考虑:①要从我国的国情出发,既要看到司法鉴定管理体制的现有格局存在的某些合理性,也要注意现有体制下的主要弊端及其原因。②要借鉴外国有益的先进经验,要吸取大陆法系和英美法系国家各自在司法鉴定管理体制中的长处,特别是现代法治国家中司法权运作的先进机制。③要考虑新的管理体制的科学性、前瞻性、先进性、法律性和继承性。总之,要符合现代法治国家基本特征和我国民主与法治建设的内在要求,有利于防止和克服司法腐败,有利于保障人民的合法权益,有利于实现司法公正。

综合以上因素,根据我国目前经济、政治、文化、民主法制等各方面的情况,从应然的角度看,我国司法鉴定管理体制的结构模式应设置以"一元为主,多元结合"的管理体制。这种管理体制的结构模式相对较符合我国现阶段的实际。

"一元为主"就是应该确立司法部为全国司法鉴定工作的行业主管机关、国家管理司法鉴定工作的职能部门。司法鉴定是服务于审判活动的科学技术实证活动,其本身不属司法、审判活动。对司法鉴定机构的管理是属行政行为,而不是司法行为,而这种行政行为又是一种司法行政行为,在我国现行的国家机关职能部门中只有司法行政机关才有这种管理职能。因此,在这种框架下就应建立以司法行政系统为主体的面向社会服务的司法鉴定体系,各省、自治区、直辖市的司法行政系统设置面向社会服务的司法鉴定机构,由司法行政机关直接领导与管理。"多元结合"就是公安机关、检察机关、国家安全机关在各自履行职责时配合自身工作设置的内部鉴定机构。这些机关的内设鉴定机构主要是服务于各机关履行职权,完成在诉讼中不同阶段的任务。

在这种结构的模式中,保留了公安、检察、国家安全部门内部司法鉴定职能有其必要性。与法院不同,公安机关、检察机关和国家安全机关在刑事侦查活动中是国家的代表,其活动宗旨是维护国家的利益和社会公共的利益。在刑事诉讼中,它们具有共同的目标,即为侦破案件和打击犯罪而努力。因此,在公安、检察、国家安全机关内部设立鉴定机构,具有现实需要:一则为寻求科学依据,以认定犯罪事实、准确地打击犯罪;二则为提高办案效率,保守办案活动中的秘密。如果撤销公安、检察、国家安全机关的鉴定机构,在处理刑事案件的过程中,当急需对有关涉案问题做鉴定时,只得求助于社会公共司法鉴定机构。这样做能否及时保障侦破工作,确需慎重考虑,因此,现阶段保留公安、检察、国家安全机关的鉴定机构是必要的。

此外,在上述侦查机关设立的职权鉴定机构之外,依托高等院校、科研院所、省级以上政府指定的医院、质检系统等国有部门设立的社会公共鉴定机构,除了在刑事诉讼中为双方当事人提供技术保障外,在经济、行政、民事等诉讼案件和仲裁、公证、调解等非诉讼案件中发挥积极的作用。

二、司法鉴定机构制度

司法鉴定机构制度是关于司法鉴定机构的性质及设置（布局）、司法鉴定机构设立、业务范围的确定、司法鉴定机构的法律地位及其运作规则、司法鉴定机构的名称及资质等级等规定的总称，是司法鉴定机构运行的规程或行为准则，是司法鉴定制度的重要组成部分。

（一）我国司法鉴定机构的现状及分类

我国司法鉴定机构的现状主要是从建国初期司法机关侦查办案所需而设立的内部鉴定发展演变而来的。公、检、法内部鉴定机构建于20世纪50年代，发展于党的十一届三中全会以后。此外，一些高等院校、科研机构和医疗机构也设立了一批鉴定机构。他们除承担教学、科研和医疗任务外，也接受公、检、法等机关和当事人委托，从事鉴定业务。2005年2月全国人大常委会《决定》颁布后，司法部作为全国司法鉴定的主管部门，于当年9月经国务院审批后，颁布了《司法鉴定机构登记管理办法》和《司法鉴定人登记管理办法》等规章。各地在贯彻《决定》中，又审核登记了一批司法鉴定机构。

从目前我国各系统各部门涉及司法鉴定的机构情况来看，其设置、运行、撤销、性质、法律地位与责任、业务范围、资质等级都没有统一制度意义上的规定，而侦查机关制定颁布的一些规章，仅适用于本部门。

（二）我国司法鉴定机构制度的基本内容

1. 司法鉴定机构设置原则。由于我国幅员辽阔，地域间经济文化发展不平衡，科技水平和教育文化水平差异大，加之总体的经济发展水平不高，民主法制建设地区间的情况发展不平衡等实际情况，对具有国家级水平和区域级水平的司法鉴定机构的设置要有一个总体布局的设想，而不能随意地设置，造成经济、文化教育较发达的地区机构设置过于集中，而相对落后地区机构设置存在盲点，在司法鉴定机构制度中要确立一个合理设置（布局）的基本原则。如除"十一五"期间在北京、上海各设立一所国家级的重点司法鉴定机构或实验室，还可考虑在长江以南（东部）、长江以北（东部）、西北地区、西南地区各设置一个中心实验室，通过这四个地区的实验室进行辐射，逐步形成以此为中心带动周边的区域性（省市级或二级资质）的重点实验室，由中心实验室指导周边区域性重点实验室开展业务工作并受理其复核鉴定。同时要充分发挥国家级科研机构和高等院校的作用，要利用其在仪器设备和人才方面的资源，做好司法鉴定工作。行业性的涉案司法鉴定机构一般还是在省、自治区、直辖市等经济文化发展较高的中心城市设置较为适宜。

2. 司法鉴定机构设立、变更、撤销的登记管理规定。司法鉴定机构登记管理的主要内容包括：司法鉴定机构的设立条件；司法鉴定机构登记管理部门；鉴定业务范围；司法鉴定登记事项；名册编制和公告；设立登记、变更登记、注销登记的条件；制定年度检验与公告的有关规定；法律责任，等等。

3. 司法鉴定机构开展鉴定的业务范围。司法鉴定机构开展鉴定业务范围的规定，主要用以规范鉴定机构的鉴定工作范围。作为一个特定的司法鉴定机构，它在设立登记时总是符合一定的条件，拥有一定的仪器装备和一支从事相关专业司法鉴定工作的科研技术人员，而司法鉴定工作又是一项专业性、技术性很强的工作，其工作的结果往往成为判案的证据。因此这个机构开展司法鉴定业务的范围必须与其拥有的仪器设备和从事相关专业的司法鉴定科研技术人员相适应，而不能不顾具体条件去从事与其现有条件不相适应的鉴定业务，在这个问题上不能有任何随意性，相反要严格地加以规范。要根据我国当前司法鉴定的专业设置情况、学科发展方向、技术手段、检验和鉴定内容并参考国际惯例来确定我国司法鉴定业务范围。当前较为成熟的业务范围大体有以下方面：法医病理鉴定、法医临床鉴定、法医精神病鉴定、法医物证鉴定、法医毒物鉴定、文书鉴定、痕迹鉴定、微量物证鉴定、声像资料鉴定、计算机司法鉴定、知识产权司法鉴定、司法会计鉴定、建筑工程司法鉴定、产品质量类司法鉴定以及农业类司法鉴定、环境类司法鉴定等。

4. 有关司法鉴定机构的资质管理的规定。司法鉴定机构的资质管理制度的设立是为了使司法鉴定机构之间有个合理的运行规则，维护司法鉴定的正常秩序，确保司法鉴定质量。此外，还有一个重要内容是司法鉴定的技术管理的规定，如质量控制、计量认证、实验室认可和能力验证等。

5. 有关司法鉴定机构名称的管理规定。主要包括以下内容：规定司法鉴定机构名称是指司法鉴定机构在执业活动中使用的供公众识别的专用称号；司法鉴定机构一般只能使用一个名称；司法鉴定机构的名称使用应符合国家规范；司法鉴定机构名称组成的一般规则；规定司法鉴定机构名称不得含有的内容和文字；司法鉴定机构名称使用、变更、注销的相关规定等。

三、司法鉴定人制度

司法鉴定人是贯穿于整个司法鉴定活动的实施者与作用者,从其内在属性看,一般是指运用专门知识技能或特别经验,对诉讼、仲裁等活动中涉及的专门性技术问题进行科学鉴别与判定的专业技术人员或某一专门领域经验丰富的专家。因其在诉讼或仲裁活动中所处的特殊地位,司法鉴定人具有科学性、中立性、独立性等身份地位的特征,在某种程度上司法鉴定人应是自然科学与社会科学的完美结合者,其实施的鉴定行为是将科学技术直接服务于司法活动的具体体现。

司法鉴定人制度是司法鉴定制度的重要组成部分,是有关司法鉴定人的资格认证、执业范围、权益保障、职业道德以及国家管理体制等方面制度的总称。其内容构成主要涉及司法鉴定人的资格取得、司法鉴定人在执业(鉴定)活动(过程)中的权利与义务及其法律责任、司法鉴定人的管理体制几大层面。

(一)司法鉴定人的类型

无论是在大陆法系国家和地区,还是在英美法系国家和地区,司法鉴定人均可以依据不同的标准划分为不同的类型。

1. 根据司法鉴定人的存在形式是生命体还是组织体,司法鉴定人可以分为生命体的司法鉴定人和组织体的司法鉴定人。

生命体的司法鉴定人,也称自然人司法鉴定人,是指以自然人个人的名义接受司法鉴定委托出具司法鉴定意见、享有权利和承担义务的司法鉴定人。由于司法鉴定活动所体现出来的个体化和亲历性的特点,无论大陆法系国家和地区,还是英美法系国家和地区都认可自然人司法鉴定人。

组织体的司法鉴定人,也称机构司法鉴定人,是指以机构的名义对外接受委托、出具鉴定意见、享有权利和承担义务的司法鉴定人。如果指定的专家是法人,其法定代表人应在取得该主管法院的同意后,从其所辖人员中选定一名或数名自然人,以该法人的名义进行鉴定。

2. 根据司法鉴定人的工作基础是资格还是能力,可分为资格型司法鉴定人和能力型司法鉴定人。在大陆法系国家和地区,从事司法鉴定工作往往需要事先取得有关部门颁发的司法鉴定人执业资格证书,也就是说,执业资格的获取是技术专家从事司法鉴定活动的前提条件,因此,司法鉴定业内人士通常把大陆法系国家这种庭前取得执业资格方可进行司法鉴定活动的鉴定人称为资格型司法鉴定人。在英美法系国家和地区,从事司法鉴定工作并不需要事先取得司法鉴定人执业资格,某人是否可能被法庭认可为司法鉴定人（专家证人），主要取决于实际能力，而其实际能力则往往在庭审中通过其所受教育、培训证书、采信情况等来判定，通常把这种庭审中通过能力确定的鉴定人称为能力型司法鉴定人。

（二）司法鉴定人的法律地位

司法鉴定人的法律地位可以从不同角度，如委托人与司法鉴定人之间的关系、司法鉴定人的服务对象等方面予以评价，这里所指的司法鉴定人的法律地位是指司法鉴定人的诉讼地位。

两大法系国家和地区的法律渊源不同，司法制度以及诉讼理念也有所差异。在大陆法系国家和地区，司法鉴定人通常被定位在接受法院或法官的委托，依照专门知识和经验对具体事实进行判断和报告的人；是利用专门知识帮助法院或法官进行识别活动的人。总之，司法鉴定人被定位于"法官的科技辅助人"，其职责是弥补法官知识和经验的不足。因此，司法鉴定人的活动往往具有准司法活动的特点。而在英美法系国家或地区，司法鉴定人通常被定位为诉讼当事人的科技助手，鉴定人通常由诉讼当事人来聘请，为诉讼各方服务。因此，在英美法系国家，司法鉴定人往往被称为"专家证人"，但其地位与一般证人并无实质性区别。

（三）司法鉴定人的模式选择

司法鉴定人模式的选择直接受制于司法体系、诉讼模式和审判方式的选择。司法鉴定人模式的选择，是司法鉴定人制度建设的总纲，司法鉴定人的选任（方式、条件、资格）、司法鉴定人的权利和义务、司法鉴定人的执业活动等都与司法鉴定人的模式选择有一定的关联。大陆法系和英美法系国家司法制度不同，诉讼模式不同，裁判方式不同，因此司法鉴定人的模式也有所不同。

1. 鉴定权主义（庭前确认制）。在大陆法系国家，司法鉴定人的执业资格往往实行庭前确认制，即凡欲从事司法鉴定工作的人在执业前须事先取得有关部门或组织颁发的执业资格证书。没有取得司法鉴定人执业资格证书的人不得从事相关的司法鉴定活动。在不同的国家，具体颁发司法鉴定人执业资格证书的部门及组织也有所不同，有些属于国家机关，有些属于行业协会。实行鉴定权主义的国家往往采用司法鉴定人名册制，把取得司法鉴定人执业资格的人员统一登录名册，以便委托人选用。根据全国人大常委会《决定》，我国采用的也是名册制。

2. 鉴定人主义（庭中确认制）。在英美法系国家，司法鉴定人的资格往往实行庭中确认制，即行为人是否可以被确定为司法鉴定人（专家证人），通常是由初审法官通过听证程序予以决定。该决定对陪审团具有约束力，而意图使用该专家的当事人则负有确立该证人专家资格的责任。在英美法系国家，行为人只要具备专家资格，就可以以意见证据方式作证，成为专家证人。如美国的法官确定证人的专家资格时往往综合考虑其知识、技能、经验、训练或教育情况，而不是仅仅看其职业头衔或教育学位。

（四）司法鉴定人的登记名册

司法鉴定人登记名册是司法鉴定行业主管机关制定的，载明获取执业资格且正在执业的司法鉴定人的基本情况以供司法机关、仲裁机构以及其他委托人选用的名册。大陆法系国家通常实行司法鉴定人登记名册制，以便于各类委托人选用司法鉴定人，同时也便于社会对司法鉴定人进行监督。

四、司法鉴定启动制度

司法鉴定的启动是司法鉴定程序的开始，是具体司法鉴定行为实施的前提。只有在特定的机构或人员进行司法鉴定委托后，司法鉴定机构才能开始进行鉴定。目前，两大法系国家实行的司法官启动制和当事人启动制也在不断融合。

（一）我国现行司法鉴定启动制度的主要内容

我国现行的司法鉴定启动制度的主要内容散见于三大诉讼法、仲裁法以及公、检、法、司四机关有关的司法解释以及有关规章中。其主要内容如下：

1. 司法鉴定的决定主体。司法鉴定的决定主体是指有权决定是否进行司法鉴定、何时进行司法鉴定、由谁进行司法鉴定的主体，也称司法鉴定的委任主体。目前，我国现行法律、法规、司法解释、部门规章确定以下主体为司法鉴定的决定主体：①侦查机关。根据《刑事诉讼法》的有关规定，侦查机关是公安机关、人民检察院、国家安全机关和军队保卫部门。②审判机关。《行政诉讼法》第35条规定："在诉讼过程中，人民法院认为对专门性问题需要鉴定的，应当交由法定鉴定部门鉴定；没有法定鉴定部门的，由人民法院指定的鉴定部门鉴定。"《刑事诉讼法》第191条规定："法庭审理过程中，合议庭对证据有疑问的，可以宣布休庭，对证据进行调查核实。人民法院调查核实证据，可以进行勘验、检查、查封、扣押、鉴定和查询、冻结。"③仲裁庭。《仲裁法》第44条第1款规定："仲裁庭对专门性问题认为需要鉴定的，可以交由当事人约定的鉴定部门鉴定，也可以由仲裁庭指定的鉴定部门鉴定。"

2. 司法鉴定的申请主体。司法鉴定的申请主体是指有权向司法鉴定的决定主体申请鉴定或者在意思自治的前提下约定鉴定部门或鉴定人员的主体：①犯罪嫌疑人、被害人或其法定代理人、近亲属、诉讼代理人。《刑事诉讼法》第146条规定："侦查机关应当将用作证据的鉴定意见告知犯罪嫌疑人、被害人。如果犯罪嫌疑人、被害人提出申请，可以补充鉴定或者重新鉴定。"②当事人。《仲裁法》第44条第1款规定："仲裁庭对专门性问题认为需要鉴定的，可以交由当事人约定的鉴定部门鉴定，也可以由仲裁庭指定的鉴定部门鉴定。"

（二）对我国现行司法鉴定启动制度的评价

我国现行的司法鉴定启动制度既不完全同于大陆法系国家的司法官启动制，更不同于英美法系国家的当事人启动制，而是基本照搬前苏联的超国家职权主义诉讼模式下的司法鉴定启动制。具体表现为：

1. 不同于大陆法系国家的司法官启动制。一般说来，大陆法系国家的司法官启动制更多地将司法鉴定的启动权锁定在法院（法庭、法官），而侦查机关，包括公安机关和检察机关，则没有司法鉴定的启动权，只有向法院提出司法鉴定的申请权。而在我国，公安机关、检察机关、国家安全机关和军队保卫部门却都拥有司法鉴定的启动权。

2. 不同于英美法系国家的当事人启动制。一般说来，英美法系国家的当事人启动制更多地将司法鉴定的启动权平等地赋予了诉讼当事人各方，包括刑事诉讼中的控辩双方。而在我国，只有刑事诉讼中的侦查机关、公诉机关和审判机关拥有司法鉴定的启动权，刑事诉讼中的犯罪嫌疑人、被害人以及民事、行政诉讼的各当事人却没有或不完全享有司法鉴定的启动权。

3. 刑事诉讼中的犯罪嫌疑人、被害人以及民事诉讼、行政诉讼的当事人均没有初次鉴定的启动权；国家立法只规定了刑事诉讼中的犯罪嫌疑人、被害人拥有补充鉴定或者重新鉴定的申请权，而该申请权却没有相应的法律程序保障。

我国三大诉讼法都有关于保障诉讼当事人、诉讼参与人诉讼权利的规定。证据权利是诉讼当事人诉讼权利中极为重要的内容，而举证、质证是诉讼当事人极为重要的证据权利。鉴定既可以作为公检法三机关侦查、起诉以及审判的手段，也可以作为当事人维护自己权利的手段。既然当事人的法律地位平等，当事人的证据权利就应该平等。目前，侦查机关、公诉机关都有司法鉴定的启动权,而犯罪嫌疑人、被害人却没有司法鉴定的启动权。根据实体公正的内在要求,侦查、检察、审判、鉴定职权分别行使。程序公正要求当事人诉讼平等参与,进程平等推进,维权平等抗辩,当事人的诉讼权利和人格尊严得到平等与充分的保障。我国目前的司法鉴定启动制度违背了实体公正及程序公正的内在要求。正如有的专家所指出的那样:在中国的鉴定人队伍日益庞大的今天,刑事诉讼中司法鉴定的决定权和鉴定人委任权仍然被垄断在"公检法"三机关手里,当事人无权直接聘请自己所信任的鉴定人。这种带有高度超职权主义特征的制度,显然与已经进行的"控辩式审判方式改革",在立法精神和制度设计方面都是不相符的。

这种鉴定启动制度存在以下弊端:①侦控机关权力过大,抗辩力量明显失衡。这是因为,由于长期以来受重打击轻保护、重实体轻程序等传统观念的影响,在刑事诉讼中公权主义色彩浓厚,追诉主义倾向严重,公安机关和检察机关委托的鉴定人往往会自觉或不自觉地把自己视为侦控机关的一员,而不是客观的事实发现者;往往更注意证明犯罪嫌疑人、被告人有罪、罪重的证据,而疏于注意证明犯罪嫌疑人、被告人无罪、罪轻的证据。②辩方程序参与权利太小,有损程序公正。按我国法律规定,犯罪嫌疑人、被告人不仅没有独立委托鉴定人的权利,连大陆法系国家犯罪嫌疑人、被告人所享有的申请鉴定的权利也很难实现,而只有对公检法机关的初次鉴定不服时申请"补充鉴定或重新鉴定的权利",这在世界各国都是罕见的。③重复鉴定,降低诉讼效率。公检法三机关"官方渠道内"流水作业式的司法鉴定,自鉴自用,各家争胜,甚至互不买账,不仅浪费了鉴定资源,也人为造成多重鉴定,不仅增大当事人的诉讼成本,而且延长诉讼周期,影响了司法效率。因此,我国的现行司法鉴定启动制度与我国现行诉讼法律、特别是司法改革的要求存在一定的差距,与社会主义法治理念和现代司法制度所追求的公正效率的价值目标存在较大的距离。

五、司法鉴定程序制度

司法鉴定程序,是指按照司法鉴定活动的客观规律所制定的司法鉴定的具体步骤。司法鉴定程序的制定在于保证司法鉴定工作的科学化、规范化,保障司法鉴定活动所涉及的相关人员的人格尊严,实现司法鉴定的公正、效率目标。

大陆法系国家和地区与英美法系国家和地区的诉讼制度、证据制度不同,司法鉴定在诉讼活动中的功能和价值也存在一定的差异,与此相适应，司法鉴定的程序也并不完全相同。此外，司法鉴定涉及不同的主体，如申请者、决定者、实施者、监督者、举证者、质证者、采信者等，从不同的主体来看，与其相关的司法鉴定程序也有所不同。但总体说来，司法鉴定的程序包括鉴定的申请、鉴定的决定、鉴定的委托、鉴定的受理、鉴定的实施、鉴定意见的出具、鉴定人出庭、鉴定意见采信等环节。司法鉴定程序的设计事关诉讼当事人的权利保障。

六、司法鉴定质证制度

目前，在我国进行的审判方式改革，旨在强化庭审功能和当事人的举证责任，增强诉讼的对抗性和司法的公正性，以达到提高庭审质量和诉讼效益的目的。其中的质证制度是审判方式改革的焦点和热点问题之一。

（一）质证的主体

所谓质证主体，是指从事质证活动的行为人，即实施质证行为而享有一定权利或承担一定义务的主体。由于诉讼的性质不同，质证主体在不同的诉讼中具有不同的表现形式：

1. 刑事诉讼中实行的是控辩式的审判方式，质证主体是公诉人、被害人、被告人和辩护人。

2. 民事诉讼中实行"谁主张、谁举证"的原则质证的主体，在我国有不同的认识。第一种观点认为当事人和人民法院都属于质证主体。其理由为：人民法院是证据和事实的认定者，它有责任保证质证的正确性和有效性；人民法院在庭审时对证人有权进行质询，对证据进行审核。第二种观点认为质证的主体仅限于当事人，包括原告、被告和诉讼第三人。其理由为：人民法院成为诉讼主体，将影响其公正形象。质证主体与举证责任主体应当是一致的，举证责任的主体仅为当事人，法院不能成为质证主体。我国《民事诉讼法》第66条明文规定，质证在当事人之间进行。

我国在立法上虽然仅规定当事人为质证主体，但并不意味着否认其他主体作为质证主体。《最高人民法院关于第一审经济纠纷案件适用普通程序开庭审理的若干规定》第25条第1款规定："……证人作证后，应征询双方当事人对证人证言的意见。经法庭许可，当事人及其诉讼代理人可以向证人发问。"该司法解释第26条规定："勘验人、鉴定人宣读勘验笔录、鉴定结论后，由双方当事人发表意见。经法庭许可，当事人及其诉讼代理人可以向勘验人、鉴定人发问。"这些司法解释，补救了现行立法中的不足，可以帮助人们对质证主体重新认识。

(二) 质证的客体

质证的客体，是指质证主体之间的权利义务共同指向的对象。所谓质证权利义务指向的对象，是指质证主体在质证程序中行使权利承担义务所要达到的质证目标，这一质证目标就是对与案件事实有联系的证明材料进行对质核实，为法院审理案件提供有效的证据。

我国三大诉讼法都规定鉴定意见为证据种类之一，并将其作为质证对象。因诉讼性质的不同，对司法鉴定的质证主体有所区别，鉴定人的权利也有所区别。

在庭审过程中，还会涉及到质证的动态对象。这是因为，质证对象本身与证据载体的形式是有差别的。在程序上让当事人及有关证人、鉴定人、勘验人公开出庭对质，在这种情形下的辩论才有实质意义。直接让当事人与证人、鉴定人、勘验人面对面地开展庭审调查和辩论，强调在程序上的口头辩论。因此，公开、辩论、直接言词原则是司法公正、程序正当的具体体现。从程序正当和司法公正的要求而言，质证对象不应仅限于物证、视听资料和"广义上"的书面证据，还应包括口头形式证据，如证人、鉴定人、勘验人出庭接受询问和质疑时所作出的口头陈述，其最终形式是以庭审笔录的方式固定下来的有关内容。

(三) 质证的内容

质证的内容，是指证据的客观性、关联性和合法性。质证应围绕证据的三性展开：①证据的客观性（可采信）；②证据的关联性（相关性）；③证据的合法性（排除非法证据、不得强迫当事人自证其罪等）。

(四) 质证的要求

一般来说，刑事诉讼采用"确信无疑的标准"或"排除合理怀疑的标准"，民事诉讼适用"优势证据的标准"。

(五) 质证的方式

质证的方式，是指对质证对象采用的质询方法。质证的方式应根据质证对象的不同而采用不同的质询方法。例如，对实物证据的质证，可以通过双方当事人间互相询问、辩论、引证等方法，而对证人证言、鉴定意见、勘验笔录等的质证，可以通过对有关诉讼参与人的质询进行。

由于文化传统、历史背景和法律上的习惯做法不同，各国法律对证据的范围和方式的规定不尽相同。美国诉讼法中的证据有证人证言、实物证据、书证和展示证据四种。证人证言包括大陆法系的一般证人和鉴定人。对以上四种证据，除书证外，美国的证据程序法一般都适用证人证言的质证方式，即采用交叉询问的方式。采用交叉询问的质证方式可以使任何一方都及时、有效地驳斥对方的主张和证据的虚伪、伪谬之处，他方也可予以辩护性的反驳，从而使争议的事实和证据的微妙细节得以显现和披露。这种质证方式有助于法官正确、客观地判断证据的真伪，确定案件事实的真相。

大陆法系国家一般实行职权询问，即以法官为主、以当事人为辅的询问方式，是否采取交叉询问的方式由法官决定。因缺乏交叉询问方式而使大陆法系的质证方式缺乏应有的活力和程序效果。

关于质证的方式，我国立法上没有明确规定，但为了适应审判方式改革的需要，应结合英美法系和大陆法系关于质证方式的成功经验，根据我国国情，采用审判长指挥下的交叉询问方式，能充分发挥当事人的积极性，使质证主体的作用得到充分发挥，使质证主体的功能得以充分体现。

（六）关于鉴定人出庭

在大陆法系国家，按照直接、言词审理的原则，法官必须亲自接触证据的最原始的形式，并按照言词和口头的方式实施诉讼行为。因此，对言词证据，包括证人证言、鉴定意见等，都要传唤这些证据的提供者亲自出庭作证。

在我国，根据《刑事诉讼法》第187条第3款的规定："公诉人、当事人或者辩护人、诉讼代理人对鉴定意见有异议，人民法院认为鉴定人有必要出庭的，鉴定人应当出庭作证。经人民法院通知，鉴定人拒不出庭作证的，鉴定意见不得作为定案的根据。"鉴定人在法庭上首先要由申请传唤的一方询问，然后接受另一方的询问，法官只在必要时对鉴定人作一些补充性的询问。在法庭上，鉴定人通常要对鉴定意见的制作过程、根据等进行解释，回答控辩双方提出的疑问。将鉴定人证人化，这无疑是历史的进步。鉴定人出庭作证，就鉴定人的资格、鉴定的过程及鉴定意见等一系列问题，直接接受当事人和法庭的询问，才能保证鉴定意见的可靠性。

七、司法鉴定认证（采信）制度

（一）认证制度的基本含义与特征

认证即采信，是指法官在诉讼过程中，对当事人所举出的和法院自行收集的证据材料，经过双方当事人质证、辩论后，通过分析判断，认定该证据是否具备证明案件事实的证明效力的活动。认证制度，是指法官在认定证据材料的证明效力活动中应遵守的行为规则。认证活动具有下列特征：①审理案件的合议庭全体审判人员和独任庭法官具有认证权；②认证是法官依法行使自由裁量权的行为；③认证包括辩证和采证两方面活动；④认证的对象是当事人、法院在法庭上出示并经过当事人质证、辩论的证据材料；⑤认证的内容是审查证据的客观性、关联性和合法性。

认证的实质是法官对案件事实的证据进行鉴别和判断，认定其是否具有证明力及证明力的大小并决定是否采信，它是庭审活动的重要环节，起着承上启下的作用。认证质量的高低，直接影响着诉讼机制的发挥。要提高认证水平，充分发挥认证在庭审中的作用，须加深对认证制度的理解、研究，并妥善处理在认证中出现的一些问题。

采用何种认证方法，应根据具体案情，以有利于准确查清案件事实、认定证据为依据。如在事实比较简单、法律关系比较明确的案件中具有较强独立性的证据，可以一证一认；证据与证据之间具有关联或矛盾，彼此之间有证明作用的，可以分组认证；案情比较复杂，证据独立性较差，可以采用综合认证。此外，还应结合其他一些必要的认证方法，如科学技术鉴定法、辨认法、对质法、侦查实验法等。

（二）鉴定意见的认证（采信）

就鉴定意见而言，法律赋予法官在全面地、客观地审查核实证据的基础上依职权自由裁量鉴定意见的权力。这种自由是建立在"按照法定程序"和"全面地、客观地"审查的基础之上的。虽然我国在立法上并未直接规定赋予法官依自由心证评价证据的权力，但是，在世界范围内，法官的自由心证主义，与法官依职权根据证据对案件事实予以认定实质上具有相同的含义。因为无论是大陆法系国家还是英美法系国家，法官对裁判不是凭借在法庭上形成的心证，而是法官在法庭上听取双方当事人的质证与辩论后形成的直观、感知和心证后对证据予以认定，据此作出裁决。这实际上反映了当事人举证、质证与辩论的诉讼行为和法院对此作出判断的诉讼行为共同作用的结果。

立法对法官就鉴定意见进行认证的具体内容、方式和能力都提出了要求，即要求法官应当按照法定程序，全面地、客观地审查核实证据。为此，根据法律规定，首先，鉴定意见应当在法庭上出示。其次，鉴定意见应当经过当事人质证。再次，鉴定意见应当由当事人进行辩论。最后，鉴定人应当接受当事人的询问。

（三）对鉴定意见进行认证的主要内容

1. 关于鉴定意见的证据能力。①审查认定鉴定人是否合法。根据法律规定，对有关专门问题的鉴定，凡是要求由法定鉴定机构进行的，鉴定必须由具有鉴定资格的法定鉴定机构和鉴定人进行，其他专业鉴定部门和技术人员无权鉴定；只有在法定鉴定机构不存在或者该机构因主客观原因无法解决有关专门性问题时，才能由法院委托其他的机构或人员进行鉴定。另外，对于一些特定的鉴定事项，国家明确规定只能由指定的鉴定机构从事鉴定活动，例如，对于某些药品、农药、毒品等关系到人民生命健康的物品，国家对其管理有严格和特殊的要求，因此，对涉及此类物品的鉴定，法院在确认其证明效力时，只能以特别授权的鉴定机构和人员的鉴定意见为依据。②审查鉴定人是否具有解决这些专门性问题所应具备的知识、技能和经验。③审查检材、样本或与鉴定对象有关的其他鉴定材料是否符合鉴定条件，即是否能够作为有关鉴定意见的基础。④审查认定鉴定人是否具有我国诉讼法上所规定的法定回避情形。

2. 关于鉴定意见的证据力（证明效力）。①审查认定鉴定人所使用的技术设备是否先进，采取的方法和操作程序是否规范、实用，技术手段是否有效、可靠。②审查认定鉴定人在鉴定过程中在检验、试验的程序规范或者在检验方法上是否符合有关法定标准或行业标准的要求。这些标准包括：国务院司法鉴定主管部门颁布的技术法规，国家标准或行业标准，如《人体损伤程度鉴定标准》、《人体损伤致残程度鉴定标准》等。③审查认定鉴定意见的论据是否充分，推论是否合理，论据与结论之间是否存在矛盾。由于鉴定意见涉及不同领域的专门知识和技能，法官仅就鉴定意见本身进行审查，其难度较大，这就需要鉴定意见与案件的其他证据结合起来一并加以对照、分析和比较，如果认为其中存在相互矛盾或有抵触之处，应通知原鉴定人进行补充鉴定，也可另行指定或聘请其他鉴定人员重新鉴定。

第三节 司法鉴定体制改革

一、关于司法鉴定体制改革的背景

改革开放以来，随着市场经济发展和社会全面进步，法治在治理国家、管理社会和解决社会矛盾和纠纷中的作用日益彰显，司法制度作为国家定纷止争机制中的最后一道制度防线，具有举足轻重的地位，发挥着决定性的作用。在我国当前的司法实践中，除主观过错外，大多数错案的产生并非是因为适用法律上的问题，而往往在于查明案件事实上的错误。从佘祥林、聂树斌、李久明等案件中不难发现，办案人员往往受传统司法观念的影响，习惯于靠人证、尤其是口供办案，由于这种方式省时、省力，成本低、见效快，因此，往往过于依赖口供，忽视其他证据，尤其是法医等司法鉴定的缺位，是导致这类重大冤假错案的关键因素之一。正因为如此，能否公正司法和及时裁判，已经成为当今社会衡量和评价司法机关的重要标准。可以说，公正与效率是司法活动的永恒主题和最高追求。用系统的观点观察诉讼活动的全过程，不难发现，实现司法公正不仅依靠侦查公正、起诉公正、审判公正和执行公正，同样有赖于鉴定公正。但由于在我国，长期以来司法鉴定实行的是一种多头管理的体制，不仅导致司法鉴定的管理混乱和无序发展，而且也成为多头鉴定、重复鉴定的重要制度原因。如在湖南女教师黄静一案中，经过5次鉴定，仍然互相矛盾，据了解有的案件中，最多的鉴定已超过30次，已成讼累，打官司成了打鉴定、打关系。虚假鉴定、枉法鉴定、金钱鉴定、人情鉴定不时曝光于社会媒体，极大地损害了司法公正和司法权威，严重影响了司法机关的社会形象。不仅引起了人民群众的强烈反响和全国人大代表、全国政协委员的强烈呼吁，而且得到了党和国家的高度重视。

　　我国司法鉴定体制的改革，发端于1993年国家财政部给中央政法委的一份建议报告，之后在1998年国务院机构改革中，赋予了司法部指导面向社会服务的司法鉴定的职能。《行政许可法》颁布后，2004年又经国务院412号令赋予司法部管理司法鉴定机构和司法鉴定人两项行政许可事项。同年底，中央在司法体制和工作机制改革的初步意见中提出司法鉴定体制改革的目标要求，2005年2月28日第十届全国人大常委会第十四次会议通过了《决定》，并于同年10月1日起正式施行。在上述表象的背后，实则深刻反映了中国所处时代的发展要求：①改革司法鉴定体制是经济社会发展的必然要求；②改革司法鉴定体制是深化司法体制改革的目标之一；③改革司法鉴定体制是当今司法活动和法律问题高度专业化和日益复杂化、综合化的发展要求；④改革司法鉴定体制是科学技术发展的必然选择；⑤改革司法鉴定体制是实行市场经济体制的内在要求。

二、关于司法鉴定体制改革的目标要求

　　1. 司法鉴定体制改革的目标是建立统一的司法鉴定管理体制。建国以来，为了满足侦查工作和打击罪犯的需要，我国逐步建立起一批以刑事侦查为主的鉴定机构，大多设在侦查机关。党的工作重心转移后，适应加强

民主和健全法制的需要，又陆续在审判机关、公诉机关和高校、科研机构内设立了一批法医、物证类鉴定机构。这些机构在侦查、起诉和审判活动中发挥了积极作用。但与新时期经济社会发展和民主法治建设的新形势、新任务相比，与司法体制、诉讼制度和审判方式改革的客观要求相比，与人民群众的诉讼需求相比，还存在很多不相适应的突出问题。

而这些问题的存在，不仅影响司法鉴定自身应当具有的科学性、公正性和可靠性，妨碍了司法活动的正常进行，损害了司法机关的公正性和权威性，而且多头鉴定、重复鉴定和久鉴不决的现象，也给当事人带来人、财、物上的巨大损失，已经成为人民群众和社会反应强烈的突出问题。正是在这种背景下，2004年底，在中共中央21号文件转发的《关于司法体制改革和工作机制改革初步意见》中，明确提出了"改革司法鉴定体制，建立统一的司法鉴定管理体制"的目标和四项要求。之后，全国人大常委会的《决定》从解决制约司法公正和人民群众反应强烈的问题着手，进一步确定了建立统一司法鉴定管理体制的基本框架和基本内容，《决定》针对司法鉴定管理中长期存在的混乱现象，确立了侦查职能、起诉职能和审判职能与鉴定管理职能相分离的原则，确立了鉴定机构的中立地位和鉴定人的独立身份，加强了对司法鉴定执业活动的规范管理和监督，从而把司法鉴定纳入到规范化、法制化和科学化的健康发展轨道中来。

2. 建立统一的司法鉴定管理体制的基本内容。根据中央《初步意见》、全国人大常委会《决定》和作者的理解，统一的司法鉴定管理体制的基本内容主要包括五个方面：①统一的鉴定主管部门和适用范围的内容。按照《行政许可法》的有关规定和"谁许可，谁监管，谁负责"的原则要求，司法鉴定管理是一种全行业、全过程和动态化的管理。②统一的准入管理方面的内容。即司法鉴定机构和司法鉴定人实行统一的准入标准、准入条件和准入程序。主要包括审核登记、名册编制和统一公告制度，如编制和管理《国家司法鉴定人和司法鉴定机构名册》，供司法机关和公民、组织、法人选用。③统一的执业活动监督管理方面的内容。主要包括司法鉴定人负责制度、司法鉴定人出庭制度、司法鉴定人回避制度、司法鉴定的收费办法等内容。④统一的职业伦理要求和实施程序、技术标准、技术规范等方面的内容。《决定》明确规定了鉴定人的权利、义务和法律责任。明确要求鉴定机构及鉴定人在执业活动中，应当遵守法律、法规，遵守职业道德和职业纪律，尊重科学，遵守技术操作规范等四项法定义务。⑤统一的违规处罚管理和统一的管理规范要求方面的内容。

3. 建立统一司法鉴定管理体制的基本要求。主要包括：①通过准入管理、名册管理、执业管理和处罚管理，维护正常的鉴定秩序；②通过组织制定和颁布统一的道德规范、行为规则和行业要求，规范管理行为和鉴定行为；③通过统一规范鉴定程序、鉴定方法和鉴定标准，保障司法鉴定机构的中立地位、司法鉴定人的独立身份、司法鉴定程序的公开公平和司法鉴定行为的客观公正。

4. 司法鉴定体制改革的层级目标。作者认为，司法鉴定体制改革的目标可分为不同层级，如工作层面、制度层面和价值层面，共同构成一个整体，服从系统的最高目的。

（1）司法鉴定体制改革的工作目标是，明确鉴定范围和管理部门，统一准入条件和标准，规范执业活动，维护鉴定秩序，不断提高司法鉴定的公信力和可靠性，逐步解决鉴定过程中的突出问题和管理中的混乱状况。

（2）司法鉴定体制改革的制度目标是，通过依法科学配置司法权和司法行政权，合理确立诉讼活动中各诉讼参与机关的鉴定管理职能、任务和分工，理顺国家管理与侦查机关的部门管理、与技术主管部门的业务管理、与行业组织的自律管理之间的管理关系，构建起有中国特色的适应诉讼需要的符合宪政要求的统一的司法鉴定管理体制。

（3）司法鉴定体制改革的价值目标是适应和满足诉讼活动尤其是公正司法、及时裁判的需要，保障当事人的诉讼权利，为打击罪犯和保障人权，为实现司法公正、提高司法效率、树立司法权威，最终为维护公平正义、社会稳定和构建和谐社会提供可靠的技术保障和高水平专业化服务。在法治国家中，公民的诉权是一项宪法性权利，被称为"第一人权"，鉴定权是公民诉讼权利的一项重要内容，通过制度保障当事人鉴定权利的实现，是司法鉴定体制改革的基本任务和目标之一。

第四节 司法鉴定制度的发展与完善

司法鉴定工作的双重性决定了司法鉴定活动既要遵循科学技术活动的一般规律和发展要求，更要遵守司法活动的基本准则和基本程序。司法鉴定是司法活动的一个组成部分，又是直接为诉讼和仲裁活动服务的一种司法保障制度。因此，司法鉴定制度是由证据规则、诉讼制度决定的，但最终由国家司法体制决定。鉴定制度、审判方式、诉讼制度和司法体制密切相连形成纵向的具有逻辑联系的层次结构：司法鉴定制度是国家司法体制的组成部分，司法改革的目标和方向直接影响并决定着司法鉴定的改革目标和方向。可以说，有什么样的司法体制就有什么样的诉讼制度、审判方式和证据规则，有什么样的诉讼制度、审判方式和证据规则就有什么样的鉴定制度。司法体制、诉讼制度和审判方式的改革是鉴定制度改革的前提、根据和基础。因此，改革和完善司法鉴定制度，加强鉴定法治建设必须遵循司法体制改革的基本目标和总体要求，必须与诉讼制度的改革方向相符合、相适应、相协调。

一、司法改革的目标

实现司法公正、提高司法效率，保障司法独立和树立司法权威是我国司法改革的基本目标和总体要求。

（一）司法改革的最高价值目标是实现司法公正

这是社会正义与公平的普遍要求，也是司法之宗旨，是司法制度赖以存在的基础和司法活动追求的根本目的。可以说，现代司法制度的构造，是以人权或公民权利为核心要素，且以保障公民权利为宗旨的。司法公正是实体公正和程序公正的统一，是由侦查公正、起诉公正、审判公正、执行公正和鉴定公正等具体的制度公正所构成的。在现代法治下，司法公正就是法律的正义和权利的正义。鉴于正义的实现是通过权利规范予以保障的，因此，可以认为司法体制改革的最终目的是实现和保障公民的基本权利。从世界范围看，现代司法制度的建构无一不是以公民基本权利为核心并以保障公民权利为宗旨的。尤其是随着我国加入世界贸易组织和正式签署《经济社会及文化权利国际公约》（1997 年签署并批准）、《公民权利和政治权利国际公约》（1998 年签署），我国司法改革的最高目标的价值取向必然是通过实现司法公正来保障公民的基本权利。

（二）司法改革的经济目标是提高司法效率

尽快改变司法资源严重浪费与严重不足并存的状况，是任何司法制度有效运行的普遍要求，是在市场经济的条件下社会发展的基本准则。因此，优化配置有限的司法资源就是在市场经济条件下，提高司法效率的必然要求和选择。在市场经济条件下，司法活动同样具有成本与收益的问题，司法公正目标的实现也同样有赖于司法效率目标的实现，二者是互相补充、相辅相成的。"就同一个法律规则或制度而言，法学家要维护的是公正，经济学家维护的是效率。但在绝大多数情况下，经济方法和法律方法常常是殊途同归。"[1] 司法效率主要指的是：司法资源的节约和有效配置利用，要实现这一目标，必须运用经济学的原理与方法（如边际原理、机会成本原理、人力资本理论等），认真进行司法成本与收益的分析，高度重视司法人力资本的投入，有效和合理地配置司法资源。

（三）司法改革的制度目标是实现司法独立

司法独立作为现代法治的基本原则也是实现司法公正的前提条件和基础，可以说没有司法独立就没有司法公正。"司法独立不仅仅因涉及到国家权力的分工而需要在宪法上加以确认，同时它也是一项重要的法治原则。一个社会只要实行法治，就必须采纳这一原则，尤其是司法独立还是一个技术性的规则，是最公正的程序规则。"[2] 我国宪法所规定的司法独立原则与西方国家的司法独立制度存在根本的区别，它是指在国家权力机关监督之下的司法独立，是指司法机关行使司法权只服从法律，不受行政机关、社会团体和个人的干涉。其内容主要包括四个方面：①人民法院依法独立行使审判权，只服从法律；②外部独立即法院的独立；③内部独立，即法院审级之间的独立和法官的独立；④保障司法独立行使的制度。[3] 司法独立在司法实践中是审判公正的制度性保障，只有独立才能使法官成为中立的第三者，而有倾向性的法官是没有资格裁判的。[4]

二、诉讼制度的改革与完善

围绕实现司法改革的三大基本目标，根据现代诉讼活动科学、民主、文明的时代要求，进一步改革诉讼制度，为加强鉴定法治建设确定了方向，创造了条件，而且提供了实现的可能和保障。

（一）保障人权

刑事司法的指导思想由打击犯罪为主调整为保障公民基本权利和打击犯罪相统一、以保障公民权利为主。与此相适应的是重新配置司法权，实现从诉讼阶段论到审判为主论、从以侦查为中心到以审判为中心的转变。

与上述变化相适应的是，改变程序法依附实体法、重实体轻程序的观念，树立程序法相对独立、程序公正优于实体公正的观念，[5] 重塑诉讼结

---

[1] [美] 罗伯特·考特、托马斯·尤伦：《法和经济学》，史晋川、董雪兵等译，上海人民出版社1999年版。

[2] 王利明：《司法改革研究》，法律出版社2000年版。

[3] 王利明：《司法改革研究》，法律出版社2000年版。

[4] 谭世贵主编：《中国司法改革研究》，法律出版社2000年版。

[5] 王俊民："论跨世纪中国司法改革的八大观念认识障碍"，载《法学》2000年第9期。

构，重新确定法官和双方当事人及其代理人在诉讼中的角色、地位和作用，在刑事诉讼中贯彻当事人平等原则，逐步形成控辩双方平等、法官居中裁判的等腰三角形的现代诉讼构造。

现代刑事诉讼的一个重要特征是，把代表政府行使诉权的检察官作为诉讼当事人（官方当事人），同时承认被告人的诉讼主体地位，双方平等对抗，由独立的法院居中裁判。[1] 有鉴于此，在诉讼程序的设计和运行中既要有利于法官在司法过程中保持独立与中立的地位，也要保障被告人的诉讼权利，给予当事人充分参与诉讼过程的机会；既要有利于客观真实地发现案件事实，也要有利于当事人程序权利的保障；既要有公开性、透明性的要求，也要能够有力防止外界的不当干扰和影响。[2] 建立起按预设的中立程序解决纠纷的制度，通过公正的程序来保证实体公正的实现。

(二) 完善诉讼模式和改革审判方式

对超职权主义审判方式的改革使我们再回到以职权主义为中心的时代已不太可能，但当事人主义诉讼模式的发展，在我国也将受到文化传统、法治环境、刑事政策、司法资源等条件的制约。因此，今后的发展方向是借鉴并吸收两大法系的优点，从中国实际出发，建立起以当事人主义为基调、结合职权主义的混合诉讼模式。[3] 同时，还要适应审判方式的改革，改变法官包揽调查取证的方式，重新确定法官在审判中的作用，转变法院的职能，从上门揽案、主动服务转变为不告不理、坐堂断案；从依职权调查取证转变为依职权对证据审查核实。从司法改革趋势看，一般来说，法院及法官均不应再承担证明的责任。其原因在于：①法院依法承担的并不是证明责任，而只是对有疑问的证据进行调查核实。②法院如承担证明责任必然与其审判职能严重冲突。从司法权的性质看，审判作为一种司法活动，具有独立性、中立性、公正性和终局性等特点，如果法院或法官可以调查、收集并直接使用证据，就将丧失其客观、中立和公正的立场，也将难以保证公正审判。③为实现司法公正和司法效率，不断深化审判方式改革，将逐步削弱甚至最终取消法院或法官收集证据的职权。[4] 真正实现从神证、人证到物证，从司法证明到当事人证明的历史性转变。

---

〔1〕 孙长永："当事人主义刑事诉讼与证据开示"，载《法律科学》2000年第4期。

〔2〕 黎桦、叶愠平："司法现代化若干问题研究"，载《科学与法律》2001年第2期。

〔3〕 参见熊秋红："中国刑事司法制度改革目标的反思"，载司法改革研究课题组：《改革司法——中国司法改革的回顾与前瞻》，社会科学文献出版社2005年版。

〔4〕 谭世贵主编：《中国司法改革研究》，法律出版社2000年版。

(三) 完善证据规则

诉讼中的案件事实都要靠证据去证明，可以说证据是解决诉讼争议的核心问题，审判活动主要就是围绕证据的举证、质证、认证和鉴别、分析、认定开展的。因此建立和完善一套完备的由庭前证据开示制度（需要强调的是，检察院作为"官方当事人"，仍然应当按照法定程序全面开示有利和不利于被告人的各种证据，以确实、充分、合法的证据公正地提出指控，努力使被告人的有罪判决建立在充分保障辩护权的基础之上。尤其是在当前由职权审问制转为控辩对抗制的刑事诉讼中，更应当强调检察官的证据开示义务。要求检察院在审判前向辩方开示一切与定罪量刑有关的证据，不仅与其作为公诉机关或原告一方当事人的地位不相矛盾，反而恰恰是其公正地执行公诉职能的固有要求）、证人和鉴定人出庭作证规则、举证规则、交叉询问规则、质证规则和证据审查（核实）规则和认证规则等构成的证据法则，不仅是改革诉讼制度的重要任务之一，也是当事人主义刑事诉讼制度的必备程序。

(四) 坚持程序正当

证据开示制度和举证、质证、认证等证据制度都需要依靠一定的程序来完成。根据审判方式改革的要求，按照立审分立的原则，重构审理结构，实行判、审分离，设置审前审查程序（庭前准备程序），专门负责公诉审查、证据开示和证据审查等职责，是我国审判方式改革的必然要求和逻辑结果。通过设置庭前程序，把庭审的主要资源配置于当事人对案件事实问题和法律问题的辩论之中，而不必像过去那样把争论的焦点问题和证据审查的工作放置于庭审阶段，从而最大限度地提高庭审的功效。[1]

三、司法鉴定制度的发展与完善

司法鉴定制度是我国司法制度的重要组成部分，是国家实施法律的重要保障，是实现司法公正、提高司法效率、保证司法独立和树立司法权威的重要基础。司法鉴定制度的改革与发展，既是由我国的司法体制、诉讼制度和证据规则的改革发展所决定的，也是与我国社会所处时代的科学技术发展水平相联系、相适应的。同样，司法鉴定中存在的种种弊端，往往也是司法制度各种问题的反映。主要体现在四个方面：①司法鉴定工作的统一性、整体性与多头管理体制之间的矛盾；②司法鉴定工作的中立性与鉴定职能的从属性、依附性之间的矛盾；③司法鉴定工作的高度专业性与

---

〔1〕 张卫平："论民事诉讼中失权的正义性"，载《法学研究》1999 年第 6 期。

鉴定人员缺乏统一的职业准入标准、鉴定机构行政化、半官方化之间的矛盾；④在市场经济条件下追求质量效率发挥市场机制在优化配置社会资源的基础作用与"小而全"、"大而全"、低水平重复建设各搞一套自成体系之间的矛盾。因此，我国的司法体制改革必然包括司法鉴定制度改革。诉讼制度改革，尤其是审判方式的改革，必然引起司法鉴定的改革（在科学技术日新月异的今天，审判工作同样要以科学为基础，而科学审判的形成有赖于科学证据，科学证据的形成则取决于证据材料本身的科学性以及对证据材料的科学认识），证据规则的建立和完善必将加强鉴定法治建设。具体说来，包括三个层面：①司法鉴定制度改革应与审判体制改革相适应，司法程序公正是保护诉讼参与者的平等正当权利和保护实现实体公正的重要手段。程序公正所包含的独立性、中立性、公开性充分辩论等原则与司法鉴定直接相关，同样也是司法鉴定活动应遵循的原则。②司法鉴定制度改革应与证据制度相协调。我国证据制度改革的思路是以法定证明为主、以自由证明为辅，即在证据制度的大部分内容上采用法定证明模式，只在证据价值评断上采用自由证明模式。从鉴定意见的证据属性出发，既要赋予法官对鉴定意见的自由裁量权，又要对司法鉴定制度进行规范，任何鉴定意见都必须要经过举证、质证、认证三个环节，方可采信。③司法鉴定制度改革应以提供"科学证据"为出发点。作为独立证据，鉴定意见的功能关键在于是否能客观真实地证明案件事实，其核心是科学性。而如何保证鉴定意见的科学性是完善司法鉴定制度的宗旨所在。[1] 今后一段时期，加强鉴定法治建设的努力目标和发展方向主要是：

（一）司法鉴定职能的独立化

实现司法公正是我国司法改革追求的最高价值目标，司法鉴定制度改革的价值目标也必然是实现鉴定公正，促进和保障司法公正。目前在诉讼活动中，由于鉴定职能往往从属于或依附于侦查职能、起诉职能和审判职能，其结果造成了中国司法鉴定制度的结构性失衡：①"公检法"三机关在各自的诉讼阶段独立地指派或聘请鉴定人进行鉴定，容易导致在司法鉴定问题上的"暗箱操作"。②鉴定人绝大多数都是侦查机构的公务人员和法院所属鉴定部门的人员，带有较强的"官方"色彩，其专业技术水平难以得到社会或行业的审查鉴别和确认。③不论是政法机关还是其他机关内

---

[1] 何家弘、刘昊阳："完善司法鉴定制度是科学证据时代的呼唤"，载《中国司法鉴定》2001年第1期。

部的鉴定人员,作为鉴定人的资格都没经过专门的审查、考核和登记注册。这往往造成鉴定人素质良莠不齐,将导致鉴定意见的科学性和权威性难以保证。④"公检法"三机关直接指派或聘请某一机构负责鉴定事项,而不对鉴定人进行审查,很难保证鉴定意见的可靠性(也难对个人追究错鉴责任)。⑤由于司法鉴定的决定权和鉴定人委托权仍然被垄断在"公检法"三机关手里,当事人无权直接聘请自己所信任的鉴定人。这种带有超职权主义特征的制度,显然与已经进行的审判方式改革,无论是从立法精神还是从制度设计来看都是大相径庭的。[1] 在司法实践中,正是因为司法鉴定职能缺乏应有的独立性、中立性和客观性,使实现鉴定公正的目标缺乏制度性保证,而鉴定不公正又可能造成审判不公,甚至导致司法腐败,这既不符合司法改革的基本要求,难以保证鉴定公正,也难以取信于民。

司法鉴定在诉讼中的主要功能是从科学技术的角度帮助司法机关发现真实和确认证据,因此按照司法公正的要求,司法鉴定必须居于中立地位,鉴定职能必须独立于侦查职能、起诉职能和审判职能,鉴定主体也不应当是执行诉讼职能的司法机关。实现鉴定职能与侦查职能、起诉职能和审判职能的分离、分设具有重要的制度创新意义,也与国际惯例相符。它既符合司法改革的总体目标和原则,又可以避免鉴定机构的低水平重复和"小而全"、"大而全",避免因互不承认造成的多头鉴定的弊端。[2] 需要说明的是,独立设置鉴定机构职能,并不影响公安、检察机关侦查破案和审查起诉职能的行使:

1. 按照鉴定活动与侦查、检察和审判活动分离的原则(即指在同一诉讼案件中,鉴定人不能参加侦查、检察和审判活动,而侦查、检察、审判人员也不能参加鉴定活动),需要纠正的是"侦鉴不分"的问题,而应当加强的是"侦技结合"。这是两个不同的概念和不同的工作原则,"侦技结合"是在侦查活动中侦查与技术密切结合,技术为基础业务建设服务、为案件侦查提供依据和线索,为侦查活动提供有利条件,同时,有利于做好取证和技术鉴别工作,及时解决侦查中涉及的各项技术问题。科技强警指的就是加强"侦技结合"。这是侦查与技术的关系,是侦查活动内部的组合关系,是侦查破案有效的组织措施和技术手段。而"侦鉴不分"是将侦

---

〔1〕 陈瑞华:"司法鉴定制度改革之研究",载《司法鉴定研究文集》第1辑,法律出版社2001年版。

〔2〕 李冰:"我国司法鉴定制度的完善",载《中国律师》2001年第8期。

查活动与鉴定活动融为一体，即一身兼任侦查员、鉴定人包揽到底违法办案。这类"自侦自鉴"、"自检自鉴"之所以为各国法律所禁止，是因为它客观上违背了各国诉讼法规定的依法回避原则，容易造成违法办案的后果。由于受双重身份和双重活动的影响，主观上对鉴定形成思维定势，导致鉴定跟着案情走，千方百计寻找符合自己结论的依据，先入为主地作出鉴定意见，违背司法公正和司法活动的原则要求。此外，双重身份往往导致上级的不正当行政干预、鉴定意见对行政领导负责，完全违背了科学性、客观性要求。

2. 鉴别与鉴定是两个不同性质的法律问题。鉴定职能独立设置，并不影响公安、检察机关运用技术手段发现和确定可疑的人和物。鉴别为鉴定寻找对象并提供资料，属于侦查活动，应当由技术侦查人员实施。它与鉴定活动在法律性质、适用范围、实施主体和结果的作用等方面都有本质的区别。因此，鉴定人参加鉴别活动亦属"自侦自鉴"、"自检自鉴"。解决这个问题的办法主要是：①从工作任务上分离；②将侦查、检察机关的鉴定机构从组织上加以分离；③纠正立法上的失误，适应以审判为中心，把鉴定纳入《刑事诉讼法》总则的证据一章内。事实上，根据我国检察机关多年实践总结出的"二元结构理论"，已经较好地解决了"侦鉴不分"的问题，既符合司法活动的原则规定，又有利于把新技术运用到检查破案中去收到良好的效果。

3. 鉴定活动应明确与侦查活动、检察活动和审判活动的界限，不能相互交叉，更不能合为一体。只要从法律上正确区分侦查阶段的鉴定活动与取证活动、鉴别活动与鉴定活动，就有利于解决侦鉴混淆、检鉴一体和审鉴一体的问题。[1]

4. 需要明确的是，司法鉴定机构与司法机关的技术部门是有明显区别的。技术部门是一个行政机构，由其上级部门批准成立，承担行政部门的法定职能，一般成员都是国家公务人员而非专业技术人员。

5. 法院和法官在审判中的中立性和独立性是实现审判公正的前提条件和制度保障，在论据的举证、质证和认证过程中，法官和法院应当保持其中立性，才能确保最终审判结果的客观、公正。因此，世界绝大多数国家都不允许法院自行设立鉴定机构，而社会所设立的鉴定机构都保持严格的中立性。极少数国家在法院设立鉴定机构的，一般都对其职责加以限定，

---

〔1〕 邹明理：《我国现代司法鉴定制度研究》，法律出版社2001年版。

如不能直接受理初步鉴定和复核鉴定，主要承担案件审理过程中合议庭对有疑问的证据的审查鉴定和伤情及精神疾病鉴定的组织工作，主要从事类似技术专家顾问性质的审查核实工作等。

从司法实践看，北京市高级人民法院最近制定出台的《关于办理各类案件有关部门证据问题的规定（试行）》，在当事人举证和法院调查收集证据的关系上，更新观念，淡化法院职权主义色彩，强化当事人主义。依照《规定》要求，当事人申请法院调查收集证据应当具备以下条件：确因客观原因，当事人或者其诉讼代理人、辩护人无法自行收集；能提供有关被调取证据的确切线索；能说明被调取证据确与本案具有关联性。法院依申请调查收集证据的，一般情况下不得超出申请范围，经法院调查，证据还未能收集到的，法院要告知申请人，举证不能的后果仍由负有举证责任的当事人承担。

（二）鉴定机构的中立化

根据实现司法公正与效率的要求，与独立设置鉴定职能相适应的是，进一步完善鉴定主体与诉讼机关和当事人分离的制度，实现鉴定机构的中立化（社会化）。这是因为，实现鉴定公正的目标，不仅要求鉴定职能的独立，而且有赖于鉴定机构和鉴定人的中立，具体来说，就是鉴定机构（根据二元结构理论，这并不包括公安、检察机关的技术侦查和技术检察部门）必须与负责案件侦查、起诉和审判的机关以及诉讼当事人在体制上分开，鉴定机构原则上不能设在或在管理体制上依附于或从属于办案机关和当事人所在单位，也不能同属一个行业和系统。从司法实践看，这种依附性和从属性与各自承担的诉讼任务是相互矛盾的，往往使其处于两难境地。如果公安机关和检察机关及所属的机构作为鉴定主体提供鉴定意见并用于定案的根据，这与其在刑事诉讼中的地位和职能不相符，难以证明和保证其鉴定意见的客观公正，更难以取信于当事人（在民事诉讼和行政诉讼中，举证责任主要在当事人）。人民法院在诉讼中居于中立地位，负责对诉讼证据进行审查、判断和采信，如果审判主体同时成为鉴定主体，然后自己又直接采信自己提供的证据，其结果不言而喻，这在世界各国都是无法想象的。再从权力配置与分设的角度看，一方面势必导致行政权、司法权的错位，另一方面导致鉴定机构和专业技术人员身份的行政化、官员化。这与司法鉴定的科学性和鉴定机构、鉴定人的专业性的基本属性和基本要求不相符合；从社会发展的规律看，鉴定机构的中立化有利于鉴定机构走上高度专业化分工与密切的社会化协作相统一的健康发展道路，有利于实现鉴定公开和鉴定公正，有利于提高鉴定质量和效率。

(三) 鉴定人的职业化

司法鉴定具有很强的专业性、技术性，司法鉴定人是实施司法鉴定的主体，是运用专门知识和技术解决诉讼活动中专门技术性问题的自然人。司法鉴定人不同于鉴定辅助人、鉴定证人和技术专家顾问。司法鉴定人具有科技工作者与法律工作者的双重身份。因此，根据司法实践的需要，司法鉴定人应具备六个方面的条件：①必须具备与之相应的专业知识，这是司法鉴定人必备的首要条件。②具备独立解决本学科范围内有关部门鉴定问题的能力，这是司法鉴定人开展鉴定活动的基础。③掌握一定的法律知识，由于鉴定活动也属于诉讼活动，许多鉴定业务与法律密切相联，司法鉴定人同时又是诉讼参与人，需要出庭说明鉴定的理论根据、技术方法和意见等，同时接受双方交叉询问和质证。因此，掌握一定的法律知识，其鉴定活动和鉴定意见才能符合法律规定，从而正确履行司法鉴定人的法定职责。④具备较高的技术职称，鉴于司法鉴定工作是一种特殊的、高层次的、要求严格的专业技术工作，司法鉴定人是以专家身份，做出意见参与诉讼的，因此，具备较高的技术职称，才能与其任务、地位、水平和身份相称（从社会发展的趋势看，鉴定主体正在从机构为主改变为机构和鉴定人并列，今后将逐步向自然人为主过渡）。⑤司法鉴定人必须具备良好的法律职业伦理和实事求是的科学精神，这是保证鉴定意见客观公正的前提。[1] ⑥在部分主观因素较多的鉴定中（如司法精神病鉴定），丰富的社会阅历和实践经验必不可少，因此还应当具备相当年限的业务实践经验。

长期以来我国对鉴定人员缺乏统一的职业准入标准和从业条件的限定，缺乏任何形式的审查和考核程序，直接影响到鉴定意见的可信度和证据效力。为了消除这一混乱状态，今后应当借鉴大陆法系国家的做法，尽快建立起与司法改革相适应的统一规范和以预先审定为主的司法鉴定人职业资格制度，打破部门分割、地区分割，保证司法鉴定人的高度职业化和专业化。主要内容有：①建立起统一的考试与考核相结合的司法鉴定人职业资格制度；②统一组织的司法鉴定人上岗转岗前的职业培训制度；③统一的司法鉴定人执业管理制度；④资质考评监督制度；⑤统一的终身化司法鉴定人继续教育制度；⑥统一的司法鉴定人注册登记和备案制度。

关于鉴定人执业资格授予，现有司法鉴定人员主要分为两大类。对于

---

[1] 邹明理：《我国现代司法鉴定制度研究》，法律出版社2001年版。

司法机关的鉴定机构，有两个因素必须考虑：一方面侦查机关设鉴定机构面向社会提供有偿服务或从事经营性活动，既不符合党中央关于政法部门不得经商的政策，又缺乏法律根据，更不符合实现司法公正的价值目标和根本要求。但另一方面，我国现有的鉴定资源不足，有限的资源又大多集中在政法部门，尤其是公安机关的法医力量。如果"一刀切"或限制过多，也不适应社会的需要。对此，基本的思路是采用行为管理模式，在允许侦查机关中属于事业单位性质的鉴定机构面向社会从事司法鉴定时，既要充分发挥其作用，又要将其纳入到登记管理的轨道上来。同时，严格禁止属于行政相关性质的鉴定部门和技术部门面向社会从事有偿服务。

对于社会其他行业鉴定机构的鉴定人员，属于复合型职业资格，应实现二次准入的办法和双重管理的模式。这类行业主要有会计、商标、专利、证券、知识产权、保险理赔、医疗、工程技术、商检、质检、物检、环保、重大事故等。所谓复合型职业资格，是指如要从事司法会计鉴定工作，必须同时取得注册会计师资格和司法鉴定人资格。所谓实行二次准入的办法，就是指已取得注册会计师资格的人员申请并经财政部门或注册会计师协会审查、推荐，经司法行政机关培训合格后，考核授予其司法鉴定人资格。对于这类专业人员，司法行政部门不可能包揽所有的工作，而是要充分发挥司法鉴定主管部门和行业主管两个积极性，实行双重管理。当然这需要依据职能和工作任务，在协商的基础上，合理划分职权和职责。

（四）鉴定程序的法定化

按照法制原则，不仅鉴定主体、鉴定客体要合法，而且鉴定的程序、步骤、方法和结果都必须合法。总之，所有的鉴定活动都必须纳入法治的轨道。鉴定程序，是指为确保鉴定活动的有序进行和有关鉴定各方权利义务的实施而制定的并共同遵守的统一的规则、步骤和方法。司法鉴定是为诉讼服务的，因此，司法鉴定程序也是由诉讼程序决定并以诉讼程序为根据的。鉴定程序的主要内容包括：鉴定的提请、鉴定的决定与委托、鉴定的受理、鉴定材料的提供、收集和保全责任、鉴定的实施、鉴定文书、补充鉴定、重新鉴定、共同鉴定、复核鉴定、鉴定人出庭作证等。在司法实践中，由于三大诉讼法只对鉴定的提请、决定和指聘方式、鉴定范围、鉴定意见要求、补充鉴定与重新鉴定等问题作了原则规定，政法各机关制定的鉴定规则不仅局限在技术上，而且缺乏统一性和规范性。这必然引起鉴定活动的混乱和无序，主要表现是：①越权决定鉴定和委托；②鉴定受理方面的问题突出，如鉴定主体不合法，超范围受理鉴定等；③多头鉴定、重新鉴定的现象普遍；④鉴定文书内容形式缺乏统一规范，不符合法律要求。因此，加强鉴定法治，必须超越部门所有和地区所有的界限，按照科学合理、公正高效的原则，遵守司法部组织制定的全国各行各业统一适用的司法鉴定程序通则，在此基础上各专业有特殊要求的，可以制定具体的实施细则，只有这样才能实现鉴定程序的规范统一。

（五）鉴定实施制度的规范化

鉴定实施制度主要指鉴定组织体系（即层次结构）、鉴定管辖和鉴级制度。

1. 针对当前鉴定部门林立、条块分割、机构重叠、鉴定职能不明确、不严肃和行政化现象严重的状态，根据审判工作的实际需要，根据鉴定资源条件和地区发展水平，根据社会协作与专业化分工相统一的社会发展要求，按照统筹规划、合理分工、优化配置和资源共享的原则，应当分别设置国家级、省级和地市级司法鉴定机构，形成合理的布局结构和层次结构，共同组成国家司法鉴定组织实施体系。考虑到技术条件、实际需要和司法效率等因素，县级行政部门不宜设立鉴定机构，确有必要的，可由地市鉴定机构设立分支机构。

2. 为了从根本上避免同一个案件出现多个鉴定人和多个鉴定意见的现象，应当依照诉讼制度的规定，建立与审判管辖相适应的合理的鉴定管辖制度，解决鉴定主体非特定化的问题。同时为解决鉴定资源配置不平衡的矛盾，经上一级鉴定主管机关批准，也可以委托其他地区或上一级鉴定机构进行鉴定。

3. 在鉴级制度上，必须严格限定鉴定次数、规范鉴定时限、明确初次鉴定（补充鉴定）、重新鉴定和复核鉴定的程序。应当与我国两审终审制度相一致，实行两级终鉴制，即就每一审级而言可进行两次司法鉴定（初次鉴定、重新鉴定）。对第二审不服的，还可以申请省级或国家级复核鉴定（一般是由省级或国家级的司法鉴定专业委员会承担），复核鉴定为该审级的终局鉴定。这种规定不仅在制度上有效防止重复鉴定、多头鉴定和久鉴不决的现象，而且也为实现鉴定公正提供了制度性保障，同时也有助于提高诉讼效率。

（六）鉴定资源配置的社会化、集约化

这不仅是实现鉴定公正的要求，也是在市场经济条件下发展鉴定事业的必然选择。根据全国科技工作会议关于科学技术工作发展的指导思想、努力目标和促进政、产、学、研、金相结合的方针，适应当今社会科技向社会性、交叉化发展的整体趋势，在减少低水平重复布局、分工过细、各自为战、自成体系的同时，要整合现有鉴定机构和高校、科研部门的资源，依托拥有一流专业技术力量和国家级中心实验室的国家重点高校、科研院所，共同建立国家司法鉴定机构或中心实验室。其优点在于：①学术水平、技术水平有保障，能保持与国内外本学科有关高校、科研机构和实际部门的学术联系和交流，保持与国家级鉴定中心和实验室相称的一流专业技术水平。②学术梯队的建设后继有人，在高校科研部门，学术队伍能源源不断得到补充和流动，有利于队伍建设和稳定。③这种共建形式有利于保持技术装备的更新和改进。④相对于专门单独设立的鉴定机构，由于没有脱离学科发展的学术环境，因此，不仅能保持其一流学术水平，而且不会出现因任务不饱满而导致的设备人员闲置的状况。

（七）鉴定活动的标准化、通用化

司法鉴定活动是专业人员运用科学技术手段方法、专门知识、特别经验和仪器设备解决专门性问题的科学技术实证活动。因此，不仅要保证鉴定活动的合法性和公正性，而且要保证其科学性和客观性，从而提高鉴定意见的证明效力和证据功能。为尽快解决在现有管理体制下形成的部门规章制度缺乏统一规范适用效力的难题，根据国务院机构职能设置规定，国家司法行政部门和国家质量技术监督部门应共同牵头组织各有关部门和单位制定和采用全行业通用的统一的能与国际标准衔接的技术方面的国家标准。其内容主要有鉴定技术标准、鉴定方法标准、鉴定设备标准、鉴定度量衡标准、鉴定对象标准、鉴定技术程序标准、鉴定意见标准等。

（八）鉴定评估监督的制度化

主要指鉴定技术方法、鉴定技术水平和鉴定质量的技术检测与鉴定机构的资质评估，以及对鉴定活动的法律监督。通过建立统一的检测评估制度，做到统一技术水平和技术标准，以保证技术装备维持良好运行状态，以保证鉴定技术、方法和设备的科学性、合理性，保证鉴定意见的准确性和可靠性。鉴定监督制度是从维护鉴定活动的公正性和合法性出发，对鉴定人和鉴定机构开展的鉴定活动进行执业法律、职业道德和程序规范方面的检查、监督，以保证依法开展鉴定活动，防止其他机关、团体和个人的不正当干预。此外，还应建立鉴定人考核制度和惩戒制度。

（九）鉴定技术方法和仪器设备的系统化和综集化

一方面，随着经济的发展和社会的不断进步，我国目前在司法实践中遇到的大量刑事、民事和行政案件，越来越呈现出广泛性、综合性、复杂性、专业性和智力化、国际化的特征,这对司法鉴定提出了新的技术挑战。另一方面,进入21世纪,世界科学技术的迅猛发展,已呈现出科技全球化、社会化和社会的科学化等特点,社会将逐步进入知识社会和信息时代(其标志是计算机和网络的运用)。为了适应时代发展的客观要求,具体要求包括:①要广泛合理地运用成熟的高新技术(司法鉴定应该建立在人类社会拥有的成熟的理论、知识和技术、经验、方法的基础上)。②要学会采用多学科、多技术综合集成的鉴定理论、鉴定方法。③要建立起中央和地方两级鉴定统筹协调机制,能跨地区、跨部门地统一调配本地区的鉴定资源并针对重大复杂和跨地区的疑难案件,依靠各专业的专家委员会组织开展共同鉴定,提高科学技术对司法鉴定工作的贡献率,充分保证司法鉴定意见的科学性、客观性和可靠性。

(十) 鉴定管理体制的统一化、合理化和规范化

为了解决统一的司法鉴定工作与分散的部门管理制度之间的矛盾,根据司法改革的总体要求,应当重新配置司法权,实现司法权的四权制衡格局,即由公安机关行使侦查权,由检察机关行使检察权、追诉权和部分罪犯的侦查权,由法院行使审判权,由司法行政机关行使刑罚执行权、法律服务管理权和司法鉴定人行业管理权。[1] 当前司法鉴定事实上仍存的多元管理体制(即由公检法机关负责管理本系统司法鉴定机构与司法行政机关管理全国司法鉴定工作并存的状态)转变为一元结构为主的管理体制(即单轨管理模式)。这既有利于政法部门之间的互相支持、互相配合和互相监督、互相制约,也有利于解决政法机关坐收坐支导致的司法腐败问题。

在实现司法鉴定机构与司法机关的技术部门分离分设的基础上,由司法行政机关对司法鉴定工作实行全行业的统一指导、组织、管理和监督,是与司法改革相适应的合理模式。其理由在于:

1. 1998年国务院在机构改革中赋予司法部指导面向社会服务司法鉴定的新职能,其后在省级政府机构改革中,又先后规定省级司法行政机关管理、指导和组织司法鉴定的职能。这是我国第一次明确中央和地方有关职能部门统一指导管理司法鉴定的职能,结束了长期以来分散管理的无序状态。2005年2月全国人大常委会通过的《决定》又从法律上明确规定司法部为全国司法鉴定工作的主管部门。这也完全符合司法改革的发展方向和总体要求,由于司法行政机关不参与侦查、检察和审判活动,与诉讼机关

----
〔1〕 何家弘主编:《司法鉴定导论》,法律出版社2003年版。

和当事人不存在隶属关系和利害关系，有利于客观、公正地实施监督、协调。

2. 司法鉴定工作是为司法活动顺利进行提供科学技术服务的司法行政工作，把鉴定职能从侦查职能、检察职能和审判职能中独立出来，交由司法行政部门管理是顺理成章的，符合权力合理配置的要求（这在英美法系和大陆法系国家都是通例），有助于克服目前存在的司法权行政化和行政权司法化的权力错位现象，有利于确保鉴定活动在法治的轨道上有序进行。

3. 这种管理体制是有宪法依据的。根据《宪法》第89条第8项国务院负责"领导和管理民政、公安、司法行政和监察等工作"的规定，由国务院司法行政职能部门承担指导管理司法鉴定工作的职能是有法律依据的。

司法行政机关对鉴定工作的指导管理主要有两种模式：①对于专职鉴定机构和专职鉴定人员，采用全行业、全方位的指导管理模式；②对于兼职鉴定机构和兼职鉴定人员，采用双重管理模式，侧重业务指导和客观管理。

思考题

1. 如何理解司法鉴定制度在司法制度中的地位、作用？
2. 司法鉴定与司法活动是什么关系？
3. 司法鉴定活动与司法活动以及与其他技术鉴定活动主要区别是什么？
4. 如何理解司法行政部门统一管理司法鉴定工作的制度定位和管理方式？
5. 如何理解统一司法鉴定管理体制的基本内涵和制度要求？
6. 如何理解司法鉴定与司法公正的关系？
7. 如何理解鉴定公正与程序公正和实体公正的相互关系？
8. 鉴定职能为什么不能隶属于诉讼职能部门？
9. 司法鉴定机构为什么要独立于诉讼职能部门？